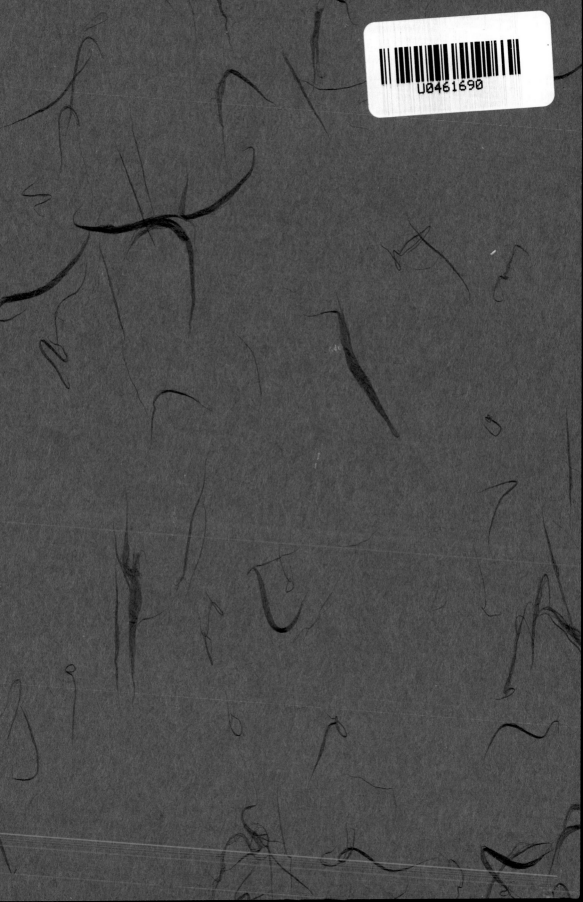

国家社科基金重点课题：防范和化解地方政府隐性债务风险治理体系优化研究（19AJL005）
河北省教育厅人文社科研究重大课题攻关项目"金融科技'负责任创新'及其监管体系研究"
（ZD202019）阶段性成果
河北金融学院学术著作出版基金资助项目
河北省金融创新与风险管理研究中心资助项目
河北省科技金融协同创新中心项目

中国地方政府投融资平台转型发展研究

2023

中国式现代化背景下债务化解与合理融资的边界

胡恒松　王宪明　马　燕　罗　强◎著

★　★　★

经济管理出版社

ECONOMY & MANAGEMENT PUBLISHING HOUSE

图书在版编目（CIP）数据

中国地方政府投融资平台转型发展研究.2023：中国式现代化背景下债务化解与合理融资的边界/胡恒松等著.—北京：经济管理出版社，2023.9

ISBN 978-7-5096-9298-1

Ⅰ.①中⋯　Ⅱ.①胡⋯　Ⅲ.①地方政府—投融资体制—研究—中国—2023　Ⅳ.①F832.7

中国国家版本馆 CIP 数据核字（2023）第 184010 号

组稿编辑：申桂萍
责任编辑：赵天宇
助理编辑：张　艺
责任印制：许　艳
责任校对：张晓燕

出版发行：经济管理出版社
　　　　　（北京市海淀区北蜂窝 8 号中雅大厦 A 座 11 层　100038）
网　　址：www.E-mp.com.cn
电　　话：（010）51915602
印　　刷：唐山昊达印刷有限公司
经　　销：新华书店
开　　本：720mm×1000mm/16
印　　张：25.25
字　　数：510 千字
版　　次：2023 年 10 月第 1 版　　2023 年 10 月第 1 次印刷
书　　号：ISBN 978-7-5096-9298-1
定　　价：98.00 元

编委会

专家寄语

　　地方政府投融资平台是我国地方政府重要的投融资建设主体，是我国经济发展过程中的独特主体，其依靠地方政府的信用和支持获得快速发展。地方政府投融资平台解决了地方政府基础设施建设的融资难题，在城市建设、乡村振兴、产业投资等方面都做出了重要贡献。由于资源禀赋、行政级别、区域信用环境等条件的不同，地方政府投融资平台转型发展面临着不同的机遇与挑战。受我国新一轮国企改革深化提升行动驱动，地方政府投融资平台转型发展目标愈发清晰、任务愈发明确，在"防范化解地方债务风险，制实施一揽子化债方案"的政策导向下，地方政府投融资平台债务化解与合理融资边界成为其转型发展过程中的重要课题。本书通过理论和案例展现地方政府投融资平台转型发展的现状与方向，具有重要参考意义。

曹壮

南宁交通投资集团有限责任公司董事长

　　城投平台与城市发展同频共振，在城市产业布局与结构优化中担当重要角色。产业引导基金的设立是城市产业转型发展的一项关键举措，它不仅可以发挥资金引导作用，撬动社会资本，前瞻布局区域规划重点产业，还可以推动区域和城市产业资源向重点产业链集聚，促进区域产业发展和区域社会、经济发展规划落地，同时也可以为城投平台带来经营性收入。城投企业应当善用这一机制，充分发挥其在城市建设、基础设施建设等领域的优势，同时也要积极顺应区域发展的需求，推动产业结构升级，促进经济增长的多元化和可持续性。这不仅有助于企业的自身发展，也将为城市的繁荣和进步贡献更大的力量。本书通过转型发展理论和案例的阐述，为这一重要使命提供了有益的指导和思路，值得读者深入思考。

张立欣

石家庄国有资本投资运营集团有限责任公司党委书记、董事长伴随着我国进入新的经济发展阶段，地方政府债务尤其是政府隐性债务问题成为地方经济发展和国家金融领域必须要面对和解决的重要问题。城投作为地方基础设施建设的主体，在历史发展过程中形成的债务问题需要得到正视并联合地方政府及金融机构等多部门形成合力，稳妥推进债务化解工作；同时，更要厘清债务化解与合理融资的边界问题，以推动高质量发展。实际上隐债监管与新增融资并不矛盾，"遏增化存"的核心在于防范地方政府隐债风险，在此前提下可以兼顾城投合理融资需求。城投债务化解与合理融资的边界在于，承接政府项目后要实现"市场化"经营并自负盈亏，同时做到融资"规范化"。本书结合丰富的案例进行分析总结，对化债与合理融资进行深入研究，为城投未来发展转型具有启示作用。

夏春良

株洲市城市建设发展集团有限公司党委书记、董事长

近年来，地方政府投融资平台公司在支持地方基础设施建设、推动城镇化进程等方面发挥了重要作用，有力地支持了交通基础设施建设，推动了地方经济社会发展。与此同时也产生了如部分地区偿债压力增大、偿债风险显著增加等问题。在中国式现代化背景下，平台公司亟须转型以应对日益严峻的挑战。本书依托于丰富的实际案例，深刻分析了平台公司在转型过程中面临的诸多问题，同时揭示了转型所蕴含的巨大机遇，对平台公司的转型发展有一定的参考和借鉴意义。

赵付安

石家庄交通投资发展集团有限责任公司总经理

随着国内外经济环境的变化和内部结构性问题的凸显，我国经济在从高速增长向高质量发展的转型过程中迈出了坚实的步伐。这一转型意味着经济增长重心由"量"转向"质"，发展目标更侧重于经济结构的优化、创新能力的提升、环境可持续性和社会公平的实现。在这一过程中，城投公司如何应对基建投入、土地财政、产业聚集等方面的变化，如何从基建时代模式转向新发展理念下的高质量发展模式，需要市场各参与方共同引导和努力。本书深度分析了城投公司转型发展情况，结合案例展示了城投公司转型发展和债务化解路径，对于城投企业发展具有一定的参考价值。

刘培建

驻马店市产业投资集团有限公司党委书记、董事长

城投企业作为地方城市基础设施建设的主体和融资平台，与地方经济社会发

展密切相连，是区域经济发展的重要保障。近年来，城投企业债务规模持续扩张，化债风潮已起，化债资金的来源成为关注点。防范债务风险，最简单也是最重要的办法是进行总量控制，加快资产盘活，有效降低资产负债，积极促进发债主体信用评级提升，提高企业融资能力，其次完善公司经营机制与治理结构，全面激发企业内生动力。本书通过大量案例直面城投企业债务风险形成的原因，从不同视角对债务风险原因进行剖析梳理，针对问题从加快城投平台市场化转型、创新融资方式、开辟多元化的经营渠道等多角度探索了在合理融资的边界内化解城投债务风险的路径，为城投类国企化解债务风险提供了更全面、更专业的参考与帮助。

王孟江

聊城市国泰东昌城市建设发展集团有限公司党委书记、董事长

在化解存量债务规模、防范债务风险的背景下，"切实提高国有企业核心竞争力、有效防范化解地方债务风险、制定实施一揽子化债方案"成为城投类国有企业的发展主方向。如何稳步、高效推进城投类公司转型，同时实现债务化解与合理融资，有效平衡生存和发展问题，发挥地方产业发展助推器作用，是当前地方城投类企业的重要课题。本书阐述了新发展阶段城投公司深化转型、提升核心竞争力的必要性，分析了平衡债务化解和合理融资的途径，并结合实际案例探索城投类企业转型方向和发展方式，总结成功经验，为城投类企业的高质量发展提供了启示。

陈红玮

阿克苏地区绿色实业开发集团有限公司党委书记、董事长

如何坚定不移地走市场化转型道路？对于平台公司而言，提升平台公司投融资治理水平、建立并完善现代企业制度以及增强自身盈利能力是平台公司转型不可或缺的核心内容，同时也是化解债务风险的基础和途径。对于平台公司的改革转型与债务风险化解，不可简单粗暴地将其单独分割看待，二者相辅相成。同时，平台公司改革转型需要政府、平台自身、社会资本的协作。

张增华

宣城开盛建设投资集团有限公司党委书记、董事长

地方经济转型和发展，在一定程度上是地方政府指导和扶持其区域内的新兴产业和重点产业发展的过程。地方政府投融资平台可以充分发挥自身已建立的信用和渠道发挥作用，从投资与土地开发相关的基础设施平台，转变为推动地方经济发展的资产运营平台。其一，平台公司可以发挥自身"国资"信用优势，成

为当地城市及产业发展的主要市场化投融资抓手，撬动社会资本助力本区域发展。其二，平台公司通过布局高新技术产业和新兴产业，走上获取投资回报的道路。

周道平

安徽郎川控股集团有限公司党委书记、董事长、总经理

城投债是具有中国特色、具有时代背景的准市政类债券，是地方城市建设类企业融资的重要方式，也是二级市场大类资产配置的重要标的，因此，对于城投企业及城投债券的系统化研究具有重要意义。本书通过实例详述了城投企业的当下与未来，是了解城投企业的重要读物，对探明债务化解与合理融资的边界、探索城投企业转型发展提供了思路。

皇甫前程

郑州二七投资控股有限公司总经理

近年来，各级地方政府通过地方政府投融资平台举债融资，在加强地方基础设施建设，推动地方经济稳步发展方面提供了有力支持，但同时也产生了许多违规举债问题，造成大量地方政府隐性债务。解决地方政府投融资平台问题已然成为防范化解重大风险的重要任务，地方政府投融资平台亟需以市场化方式运作。评价地方政府投融资平台转型运营发展情况关键因素有哪些？不同因素的影响程度有多大？如何通过对这些关键因素的优化提升地方政府投融资平台的市场化运营？如何推动地方政府投融资平台转型更好地发挥其在基础设施建设和公共服务领域的效用？本书对上述问题进行了积极的探索与研究，将会对各级政府、相关机构和专业人士有所启发、有所收获。

翟建强

财达证券股份有限公司党委书记、董事长

城投公司脱胎于地方政府，依托于地方政府信用和支持得以快速发展，随着党中央、国务院及各部委对地方政府举债融资的监管力度不断升级，特别是《国务院关于加强地方政府性债务管理的意见》明确规定融资平台公司不得新增政府债务，代表着城投公司必须要逐渐剥离政府性融资职能以实现转型。在此背景下，关于地方政府投融资平台如何实现转型发展的讨论方兴未艾，却难有定论。本书基于理论、评价、案例三个视角，对地方政府投融资平台发展进行了系统性的研究，相信会对地方政府投融资平台转型发展的路径选择带来启发。

张明

财达证券股份有限公司总经理、党委副书记、副董事长

序一

一直以来，地方政府投融资平台作为一类特殊的国有企业，承担着政府投融资平台功能，为政府功能的延伸和地方基础设施建设作出了巨大的贡献。与产业类企业相比，城投企业更多承担了地区基础设施业务建设等公益性业务，导致城投公司造血能力偏弱、债务体量较大。

近年来，地方政府财力下滑使其对城投企业的支持能力弱化，加之城投自身债务短期化现象越来越明显，导致城投企业周转压力进一步加大，非标、票据逾期及技术性违约等舆情增加。进而城投公司资产质量不好、资产负债率过高、主营业务不清晰、经营性收入低、盈利能力弱、高度依赖借新还旧和债务风险攀升等问题也逐渐暴露，关于城投债的舆论压力也逐渐增加。

党的二十大报告阐明了中国式现代化的丰富内涵，并明确提出，高质量发展是全面建设社会主义现代化国家的首要任务，要深化国资国企改革，加快国有经济布局优化和结构调整，推动国有资本和国有企业做强、做优、做大，提升企业核心竞争力，完善中国特色现代企业制度。在中国式现代化理论的指导下，国有企业改革已进入新阶段，也对城投公司市场化改革提出了更高的要求。作为承担政府投融资平台功能的特殊国企，城投公司为政府功能的延伸和地方的建设起到了巨大的作用，但随着中国式现代化的要求，城投公司在市场化转型发展过程中仍存在管理体制、经营领域、融资模式等方面的问题，为进一步推动国有企业改革，城投公司急需在化解隐性债务和推动城投转型中有所进展。

近些年，胡恒松博士潜心研究地方政府投融资平台发展，依赖长期积累的业务经验和学术研究成果，已成为业内研究城投债、城投转型的专家之一。自2017年起，胡恒松博士跟踪城投行业发展和政策演变，连续多年出版了"中国地方政府投融资平台转型发展系列研究丛书"，重点围绕行业关注的热点问题和舆论焦点进行研究，从国内几千家城投公司中筛选出十大转型成功的企业案例，该系列丛书对了解城投债务化解和学习城投转型经验具有十分重要的意义，为地方政府投融资平台转型发展提供了借鉴，有利于企业找准定位、明确方向。此外，本书重点研究了河北、新疆和甘肃三个地区的经济、财政、债务和转型情况。

　　本书的出版，将为新时代投融资平台转型发展，特别是地方政府制定实施一揽子政府债务风险化解方案，实现地方经济社会高质量发展，繁荣政府投融资学术研究，提供有价值的政策建议。也为广大热心、关注地方政府投资研究的社会各界人士提供高水平的参考意见。

温来成

中央财经大学中财—安融地方财政投融资研究所执行所长

财税学院教授、博士生导师

2023 年 9 月

序二

党的二十大报告明确提出，"深化国资国企改革，加快国有经济布局优化和结构调整，推动国有资本和国有企业做强做优做大，提升企业核心竞争力"。作为地方重要国企的城投平台来讲，理应肩负起对地方经济社会发展的政治责任、社会责任和经济责任，为实现中国式现代化，全面推进中华民族伟大复兴发挥示范带头作用。多年来，地方城投公司作为地方基础设施建设的重要载体，在地方经济发展中发挥过关键作用，但也积累了规模庞大的债务问题，也直接影响其市场化转型。

从根源上来看，产生城投公司债务问题的原因在于其自有经营性现金流无法覆盖债务本息，其偿债能力依赖于财政资金和政府信用，本身不具备市场化的独立偿债能力。因此，城投公司转型升级的关键在于，摆脱传统的单一城市投资建设的定位，从建设到运营、从城市到产业、从城市到乡村转型，寻找业务发展空间和增长点。城投公司的市场化是地方政府和市场共同推动的结果，要成为"政府主导、市场化运作"的体制机制，一方面，要大幅度减少地方政府对资源的直接配置，让市场在所有能够发挥作用的领域都充分发挥作用，推动资源配置实现效益最大化和效率最优化；另一方面，地方政府要把控方向，加强对城投公司的监管，保持城投公司债务和融资等重大事项的合规、合法、可控，推动城投公司的可持续发展。对于城投主体来讲，市场化转型升级是方向，更是必须要完成的任务，因此，地方政府和城投公司应该以市场化统筹债务、融资，既能在地方政府和金融机构支持下控制债务风险，又能通过自身市场化转型重构投融资模式，进而达到财政部提出的"开前门，堵后门"的目的。

自 2017 年伊始，胡恒松博士组织专业研究团队连续出版了"中国地方政府投融资平台转型发展研究系列丛书"，为城投公司明确其行业定位和转型情况提供借鉴。从具体章节来看，本书共分为三篇，首先，理论篇重点介绍了隐债监管与城投融资的进展和关联，在"遏增化存"、防范地方政府隐性债务风险的前提下，城投公司和地方政府如何联手兼顾化解隐性债务和城投合理融资需求。其次，评价篇对甘肃省、河北省和新疆维吾尔自治区、开发区四个地区的经济发展、财政情况、城投转型等进行深入分析。最后，案例篇重点聚焦选择了在市场化转型方面拥有成功经验的优质企业，剖析其在业务创新、扩大融资渠道、经营管理等方面的进展，为其他城投公司开展债务化解和市场化转型提供借鉴。

张立欣

石家庄国有资本投资运营集团有限责任公司党委书记、董事长

2023 年 9 月

前　言

　　"中国地方政府投融资平台转型发展研究"是专注于地方政府投融资平台转型发展的行业性、专业且权威的系列研究，也是科学分析评价省、地市、区县、开发区四级地方政府投融资平台转型效果的综合性研究成果。

　　2022 年以来，宏观经济形势严峻加之房地产市场疲软，城投行业及地方城投公司在外部债务化解、区域经济稳增长，以及企业协调自身内部经营发展转型和进行债务化解等多重目标下协同推进，实现不发生全国性的系统金融风险。2023 年 7 月，中央政治局会议提出"要有效防范化解地方债务风险，制定实施一揽子化债方案"，这是首次在高层会议上提出化债方案解决地方政府债务问题，紧接着市场就传出了 1.5 万亿的特殊再融资债券计划，可以用于偿还政府存量债务，为下一步解决地方债务问题和促进城投转型提供了操作空间。

　　本书研究团队撰写了《中国地方政府投融资平台转型发展研究 2023——中国式现代化背景下债务化解与合理融资的边界》，通过对 2022 年以来地方政府投融资平台所面临的行业形势、政策演变、投融资行为、转型趋势及举措等方面进行全面且深入的研究分析，重点围绕市场普遍关注的隐债化解展开，探讨在中国式现代化背景下化解隐性债务与合理融资的边界节点，精选了十大城投公司成功转型案例作为指引，本书将理论性、政策性的研究成果与实务性、可操作性的经验总结相结合，为城投转型发展提供切实可行的指导，为地方政府决策提供全面、可靠、专业的参考资料，为各地政府和平台公司进行政策研究和运营管理提供全面且详细的借鉴。

　　全书分为理论篇、评价篇及案例篇，共十九章，系统地将行业、政策、趋势、区域经济与案例相结合。本书不仅是一本理论性的著作，更是一本实用的指南，其创新之处主要集中于以下四点：第一，持续优化科学的指标体系，今年的指标体系增加了公司高管是否受处分、年报是否延期披露、主体评级调整三个三级指标，从而对 2022 年以来各大发债城投企业在公司业绩、社会责任和市场化转型三个方面的指标体系进行全方面、多角度、深层次的评价分析，并以此指标体系对省、地市、区县和开发区四个层级的城投公司进行分别排名,且针对本年度重点研究的三个省市(河北、新疆、甘肃)进行深入分析;第二,根据最新的城投评价指标体系,对市场重点关注的开发区内的城投公司进行综合排名,并针对国内开发区的发展情况和投融资现状进行深入分析;第三,从宏观经济环境分析、行业政策环境分析、行业债务分析到城投行业主要业务市场进行了全面研究,不仅客观反映了行业的发展情况,也对当前化解隐性债务重点和难点进行深度分析,探讨化解债务和合理融资之间的界限;第四,通过调研了解城投公司市场化转型进展情况,重点筛选出十个城投公司市场化转型的成功案例,为城投企业提供了转型的具体路径和实践指南。

目 录

【理论篇】

【案例篇】

【理论篇】

第一章 债务融资是推动地方经济 高质量发展的重要手段

当前，我国经济已转向高质量发展阶段，需要以新发展格局推进经济高质量发展，进而实现中国式现代化。著名经济学家贾康提出，中国的现代化必然要采取超常规发展战略，或称"追赶—赶超战略"。[①] 在区域经济竞争日益激烈的情况下，通过负债拉动投资，提高基础设施建设水平，招引优质产业落地，已经成为我国地方政府推动经济增长的常见手段。[②]

第一节 债务融资助力区域经济高质量发展

随着我国经济发展阶段的推进，地方政府债务融资规模也呈现逐年扩大的趋势，单靠政府财政收入难以满足地方政府维持自身发展、谋求新发展所需要的大量资金，这就迫使部分地方政府通过不断举债缓解资金需求压力。值得肯定的是，地方政府债务融资在助力地方统筹推进稳就业、稳投资、稳预期、促增长、促改革、调结构和惠民生等方面发挥了重要作用，不仅为我国地方经济发展提供了资金保障，还有效提高了政府的服务水平，有力地支持了区域经济发展，为经济发展注入了强劲动能。

一、弥补地方财政收支缺口

我国自 1994 年 1 月 1 日起实施分税制财政管理体制，重新划分中央和地方的财政收支比例。分税制改革后，中央和地方财权与事权错配的状况日益严

---

① 贾康. 贾康学术自传 [M]. 广州：广东经济出版社，2020.
② 吴辉凡，孙成己，项后军. 地方债对区域经济高质量发展的影响研究 [J]. 学术研究，2023（3）：101-108.

重，地方政府的财权难以匹配其所承担的事权，地方财力紧缩的严峻现实迫使地方政府借助负债维持运转，尤其是近两年，经济下行压力持续加大，地方政府承受着较大的财政压力，财政收支缺口不断扩大。据财政部统计，2022年，全国一般公共预算收入为20.37万亿元，其中，地方一般公共预算本级收入为10.88万亿元，与上年相比下降了2.1%；一般公共预算支出为26.06万亿元，其中，地方一般公共预算支出22.50万亿元，与2021年相比增长了6.4%，地方财政的收支差额破纪录地达到6.23亿元。随着城镇化发展的推进，分税制下地方政府财政收支缺口不断扩大，这会在一定程度上影响我国经济长期平稳发展。

20世纪90年代，财税金融制度建设整体相对滞后，在没有提供获取资金的新渠道的情况下，地方政府为了解决财政收入不足的问题，实现区域经济发展的目标，会通过借助地方政府投融资平台（以下简称"投融资平台"）来筹集发展所需要的资金，在这个过程中，地方政府的隐性债务慢慢衍生。

回顾过去三十多年的发展，地方政府债务融资有力地支持了不同地方政府跨越式和弯道超车式发展，整个社会对地方政府隐性负债机制偏向持正向态度。在我国经济增速最快的几个时期，地方政府可能启用1万多家融资平台在全国范围内进行资金支持，以追求辖区超常规发展，在高峰期有效加快基础设施建设，推动产能形成增长点，优化辖区产业和技术经济结构。

不可否认的是，随着隐性债务规模的增加，近几年，投融资平台积累了巨大的隐性负债风险。中央意识到隐性负债的风险因素，前些年强调推进对应性制度建设，并进行预算法的修订，制定了地方债"怎么发""怎么用""怎么还"的全套规则，同时决策层和有关部门还进行监督，防止地方政府投融资平台产生新的隐性负债。此外，中央把三大攻坚战之一落到防范化解重大风险的命题上，足见中央层面对地方政府投融资平台转型转制的重视程度。

二、为市政建设提供资金

随着改革开放的深化，我国城市化进程不断加快，市政基础设施亟须完善升级，但不容忽视的是，地方政府的财政能力与基础设施建设资金需求之间还存在巨大缺口。政府通过举债的方式筹集资金，及时投入基础设施建设，使经济安全渡过发展的瓶颈期，推动国民经济更快更好发展。以重庆为例，改革开放早期，重庆作为地位特殊的山城，其发展问题令人困惑，国有企业迟迟不能振兴，而后经过开发思路的调整，重庆实现了迅猛的发展，总结其经验得出：重庆八大投融资平台在发展初期，具有明显的部门行业特征，在政府的支持下，以支持增长点建设、推动产业集群形成和升级为重点，开始在基础设施建设、开发区建设、经济社会发展等方面呈现出新的态势。重庆八大投融资平台曾经得到世界银行的专门评价，具有极高的研究价值。

此外，从常规方面来看，投入市政建设的债务中最具有代表性的是城投债。城投债的主要作用为建设项目、偿还有息债务、补充流动资金等。在市政建设方面，则主要用于城市基础设施建设、旅游景区建设、产业园区建设和棚户区改造等，从投资和消费的层面都可对经济增长产生较大贡献，具体来看：

一是城市基础设施建设业务，如城市市政道路建设、河道环境改造、体育馆与公共园林绿化建设等，这对投资拉动地区城市化进程速度、推动区域经济发展具有重要作用。

二是旅游景观建设业务，通过对旅游景区的投资建设和运营，促进当地的餐饮、住宿、交通、服务等多个行业的消费，以促进地区经济的发展。

三是产业园区建设业务，包括经济技术产业园区内的基础设施建设、其他相关配套建设等，以优越的硬件条件吸引优质企业投资建厂，可以促进地方就业、推动经济增长。

四是棚户区改造，主要指城投平台对简易结构房屋较多、建筑密度较大、房屋使用年限较长、使用功能不齐全、配套功能不完善、基础设施简陋的区域进行改造，并依法实施棚户区征收拆迁、居民补偿安置以及相应的腾空土地开发利用等的系统性工程。棚户区改造能够有效提升城市形象，调整城市布局，优化城市环境，促进社会经济的和谐发展。

城投债除了用于以上市政建设方面，还可以用于偿还有息债务、补充政府流动资金等方面，对公司的平稳运行和区域经济持续健康发展都发挥了积极作用。由于本部分主要侧重于市政建设，此处不再展开论述。

三、加速推动城镇化进程

县城是我国城镇体系的重要一环，是承载我国大量人口的主要区域，根据国家统计局数据显示，2000~2022年底，我国城镇化建设稳步推进，全国常住人口城镇化率从36.2%提升至65.22%。县城城镇化受到高度重视，中央曾多次发文引导和推动我国新型城镇化发展，在《中华人民共和国国民经济和社会发展第十四个五年规划和2035年远景目标纲要》中明确规定要求加快推动新型城镇化建设，在此过程中，要将县城作为推动城镇化建设的重要载体。不同于传统的以中心城市为引领，发展城市群、都市圈的城镇化道路。以县城为重要载体，依托城市群、都市圈、大中小城市协调共进，是未来城镇化工作的重要方向和推动新型城市高质量发展的必经之路。

根据国家统计局数据，截至 2022 年底，我国城镇常住人口总数达到 9.21 亿，其中，县城及县级市城区人口占全国城镇常住人口的近 30%，县城及县级市数量占县级行政区划数量的约 65%。因此，以县城作为重要载体推进城镇化建设，是基于对我国城镇化现状和城乡统筹发展的深刻认识。县城建设取得成效，能够进一步推动农业人口的非农转移和就近城镇化，进而推进大中小城市和小城镇协调发展的空间布局的形成和完善。

在县城基础设施建设的推进过程中，应当以完善投融资机制为重要抓手，融资模式应当由财政单一投入向多元化融资模式转变。推动地方政府债务融资，加大专项债支持将有助于缓解地方政府财政压力，加大地区基础设施投资力度，使当地能够拥有相对优越的条件，有效吸引人才及其他资源，并促进城市化进程。

地方政府投融资平台作为县城城镇化建设的重要抓手，随着县城城镇化建设的推进，区域内城投平台的重要性将上升，面对这一有利机遇，区域内城投平台需要积极参与县城城镇化的建设，化解城投发展过程中的重难点，尤其是突破融资难的瓶颈，推动县城城镇化建设和城投平台转型发展。

四、加快促进产业转型升级

改革开放以来，各地方充分发挥自身资源禀赋和人文优势，发展多种形式和门类丰富的传统产业，经过几轮的产业转型升级，目前，我国经济总量排在世界第二位，已成为"世界工厂"。在加快推动产业转型升级、培育高质量发展新动能的过程中，地方政府扮演着重要角色。通过加强基础设施建设，推动固定资产投资和资本积累，逐步实现产业结构高度化和合理化，使地方政府债务融资助力基础设施建设取得积极成效。

第一，地方政府通过发行债务进行当地的基础设施建设，可以吸引资金、技术和人员，从而促进当地的产业转型和经济发展。

第二，政府的负债融资行为，既可以分摊技术研发和应用过程中的不确定性风险，还可以突破新产品新技术在研发初期高投入低产出的资本约束，有力地助推产业转型升级的实现。地方政府债务融资对产业结构转型升级具有正向的投资促进效应，同时是一种有为政府的体现。

第二节 地方政府债务融资的演化逻辑和特征

一、地方政府债务的概念、分类及起因

(一) 概念界定

1. 债务

债务是债权的对称,是指在债券和债务的法律关系中,债务人依法对债权人所承担的为一定行为或不为一定行为的义务。从经济意义和会计意义的不同视角来看,债务具有不同的内涵。就经济意义而言,债务是指必须返还的资金;就会计意义而言,债务是指由过去交易或事项形成的、由单位或个人承担、预期会计导致经济利益流出单位或个人的现时义务,包括各种借款、应付及预收款项等。

2. 政府债务

政府债务,又称公债,是指政府凭借政府信誉,在国内外发行的债券或向外国政府、银行借款所形成的债务,可以作为政府除税收外的另一项资金来源。张春霖(2000)将政府债务定义为公共部门债务,认为我国公共部门债务远大于财政债务,只有公共部门的债务才能与市场经济国家的财政债务相比。[1][2] 陈共(2017)认为政府举借的债务称为国债或公债,一般中央政府债务称为国债,地方政府债务称为公债。[3]

政府债务是整个社会债务的重要组成部分。[4] 按照 Hana Polackova 的风险矩阵,政府债务可以分为直接债务和或有债务。其中,直接债务是指政府在任何条件下都无法回避的责任和应当履行的义务。或有债务是指政府在特定条件下,必须承担和履行的责任及义务。以行政级别作为划分标准,具体可以划分为中央政府债务和地方政府债务。

3. 地方政府债务

作为一个存量概念,地方政府债务是指地方政府因以往支出大于收入所形成的赤字总和。具体是指各级地方政府财政收支出现缺口时,通过发行债券、向金

---

① 张春霖. 如何评估我国政府债务的可持续性? [J]. 经济研究,2000(2):66-71.

② 孙世强,等. 财政学(第二版)[M]. 北京:清华大学出版社,2016.

③ 陈共. 财政学(第九版)[M]. 北京:中国人民大学出版社,2017.

④ 应希晨. 我国地方政府债务影响地方经济增长的理论与实证分析 [D]. 成都:西南财经大学硕士学位论文,2022.

融机构贷款等途径进行资金筹措所形成的债务。地方政府作为债务方，按照法律规定，需到期偿还本息。

4. 地方政府债务余额

地方政府债务余额主要是指在国务院批准的分地区限额内，地方政府举借债务的余额。一般债务应在一般债务限额内举借，一般债务余额不得超过本地区一般债务限额；专项债务应在专项债务限额内举借，专项债务余额不得超过本地区专项债务限额。

5. 地方政府债券发行规模

地方政府债券发行规模主要是指一段时期内地方政府发行债券的数量，以及发行债券的金额。根据要求，新增债券、再融资债券、置换债券发行规模，应当低于财政部下达的当年本地区对应类别的债券限额或发行规模上限。

6. 地方政府债券发行限额

地方政府债券发行限额是指地方政府债务在国务院确定的限额内，通过发行地方政府债券的方式筹措举借债务的规模。地方财政部门应当在国务院批准的分地区限额内发行地方政府债券。

（二）地方政府债务分类

地方政府债务可以分为显性债务和隐性债务：

1. 显性债务

显性债务是指政府依据法律的明确规定形成的政府债务，是政府的公开承诺形成的债务，也是特定的政策规定形成的债务。显性债务一般统计更为明确和规范，可以理解为地方政府负有直接偿还责任的债务类型（地方政府债券有财政部代理发行、地方政府对外举债和国债转贷收益等）。具体而言，显性债务又可根据债务偿还资金来源和债务资金使用情况进一步分类。

（1）按资金使用和偿债资金来源划分，可分为一般债券和专项债券。根据《地方政府债券发行管理办法》（财库〔2020〕43 号）[①]，地方政府一般债券是为没有收益的公益性项目发行，约定一定期限内主要以一般公共预算收入作为还本付息资金来源的政府债券；地方政府专项债券是为有一定收益的公益性项目发行，约定一定期限内以公益性项目对应的政府性基金收入或专项收入作为还本付息资金来源的政府债券。

（2）按资金用途划分，可分为新增债、再融资债和置换债。新增债指地方政府发行的用于筹措建设投资资金的债券，是地方政府债务新增的部分。每年新增债券的发行规模受财政部下达的本地区新增债务限额的限制。再融资债是财政

---

① 中华人民共和国中央人民政府. 地方政府债券发行管理办法〔EB/OL〕. https://www.gov.cn/gongbao/content/2021/content_5588832.htm.

部对于债务预算的分类管理方式，是为了偿还部分到期地方政府债券本金而发行的募集资金的债券。再融资债券由财政部在《2018 年 4 月地方政府债券发行和债务余额情况》①中首次披露，对其做出如下定义：再融资债券是发行募集资金用于偿还部分到期地方政府债券本金的债券，是财政部对于债务预算的分类管理方式。再融资债券即"借新还旧"债券，是为偿还到期的一般债券和专项债券本金而发行的地方政府债券，不能直接用于项目建设。置换债主要用于置换 2014 年底甄别认定的非债券形式存在的地方政府存量债务，也包括偿还少量政府或有债务的债券。2015 年置换债发行，《财政部关于对地方政府债务实行限额管理的实施意见》（财预〔2015〕225 号）②对置换债的时间进行了明确，"地方政府存量债务中通过银行贷款等非政府债券方式举借部分，通过三年左右的过渡期，由省级财政部门在限额内安排发行地方政府债券置换"。在 2015～2018 年大规模发行结束后，置换债券的发行并不多，2019 年发行了少量置换债券用于进行部分隐性债务置换，支持建制县隐债化解试点。

再融资债和置换债原本界限分明，但从 2020 年 12 月开始，部分再融资债的资金用途发生改变，从原来的"偿还债券本金"转变为"偿还存量债务"，这部分用于"偿还存量债务"的再融资债被称为特殊再融资债，主要用于化解隐性债务。

2. 隐性债务

地方政府隐性债务与显性债务相对，是指不在限额和预算管理计划内，不以地方债形式存在，但地方政府可能需要承担偿还责任的债务。由于隐性债务的偿付不是现时的义务，故当前各界对隐性债务缺乏统一口径和认定标准，其规模难以准确判定。根据《中共中央　国务院关于防范和化解地方政府隐性债务风险的意见》（中发〔2018〕27 号）的规定，地方隐性债务是指在法定债务预算范围之外，地方政府负有偿还责任的债务。对通过财政资金、违规提供担保等方式举借的债务，也包括直接或间接以偿还方式偿还的债务。根据毛捷和徐军伟对地方债相关制度政策和典型事实的系统梳理，地方政府隐性债务是指地方政府在法定政府债务限额之外直接或者承诺以财政资金偿还以及违法提供担保等方式举借的债务。③

地方政府的这些隐性债务在形式上包括：

①　人民网.2018 年 4 月地方政府债券发行和债务余额情况［N/OL］.http：//finance.people.com.cn/n1/2022/0518/c1004-32424604.html.

②　中华人民共和国中央人民政府.财政部关于对地方政府债务实行限额管理的实施意见［EB/OL］.https：//www.gov.cn/gongbao/content/2016/content_5059103.htm.

③　毛捷，徐军伟.中国地方政府债务问题研究的现实基础——制度变迁、统计方法与重要事实［J］.财政研究，2019（1）：3-23.

（1）由地方人大、政府出具承诺函：一是由地方政府或财政局出具承诺函，对债务承担保证责任；二是人大常委会决议中将债务列入人大预算；三是由地方政府或财政局出具承诺函，对债务承担保证责任。

（2）地方事业单位与金融部门合作形成的政府间接负有偿付责任的新型融资模式，以企事业单位名义举债，地方政府统一使用、归还。具体而言，为应对融资平台融资能力下降的局面，地方政府办理银行借款和以学校、医院等企事业单位名义融资租赁的，统一用于道路、水利等基础设施建设的融资平台。

（3）以政府购买服务的形式：政府购买服务作为一种"融资渠道"，并且是在严格限制融资平台融资的背景下。

（4）以 PPP 项目违规融资：采取政府回购、承诺固定投资回报等方式，以"明股实债"的债务形式（包括政府或其指定机构回购社会资本投资本金或兜底本金亏损）；政府对社会资本（等）回报固定收益的承诺。

（5）利用政府产业引导基金进行融资：地方政府在实际操作中，实质上形成了对其他有限合伙人、抵质押物等隐性债务的担保条款。

（三）地方政府债务产生的原因

从产生原因的视角分析可以发现，地方政府债务产生的原因是复杂多样的，不同国家和地区的情况各不相同。地方政府需要根据当地实际情况和政策需要制定合理的债务策略，避免出现债务过高等问题。通过对地方政府债务融资动因的深入分析，可以将其归纳为以下三个方面：

1. 权责不对等

合理的财政体制是地方政府履职的一种制度保障，地方政府履行管理职能一般通过财政收入实现，而地方政府行使管理职能的主要途径则体现在财政支出上。财政体制是否合理主要体现在财权与事权的一致性上，这种一致性通过财政收入与财政支出是否匹配体现。从收支比例来看，财政收入占比和财政支出占比不要求完全对等，但也应该表现出较强的一致性。

财政不平衡极易发生在地方政府身上，因为我国政府财权和事权严重不对称。财政失衡源于一国的财政分权体制，这是一国政府对财政收入和支出划分的明确制度，在多层政府体制中，如果各级政府的支出与收入相匹配，一般认为该国政府财政处于平衡状态；相反，政府间存在财政失衡的现象。因此，这种权责不对等的体制缺陷容易导致地方政府财政失衡，是地方政府举债的背后推手[①]。

2. 转移支付制度

转移支付在平衡中央与地方财政收支平衡中扮演了重要角色，中央政府通常

---

① 朱军. 中国地方政府债务：现状、特征及治理对策［J］. 贵州省党校学报，2022（6）：95-102.

为填补地方财政缺口而给地方政府提供了大规模的转移支付。这种大规模转移支付与地方政府债务融资存在一定的关系，即中央政府通常会对财政缺口较大的地区给予更多的转移支付的援助。

转移支付收入一般由本地区享有，但其费用由全国负担。由于公共池效应的存在，对于地方政府来说，理性的选择是能够获得更多的转移支付，尽可能地表现出辖区内财政状况不佳、债务高企的特点，以利用这种信息不对称获得更多的上级政府补贴。但是，地方政府不能仅依靠中央政府的转移支付，而是要为地方政府举债融资提供空间和可能。

3. 预算软约束

地方政府举债产生的原因之一是财政预算的制度缺陷，即财政预算的软约束。合理的财政预算应当能够体现出科学性、规范性、严肃性等特征。财政预算的编制、审议、批准、执行都要依据《中华人民共和国预算法》的相关规定执行，预算一旦确定和批复，原则上是不能随意调整与追加的，这也就是所谓的"预算硬约束"。

当预算外活动发生，此时国家会追加投资、减少税收或财政补贴，这便是预算软约束产生的起源之一。由于中央财政对地方财政收支情况还未能实现全面的监督和约束，抵挡财政的预算软约束现象较为普遍。一旦地方政府面临预算软约束时，为追求经济增长和提高公共服务水平，地方政府进行债务融资便成为推动地方短期经济增长的理性选择[1]。

二、地方政府债务融资的演化逻辑

（一）统收统支，零星发债

改革开放以前，计划经济体制中的财政管理体制实行"统收统支"，中央财政高度集权，地方财政没有独立的支配权和独立的举债权力，财政收支服从中央政府的安排和决定。如果地方出现债务，中央政府一方面会收回下放给地方的信用资金和项目投资管理权限，另一方面会进行债务清理，地方政府债务实质上转变为中央债务，再由全社会透支资金，通过中央财政向银行的方式承担。在这一阶段，地方政府已经发行了两期公债，中央政府给予了很大的支持。

第一次是1950年东北生产建设折实公债，发行对象是东北地区的工人、农民、工商界和市民，目的是加快恢复因长期战乱而遭受严重破坏的经济。

第二次是20世纪50年代末至60年代初各地方因急需筹措建设资金而发行的地方经济建设公债，中央赋予地方债券管理较大的自主权，各地方政府根据当

① 张帆，孟磊，毛佳莹. 财政不平衡、转移支付与地方政府债务融资［J］. 江南大学学报（人文社会科学版），2022（5）：27-39.

地群众生产生活实际需要和购买公债的能力，安排是否发债和发债数量，有效调动了地方政府的积极性。《关于发行地方经济建设公债的决定》《中华人民共和国地方经济建设公债条例》于 20 世纪 50 年代相继发布，在原则上规定了地方经济建设公债的发行目的、发行主体、收益归属、管理机构、发行方式、发行数量、利率水平、发行期限和偿还方式，以及流转、备案制等管理制度。

（二）行政发债，多措并举

在计划经济向社会主义市场经济转轨的阶段，随着改革开放的不断推进，中央颁布了"让利放权、分灶吃饭"的政策方针，以激发地方政府的积极性，从这一点上讲，地方财政拥有了一定的支配权和自主权。从 1979 年开始，中央对地方的预算内基本建设预算支出由拨款形式向银行贷款形式转变，即实质上仍属于财政资金的"拨转贷"。1988 年投资体制改革实行投资基金管理制度后，因基金使用管理约束不强、管理政策宽泛等问题，逐渐缩减并最终告一段落。

与此同时，为了弥补国库的不足，政府筹划发行债券，1981 年公布的《中华人民共和国国库券条例》中规定国库券主要向国营企业、集体所有制企业、企业主管部门和地方政府分配发行。这一时期实行的仍是相对集中统一的经济、财政政策，地方政府举债依然受到严格控制，国家不支持地方政府通过发行地方政府债券的形式进行举债：1985 年和国务院办公厅发布《关于暂不发行地方政府债券的通知》，明确表示地方政府不得发行或变相发行地方政府债券。整体而言，这一阶段与其他时期相比问题较小。

（三）曲线筹资，规模膨胀

1994 年中国实行分税制改革，中央和地方政府重新分配财权，财权向中央政府集中。地方政府一方面承担了更多基础设施建设、公共卫生、教育和社会保障等公共产品的供给任务，财政支出的负担有所加重；另一方面，地方政府的财权相对减少，财政收入并未出现同步增长。财政收支矛盾、财权与事权不对等，在经历了分税制改革之后，必然迫使地方政府不断加大举债融资比例，地方政府债务膨胀过快。

1995 年，《中华人民共和国预算法》和《中华人民共和国担保法》施行，地方政府作为借款方和担保方都在相关条例中做出了明确的限制。伴随经济发展，地方政府的融资需求不断增加，各类地方政府自行举债、变相融资、违规担保等现象不断出现，地方政府的债务风险越发显著，亟待加强管理的规范性。同时，法律法规并未明文禁止地方政府通过融资平台间接举债，融资平台公司因此成为地方政府投融资的重要载体。同时，这一时期的土地制度、财务制度等，也为发展融资平台公司创造了条件。随着 1997 年亚洲金融危机和 2008 年国际金融危机的爆发，融资平台公司不断增多，债务规模迅速膨胀，风险也逐步暴露。

（四）规范发展，有序扩张

自从欧洲爆发债务危机之后，我国逐渐对地方政府债务风险予以高度重视，2010 年和 2014 年分别发布了《关于加强地方政府融资平台公司管理有关问题的通知》① 和《关于加强地方政府性债务管理的意见》②，地方政府债务管理逐渐趋于规范化。全球金融危机爆发后，我国政府出台了积极的财政政策，并通过地方政府融资平台开展投融资。这个时期我国逐步恢复地方政府债券的发行，具体可以划分为三个阶段。

第一阶段是"中央代发代还模式"。2009 年，国务院所发行的地方政府债券共计 2000 亿元，各地方政府的身份为债务人，需要做到还本付息，向财政部缴纳本息以及发行费等，这一阶段的发债权隶属于中央政府。

第二阶段是"地方自发中央代还模式"。2011 年，国务院选择上海、浙江、广东、深圳四个城市作为地方政府自行发债的试点，各地方政府在年度发债规模限额范围内自主决定发债机制，由财政部代办还本付息，地方政府开始拥有了一定程度的自主发债权。

第三阶段是"地方自发自还模式"。2014 年，10 个省市获得批准试点地方政府债券自发自还模式，与上一阶段相比较，地方政府的财政主体地位明显增强，成为独立的发债与偿债主体。

（五）聚焦化债，着重治理

2015 年 1 月 1 日，新《中华人民共和国预算法》实施，其中明确规定地方政府只能通过发行政府债券的形式举债，自此标志着地方政府举债进入新的治理时期。这一时期着重于科学合理地构建地方政府举债融资制度。

一是基于增量债务层面的考虑，严格管理地方政府债券发行，提高管理效率。其中包括《关于对地方政府性债务实行限额管理的实施意见》（财预〔2015〕225 号）③、《地方政府一般债务预算管理办法》（财预〔2016〕154 号）④、《关于做好 2018 年地方政府性债务专项预算管理工作的实施意见》（财预〔2016〕155 号）、《关于做好地方政府性债务专项预算管理工作的实施意见》（财预〔2018〕34 号）等。

---

① 中华人民共和国中央人民政府．关于加强地方政府融资平台公司管理有关问题的通知［EB/OL］. https：//www. gov. cn/zhengce/content/2010-06/13/content_1942. htm.

② 中华人民共和国中央人民政府．关于加强地方政府性债务管理的意见［EB/OL］. https：//www. gov. cn/zhengce/content/2014-10/02/content_9111. htm.

③ 中华人民共和国中央人民政府．关于对地方政府性债务实行限额管理的实施意见［EB/OL］. https：//www. gov. cn/gongbao/content/2016/content_5059103. htm.

④ 中华人民共和国中央人民政府．地方政府一般债务预算管理办法［EB/OL］. https：//www. gov. cn/gongbao/content/2017/content_5208218. htm.

二是基于存量债务的考量，地方政府存量债务置换任务应尽快完成。2015年，财政部逐步置换地方政府存量债务。同时，为防止大量债务违约，财政部利用 3 年过渡期，正式出台了存量债务置换 NGO 模式的《关于地方政府性债务限额管理的实施意见》，在降低风险的同时，缓解地方政府压力。

需要说明的是，地方政府债务在一定程度上为地方政府违规融资举债创造了更多的条件，这是随着融资平台的不断发展、政府购买服务的兴起以及 PPP 模式的出现而逐渐隐性化的趋势，地方政府债务在一定程度上为地方政府违规融资举债创造了更多的条件。我国高度重视地方政府的债务管理和风险防范，2018年中央正式提出把防范和控制重大风险放在首要位置，在这个过程中地方政府面临的债务问题是最突出的。

三、地方政府债务融资的特征及表现

我国地方政府债务发端于 20 世纪 70 年代末，经过漫长的发展历程，不同时期呈现了不同的特征，随着经济的发展，地方政府的显性债务平稳有序增长，隐性债务也愈加突出。现阶段，我国政府债务的特征及表现可归纳为以下四个方面：

（一）债务规模庞大，扩张加速

根据财政部的数据统计，2015 年以来，地方政府债务余额逐年上升，从2015 年末的 14.76 万亿元增长至 2022 年末的 35.06 万亿元，控制在全国人大批准的限额之内，但创历史新高。其中，一般债务余额 14.39 万亿元，专项债务余额 20.67 万亿元。从增速来看，2018 年以来，地方政府债务余额以年均超 10% 的增速增长，高于 GDP 增速，其中，一般债务余额平稳增长，专项债务余额大幅上升，占比从 2015 年末的 37.24% 增长至 2022 年末的 58.96%。总体来看，地方政府债务压力较大。

（二）举债主体多元，流程复杂

地方举债与偿债的主体主要是地方政府及其财政部门，但是地方政府面临财权缺失的现实情况，其融资需求必须在合规举债的基础上通过多元举债方式才能实现。基于上述情况，地方政府以融资平台、银行、其他金融机构作为资金获取渠道，结合机关事业单位、产业引导基金以及 PPP 项目等渠道获取项目资金。

经过烦琐的资金分配、使用和偿还环节，以及资金的多方流转，相关监管部门之间缺乏协调配合，导致地方政府性债务主体复杂化，地方政府性债务风险加大，因为地方举借过程中涉及多元利益主体，容易在资金流转过程中形成多方利益交换、权力寻租等现象。

（三）表现形式隐蔽，风险难测

我国地方政府隐性债务数量较多，且由于隐性债务具有隐蔽性特点，信息披

露不透明,市场对隐性债务统计口径存在差异,地方政府性债务没有公开的数据指标可以衡量,担保支持、承诺回购等违规手段也在现实中存在,规模难以估算。

中央政府及财政部等相关部门对地方政府债务管制高度重视,相关管理制度和机制处于不断完善的过程中,地方政府也积极采用多种形式控制债务规模。但部分地方政府利用各种形式获取地方融资平台的资金支持,表面上应由融资平台和涉及 PPP 项目的民营企业偿还其应得债务,当项目收益超过债务余额需要偿还时,地方政府无隐性担保偿还压力,一旦融资平台资金链断裂,发生资金流危机,地方政府或将对相应的经费开支进行兜底。

(四)区域分化明显,发展迥异

整体来看,南方地区债务率普遍高于北方地区。江苏、贵州和湖南多数地市城投债务率偏高,而华北地区和广东多数地市城投债务率较低。此外,我国东部地区的负债率普遍较低,其次是中部地区,负债率较高的青海、西藏都基本上位于西部地区。这可能是由于中西部地区的经济水平和发展情况相较于东部地区还处于较低水平。为了提高地区公共服务水平,吸引企业入驻,中西部地区政府在公共基础设施和政策优惠上的投入力度要远远大于东部地区,但是,中西部地区财政创收能力较弱,政府相应的财政支出可能会超出财政收入,形成资金缺口,导致对债务资金的需求量更大。

第三节 地方政府债务融资的模式和现状

一、地方政府债务融资的模式

地方政府债务融资,是指地方政府在资本市场上利用政府自身信用或已有资产,通过抵押担保等形式开展的融资行为,主要包括地方政府贷款收入、地方政府债券收入、融资平台贷款和债券收入等。在中国,地方政府债务融资由于规模大、扩张快而受到广泛关注,其对于经济和金融稳定具有重要影响。依据融资主体的不同,在我国现实情境下,地方政府债务融资的模式主要有以下四种:

(一)城投平台发债

在 2014 年,新《中华人民共和国预算法》(以下简称新《预算法》)颁布之前,地方政府筹资渠道有限,多以搭建城投平台的方式筹资,所筹资金主要用于与城市公共服务配套的基础设施建设。通常来说,公共产品的收益较低或没有收益，因而城投平台以收益来偿还债务的可能性较低，一般以地方政府的财政补贴、土地出让收入等收入作为担保来偿还。城投平台发债是长期以来地方政府融资的主要模式，但由于城投平台债务并不直接计入地方政府债务，因此具有较高的隐蔽性，难以得到有效监管。国务院于 2014 年 10 月发布《关于加强地方政府性债务管理的意见》（国发〔2014〕43 号）[①]（以下简称"43 号文"），鉴于当时各地政府通过融资平台筹集的显性或隐性债务资金规模扩张较快，并由此积累了相当高的债务风险，"43 号文"提出，剥离融资平台公司政府融资职能，融资平台公司不得新增政府债务。对此，我国在加强监管的同时，积极推动隐债化解与城投平台的市场化转型。

（二）中央政府转贷

中央政府转贷，主要是指以中央政府作为直接债务人以发行国债、向国内外金融机构融入资金等方式，再以债权人的角色将资金转贷给地方政府的融资模式。其中，地方政府通过中央政府转贷获取的资金，一般需要经过专项用途申请，并要求在严格的使用条件下配置资金。

在具体操作的过程中，中央政府为有效防止地方政府无限制索取资金，要求地方政府根据申请总额提供一定比例的自有资金，剩余比例的资金由中央政府提供。由此，地方政府无法偿还的债务最终将由中央政府承担，地方政府与中央政府均成为债务人。然而，中央政府转贷周转慢和规模小，随着我国经济的快速发展，逐渐难以满足地方政府的融资需求，在地方政府债务融资中的比例呈现缩减趋势。

（三）地方政府发债

地方政府发债，是我国政府规范地方政府举债融资的主要方式之一。新《预算法》于 2015 年正式颁布和实施后，要求地方政府原则上只能以发行政府债券的方式举债，其中第 35 条第 3 款提出"除前款规定外，地方政府及其所属部门不得以任何方式举借债务"，严格限制各级政府违规、违规在规定渠道以外举借债务。地方政府债券是指地方政府以债务形式向广大投资者发行的债券，主要用于支持基础设施建设和社会事业发展等领域，由于其发行是在政府背书下进行的，因此具有较高的安全性和流动性，通常也会享受免征个人所得税等税收优惠政策。2015 年新《预算法》实施后，地方政府拥有自主发债的权力，地方政府举债融资在地方政府举债中所占比重逐渐上升。

（四）社会资本合作

社会资本合作，又称 PPP 模式，主要是指地方政府将基础设施和公共服务

---

① 中华人民共和国中央人民政府. 关于加强地方政府性债务管理的意见（国发〔2014〕43 号）[EB/OL]. https：//www.gov.cn/zhengce/content/2014-10/02/content_9111. htm.

委托社会资本出资建设的融资模式。在该模式之下，由社会资本承担经营、建设与偿还义务，地方政府负责监督和提供一定的政府补贴。通过社会资本合作有利于地方政府融资风险的转移，但也对监管提出了更加严格的要求。PPP 模式的优势在于将基础设施建设和运营的收益和风险在政府和社会资本方之间合理地分担，使社会资本方在项目运营过程中提高效率，并在满足合约规定的公共服务提供的前提下，获取尽量多的利润。43 号文一方面严控地方融资平台融资，另一方面大力推广 PPP 模式来为地方公共服务领域募集资金，PPP 模式再次得到中央政策的支持，并在全国范围内迅速扩张。然而，相当比例的 PPP 项目存在地方政府对收益率的担保，政府支出责任固化，产生"明股实债"问题，从而使社会资本方缺少项目经营的激励，这与 PPP 模式的初衷背道而驰。《关于规范政府和社会资本合作（PPP）综合信息平台项目库管理的通知》① 于 2017 年由财政部印发，严格规范 PPP 项目准入，同时要求清退不符合条件的 PPP 项目。此后，多个省份不同程度地叫停 PPP 项目，落实清退项目的整改工作。经过五年的规范化治理，PPP 模式从野蛮生长趋向规范理性运行。PPP 明股实债问题的发生很大程度上是由于地方政府失去了通过城投公司进行融资的渠道，而把 PPP 作为一种替代的融资渠道，产生了一种"按下葫芦浮起瓢"的政策效果②，因此必须防止 PPP 异化为新的地方融资平台，有力遏制隐性债务风险增量。

二、地方政府债务融资的发展状况

随着我国经济体制改革的不断深化，我国的债券市场发展迅速，据《中国债券市场投资手册（2022 年版）》，中国债券市场已经成为全球第二大债券市场，而债务融资的方式在我国长期占据着主导地位。地方政府债务融资作为我国债务融资的重要组成部分，对推动我国经济发展发挥着重要作用，而城投平台发债与地方政府发债又是当前地方政府债务的主要来源，因此本部分将从地方政府债券融资、城投债券融资等方面，分析我国地方政府债务融资发展现状。

（一）地方政府债券融资现状

从发行情况来看，2022 年地方政府共计发债 2145 只，合计 7.36 万亿元（其中一般债为 2.24 万亿元，专项债为 5.12 万亿元），发行规模与数量较 2021 年均出现小幅下滑，主要是由于 2022 年中央继续贯彻"遏制隐性债务增量，从严查处违法违规举债融资行为"这一理念，对于债务风险较高的地方政府限制了举新

---

①　中华人民共和国中央人民政府．关于规范政府和社会资本合作（PPP）综合信息平台项目库管理的通知［EB/OL］．https：//www.gov.cn/xinwen/2017-11/16/content_5240219.htm．

②　汪峰，熊伟，张牧扬，等．严控地方政府债务背景下的 PPP 融资异化——基于官员晋升压力的分析［J］．经济学（季刊），2020（3）：1103-1122．

债的行为。

从存量情况来看，近年来，地方政府债务规模总体呈现上涨的趋势，且专项债的增速要大于一般债的增速。根据 Wind 数据，截至 2022 年末，我国债券市场总存量为 141.34 万亿元，其中地方政府债券余额为 34.88 万亿元，占债券市场总存量的 24.7%。从图 1-1 可以看出，2019 年之后，地方债务规模的增长明显加快，这主要是由于新冠病毒感染疫情的暴发给我国的经济发展和社会稳定造成了一定冲击，为缓解经济下行的压力，政府主动担责，采取积极的举措，主要通过增发专项债等方式保障基本公共物品的正常供给。

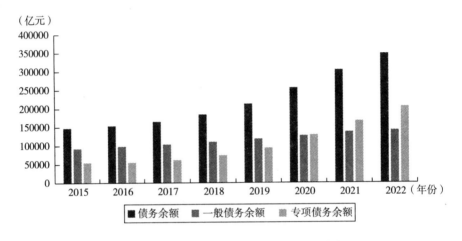

图 1-1　2015~2022 年全国地方政府债务余额

资料来源：中华人民共和国财政部官网。

从图 1-2 分省份来看，沿海经济发达地区地方政府债务融资规模较高，排在前四位的省份分别是广东、山东、江苏和浙江。截至 2022 年末，地方政府债务余额分别为 2.51 万亿元、2.36 万亿元、2.07 万亿元、2.02 万亿元；四川、河北、湖南、河南等 13 个省份债务余额均在万亿元以上，陕西、广西、内蒙古等 14 个地区债务余额均不足万亿。从负债率①来看，2022 年地方政府负债率最高的是青海，其次是贵州、吉林、甘肃等省份，这些地区地方经济发展水平相对滞后，资金来源受限，在加强债务管理的同时，应当积极调整经济结构、推动经济发展。

① 负债率＝地方政府债务余额÷GDP。

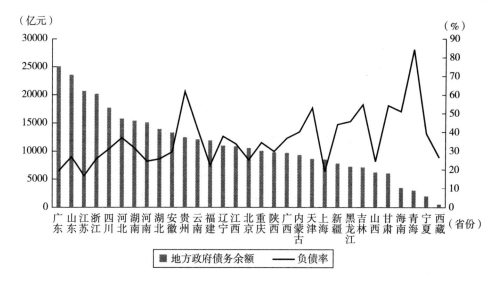

图 1-2　2022 年末全国各地地方政府债务情况

资料来源：企业预警通、各地区财政厅官网。

（二）城投公司债券融资现状

城投债券是我国债券市场的重要组成部分，对于城市建设和经济发展都有着重要的影响，当前我国城投债券融资呈现以下特点：

1. 存量规模屡创新高

在城投债多年的发展历程中，既因受到政策红利而经历过快速发展阶段，也因监管政策加码而"踩刹车"慢行，但是总体来看，近十年来城投券债存量规模持续上升，融资品种也不断丰富。根据 Wind 数据，截至 2022 年 12 月 31 日，城投债券存量规模为 13.51 万亿元，同比增长 8.90%，较 2013 年末上涨近 6 倍，创历史新高；存量债券品种包括公司债、企业债、中期票、短期融资券、定向工具以及可交换债，其中公司债为城投债券第一大存量品种，占比为 40.42%。2013 年末至 2022 年末全国城投债券存量规模及只数如图 1-3 所示。

2. 发行规模维持高位

近些年来，尽管城投债券新增融资难度加大，二级市场波动加剧，但仍未发生实质性违约，政策指导下的多轮化债尝试保障了城投债偿还规模结构的稳定，低风险、稳收益、强背书等优势让城投债仍受市场欢迎。根据 Wind 数据，2015 年以来，城投债券发行规模整体呈上升趋势，2021 年达到最大发行规模，为 5.6 万亿元。2022 年，城投债券发行规模有所收缩，主要是 2021 年以来城投监管政策有所收紧，2021 年 3 月《国务院关于进一步深化预算管理制度改革的意见》（国发〔2021〕5 号）进一步强调要坚决遏制隐性债务增量，妥善化解隐性债务

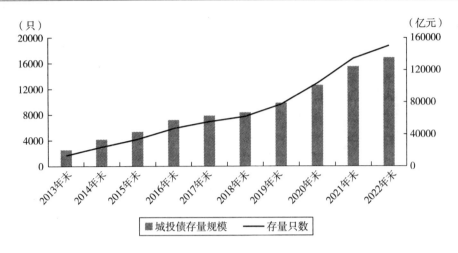

图1-3　2013年末至2022年末全国城投债存量规模及存量只数

资料来源：Wind。

存量；同年7月，银保监会15号文明确打消财政兜底幻觉，严禁新增或虚假化解地方政府隐性债务。在监管政策持续收紧态势下，城投债融资规模仍高达4.87万亿元，占2022年信用债市场发行规模的26.94%。2022年各地城投债券发行金额及发行只数如图1-4所示。

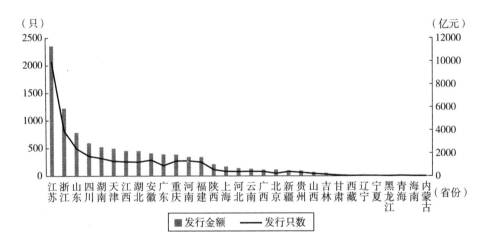

图1-4　2022年各地城投债发行金额及发行只数

资料来源：Wind。

3. 分化特征依然明显

当前,城投债券市场发展相对成熟,整体趋稳态势更加明显,结构性分化将导致区域数量发展不平衡和质量参差不齐长期存在。从发行地域来看,城投债券发行人主要集中于经济发达地区。其中,江苏、浙江、山东等东部沿海发达地区城投债发行规模较大,发行规模分别为 1.13 万亿元、0.59 万亿元以及 0.38 万亿元,合计占比达 43.36%,发行集中度较高;黑龙江、青海、海南、内蒙古 4 地城投债发行规模较小,均在 50 亿元以下。

总体来看,虽然我国城投平台当前在融资方面面临着一定的困境,但城市基础设施建设的需求并不会因此减少。未来,随着我国城市化进程的不断推进,城投平台市场化转型也会逐步加快,城投债券仍将继续扮演重要的角色,为城市建设和经济发展提供必要的资金支持。

三、地方政府债务融资存在的问题

2008 年国际金融危机之后,为刺激经济增长,我国政府推出了"四万亿"经济刺激政策,这一政策在特殊时期很好地实现了刺激经济增长的目标,但也导致了地方政府隐性债务规模超预期增加,使地方政府隐性债务问题成为影响我国经济发展的重大风险隐患。虽然中央以及地方政府一直在努力地化解隐债问题,但出于各种现实原因,相应的管控政策一直在松、紧之间反复,我国地方政府债务仍在持续攀升,各类问题也随之暴露。

(一)融资平台债务风险事件频现

2018 年以来,随着城投平台融资政策的收紧,非标违约事件时有发生,2018~2021 年地方融资平台非标违约事件数量分别为 9 例、26 例、22 例、19 例,2022 年全年共发生 15 例地方融资平台非标违约事件,具体违约情况如表 1-1 所示。

表 1-1 2022 年地方融资平台违约事件

融资方	产品类型	地区	披露时间
扎鲁特旗鲁丰国有资产发展投资经营有限公司	融资租赁合同	内蒙古	2022 年 12 月 30 日
广西柳州市东城投资开发集团有限公司	信托计划	广西	2022 年 12 月 13 日
遵义市播州区城市建设投资经营(集团)有限公司	—	贵州	2022 年 11 月 30 日
巴彦淖尔市城市发展投资有限责任公司	信托计划	内蒙古	2022 年 9 月 30 日
贵州省西南交通投资实业集团有限公司	信托计划	贵州	2022 年 9 月 28 日
遵义道桥建设(集团)有限公司	信托计划	贵州	2022 年 9 月 17 日
贵州省西南交通投资实业集团有限公司	私募基金	贵州	2022 年 9 月 5 日

续表

融资方	产品类型	地区	披露时间
平凉文化旅游产业投资集团有限公司	融资租赁合同	甘肃	2022 年 9 月 1 日
平塘县水务有限责任公司	融资租赁合同	贵州	2022 年 8 月 9 日
登封市建设投资集团有限公司	其他	河南	2022 年 8 月 5 日
遵义道桥建设（集团）有限公司	信托计划	贵州	2022 年 7 月 21 日
保山金盛工业开发有限公司	其他	云南	2022 年 6 月 23 日
遵义市播州区国有资产投资经营（集团）有限公司	其他	贵州	2022 年 2 月 8 日
盘州市宏财市政工程有限公司	信托计划	贵州	2022 年 1 月 17 日
洪洞县热力供应有限公司	信托计划	山西	2022 年 1 月 10 日

资料来源：企业预警通。

从地区分布来看，2022 年，非标违约事件主要集中于地方政府债务压力较大、经济发展状况相对落后的省份。在 15 例非标违约中，8 例位于贵州，2 例位于内蒙古，广西、甘肃、河南、云南、山西各 1 例。从披露时间来看，城投非标违约披露主要集中于第三、第四季度。

非标违约事件发生的原因主要包括以下两个方面：一是在经济周期下行、监管政策趋严、外部融资渠道趋紧等多重因素叠加下，城投企业主要渠道融资受挫，再融资滚续不畅造成非标违约。二是区域经济基本面较差，地方政府负债率较高或综合财力偏弱，财政收入减少与债务负担重均可能导致财政对融资平台的支持力度转弱，造成非标融资事件出现。

（二）专项债券投资效能受到制约

我国地方政府债券分为专项债和一般债，一般债通常用于当地没有收入的公益性事业，而专项债本质上是政府用于投资的资金，所以还要考虑到其收益的问题。目前我国地方政府的专项债发行建立在"项目制"的基础上，在申报以及执行时有着严格的事前审核、事中监督以及事后问责制度，这在一定程度上控制了专项债发行的风险，但这也导致了专项债的申报难度较高、申报流程复杂，在一定程度上限制了其投资效能的发挥。如 2019～2021 年我国专项债的发行额分别为 2.15 万亿元、3.75 万亿元、3.65 万亿元，发行规模逐年大幅度上升，理论上这应当对应着我国基础设施建设的投资增速逐年上涨，但事实上我国基建投资增速却呈现递减的趋势，专项债的投资效能并没有得到充分的发挥。

（三）地方政府隐性债务成本增高

地方投融资平台与地方政府之间存在紧密的联系，正是基于这样的联系，公司内管理人员多由政府工作人员兼任，这导致许多地方性投融资平台有着严重的腐败问题,不少领导干部利用职权或者影响力,通过"影子公司"参与地方平台融资业务,以"顾问费""手续费""咨询费""服务费"等中介费名义谋取非法利益,提高了政府隐性债务规模和成本。2022年5月,中央纪委国家监委发文聚焦城投公司腐败问题,指出一些平台公司存在违规融资担保、违规借款、违规举债投资等。

(四)部分地区融资需求难以满足

2015年以来,在允许地方政府以"自发自还"形式发债的同时,我国也设立了地方政府债务限额管理制度以防止地方政府债务无度扩张。这一制度虽然限制了地方政府的发债总量,但因没有考虑到不同地区的发债需求不同,所确定的债额可能无法满足部分地区的合理融资需求,使其最终还是通过融资平台或者PPP项目等渠道进行融资,从而造成地方政府隐性债务增加。此外,对于所配给限额高于实际所需的地区来说,地方政府可能为了下一年的限额不减少而过度举债,长此以往将不利于我国化解隐债目标的实现。

第四节　中国式现代化背景下地方政府债务融资的趋势

党的二十大报告指出:"从现在起,中国共产党的中心任务就是团结带领全国各族人民全面建成社会主义现代化强国、实现第二个百年奋斗目标,以中国式现代化全面推进中华民族伟大复兴。"金融是现代经济的核心,这要求我们要合理利用各类金融工具,积极探索市场化、多渠道的融资机制,努力建设完善稳定的金融保障体系,从而推动实现高质量发展。地方政府作为建设现代化经济体系中的重要组成部分,其在地方基础设施建设上发挥着至关重要的作用。虽然当前地方政府隐性债务问题仍然突出,但随着地方政府举债机制的逐渐完善,我国地方政府债务融资也将趋于良性发展。

一、地方政府举债越来越规范

政府举债是指以政府信用为担保,向金融机构或其他组织进行债务融资以满足当地发展需要的一项行为。改革开放以来,我国政府举债经历了集资和收费、借助地方政府投融资平台贷款或发债、发行地方政府债及与社会资本相互合作三个阶段[①]。在地方政府举债发展过程中，中央对于地方政府债务的监管也在逐渐加强，制度的完善促使我国地方政府的举债行为越来越规范。

（一）总量控制，实行预算管理

过去，地方政府债务由于缺乏有效的监管，一直处于无度扩张的状况。直到2016年财政部印发《地方政府一般债务预算管理办法》[②]和《地方政府专项债务预算管理办法》[③]，明确了地方政府债务分类纳入预算管理工作的具体要求之后，中央才通过预算管理的方式，对债券总额以及和社会资本合作的比例进行控制，进而实现对地方债务扩张的总量控制。《2022年中央和地方预算执行情况与2023年中央和地方预算草案的报告》[④]和2023年《政府工作报告》[⑤]又强调了要继续加强地方政府债务管理，督促省级政府加强风险分析研判，定期监审评估，释放出地方政府债务将进入更严格管制的信号。对于那些隐性债务较高的地区来说，新发债券将多用于借新还旧用途，用于项目建设和补充流动资金用途的新发债券或将受到更严格的监管审核，以落实总量控制。

（二）政企分离，明确举债主体

分税制改革之后，地方政府财权上移，同时承担了更多的经济建设责任，地方政府的财权与事权不匹配，这促使地方政府纷纷组建投融资平台以满足资金的需求。在很长一段时间里，投融资平台的存在为推动地方经济发展作出了巨大贡献，但治理结构的不完善、责任主体的不清晰以及操作流程的不规范导致其融资状况难以被监管，加之其与政府关系紧密，还可能存在内部腐败的问题，这无形之中增加了政府的融资成本。对此，中央一直在积极推进地方政府投融资平台市场化转型，并在新《预算法》中明确了地方政府是地方债务融资唯一合法的发债主体，提出了剥离融资平台的政府融资职能并禁止政府的担保行为。2021年4月，国务院发布《关于进一步深化预算管理制度改革的意见》[⑥]，提出清理不合规或失去偿债能力的投融资平台。城投平台背靠政府发展热潮已然成为过去式，

① 赵斌，王朝才，柯鳃. 改革开放以来中国地方政府举债融资演变［J］. 地方财政研究，2019（4）：7-19.

② 中华人民共和国中央人民政府. 地方政府一般债务预算管理办法［EB/OL］. https：//www.gov.cn/gongbao/content/2017/content_5208218.htm.

③ 中华人民共和国中央人民政府. 地方政府专项债务预算管理办法［EB/OL］. https：//www.gov.cn/gongbao/content/2017/content_5208219.htm.

④ 中华人民共和国中央人民政府. 2022年中央和地方预算执行情况与2023年中央和地方预算草案的报告［EB/OL］. https：//www.gov.cn/xinwen/2023-03/15/content_5746960.htm.

⑤ 中华人民共和国中央人民政府. 政府工作报告——2023年3月5日在第十四届全国人民代表大会第一次会议上［EB/OL］. https：//www.gov.cn/gongbao/content/2023/content_5747260.htm.

⑥ 中华人民共和国中央人民政府. 国务院关于进一步深化预算管理制度改革的意见［EB/OL］. https：//www.gov.cn/gongbao/content/2021/content_5602008.htm.

在未来只有那些效益良好的平台公司能够在市场中生存下来。

（三）风险防范，实现"隐债清零"

在地方政府举债主体明确之后，依然有一些地方政府利用政府购买服务、PPP 等方式变相举债，导致地方政府隐性债务规模持续攀升。2016 年财政部发布的《地方政府性债务风险分类处置指南》提出了要"建立健全地方政府债务风险应急处置机制"，此后中央也开始积极推进地方的隐债化解试点工作，并从局部试点逐步延伸到了全国范围的应用。2017 年财政部发布《关于坚决制止地方以政府购买服务名义违法违规融资的通知》明确了地方债的限额管理，提出了周转偿还机制，为我国地方隐债化解探索了新路径。2022 年底，广东、北京已经率先实现了隐债清零，标志着我国向全国范围内隐债清零的目标迈进了一大步。

二、违规举债追责将常态化

20 世纪 90 年代的分税制改革以及 2015 年新《预算法》的颁布促使地方政府投融资平台逐步发展成为地方政府的融资代理人，当时我国针对地方政府违规举债的法律法规尚不完善，各地政府存在地方债务有国家"兜底"的误区，因此不惜大幅透支地方财力去大肆举债并将其投资于见效快、成效明显的行业。当出现问题时，它们往往会选择举新债还旧债，从而形成恶性循环，持续恶化地方的债务情况。在意识到地方债务问题的严重性后，我国开始探索对于地方政府债务的有效监管模式。2010 年，国务院发布了《关于加强地方政府融资平台公司管理有关问题的通知》[①]，初步构建了对于地方政府投融资平台的监管框架；2014 年，《关于加强地方政府性债务管理的意见》[②] 发布，一个正式的针对地方政府债务融资的"开前门、堵后门"的监管框架形成并一直沿用至今；2017 年的全国金融工作会议上，习近平总书记指出"各级地方党委和政府要树立正确政绩观，严控地方政府债务增量，终身问责，倒查责任"。此时针对地方政府债务问题的监管已然得到了强化，对于违规举债行为的追责也逐渐严厉，这一时期对于违规举债的问责一改前一时期的由更高一级的政府机关问责通报，转而由当地纪委及监委处罚、当地政府通报，同时在问责过程中也涉及对时任责任人的处罚。

近年来，随着地方政府举债规模进一步扩大，原有的监管框架难以达到预期

---

①　中华人民共和国中央人民政府．关于加强地方政府融资平台公司管理有关问题的通知［EB/OL］．https：//www.gov.cn/zhengce/content/2010-06/13/content_1942.htm.

②　中华人民共和国中央人民政府．关于加强地方政府性债务管理的意见［EB/OL］．https://www.gov.cn/zhengce/content/2014-10/02/content_9111.htm.

的效果，地方债务违约事件频频发生，针对这一状况，我国也进一步细化了对于地方政府债务的监管。2021 年，中央发布了《地方政府专项债券项目穿透式监测工作方案》，针对发行规模增速较快的专项债的监管进行了补充，不仅扩大了监管涉及单位的范围，还提出了要加强项目准备、项目建设、项目运营、项目专项收入四个方面的监测。2022 年《国家发展改革委办公厅关于组织申报 2023 年地方政府专项债券项目的通知》发布，明确了专项债申报条件的同时制定了禁投清单；同年发布的《2022 年上半年中国财政政策执行情况报告》① 和《国务院关于印发扎实稳住经济一揽子政策措施的通知》② 扩大了专项债的优先支持范围。对于违规举债行为追责方面，我国也提出了更加明确的要求，2022 年 6 月发布的《国务院办公厅关于进一步推进省以下财政体制改革工作的指导意见》③ 明确了要坚持省级党委和政府对本地区债务风险负总责，省以下各级党委和政府按属地原则和管理权限各负其责，坚决查处违法违规举债行为。

从上述政策的演变以及追责的案例中，能够明确的一点是，随着地方政府债务规模的扩张，我国对于地方政府债务的监管越来越重视，中央层面不断细化和加强监管手段，逐渐从过去粗犷式的管理向精细化治理转变，并且对于违规举债行为的处罚也在加重。未来，地方仍然需要发展，地方债务的规模也将持续扩张，为了防范地方债务风险，我国势必还会继续加强监管，而对于违规举债行为的追责也将成常态化，从而维护地方经济的平稳运行。

三、地方债券认可度不断提升

经济增长离不开基础设施建设的助力，地方政府债券作为地方政府唯一合法的融资渠道，已逐步发展成为我国债券市场不可或缺的一部分。根据 Wind 数据，截至 2022 年末，地方政府债券存量在我国债券市场中占比约为 14%，是仅次于国债的第二大债券品种。

结合我国地方政府债券 2017~2022 年的发行偿还走势可以看出，地方政府债券的发行量从 24971.19 亿元增加到了 73555.79 亿元，发债规模不断扩大表明市场对地方政府债券的认可度不断提高（见图 1-5）。与此同时，地方政府债券的偿还量也从 1896.50 亿元增加到了 27757.15 亿元，这说明我国地方政府债券的偿还能力在不断提高（见图 1-6）。

① 中华人民共和国财政部 . 2022 年上半年中国财政政策执行情况报告［EB/OL］. http：//bgt. mof. gov. cn/diaochayanjiu/202303/t20230327_3874985. htm.

② 中华人民共和国中央人民政府 . 国务院关于印发扎实稳住经济一揽子政策措施的通知［EB/OL］. https：//www. gov. cn/zhengce/zhengceku/2022-05/31/content_5693159. htm.

③ 中华人民共和国财政部 . 国务院办公厅关于进一步推进省以下财政体制改革工作的指导意见［EB/OL］. http：//www. mof. gov. cn/zhengwuxinxi/caizhengxinwen/202206/t20220614_3817675. htm.

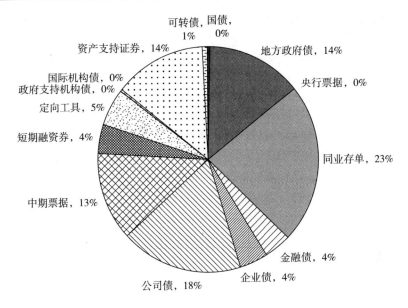

图 1-5　2022 年不同类型债券存量占比

资料来源：Wind。

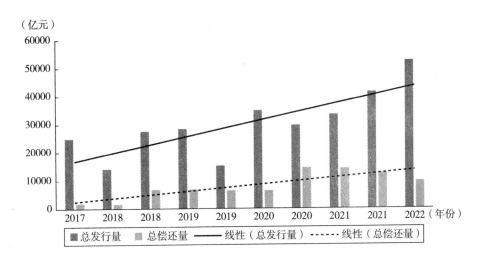

图 1-6　2017~2022 年地方政府债发行偿还走势

资料来源：Wind。

　　从地方政府债券的认购倍数来看，地方债券的平均认购倍数在近三年也呈现出递增的趋势。认购倍数，是指证券市场发行股票或债券时，投资者实际有效参与购买该股票或债券金额减去预先确定发行金额，并与该预先确定发行金额的比率，用百分比表示。① 一般认为，认购倍数的大小，可反映出市场参与者对于所发行债券或者股票的认可度。随着地方政府投融资平台的市场化转型，地方政府债券监管的逐渐完善，地方政府债券也将逐渐发展成为优质的投资产品，加之其本身所具有的税收优惠，市场参与者对地方政府债的认可度将越来越高。

---

① 周茂彬．对地方政府债券发行情况及发行机制变化的实证研究 ［J］．债券，2022（1）：29-34.

第二章　城投公司在地方投融资中的功能与转型发展

城投公司成立的初衷是地方政府为了推动地方城市建设、开发和资产运营，30多年以来，城投公司在城市基础建设、产业投资、民生工程等方面发挥了重要的推动作用，迅速推进了我国城市化进程。但伴随经济形势和社会环境的变化，城投公司也面临着转型发展的必要性和迫切性。

第一节　城投公司是地方融资的重要抓手

城投公司经过30年的发展，经历了初创探索、快速发展和转型发展阶段，持续完善自身的发展和盈利能力，创新新型融资方式，不断探索着转型道路，在地方政府外部融资中发挥着日益重要的作用。

一、城投公司的产生和发展

城投公司产生于20世纪90年代，但直到2010年后，城投公司的发展才逐渐开始规范化，标志性文件是2010年国务院发布的《国务院关于加强地方政府融资平台公司管理有关问题的通知》（国发〔2010〕19号），城投公司的定义才有了官方明确界定。[①] 早期，城投公司主要是为了解决地方政府财政收入不足、债务限额受限等问题，经过三十多年的发展和变化，城投公司已经不仅是地方的融资手段，其转型正朝着市场化、多元化的方向发展。

（一）城投公司产生的原因

城投公司是特定经济和政策环境下的产物，其发展是基于地方政府划拨的土

---

① 中国政府网. 国务院关于加强地方政府融资平台公司管理有关问题的通知 [EB/OL]. https：//www. gov. cn/gongbao/content/2010/content_1636224. htm.

地等资产进行开发和建设，从而产生较为充足的资产和现金流，可以多渠道为城市基础设施建设筹集社会资金，重点投入市政建设、公用事业等项目。从不同层次来看，城投公司产生的原因主要分为以下四个方面。

1. 政治原因

城投公司的产生与中国的政治制度和政府行为密切相关。在计划经济时期，中央政府主导经济建设和城市规划，地方政府只负责执行中央的决策，没有自主决策权。但随着改革开放的推进和市场经济的发展，地方政府逐渐获得了更多的发展自主权。为了提升地方招商引资的基础，政府在城市基础设施建设和公共服务领域的投资需求日益增加，为此，政府需要建立一种新的机制满足这种需求，城投公司正是基于这样的背景产生的。

2. 政策原因

从国家政策原因层面来看，20 世纪 90 年代，中国政府提出了"三去一降一补"政策，即去产能、去库存、去杠杆，降成本，补短板。其中，补短板是指政府加大对基础设施和公共服务领域的投资力度，特别是在城市基础设施建设领域，以改善城市基础设施建设不足的问题。为了有效地推进城市基础设施的建设，中央政府引导和鼓励各地方政府设立城市投资公司，统筹城市基础设施的建设和管理，从而促进城市的发展，也助推了城投公司的出现。

3. 经济原因

随着经济的快速发展和城市化进程加速，城市基础设施建设和公共服务（一些公益性、准公益性的项目）成为国家经济发展的基础和保障，同时也是城市进一步发展的必要条件。城市基础设施和公共服务作为一种公共物品往往具有正外部性，能改善周边居民的生活，提升其福利水平与幸福感，但是它的投资和运营成本往往较高，且回报周期较长、市场竞争性较弱，导致基础设施和公共服务的供给难以匹配城市建设的广泛需求。

此外，各地政府财政负担沉重①、融资渠道受限②，政府的财政收入往往只能满足其日常运转和少量基础设施建设的需求，而对于大规模的城市基础设施建设投资则往往无力承担。因此，政府需要通过一种新的机制来解决资金不足的问题。城投企业便应运而生，因其能够同时发挥政府和市场的优势，大幅度减轻财政负担，并吸引社会资本参与城市基础设施建设和管理，为社会提供了投资渠

---

① 根据《中国统计年鉴》的数据，1990 年全国地方财政收入为 7558 亿元，而到 1999 年仅增加到了 11705 亿元，增长了不到两倍。

② 20 世纪 90 年代初期，中国的资本市场尚未完善，银行贷款是主要的融资渠道。然而，由于银行贷款利率过低，不足以覆盖成本，导致银行面临着资金不足的问题。此外，由于一些地方政府的投资过度和债务违约等问题，银行对地方政府的借贷也开始谨慎起来，地方政府融资难度加大。

道，实现了政府与社会共赢。

4. 社会原因

城市基础设施建设公共服务不仅是城市发展的重要基础，也是城市居民生活的重要保障。随着城市化进程的不断推进和人口增长，居民对于基础设施和公共服务的需求不断增加，政府单独投资难以满足社会需求、运营效率低下等问题也暴露出来。因此，政府需要通过引入社会资本来扩大投资规模，提高投资效率，从而改善城市公共服务的供给，提升城市在民生和产业发展方面的吸引力，进一步促进社会和谐稳定发展。除此以外，在我国社会的传统文化中，政府在基础设施和公共服务领域扮演着重要的角色。政府往往承担着提供基本的公共服务，如教育、医疗、文化等，以保障人民的基本生活的责任。因此，城投企业的产生也具有文化传承的意义，代表了政府在这一领域的传统职责和角色。

（二）城投公司的发展历程

1992 年，第一家城投公司——上海城市建设开发投资公司成立，拉开了城投公司推动地方建设的序幕，这是上海市政府为推进上海市基础设施建设而设立的一家国有独资企业，也是中国第一个通过政府设立的法人企业参与城市建设的公司，主要业务包括城市基础设施投资、开发和运营，以及房地产开发、金融服务、工程咨询等。

在上海率先成立城投公司后，重庆、广东等省市也相继成立城投企业，此后，城投公司逐渐涌现，截至目前，城投公司的发展共历经了以下四个阶段：探索发展阶段、快速发展阶段、规范发展阶段和转型发展阶段。

1. 探索发展阶段（1992~2001 年）

1994 年，分税制改革开启了我国财税体制的新阶段，加上《预算法》对地方政府发债的限制，这一时期，城投公司的核心定位是政府的投融资平台，以开发土地解决城市建设的资金缺口为主要业务。由于城投公司还处于探索发展阶段，早期的发展速度较为缓慢，且大多数公司自身并无资产，资本金和项目资本金均由财政拨款，其余资产为由财政担保向银行的贷款。

在发展的早期，城投公司自身的业务范围相当有限，主要依靠当地政府给予的资金和业务支持，再加上市场发展还处于摸索期，因此，城投公司的规模和数量都相对较小。根据 Wind 数据统计，这一阶段我国城投平台全年的发行额均不足百亿元，发行主体集中于直辖市和省一级平台。

2. 快速发展阶段（2002~2011 年）

随着我国进入制造业爆发和快速城市化的新时期，各地方政府纷纷设立开发区、新区等项目，城投公司的业务经营范围有所增加。2004 年，国务院发布的《国务院关于投融资体制改革的决定》更是掀起了一轮城投重组或设立浪潮，城投公司定位从单一的融资平台公司演变成同时承担着项目建设和运营等职能的综合性企业。

2008 年国际金融危机后，国家实施积极财政政策，并推出"四万亿"刺激计划（其中三万亿由地方负责），"四万亿"的投资计划以基建为主，能够带动全国各地近 20 万亿元的投资。2009 年，央行提出："支持有条件的地方政府组建投融资平台，发行企业债、中期票据等融资工具，拓宽中央政府投资项目的配套资金融资渠道。"在此背景下，城投作为地方政府重要的融资渠道，在数量和规模上都实现了爆炸式增长，成为政府实施刺激政策的重要工具，大量承接政府投资项目，业务范围和规模迅速扩张，除了银行贷款外，还涉足债券、信托、理财等领域，融资渠道也更加多样化。这一时期城投公司承担着政府与市场之间的桥梁和纽带，在拉动经济增长和促进就业中发挥了重要作用。

3. 规范发展阶段（2012~2017 年）

在新型城镇化战略体系的指引和财税改革、预算管理等制度变革的人背景下，城投平台规模不断扩大，其背后也逐渐暴露出隐藏着的巨大地方债务风险和金融风险。

为了加强对地方债务管理和预算管理制度改革，促进地方经济良性发展，国家陆续出台了一系列监管文件和措施，例如 2010 年《国务院关于加强地方政府融资平台公司管理有关问题的通知》对融资平台的运行和监管提出了规范；2012 年，财政部、国家发展改革委、人民银行、银监会四部门发布《关于制止地方政府违法违规融资行为的通知》对平台公司注资行为、融资行为提出了更为严苛的管理；2014 年《国务院关于深化预算管理制度改革的决定》规定中央政府不再为地方政府发债信用背书。

在一系列政策性文件的指导下，城投平台也开始进行大规模的清理规范和结构调整转型升级，并逐步剥离其政府融资职能，试图减少对政府补贴的依赖，增强自身盈利能力和风险抵御能力，拓展新的业务领域和合作模式（如与产业经济、金融创新等相结合），争相转变为市场化运营的国有企业。这一阶段，城投公司在适应新常态和服务新发展中发挥了重要作用。

4. 转型发展阶段（2017 年至今）

2017 年，财政部等 6 部委联合发布的文件开启了城投转型的新阶段，文件要求开展地方政府融资担保清理整改工作，并提出城投公司要尽快转型为市场运营的国有企业，依法合规地开展市场融资，城投公司逐渐进入转型发展阶段。习近平总书记在《当前经济工作的几个重大问题》①中，强调要"防范化解地方政府

---

① 习近平. 当前经济工作的几个重大问题 [J]. 求是，2013（4）.

债务风险。要压实省级政府防范化解隐性债务主体责任，加大存量隐性债务处置力度，优化债务期限结构，降低利息负担，稳步推进地方政府隐性债务和法定债务合并监管，坚决遏制增量、化解存量"。

从实践来看，城投企业主要的市场化转型思路在于以下五个方面：一是转变发展思路，加强市场化运作，包括拓宽多元化的融资渠道，加强市场竞争意识和优化投资结构。二是完善内部管理机制，加强风险控制，重点是建立科学的投资决策和风险评估机制，强化财务管理和内部审计。三是推动资产证券化，提高资产质量，通过加强资产评估和风险评估，优化证券化产品的设计，从而扩大投资者群体。四是很多城投公司都意识到信息化对于企业的重要性，通过加强技术创新，提高运营效率。五是加强人才培养是城投公司顺利转型的保障，建立现代化人才培养体系，引入高端人才才能从内部提高企业管理水平。

二、城投公司融资的特殊优势

在城市建设和发展过程中，城投平台作为政府与市场之间的重要纽带，为推动地方经济发展发挥着关键作用。这一部分将深入探讨政府选择城投平台进行融资的行为动因，并分析其中的优势，在揭示政府行为逻辑的基础上，为提升城投平台融资模式的效率和可持续性，提供有益的借鉴和启示。

（一）融资限制较少

1994 年分税制改革后，中央与地方之间的财权与事权出现错位，导致中央财力相对充裕，而地方财力相对不足。与此同时，由于 20 世纪 90 年代，我国面临的国际形势异常艰难，社会主义市场经济仍旧延续计划经济时期的政府发展思路，坚持"无内外债、自求收支平衡"的原则，为避免地方政府造成过度举债、隐性债务、信用风险等问题，我国政府严控地方政府发债，一直保持着较低的赤字率和债务率水平，并将其作为宏观调控目标之一。因此，我国于 1994 年颁布《中华人民共和国预算法》，文件要求"除法律和国务院另有规定外，地方政府不得发行地方政府债券"。这一规定使地方政府无法通过直接负债融资，从根本上切断了地方政府通过正规渠道举债融资的可能性，也与国际上普遍存在的地方政府债券市场形成了鲜明对比。

在 2014 年新《预算法》出台之前，在没有明确法律依据和监管框架下，为了避免违反预算法和担保法等相关规定，同时也为了降低隐性债务风险，地方政府主要依靠城投公司筹措发展资金。通过发行企业债券、银行贷款和其他市场化融资方式，城投公司是地方政府筹措资金的间接手段，极大地提高了地方政府的融资能力，为基础建设和城市更新提供了大量资金支持，促进了地方经济的快速发展。

例如，广州市政府成立的广州市政投资集团有限公司（以下简称"广州市政投"）是一个典型的城投公司。广州市政投成立于2005年，主要承担广州市的基础设施建设和城市更新项目。通过发行企业债券、银行贷款等方式，广州市政投为广州市政府提供了大量资金，支持了包括地铁、高速公路在内的重大基础设施项目。这使广州市政府在不触碰中央政府规定的债务限制的情况下，成功推动了本地区的基础设施建设。

（二）提高融资效率

政府选择城投公司融资可以提升融资效率，具体表现在以下几个方面：

一是降低融资成本。城投公司作为政府与市场之间的桥梁，可以整合各方资源，有效降低融资成本。这是因为城投公司在筹集资金时，可以利用政府背景、信用和资源，以及与金融机构的紧密合作，获得较低的融资利率。此外，城投公司在与多个金融机构进行合作时，能够通过竞争来进一步压低融资成本。以深圳地铁项目为例，深圳地铁集团有限公司作为地方政府设立的城投公司，通过整合政府、金融机构等多方资源，为地铁建设项目提供了低成本的融资，有效降低了项目实施过程中的资金压力。

二是缩短筹资周期。城投公司通常拥有专业的财务和项目管理团队，能够更有效地评估项目的盈利潜力和风险。此外，由于城投公司具有法人身份和独立核算制度，它们可以按照市场化原则进行项目选取、评估、决策、实施和监督等环节，并通过与社会各界合作共赢来优化资源配置，减少了政府部门的审批环节，加快了资金流动速度。相较于地方政府直接进行融资，城投公司能够更加灵活地利用市场机制，快速筹措资金。此外，城投公司在项目评估、资金分配和管理方面具有专业优势，有利于提高融资效率，加速项目实施。

三是降低融资风险。城投公司可以利用自身拥有或控制的土地、厂房、股权等优质资产作为抵押或担保，进而降低融资的风险。相较之下，如果政府直接发行债券或向银行借款，则需要更高的信用评级和利息水平。同时，城投公司在项目管理和风险控制方面具有专业能力，可以降低项目实施中的风险，保障资金的安全。以北京城建投资发展有限公司（以下简称"北京城建"）为例，截至2022年，北京城建的信用评级为AAA，该公司通过发行公司债券、融资租赁、信托融资等多种方式筹集资金，降低了单一融资方式的风险。在项目管理方面，北京城建严格执行项目评估、资金使用和风险控制制度，确保资金安全和项目的可持续发展。

四是促进民间资本参与。作为地方政府的重要抓手，城投公司承担了吸引民间资本参与的任务，主要原因在于，城投公司具有市场化运作的优势，可以通过多种融资方式来拓宽融资渠道，例如银行借款、非标准化融资（如信托、理财、委托贷款等）和债券发行（如企业债、中期票据、短期融资券等）。民间资本的参与不仅可以分担政府的财政压力，还可以为项目带来新的发展动力。以广州南沙自贸区为例，广州南沙投资控股有限公司作为城投公司，成功吸引了国内外多家企业和投资者参与项目建设。通过拓宽融资渠道和引入民间资本，广州南沙投资控股有限公司不仅为南沙自贸区的建设提供了稳定的资金来源，还为项目带来了新的技术和管理经验，进一步推动了区域经济的发展。

综上所述，政府选择城投公司融资可以提高融资效率，具体表现在降低融资成本、缩短筹资周期、促进民间资本参与、拓宽融资渠道以及提高项目管理效率等方面。通过引用深圳地铁集团、广州南沙投资控股有限公司和北京城投集团等实例，也进一步证实了政府选择城投公司融资的优势。

（三）促进经济发展

城投公司的主业主要在于完善基础建设、推进城市更新和生态环境保护等，通常对劳动力需求较大，可以为社会创造大量的就业机会，并带动相关产业的发展，促进产业链的完善和升级，进一步推动经济增长。此外，由于我国正处于新旧动能转换、供给侧结构性改革、双循环新发展格局等重大战略转型期，依托城投公司进行融资，地方政府可以利用其在区域规划、土地整理、产业引导等方面的优势，在市场上获取较高收益的资金，并将其用于区域综合开发和新兴产业培育。值得注意的是，这些项目往往涉及交通、能源、水利、环保等多个领域，可以提高城市的综合承载能力和服务水平，不仅有助于提高居民的生活质量，还能够吸引更多的企业和人才，为地方政府创造更多的税收来源。

城投公司在促进地方经济发展上发挥了举足轻重的作用，例如重庆市城市建设投资（集团）有限公司（以下简称"重庆城建投"）通过投资基础设施项目，就为重庆市的经济发展提供了有力支持。重庆城建投参与了重庆市的轨道交通、高速公路、桥梁、公共服务设施等项目的建设。这些项目的完成，不仅提高了重庆市的交通便利和居民生活质量，还吸引了大量企业和人才进入重庆市，为地方政府创造了丰厚的税收来源。

（四）探索创新模式

寻求城投公司进行融资这一政府行为也是借鉴了国际上一些发达国家和地区的做法，如美国、日本、欧盟等。这些国家和地区都有专门的机构或平台来负责基础设施建设和城市更新等公共事业的投融资，如美国的市政债券发行机构、日本的地方公共团体金融机构、欧盟的欧洲投资银行等。这些机构或平台通过发行债券或其他方式在市场上筹集资金，并以较低的利率向地方政府或项目实施方提供贷款或担保，从而支持基础设施建设和城市更新等项目。不仅如此，这也体现了我国政府为探索创新模式，以适应不断变化的市场环境和社会需求的动机。例如，在传统模式下，城投公司主要承担基础设施建设和公共服务等公益性项目，而在新时期，城投公司也开始涉足产业开发、商业运营、文化旅游等具有较高的市场化程度和收益潜力，但也面临较大的风险和竞争压力的领域。因此，城投公司需要通过与社会资本合作、引入专业管理团队、采用 PPP 模式、发展混合所有制经济等方式来提高自身效率和竞争力，并实现可持续发展。

三、城投公司常用的融资方式

我国基础设施建设常用融资模式主要分为三种主要模式，即标准化债权类融资模式、非标准化债权类融资模式与社会资本合作模式。近年来，我国基础设施建设常用融资模式未发生变化，仍然以三种方式为主，但融资类型内部的组成结构、相对规模发生了变化。

（一）标准化债权类融资

1. 发行债券

债券融资是城投公司最主要的融资渠道。根据 Wind 数据，2022 年，我国城投公司发行债券规模超过四万亿元人民币。具体而言，包含了以下较为典型的城投公司债券类型：

（1）企业债券，是城投公司向机构投资者发行的固定利率债券，其发行规模和期限根据公司的具体需求和市场条件而定。过去，企业债是由发展改革委审核，2023 年 3 月国务院发布的《党和国家机构改革方案》明确，企业债券发行审核职责由国家发展改革委划入证监会，证监会统一负责公司（企业）债券发行审核工作。截至 2022 年，我国城投公司发行企业债券规模约为 3500 亿元人民币。

（2）公司债券，是公司依照法定程序发行、约定在一定期限内还本付息的有价证券。相对其他债券品种，公司债是由证监会监管的中长期直接融资品种，是信用债的一种，承诺到期还本付息。

（3）短期融资券，是一种短期的融资工具，期限通常在一年以内。城投公司通过发行短期融资券可以满足短期资金需求。根据 Wind 数据，2022 年，我国城投公司发行短期融资券规模约为 1 万亿元人民币。

（4）中期票据，是一种介于短期融资券和企业债券之间的融资工具，期限通常在 1~5 年。截至 2022 年，我国城投公司发行中期票据规模约为 9500 亿元人民币。

（5）绿色债券，是指资金用于绿色项目（如可再生能源、节能环保、绿色交通等）的债券。城投公司可以通过发行绿色债券筹集资金，支持绿色产业和低碳发展。截至 2021 年，我国城投公司发行绿色债券规模约为 3000 亿元人民币。

（6）外币债券，是以外币计价的债券，如美元、欧元等。城投公司可以通过发行外币债券拓宽融资渠道，降低融资成本。截至 2021 年，我国城投公司发行外币债券规模约为 2000 亿元人民币。

2. 资产证券化

（1）ABS 资产证券化，是指以基础资产所产生的现金流为偿付支持，通过结构化等方式进行信用增级，在此基础上发行资产支持证券的业务活动。ABS 是当前城投转型融资手段的重点方向之一，通过评估现有资产在未来现金流进行融资是相对稳健的方式。例如，城投公司有某一条公路的收费权，城投通过资产证券化手段，把未来一段时间收费折算成当期的现金，这样城投就通过资产证券化盘活了自身的资产。

（2）资产支持票据（ABN），是资产证券化的一种，主要是针对非金融企业的融资方式。如某实体企业通过在银行间债券市场发行 ABN，通过由基础资产所产生的现金流作为还款支持，约定在未来还本付息。ABN 可以通过结构设计进行内部/外部增信，产品端收益的分配是由优先 A 档—优先 B 档—次级档的自上而下的顺序来进行分配的，基础资产所产生的损失是自下而上进行承担。即次级档为优先档提供信用支持。

（二）非标准化债权类融资

1. 银行借款

银行借款是目前城投公司最主要的融资渠道，主要受到银保监会的监管。根据数据，截至 2021 年底，我国城投公司银行贷款余额接近 2 万亿元人民币。具体合作途径包括：

（1）依靠自身信用取得经营性贷款。对银行来讲，后续投向城投的经营性资金主要依靠城投自身信用或募投项目现金流进行偿还，在资金投放过程中会更加审慎，更加关注城投公司的信用质量、募投项目质量及抵押物/担保是否充足等因素。此外，还需关注到，国办发〔2019〕6 号文要求政府性融资担保机构主动剥离政府债券发行和政府融资平台融资担保业务。未来城投公司外部增信的渠道将有所减少，自身的信用资质对融资的重要性进一步提升。长期来看，城投公司获取经营性贷款的能力将对其后续融资的影响或大幅度提升，那些资产质量较好，可抵押资产充足的城投公司后续融资环境更加宽松。

（2）隐性债务化解过程债务滚动的资金需求。2018 年，《关于保持基础设施领域补短板力度的指导意见》（国办发〔2018〕101 号）明确提到，"在不增加地方政府隐性债务规模的前提下，对存量隐性债务难以偿还的，允许融资平台公司在与金融机构协商的基础上采取适当展期、债务重组等方式维持资金周转"。

因此，城投公司为满足债务滚动需求而通过银行进行债务展期满足监管要求，双方在债务滚动方面有较大的合作空间。

（3）合规的PPP或政府购买项目。在资本金来源合规，财政资金安排依法纳入财政预算的条件下，PPP及政府购买项目只是新增了政府未来支出的责任，并不是增加"隐性债务"，因此融资平台利用合规的PPP及政府购买向金融机构融资与现行政策并不违规，也符合目前保障基建投资的政策导向。但上述融资的总规模受到"政府债务限额管理和预算管理"这两大抓手的约束，预计新增规模相对有限。

2. 信托融资

信托融资也是城投公司重要的融资渠道。信托公司通过发行信托计划，城投公司可以将资金需求与信托公司、投资者等多方对接，募集资金参与与基础建设和城市更新等相关的民生项目，筹措资金的方式是多样的，如信托贷款、PPP合作开发等多种方式。在这类信托产品中，由于是国有企业融资，天然就带有政府背书的属性，市场认可其收益性。截至2021年，信托融资规模约为1.5万亿元人民币。

3. 融资租赁

融资租赁公司和城投公司的合作项目基本上都是采用融资性更强的售后回租模式，而非直接租赁模式，在售后回租模式下，租赁公司向城投公司购买非公益性质的资产后向城投公司放款。租赁物应该具有非公益、能变现、能产生现金流的特点。随着地方债的监管政策逐渐趋严，限制了融资租赁行业在城投平台的发展，以往某些通用的融资方式也不再适用。

4. 商业承兑汇票

商业承兑汇票（以下简称"商票"）是一种建立在商业信用之上的短期债务凭证，由于具有无抵押、无担保、自主签发等优点，往往在企业支付货款的时候使用。对于城投公司来讲，使用商业承兑汇票有利于商业信用票据化，便利相关业务开展，也可利用信用带动上下游产业链发展。

5. 政信定向融资

政信定向融资（政府平台定向融资计划）就是指政府城投平台以一定的抵押物、质押物或其他平台的信用担保为基础，面向市场上的特定投资者募集资金，然后用于该平台所在地区的基础设施建设或特定的项目，并且按照合同约定期限给投资者还款付息的一种直接融资类产品。合同体现的是平台与投资者之间直接的债权债务关系。

6. 供应链金融

利用城投公司主营业务开展供应链金融具有天然优势，城镇化建设所产生的大量应付账款适合嵌入供应链金融的保理业务形态。通过应收账款质押、保理、ABS 等供应链金融能够拓宽融资渠道，为基础设施建设提供新的融资渠道和发展方向。

（三）与社会资本合作

在推进供给侧改革、加强地方政府债务管理和推动融资平台转型等多重因素影响下，《国务院关于加强地方政府性债务管理的意见》（国发〔2014〕43 号）秉持"开正门，堵偏门"的思路，在围堵地方政府违规举债的同时，也打开了正门，即鼓励推广 PPP 等模式，撬动社会资本参与基础设施建设和公共服务的提供。

1. PPP

政府方依法经法定采购程序，选择项目社会资本，中标社会资本与政府授权的出资代表组建项目公司，由项目公司作为实施主体，负责项目的投融资、设计、建设、运维、移交等工作，政府授权项目公司在整个合作期内的特许经营权。

2. BOT

BOT 即建设—运营—移交。由社会资本或项目公司承担新建项目的设计、融资、建造、运营、维护和服务职责，特许期满，将该基础设施无偿或有偿地移交给政府部门。

3. TOT

转让—运营—移交（TOT）是指政府部门将存量资产的一定期限的所有权和经营权，有偿转让给社会资本或项目公司，由其进行运营管理；在一个约定的时间内通过经营收回全部投资和得到合理的回报，并在合约期满之后，再交回政府部门的一种融资方式。

城投公司作为地方政府融资平台，是多数地方政府为其基建发展提供资金的主要平台，在公共基础设施建设融资中发挥着至关重要的作用。与此同时对城投公司的监管政策也具有周期性波动的特征。2022 年，在全面加强基础设施建设的政策下，在稳增长目标不变的宏观政策背景下，如果融资平台举债限制不放开，城投信仰不维持，还有谁能进行如此规模的基础设施投资呢？城投公司还需要继续多渠道融资，谋划合理融资方案。融资平台将会引领中国的金融创新，各类金融创新如 PPP 及其证券化、REITs、保理租赁等供应链金融及其证券化、F+EPC 等将大为发展。

第二节 城投债务的发展历程和现状

一、城投债务产生的历史背景

（一）央地财权与事权的错配

在改革开放以前，我国采取"统收统支"高度集中型财政管理体制，税收权高度集中于中央。1979～1993 年，实行"划分收支、分级包干"的"分灶吃饭"的财政税收体制，即中央与地方财政对各类收入按比例分成，地方政府只需上缴一定数额的税收给中央政府，其余的部分可自行支配使用。当时的国库一度十分空虚，财政状况入不敷出，那时国内的金融市场尚未完善，债券业务也不发达，国债发行规模较小，税收收入是中央财政收入的主要来源。这种体制在一定程度上刺激了地方的发展积极性，但也削弱了中央政府对我国经济的宏观调控能力，致使中央政府难以集中力量在全国范围内推进一些重大的民生工程，地区间经济发展差距不断扩大。

因此，自1994 年起，中央决定开展地方财政包干体制改革，即分税制改革，建立中央税、地方税以及中央与地方的共享税的财政管理体制，其中最重要的一点就是中央和地方在"事权"和"财权"上的分工和划分。中央上收了部分税收权力，自此中央财政开始"拿大头"，而地方财政只能"分到小头"。在事权的划分上，中央政府负责国防、外交、转移支付等预算开支，而地方政府则负责提供地方民生建设和运营。这便导致地方事权远大于地方可支配的财权，"事权"不断扩大，"财权"却不断减少，地方财政收入在全国总财政收入的比例也在不断下降。国家统计局的数据显示，在实施分税制改革后，中央财政收入所占比例从原来的30%提升至近年来的50%～60%。与此同时，地方政府需承担的职能越来越多，"事权"不断扩大，"支出"也在不断增加，在总支出中所占比重也在不断上升。这一数据在 2009 年后更是达到了 80%以上。由此可知，"事权"和"支出"的增加没有得到"资金"的相应补充，"资金"的缺口越来越大。而"资金"的缺口又无法通过传统银行渠道解决（银行对于城投公司信用评级较低），若想继续开疆拓土发展经济提高竞争力，则需要寻求新渠道（城投债）解决资金缺口问题。

（二）推动城镇化的资金需求

我国自改革开放以来一直将提升城镇化率、大力推进城镇化进程、加强基础设施建设作为调整经济结构和刺激内需的重要措施。从国家统计局公布的数据来看，1978 年我国城市人口比例仅为 17. 92%。从 1995 年开始，中国的城镇化进程明显加快，根据世界银行的数据，到 2000 年，我国城市人口比例已经达到 36. 22%，到 2010 年，这一数字进一步上升到 49. 95%。截至 2020 年底，我国城市人口占总人口比例已经上升到 63. 89%，由此不难看出，过去二十多年我国的城镇化正处于高速发展的阶段。

在改革开放的早期，我国整体城市基础设施水平相对较低，城市交通、市政建设、民生工程等基础设施更是无法满足日益加速的城镇化发展，地方政府也缺乏大量的资金储备以支持城镇化的发展。此外，随着城市人口的增加，公共服务需求也随之增加。包括住房、教育、医疗、社会保障、公共安全等方面，地方政府缺乏大量资金以提高公共服务水平，满足居民的基本生活需求，这些资金短缺俨然已成为推动实现全面城镇化的重大问题。民生基建工程发展滞后的原因在于其投资期长、收益低，从经济效益方面核算，社会资金也不愿意进入公益性或准公益性项目，此外，由于社会民生工程影响巨大，政府对其保持谨慎态度，导致社会资金无法深入参与城市基础设施建设投资。因此，在这种情况下，通过城投公司举债成为两全其美的方式，既可以解决资金需求，也可以尽量保障市政基建工程的安全。

（三）地方政府官员政绩考核

与其他资本主义国家相比，我国的政治体系中人事任命的权限在于中央，因此，评判地方政府官员政绩的标准由中央决定。在以"经济挂帅"的前提下，我国政府一直以来均是以易于观察的 GDP 增长作为施政目标，以经济增长作为地方政府官员政绩的考核标准，用自中央而下逐级政府的任务摊派和相互竞争实现了强激励。在这种类似"晋升锦标赛"的内部激励机制下，地方的政府官员虽然在一方面具有维护地方社会安全和稳定的强烈意识，但是同时也促使其为了追求任期内的政绩而扭曲了对于长期经济稳定重要性的观点，使其尽可能地利用金融机构和社会资金支持地方经济扩张，并积极寻求各种融资途径来弥补财政资金的不足。因此，城投债的产生同地方政府官员政绩考核有关，主要原因有以下几点：第一，城投债可以为地方政府提供额外的融资渠道，规避中央对地方财政赤字和正式债务规模的限制；第二，城投债可以帮助地方政府加快基础设施建设进度，提升当地经济发展水平和竞争力，从而提高官员的政绩表现；第三，城投债可以分散风险责任，将部分偿还压力转嫁给城投公司或金融机构，降低官员在任期内出现违约危机的可能性。

二、城投债的发展及政策演变

(一) 城投债发展历程

1992 年邓小平南方谈话发表后，中央为支持上海浦东新区建设，决定给予上海五方面的配套资金筹措方式，其中就包括 1992~1995 年每年发行 5 亿元浦东新区建设债券。由此，我国的第一只城投债——浦东新区建设债券于 1992 年正式发行，这只债券的规模为 5 亿元，期限为 5 年，票面利息为 10.5%。如今距离第一只城投债发行已过去了三十余年，受到政策、经济环境及金融市场等多种因素影响，城投债市场的发展也历经了多个阶段。

1. 起步阶段 (20 世纪 90 年代末至 2008 年)

这一阶段，地方政府融资平台刚刚起步，城投债基本是中央企业债，发债主体集中在直辖市和大型省会城市，发行数量十分有限，市场规模相对较小。同时货币、财政结束"双紧"的政策，在实行分税制改革后，1997 年、1998 年基建投资增速高达 22.5%、19.9%，城投债也伴随第一轮基础设施建设的浪潮而登上历史舞台。根据 Wind 数据统计，到 2007 年底，我国城投债余额约为 1.6 万亿元人民币。除此以外，2004~2008 年，我国中部、西部、东北部省份发债平台数量占比增长 4.4%、4.0%、4.2%，地市级、区县级发债平台占比 19.5%、11.6%，城投平台总体级别下沉。

2. 快速增长阶段 (2009~2014 年)

这一阶段，城投债市场规模快速扩大。根据 Wind 数据统计，2009~2010 年，我国城投债市场规模增长约 2.5 倍，到 2010 年底达到约 7.38 万亿元。到 2014 年底，城投债余额已经接近 18 万亿元人民币，呈现出快速增长的趋势。分地区来看，东部地区平台债务规模从 3.5 万亿元增加到 8.4 万亿元，增长了 140%，占比从 57% 降低到 47%；中部地区平台债务规模从 1.2 万亿元增加到 3.7 万亿元，增长了 208%，占比从 20% 提高到 21%；西部地区平台债务规模从 1.3 万亿元增加到 5.2 万亿元，增长了 300%，占比从 22% 提高到 29%；东北地区平台债务规模从 0.2 万亿元增加到 0.6 万亿元，增长了 200%，占比维持在 3%。2008 年国际金融危机爆发后，我国实施了一系列经济刺激政策。在土地财政盛行的背景下，地方政府将土地出让收入作为城投债的还款来源。土地出让金的暴增加剧了地方政府对城投债的依赖。例如，2009~2011 年，全国土地出让收入增长迅速，从 1.59 万亿元上升至 4.1 万亿元。地方政府之间的竞争也推动了城投债规模的快速增长。为了提高地区的发展水平和竞争力，地方政府不断加大基础设施投资，从而增加了对城投债的需求。以江苏省为例，为了提升南京、苏州等城市的综合实力，地方政府投资建设了大量基础设施项目，通过融资平台发行城投债筹集资金。

3. 监管收紧阶段（2015～2018 年）

这一阶段，由于城投债规模快速增长，地方政府债务风险逐渐显现，自 2014 年起，债券市场上曾发生多起城投债的信用事件。2014～2015 年，中央政府开始出台一系列监管政策，限制地方政府融资平台举债。在监管收紧的背景下，城投债规模增速放缓，部分城投债转为地方政府债券。根据 Wind 数据统计，2014 年城投债发行总额约为 1.8 万亿元，增速为 30%；2015 年发行额约为 1.2 万亿元，增速降至-33.3%。2016～2018 年，城投债发行规模逐年回升，但增速较快速增长阶段有所降低。地方债务余额方面，2014 年底，地方政府债务余额为 16.0 万亿元，2015 年底增至 24.1 万亿元，增速达 50.6%。2016 年底，地方政府债务余额为 27.3 万亿元，增速降至 13.3%。2017 年底，地方政府债务余额为 29.9 万亿元，增速降至 9.5%。2018 年底，地方政府债务余额为 32.4 万亿元，增速降至 8.4%。

4. 规范发展阶段（2018 年至今）

这一阶段，中央政府陆续出台一系列政策，如新《预算法》、地方政府债务管理办法等，规范地方政府融资行为。2018～2021 年，我国城投债市场逐步回归理性，债务规模增长趋势逐渐稳定。根据 Wind 数据统计，2018 年全国地方政府专项债券发行额度为 2.15 万亿元；2019 年提高至 2.59 万亿元；2020 年进一步提高至 3.75 万亿元；2021 年上半年发行规模达到 2.61 万亿元。此外，自 2018 年起，我国政府逐步推广地方政府专项债券，以替代部分城投债。专项债券用于特定的基础设施项目和民生工程，旨在提高资金使用的透明度。同时为进一步规范城投债市场，自 2019 年起，我国政府对民企和地方政府融资平台发行债券实行"一企一策"，即根据企业的信用状况和经营情况，制定不同的债券发行限额，确保债务风险在可控范围内。近年来，地方政府融资平台逐渐向市场化、专业化方向发展。例如，广州、深圳等地的地方政府融资平台推出了债券、资产证券化等多元化融资工具，提高了融资效率，降低了融资成本。根据 Wind 数据统计，截至 2021 年底，城投债余额保持在 11.39 万亿元左右。

（二）监管政策的演变

自 2010 年起，城投债的政策大致共经历了六轮，各阶段的政策是随着国内外经济形势而变化，政策处在紧—松—紧的轮动变化中，但总体是朝着规范化的方向发展。2008 年以来，城投监管的背景、措施和效果以及未来监管的重点和方向，大致可以分为以下六个阶段：

1. 监管框架构建期（2010～2013 年）

这一阶段是城投平台起步发展的时期，政府鼓励地方通过融资平台举借债务，并放宽企业债券发行条件。但随着地方债务规模增长和违规融资风险暴露，政府开始加强对银行贷款的监管。2010 年 6 月，国务院发布《关于加强地方政府融资平台公司管理有关问题的通知》（国发〔2010〕19 号）（以下简称"19 号文件"），旨在清理核实平台债务，加强平台管理，重点管制银行贷款。"19 号文"构建了城投监管的初期政策框架，提出对城投平台和平台债务进行分类监管，也开启了城投监管元年，此后一系列针对平台信贷的监管政策落地。同年 7 月，财政部下发《关于贯彻国务院关于加强地方政府融资平台公司管理有关问题的通知相关事项的通知》（财预〔2010〕412 号），明确细化了"19 号文"中的相关内容；2012 年 3 月 30 日，中国银保监会下发《中国银监会关于加强 2012 年地方政府融资平台贷款风险监管的指导意见》和《关于 2012 年地方政府融资平台贷款风险监管政策有关问题的说明》，以上文件共同初步构建了中央政府对城投债的监管框架。

2. 监管健全期（2014~2015 年 4 月）

这一阶段是新《预算法》和"43 号文"的时代，政府进一步完善了地方政府性债务管理框架，赋予地方适度举债权限，并要求剥离融资平台公司的政府融资职能。同时，也加强了对银行、信托、非标等渠道的监管力度。主要政策性文件包括：2014 年 8 月 31 日，新《预算法》颁布，允许省级政府在国务院确定的限额内发行地方政府债券举借债务；同年 9 月 21 日，《国务院关于加强地方政府性债务管理的意见》（国发〔2014〕43 号）即"43 号文"颁布。"43 号文"对城投的影响巨大，首次在重要文件中提出了"剥离融资平台公司政府融资职能"，与新《预算法》共同搭建了全新的政府性债务管理框架。核心包括五个方面：赋予地方政府适度举债权限、划清政府和企业的界限、推广使用 PPP 模式、建立地方政府性债务风险预警机制和债务风险应急处置机制、甄别并置换存量政府债务。

3. 政策转松期（2015 年 5 月~2016 年 9 月）

这一阶段是经济下行压力加大的时期，为稳增长和支持在建项目融资需求，政府出台了"40 号文"等文件，在不新增隐性债务的前提下放宽了部分城投项目的贷款条件，并简化了企业债券发行审核程序。同时交易所也放宽了对于城投企业发行公司债券、中期票据等产品的审核标准。

4. 严监管起步和加码期（2016 年 10 月~2018 年 6 月）

这一阶段是多项文件密集发布、整治违规融资、控制新增隐性债务的时期。主要包括《关于规范银行业金融机构信贷资产收益权转让业务的通知》（银监办发〔2016〕82 号）、《关于进一步加强地方企业境内外发行证券管理有关事项的通知》（财综〔2016〕50 号）、《关于规范金融机构同业业务的通知》（银发

〔2014〕127 号）等文件出台，内容涵盖了开展第三次全国地方政府性债务审计、推进 PPP 项目清理整顿、加强信用评级机构管理、规范企业债券发行审核工作等。

5. 严控隐性债务格局下的边际放松期（2018 年 7 月~2020 年 10 月）

这一阶段在坚持不新增隐性债务和遏制风险源头的基调不变下，在部分领域实施边际放松措施。主要包括：推动存量隐性债务化解工作；支持符合条件的城投公司发行企业绿色金融券；鼓励符合条件的地方通过设立专项基金或者专项公司方式开展棚户区改造项目建设等。同时，在经济下行压力加大的背景下，这一阶段的政府导向型政策主要包括：2018 年 7 月 23 日国务院常务会提出的"要有效保障在建项目资金需求"，并允许符合条件的存量隐性债务进行置换或重组；2019 年 1 月 16 日，《关于防范化解地方政府隐性债务风险有关事项的通知》（财综〔2019〕6 号）首次明确了隐性债务的定义，并提出了防范化解隐性债务风险的六项措施；同年 6 月，国务院办公厅下发《关于防范化解融资平台公司到期存量地方政府隐性债务风险的意见》（国办函 40 号），指导地方、金融机构开展隐性债务置换等。

6. 新常态下的防控风险期（2020 年 11 月至今）

2020 年 11 月以来我国进入了隐债消纳期，要防控风险，中央要求多部门重视地方债务风险，严控增量隐债和违规举债，城投市场表现分化。2020 年 11 月 25 日，《关于进一步加强地方政府举借存量政府性债务管理有关事项的通知》（财综〔2020〕15 号）要求各级财政部门会同相关部门开展存量政府性债务清理整顿工作，并明确了存量政府性债务管理原则、范围、分类、处置等内容。2021 年以来，财政部两次通报新增隐性债务问责典型案例，并要求持续加强融资平台公司管理。同时国家发展改革委收紧城投境外发行证券管理，原银保监会与财政部加强对城市建设和治理、"三公"经费等领域的金融支持和监管。2021 年 11 月，上海、广东等纳入无隐债试点。

通过对中国城投债监管政策演变的梳理可以看出，自 2010 年开始，每一阶段的监管政策都有一到两个纲领性的文件，并根据实际需要放宽或收紧政策，同时辅以相关的财政或货币政策。虽然政策周期有所松紧，但是债务控制的框架越来越完善和精细。此外，各个阶段的监管政策都是相互衔接的，尽管市场宏观经济有时会发生变化，但是城投行业很容易引发连锁反应，因此总体监管政策的基调是严防系统性风险的发生。未来，在兼顾"不发生系统性风险"的前提下，对隐性债务的监管会更加严格，规范地方政府债务是规范发展金融发展的重要部分之一。

三、城投债发展现状及存在问题

（一）城投债的发展现状

当前，城投债已成为我国债券市场重要的融资品种之一。根据 Wind 数据统计，截至 2022 年底城投债总存量 13.5 万亿元，共计 18695 只，占整个债券市场的比例约为 10%。按评级划分来看，截至 2022 年末，评级为 AAA 的城投债共计3587 只，占比约为 19%，债券总额达 32959.67 亿元；评级为 AA+的城投债共计3413 只，占比约为 18%，债券总额达 24306.55 亿元；评级为 AA 的城投债共计1660 只，占比约为 9%，债券总额达 8789.11 亿元；评级为 AA-的城投债共计22只，占比约为 0.1%，债券总额达 115.26 亿元；评级为 A-1 的城投债共计 59 只，占比约为 0.3%，债券总额达 115.26 亿元；其他类城投债共计 9954 只，占比约为 53%，债券总额达 68160.42 亿元。总体而言，以高评级、中评级城投净融资为主（见图 2-1）。

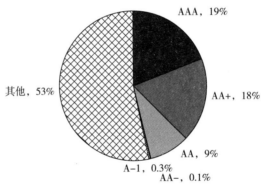

图 2-1 截至 2022 年末按评级划分城投债支数占比

资料来源：Wind。

从期限结构划分来看，一年内到期的债券余额为 5782.19 亿元，现存 889只；1~3 年内到期的债券余额为 8872.16 亿元，现存 1445 只；3~5 年内到期的债券余额为 38479.78 亿元，现存 5589 只；5~7 年内到期的债券余额为 61943.83亿元，现存 7843 只；7~10 年内到期的债券余额为 14362.56 亿元，现存 2372只；10 年以上到期的债券余额为 5332.30 亿元，现存 557 只（见图 2-2）。总体而言，以中长期债券为主。

（二）城投债存在的问题

经过多年的发展，城投债已经成长为主流债券之一，规模较大，但存在一些突出的问题。

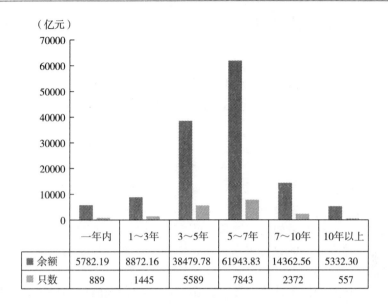

	一年内	1～3年	3～5年	5～7年	7～10年	10年以上
■ 余额	5782.19	8872.16	38479.78	61943.83	14362.56	5332.30
▨ 只数	889	1445	5589	7843	2372	557

图 2-2　截至 2022 年末按期限结构划分城投债余额及只数

资料来源：Wind。

第一，城投债规模过大、增速过快、结构不合理。根据 Wind 数据统计，截至 2022 年末，我国城投债总额约为 13.5 万亿元，同比增长 8.8%，占 GDP 比重约为 11%，占全国信用债市场比重超过 40%。此外，我国城投债的期限结构以中长期债券为主，短期债券较少，这导致投资者在面临流动性需求时，难以找到合适的投资工具。目前我国城投债的信用结构相对单一，大部分城投债的信用等级较高，投资者过度依赖地方政府的隐性担保，对债券的信用风险评估不够充分。与此同时，我国城投债还存在信用分化严重的问题，主要体现在由于地方政府财力、经济发展、基础设施建设、对地方政府融资平台的支持力度等方面的差异所造成的城投债之间在信用风险和收益水平上出现明显差异和分化。例如，东部沿海地区由于经济发展较快、财政收入较高，地方政府融资平台的信用状况相对较好，城投债的信用风险较低。而西部地区的经济发展相对滞后，财政收入较低，地方政府融资平台的信用状况较差，城投债的信用风险较高。

第二，城投债偿还能力不足、风险暴露增多、处置难度加大。随着城投债规模的持续扩大，部分地方政府融资平台的负债水平也在逐步攀升。同时，由于一些地区在城投债偿还方面过度依赖于土地出让收入、财政转移支付和项目收益，当面对房地产市场调控和经济下行的境况时，这些偿还来源都面临着较大的不确定性，进一步加剧了偿还能力不足的问题。一方面，土地出让收入受到房地产销售面积下降、土地供应减少等因素的影响而明显减少；另一方面，财政转移支付受到中央财政紧缩和地方财政困难等因素的制约而难以增加；再者，项目收益受到基建效率低下、公益性强等因素的制约而难以提高。在这种情况下，部分区域和平台出现了资金链断裂、违约风险上升等问题。根据 Wind 数据统计，2021 年全年共有 25 家城投公司发生违约事件，涉及金额达到 152 亿元。除此以外，城投债务的短期集中兑付压力较大，2022 年待偿还规模占期初存量的比重达到 22.04%。

第三，城投债监管政策不完善、法律法规不健全、市场机制不成熟。城投债作为一种特殊的企业债券，在发行和管理上存在一些特殊性和复杂性。一方面，在现行的法律层面上，并没有明确规定城投公司与地方政府之间的关系和责任划分，也没有明确界定城投公司能否享受地方政府隐性担保或者道义担保，更没有明确规定城投公司违约后如何处置和救助，这导致了在城投债的发行和管理过程中城投公司与地方政府的权责关系模糊，增加了投资者判断城投债风险的难度。另一方面，在监管层面上，并没有形成一个统一有效的监管框架和标准，也没有建立一个完善透明的信息披露制度并实施一个科学合理的信用评级和定价机制，从而充分反映城投债的真实风险和价值，这使各地区在城投债的监管上存在差异和不确定性，从而导致部分地区监管不力诱发城投债违约风险。除此以外，这也使投资者在决策过程中缺乏足够的信息支持，过度依赖地方政府隐性担保，增加了市场的道德风险和逆向选择问题。

第三节　城投公司转型的必要性

在经济高质量发展的宏观背景下，经济发展理念由追求增长速度向追求经济发展质量转变，经济结构和发展方式顺势转变，城投公司也走向转型的关键节点。城投公司转型是政府政策持续发力的必然结果，是市场经济发展的必然选择，也是城投公司可持续发展的必然要求。

一、市场经济高质量发展的必然选择

城投公司自存在以来以地方基础建设和城市更新项目为主，是地方政府信用的延伸，因此，受到政策等因素的影响较大，在经营管理、业务拓展等方面的市场化程度较低。随着投融资职能的剥离，越来越多的城投类地方政府融资平台开始提升市场经营意识，市场环境适应能力还逐步增强。

（一）国家宏观市场经济政策的要求

随着我国城镇化发展的空间越来越小，加上逆全球化形势盛行，我国面临着

史无前例的发展困难，在这种形势下，对内改革的需求不断增加，城投公司作为地方国有经济发展的重要工具，是地方最需要且最重要的市场化改革对象。近几年，中央一直强调化隐债，一方面减少地方财政负担，另一方面也为城投转型发展扫清障碍，以顺应我国宏观市场经济的发展趋势。

（二）经济改革和高质量发展的要求

作为地方政府信用的延伸，城投公司是地方经济和社会发展必不可少的中坚力量，特别是在开发地方公益性项目和准公益性项目发挥了重要的带头作用，但这些项目也存在突出问题，例如，加重了企业债务负担，项目资产质量不高导致企业布局结构参差不齐，最终导致城投公司的核心竞争力不强等突出问题，亟须通过市场化转型破解瓶颈制约。当前，我国经济改革已进入到深水区，为了激活城投公司的潜力，中央推行了一系列的政策举措，例如，三年国有企业改革、隐债化解等不断提升城投公司在保障地方经济发展和社会进步方面的经营管理能力和融资水平。

二、政府政策持续发力的必然结果

近年来，随着地方政府投融资平台的快速发展，政府部门逐渐意识到加强对城投公司监管的重要性。2010 年起，国务院、财政部、国家发展改革委等部门相继出台了多个重要文件，来规范地方政府投融资平台的运作管理。部分地方政府在政府工作报告和预算报告中，也明确提出加快城投分类转型，推动城投整合重组，地方政府投融资平台的转型发展迫在眉睫。

（一）推动市场化改革相关要求

《国务院办公厅转发财政部发展改革委人民银行关于在公共服务领域推广政府和社会资本合作模式指导意见的通知》（国办发〔2015〕42 号）明确指出"鼓励融资平台与政府脱钩，进行市场化改制，作为社会资本参与 PPP 项目"。2021 年，银保监会发布了《银行保险机构进一步做好地方政府隐性债务风险防范化解工作的指导意见》（银保监发〔2021〕15 号），进一步严控城投公司举债。在监管政策的引导下，地方政府投融资平台的融资渠道和规模将处在更加规范、透明、公开的框架之下。

地方政府也提出了推进城投公司转型发展的相关政策。2021 年 9 月，甘肃省发展和改革委员会等七部委联合发布了《关于推进市县融资平台公司整合升级加快市场化转型发展的指导意见》（甘发改财金〔2021〕609 号），表明要按照既定的政府性债务化解方案，落实债务风险化解责任，统筹运用多种财政和金融手段，有效压减债务规模，降低债务风险水平。对暂时难以偿还的融资平台到期存量政府性债务，融资平台公司可以在与金融机构协商的基础上采取适当展期、续贷、债务重组债务置换等方式，拉长债务期限，降低利息成本，缓释短期偿债压力。要科学合理安排债务缓释期限，避免将风险简单后移。贵州省在 2023 年政府工作报告中指出，将会有序推进重点领域省属国有企业改革重组，推动地方国有平台公司市场化实体化转型取得突破。湖南省在 2023 年预算报告中提出推进融资平台公司转型发展，防范国有企事业单位"平台化"。

（二）规范债务管理相关要求

2014 年，国务院出台了《关于加强地方政府性债务管理的意见》，明确提出了采取疏堵结合的形式，修明渠、堵暗道，赋予地方政府依法适度举债融资权限，加快建立规范的地方政府举债融资机制，同时坚决制止地方政府违法违规举债。2017 年，党中央和国务院频繁强调加强地方债务管理，禁止地方政府违法违规举债融资，防范化解重大风险。2021 年 3 月，《国务院关于进一步深化预算管理制度改革的意见》（国发〔2021〕5 号）第二十条和第二十一条提出要健全地方政府依法适度举债机制，并防范化解地方政府隐性债务风险。

在地方层面，多省出台了相关债务管控政策。四川省在 2023 年《政府工作报告》中提出，要坚决遏制隐性债务增量，稳步推进政府债务合并监管，探索经营权转化、资产资源转化等化债路径，防范地方融资平台违约，牢牢守住不发生系统性风险底线。河北省在《关于河北省 2021 年预算执行情况和 2022 年预算草案的报告》中提出把新增隐性债务作为红线、高压线，严格落实政府举债融资正负面清单，定期组织开展"回头看"，严禁违法违规融资担保行为和变相举债，坚决遏制新增地方政府隐性债务。陕西省在其 2021 年财政预算执行情况和 2022 年财政预算草案的报告中提出持之以恒防范化解隐性债务风险，完善防范化解隐性债务风险长效机制，深入推进重点市县风险化解和融资平台整合升级，推进隐性债务"清零"试点，抓好法定债务、隐性债务动态监测，加强违法违规举债融资执纪问责，积极化解存量债务，坚决遏制新增隐性债务。黑龙江省在《关于黑龙江省 2021 年预算执行情况和 2022 年预算草案的报告》中提出要经常性开展隐性债务再排查，坚决查处违法违规举债行为，加大对新增、漏报隐性债务以及化债不实等问题的问责力度，坚决遏制新增地方政府隐性债务，妥善化解隐性债务存量，守住不发生系统性风险底线。政府政策的持续发力以及由此带来的不断减少的资源支持，要求政府投融资平台必须加快进行内部体制机制的变革和市场化转型。

三、城投公司可持续发展的必然要求

目前城投公司在发展过程中尚存在较多问题，未来想要实现可持续发展，还需要进行转型和变革。

（一）实现持续发展的需要

过去，城投公司主要依靠地方政府信用背书，从而在市场上筹措大量的建设资金，然而，由于城投公司建设的项目投资期长且收益率低，导致城投公司经营艰难，再加上中央近年来对固定资产投资政策的收紧，使城投公司的融资规模和手段受到制约。为了解决城投公司短期和中长期的资金缺口，满足可持续发展的需要，设计和建立适应新形势下的融资体系显得尤为重要。

（二）提高盈利能力的需要

近年来，各城市政府通过授权并入城投公司的资产主要是公益性的城市基础设施，盈利能力差，而这些资产恰恰是城建融资的载体，承担着巨额的债务。城投公司自身"造血"功能缺乏，没有稳定的收入来源，不具备偿债能力，完全依靠政府财政安排的还贷准备金是城投公司发展的巨大障碍，最终将影响城投公司投融资功能的发挥。过去曾一度采取重建设轻运营、重融资轻管理的运作模式，结果导致城投公司缺乏自身现金流创造机制。城投公司作为金融机构与地方政府开展银政合作的主要抓手，应当在满足监管政策的前提下实现政府资源科学配置、准公益性项目财务平衡，将城投公司打造为融资、融智、融制、融商的综合载体，方可吸引社会资本参与地方经济建设。要提高城投公司的盈利能力，就要推进公司的市场化进程，打造现金流，寻找盈利点，为企业的生存和发展而战。

（三）理顺政企关系的需要

政府对于城市建设的资金需求是无限的，但是对于城投公司来说，其融资能力是有限的。城投公司属于一般国有企业，承担政府融资的职能，很难避免政企不分的问题。地方政府在开展城建投融资工作时，会遇到渠道狭窄、活力不足的问题，一个非常重要的原因是政府职能的错位和越位导致市场配置资源的决定性作用不能得到充分发挥。当前赋予地方政府发债权相当于给地方政府建立一条规范的、低成本的融资渠道，有利于地方政府职能的转换和促进城投公司转型升级。城投公司只有理顺政企关系，才能达到与政府各行其道、各司其职的目的。城投公司要积极争取成为未来政府购买服务的承接主体，积极参与基础设施项目的建设或运营，以市场化的方式进一步推动新时代城市的建设与发展。

（四）现代企业管理的要求

总体来看，城投公司转型的重点是进行市场化运作和企业化管理，这决定了城投转型成功与否。首先，市场化运作的前提是厘清与地方政府的关系，做到与政府信用切割，只有这样才能从根本上做到市场化转型，否则在实操中很难摆脱政府的影响。其次，在业务层面，城投公司作为独立的市场实体，应当以市场化的方式开展业务，与其他企业展开公平公正的竞争，才能不断增强业务能力。最后，企业化管理要求城投公司的管理层和人员构成是通过公开竞聘上岗，这样才能构建公司市场化的人才体系。

第四节　城投公司转型的实现路径

在高质量发展的宏观经济背景下，城投公司要在地方融资中进一步发挥功能，实现可持续发展，必须主动迎合高质量发展的经济形势，通过剥离政府职能、理顺债务关系、市场化转型、资产并购重组以及去除利益勾连等方式真正迈向转型之路。

一、剥离政府职能是必然

政府职能也称行政职能，是国家行政机关依法对国家和社会公共事务进行管理时应承担的职责和所具有的功能。城投公司长期以来存在政企不分的问题，地方政府以部门化方式管理、以行政命令方式指挥城投公司的各项工作，这导致城投公司长期发育不良、治理缺失，市场化程度很低，长期依靠政府"输血"。

城投公司诞生之初并非市场化的企业，它与政府之间存在千丝万缕的联系。如 2003 年上海城投按照国务院和上海市政府要求，利用清退政策，为清理固定回报项目支付了大笔款项，但公司负债率明显上升。上海市城市建设投资开发总公司之前的总经理曾在撰文中透露"为保持公司合理的债务结构和持续的融资能力，上海市政府 2004 年初又为上海城投注入了 80 多亿元资产"。[①] 政府官员介入使城投公司行为变得"政商难分"。尽管按照中央规定，政府官员不得在企业任职，但在实施层面却未必如愿。

政府与城投企业之间存在极强的利益关系，让政府参与到城投企业的管理进程中必然会由于对政府自身利益的影响而无法专注于城投企业的发展，这对城投企业的转型发展是极为不利的。只有剥离政府职能，才能让城投公司更好更快地实现市场化转型，以解决目前面临的诸多问题。

二、理顺债务关系是前提

对城投公司来说，防范化解隐性债务风险，严守公司债务底线，不出现债务爆雷危机，进而防范化解政府债务风险，是刚性要求，也是必然要担负的责任。

---

① 张静.剥离政府融资职能　城投公司改制在即［N］.第一财经日报，2014-07-18.

城投公司的债务融资主要有银行贷款、地方债券、资产证券化、民间资本注入等渠道。其中，银行贷款是较为传统、较为常用、占比也较大的债务融资渠道，而发行地方债券以及相关投资项目经营所得的资产证券化则是当前城投公司债务融资转型的重要方向。资产证券化是通过以正在建设、尚未完成的项目及其未来可能产生的收益及其他相关利益作为担保发行证券并融通资金，因此其具有担保效力较强、融资规模可控、操作管理较为灵活等特点，受到了众多经营主体的欢迎，在融资渠道中所占的比例与日俱增。

城投公司隐性债务多、公益资产多是事实，对于公司发展来说更是包袱大、压力大。因此，在城投公司市场化发展中，地方政府应该对于隐性债务的有序消化、公益性资产的有序处理及置换提供切实帮助，让公司能够轻装上阵、快速发展。债务问题要用发展的眼光来看待，不能单纯地处理存量债务，而是应该将债务、融资、发展结合起来看待，尤其是要维持甚至提高现有的融资能力。所以要以融资主体、融资信用为核心重组公司架构，打造新的公司架构，撤销壳公司、做实主要融资主体，并以"老公司老办法、新公司新办法"的方式开展经营，打开公司发展的空间。

三、资产并购重组是选择

2006 年至今，城投公司一直在持续进行资产整合重组。从资产整合重组的运作特征上来看，之前的发展历程大致可以划分成两个阶段——信贷性资产整合阶段和资本性资产整合阶段。为更好地推动企业市场化转型，城投公司逐渐步入价值性资产整合阶段。

在城投公司信贷性资产整合重组阶段，地方政府通常会对新设立的城投公司注入财政资金或土地、学校、医院、公园等公益性资产，并对其融资进行增信，以帮助其从银行等信贷机构获得信贷性融资。在这个阶段，资产整合重组目的主要为快速做大资产规模，打造承贷主体。资产注入方式主要以政府通过行政手段对城投公司进行公益性资产无偿划转，整个资产划转过程缺乏对资产价值性的考量。资产类型以公益性资产为主，可经营性资产非常少；资产收益以投资补贴运营为主，经营性收益极低。城投公司未实现整合重组后资产的有效管理和运作，资产管理能力差；未形成真正的公司化运营主体，资产利用效率不高。

在城投公司资本性资产整合重组阶段，城投公司资产整合重组目的主要为达到融资政策对城投公司项目现金流的要求，实现企业自身造血功能的增强，扩大债券市场融资能力。资产整合重组方式表现为对城投公司进行供排水、垃圾处理、燃气供应、城市广告经营权等可经营性资产的注入。资产注入方式不完全依靠政府划拨，资产整合重组过程开始注重资产的价值性考量。城投公司开始不过于依赖以前简单粗暴的资产直接划拨方式，转向根据企业自身业务发展需要来进行资产的整合和重组。城投公司经营性资产占比开始上升。城投公司在推进资产整合重组的过程中，为提升企业市场化融资能力，开始依靠经营性和准经营性资产的注入，构建城投公司的核心竞争优势和自身造血功能。城投公司开始改变过往整合重组完成后管理不足的问题，资产管理能力有所提升。城投公司开始对资产依据业务板块实行分类管理、分业运作，以资本融资为需求推动业务"整合运作"，有效实现企业资产的集中有效配置和运作。

城投公司今后的资产整合重组应逐步向价值性资产整合阶段转变。在资产注入的形式上，城投公司资产整合重组应以资产的价值性考量为主，减少无效资产的注入。在资产类型上，城投公司应加强对企业进行经营性资产的补充，并逐步对企业公益性资产进行剥离，企业收益应逐步从以政府投资性收益为主向以市场化经营性收益为主转变，健全公司管理架构，建立科学管理团队，对企业资产进行实体化管理和一体化管理，提升企业资产管理效率和资产收益水平。

四、去除利益勾连是难点

城投公司作为一类特殊的国有企业，由地方政府通过直接或间接的方式控股，其股东涉及政府或政府部门、事业单位、国有企业和各类投资基金，国资委体系是城投企业最大的控股股东。因城投平台自身盈利能力较弱，主营业务一般亏损，所以普遍会获得一定的政府补助。城投公司和政府之间的利益关系是比较密切的，要实现政府和企业分离以及城投公司的市场化转型，就要切断城投公司与政府之间的利益关系。城投公司的股本结构、业务和发展过程都和政府紧密相连，所以去除他们之间的利益勾连正是城投公司实现转型发展的难点所在。

党的二十大报告强调要坚定不移全面从严治党，深入推进新时代党的建设新的伟大工程，表明了城投公司治理效能提升的关键之一就是加强党的领导。对此，城投公司应该结合国企改革的要求，将国投公司党组织建设成为有效实现党的领导的坚强战斗堡垒。城投公司必须建立健全党组织，并全面完成公司章程修改工作，明确党组织在各项重大经营管理事项中的职权和前置研究事项清单，依法支持董事会、经理层开展工作。同时，要高度重视城投公司的合规管理、风控、内控建设工作，要以党内监督为主建立大监督体系，加强党内监督主导作用，将合规管理、风控、内控纳入党的全面领导下。

第三章　防范化解地方政府债务风险的进展和关键

第一节　地方政府隐性债务的特征、风险和规模

一、地方政府隐性债务的界定和规模

（一）地方政府隐性债务的有关概念和判定方法

近期，对于地方政府的债务尤其是隐性债务的关注度开始提高，地方政府债务的概念也逐渐清晰，中央层面的认定过程经历了三个阶段的变化，其官方表述经历了从"政府性债务"到2015年新《预算法》正式实施后，改为"地方政府债券"，再到官方首次界定概念，称谓变成"隐性债务"的措辞演变，各阶段的界定和识别均有所差异。

对于地方政府隐性债务的关注最早可以追溯到2010年，审计署组织了全国部分省市县进行的地方政府性债务审计调查工作，工作方案首次定义地方政府债务："地方政府、经费补助事业、公用事业单位、融资平台公司等为公益性（基础性）项目建设直接借入、拖欠或因提供担保、回购等信用支持形成的债务，以及地方政府（含政府部门和机构）为竞争性项目建设直接借入、拖欠或因提供担保、回购等信用支持形成的债务。"[1] 当时地方债务体系处于尚未建立时期，地方政府债务与政府性债务概念尚未界定。

---

① 张苏隽. 浅析地方政府性债务的认定与分类标准［EB/OL］. 中华人民共和国审计署，https：//www.audit.gov.cn/n6/n41/c19027/content.html.

图 3-1　地方政府债务概念变迁

仔细梳理有关地方政府债务的研究，发现公开透明的债务对地方经济的影响是可控且有限的，地方债务最大的风险来源是庞大不可知的隐性债务。2017 年 7 月，中央政治局会议中正式提出"隐性债务"，在会议上对各级政府作出要求：各级政府"积极稳妥化解累积的地方政府债务风险，有效规范地方政府举债融资，坚决遏制隐性债务增量"，中共中央、国务院发布的《中共中央国务院关于防范化解地方政府隐性债务风险的意见》（中发〔2018〕27 号）中首次对地方政府隐性债务作出明确界定。隐性债务是指"地方政府在法定政府债务限额之外直接或者承诺以财政资金偿还，以及违法提供担保等方式举债的债务"。换言之，地方政府隐性债务是指政府及其部门、融资平台公司、国有企业、事业单位等以非政府债券形式举借的、用于公益性项目、最终需由财政资金偿还的债务，以及签订协议约定未来财政支出责任事项的金额。未纳入政府债务限额管理中的，通过变相举债和违法违规举债所形成的债务，"自发变通""违法违规"是官方口径下的主要特征。这些内容在首次明确提出隐性债务后的次年被国务院正式发布。①

地方政府"隐性债务"与"政府性债务"相比，其相同之处在于：两者通常主要用于慈善或准公共目的，当项目难以正常运营（与政府债务状况相关）时，必须从财政资源中支付。这两项债务都必须由市政当局在一定条件下偿还，

---

① 吴波. 我国地方政府隐性债务的风险评估与治理研究［D］. 中国财政科学研究院，2022.

与政府的信用密切相关。其不同之处在于：政府性债务在地方政府举债机制尚未建立之前出现，处于监管的灰色地带，经过债务甄别纳入预算后大部分已经完成债务置换；而隐性债务在理论上不属于地方政府债务，大部分是通过变相举债和不合规操作滋生。①

（二）地方政府隐性债务的类型

1. 官方文件分类

随着地方政府隐性债务概念和界定的变化，地方政府隐性债务类型和统计范围都发生了变化。截至目前，对地方债务类型的划分共经历了几个官方文件的划分。

表3-1　地方政府债务类型梳理

	时间	文件	文件编号	债务分类	隐性债务
政府性债务	2013年	《全国政府性债务审计实施方案》	审办财发〔2013〕123号	①在任何情况下都会产生政府的法定或合同责任的"直接显性债务"； ②不依赖于经济活动中其他因素的义务，必须发生，结果是可见的，并且在特定情况下仍然存在，但不是基于法律、合同关系或政府的责任的"直接隐性债务"； ③由于政府行为通常存在连带责任，这种行为可能发生。只有在市场失灵、来自公众和利益集团的压力或者不这样做的成本过高的情况下，政府才会承担这些责任的"或有隐性债务"	②③
		《国务院办公厅关于做好全国政府性债务审计工作的通知》	国办发明电〔2013〕20号	①地方政府负有偿还责任的债务，属于政府债务； ②地方政府负有担保责任的债务，属于政府性债务； ③为地方政府可能承担一定救助责任的其他相关债务，不具有法律偿还责任，但可能救助； ④通过新的举债主体和举债方式形成的地方政府性债务	②③④
地方政府债券	2015年	新《预算法》	—	①一般债券； ②专项债券	无
	2016年	《地方政府性债务风险应急处置预案》	国办函〔2014〕88号	①地方政府债券； ②存量担保债务以及存量救助债务； ③非政府债券形式的存量政府债务	②③

资料来源：笔者根据公开资料整理。

① 姜超宏观债券研究. 地方政府隐性债务规模有多大？〔EB/OL〕. https：//baijiahao. baidu. com/s？id=1607464179841494108&wfr=spider&for=pc.

2013 年，中央对于地方政府债务的表述处于"政府性债务"阶段。参考 2013 年 8 月 1 日审计署发布的《全国政府性债务审计实施方案》（审办财发〔2013〕123 号）对地方政府债务基本内涵、口径与范围的界定，地方政府债务被大致界定为三类：

（1）在任何情况下都会产生政府的法定或合同责任的"直接显性债务"。

（2）不依赖于经济活动中其他因素的义务，必须发生，结果是可见的，并且在特定情况下仍然存在，但不是基于法律、合同关系或政府的责任的"直接隐性债务"。

（3）由于政府行为通常存在连带责任，这种行为可能发生。只有在市场失灵、来自公众和利益集团的压力或者不这样做的成本过高的情况下，政府才会承担这些责任的"或有隐性债务"。

其中第（2）类、第（3）类债务更类似于"显性化"的政府隐性债务，纳入地方政府性债务管理的政府或有债务①。

2013 年，国务院办公厅发布了《国务院办公厅关于做好全国政府性债务审计工作的通知》（国办发明电〔2013〕20 号），将地方政府性债务划分为四类。这些类别包括政府债务、政府性债务、政府可能承担连带责任的债务，以及使用新贷款机构和信贷条件下产生的地方政府性债务。其中，第一类为地方政府负有偿还责任的债务，属于政府债务。第二类为地方政府行为通常存在连带责任，属于政府性债务。第三类为地方政府行为通常存在连带责任，这种行为可能发生。只有在市场失灵、来自公众和利益集团的压力或者不这样做的成本过高的情况下，政府才会承担这些责任。第四类为使用新贷款机构和信贷条件下产生的地方政府性债务。

2014 年国务院印发的《国务院关于加强地方政府性债务管理的意见》（国发〔2014〕43 号），2016 年国务院办公厅印发的《地方政府性债务风险应急处置预案》（国办函〔2014〕88 号），将地方政府债务分为地方政府债券、非政府债券形式的存量政府债务、存量担保债务以及存量救助债务三类，并明确偿还责任。② 按照文件编号的处置方法，根据 2016 年第 88 号法令，或有担保债务若出现原债务人无法全额偿还的情形，地方政府根据具体情况最多偿还未清偿债务的50%，或根据具体情况提供一定的援助，如存在救助债务。

2015 年起，新《预算法》正式实施，部分政府性债务现已通过债务审查纳

---

① 中债资信. 隐性债务化解的前世今生［EB/OL］. https：//baijiahao. baidu. com/s？id=1737691960537280469&wfr=spider&for=pc.

② 王鹏. 地方政府隐性债务的历史沿革、典型形式及风险化解路径［EB/OL］. https：//mp. weixin. qq. com/s/8EL1gf60i3XojzkAPfCnUw.

入预算管理。2015 年债务置换启动时，隐性债务的概念尚未形成。在原则上，此时间后，地方政府增加债务融资的渠道被限制为发行一般债券和专项债券两种方法，地方政府负完全偿还责任。因此，2015 年后新增的地方政府债务全部属于显性债务，2015 年起地方政府以非地方债形式变相举借的债务在严格意义上属于隐性债务。

2017 年后，中央政府提出"地方政府隐性债务"概念并给出官方界定。但隐性债务却没有明确分类。但从 2017 年后的政府相关公告内容和市场研究报告来看，为了区分隐性债务的构成和体例，可以将其划分为三类：第一类是由政府和社区资本合作，签署了协议具有明确兜底的债务；第二类是界定为预计隐性负债，清债手段主要是公益性或准公益性的项目；第三类是无视商业道德，不能产生稳定收入却有固定支出责任的长期公益性或经营性项目。集中在政府和社会资本合作、政府产业引导基金等。

2. 学术界的分类

学术界对于地方政府债务的分类研究中，多采用"财政风险矩阵"分类法，这种分类法主要是为了帮助评估地方政府的财政风险程度，以便采取相应的措施来降低风险，它由世界银行的高级顾问汉纳普拉科瓦（Hana Polackova）提出。区分开"隐性负债"和"显性负债"能划分地方政府债务的法律和道德责任。此外，鉴于债务责任的确定性和不确定性，我们还可以将其分为"直接负债"和"间接负债"，因此地方政府债务共分为四类。其中地方政府隐性债务可以分成以下两类[①]：

第一，直接隐性债务：没有明确规定，就理论而言，不应由地方政府进行清偿，可当债务风险发生时，地方政府没有明确的合约或者承诺，群众认为这些债务清偿依然应让地方政府负责，这是因为这些地方政府债务承担了地域的长期以来的公共支出。直接隐性债务具体包括社会保障资金缺口、各级政府为扩大义务教育及发展高等教育和成人教育形成的债务、各级政府为改善交通基础设施建设形成的债务等。

第二，或有隐性债务：即使政府不为这些债务承担在法律以及合同上的责任，可当债务风险发生时，有必要进行投资处理进行调控，甚至承担最终责任，出于政府对公众的利益负责。或有隐性债务的形式涵盖：地方金融机构的不良资产、供销合作社股金、政府性基金管理不当发生的损失、财政补贴地域性商业银行、因自然灾害、环境危机等原因产生的债务等。

（三）地方政府隐性债务的规模

与显性债务不同，地方政府隐性债务是指不涵盖于限额以及预算管理计划，

---

① 谢群. 中国地方政府债务研究［D］. 财政部财政科学研究所，2013.

是可能发生的，也可能不发生的，需要地方政府为其负责清偿责任的债务，但其却不以地方债的方式存在。由于现时义务的清偿并不包括隐性债务，因此，各行各业隐性债务的认定标准和水平仍缺乏统一性，准确评估存在困难，各方对地方政府隐性债务的测算差异较大。

根据国际货币基金组织（IMF）测算，2014~2022年，我国地方政府隐性债务规模从8.8万亿元增长至70万亿元，隐性债务规模已经超过2022年地方政府显性债务规模（30.47万亿元）的两倍①，考虑隐性债务后我国政府负债率已经远超60%的警戒线水平，2020年、2021年政府负债率甚至超过100%（见图3-2）。

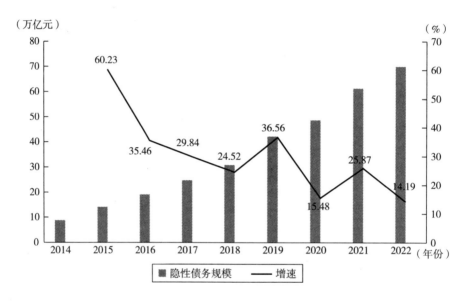

图3-2　2014~2022年我国隐性债务规模及增速

资料来源：IMF。

鉴于隐性债务统计口径的不一致性，本书梳理了几种常用的隐性债务规模测算方法。根据统计口径，方法分为单一口径测算和全口径测算。

关于单一口径测算，部分研究者采用地方融资平台公司的有息债务数据近似估计隐性债务规模，是因为地方政府融资的主要渠道为地方融资平台②。

全口径测算方法，又可分为加总测算方法和加总后折算的测算方法。其中，

① 樊旭.禁止国企、事业单位演化为融资平台，多地围堵隐性债务 [EB/OL].https：//baijiahao. baidu. com/s？id＝1725001136456058354&wfr＝spider&for＝pc.
② 吴波.我国地方政府隐性债务的风险评估与治理研究 [D].中国财政科学研究院，2022.

·60·

不折算加总测算方法[①]，以 IMF 测算方法为代表，将加总的全口径数据作为地方政府隐性债务规模。地方政府隐性债务被折算加总方法认为具有"或有债务"性质，当且仅当在债务违约时，存在概率使部分责任由地方财政承担。因此，地方政府的隐性债务率可能会因为将所有融资平台债务都视作政府隐性债务而被大大夸大。常用的学术界折算方法有以下两种：

第一，以债务违约率和政府救助比例作为加总数据的调整系数[②]，设置各类债务风险系数，或有债务转化率、政府负担比例指标进行归类推算，这一方式学习和借鉴了金融风险概率的思考模式。[③] 各类或有债务来源的总额乘以或有债务转化率和政府负担百分比演算得到或有隐性债务规模。或有债务转化为现实债务的调整系数如下：①参照四大国有资产管理公司办理四大国有商业银行的不良资产回收率期望 50%，将我国政府或有债务转化率系数设定为 0.5。②系数 a 参考国有企业资产负债率和国有企业债务占国内生产总值比重作为国有企业或有隐性债务的或有转化率。③系数 b 比对地方政府债务率作为地方融资平台或有隐性债务的或有转化率。④设置政府负担比例的高值为 0.5、低值为 0.25（《财政部关于印发〈地方政府性债务风险分类处置指南〉的通知》（财预〔2016〕152 号）做出要求，地方政府对地方或有债务至多承担 50%清偿任务）。

表 3-2 全口径隐性债务测算的加总调整系数

债务类型	债务来源形式	债务比例	直接债务风险系数/或有债务转化率	政府负担比例高值	政府负担比例低值
地方政府直接隐性债务	应付工程物资款等	1	1	1	1
	养老金缺口	1	1	1	1
	医疗保险金缺口	1	1	1	1
	政府付费型 PPP 债务融资	0.8~0.75	0.2	1	1
	缺口补助型 PPP 债务融资	0.8~0.75	0.2	1	1
	使用者付费型 PPP 债务融资	0.8~0.75	0.2	0.15	0.15
或有隐性债务	违规担保、变相融资等	1	1	1	1
	地方国有企业债券	1	0.5×调节系数 a	0.5	0.25
	地方融资平台债券	1	0.5×调节系数 b	0.5	0.25
	商业银行不良贷款	1	0.5	0.5	0.25

① 沈坤荣，施宇．地方政府隐性债务的表现形式、规模测度及风险评估 [J]．经济学动态，2022，737（7）：16-30.

② 赵文举．地方政府债务的财政、金融与经济效应研究 [D]．北京科技大学，2022.

③ 李丽珍，刘金林．地方政府隐性债务的形成机理及治理机制——基于财政分权与土地财政视角 [J]．社会科学，2019，465（5）：59-71.

第二，加总后总量折算。李奇霖（2023）认为，由财政负担偿还的隐性债务的折算系数极限应为20%。① 在测算过程当中，张明等按照各省优性债务率的凹凸，对调算系数举了了增值调剂。处所当局显性债务率在60%以下的折算系数为10%，显性债务率在60%以上、90%以下的为折算比例为15%，显性债务率在90%以上的折算系数为20%。②

二、地方政府隐性债务的特征

（一）经济发展与隐性债务规模正相关

因地域不同，地方政府隐性债务规模呈现出东南部高、西北部低的特点，经济规模较大、相对发达的省份隐性债务余额更高，总体表现出经济发展与债务规模正相关的趋势。《2021年全国各地区地方政府财力和债务压力大盘点》统计，2021年末，东部省份隐性债务余额总计26.79万亿元，占比为52.61%；中部地区隐性债务余额总计14.97万亿元，占比为29.41%；西部地区隐性债务余额总计9.16万亿元，占比为17.99%（见表3-3）。

表3-3　2021年末各地区发债城投平台可能形成的隐性债务

地区	隐性债务余额（万亿元）	占比（%）
东部	26.79	52.61
中部	14.97	29.41
西部	9.16	17.99

注：发债城投平台可能形成的隐性债务余额=融资平台广义贷款+债券+其他应收-其他应付。
资料来源：Wind，政府官网，兴业证券经济与金融研究所。

分省份看，截至2021年末，江苏、浙江和四川三省份的隐性债务规模最高，分别达到9.65万亿元、5.50万亿元和3.66万亿元；山东、湖北、湖南、广东和重庆的隐性债务余额也较高，均超过2万亿元；共有24个省份可能形成隐性债务的余额超过万亿元。2021年末31个省份城投平台可能形成的隐性债务余额如图3-3所示：

---

① 李奇霖．深度解析地方政府债务［EB/OL］．https：//caifuhao. eastmoney. com/news/2019030722565 1565135060.

② 张明，孔大鹏．中国地方政府债务：特征事实、潜在风险与化解策略［J］．辽宁大学学报（哲学社会科学版），2021，49（4）：1-11.

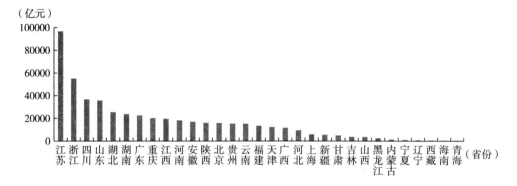

图3-3 2021年末31省份城投平台可能形成的隐性债务余额

注：发债城投平台可能形成的隐性债务余额＝融资平台广义贷款＋债券＋其他应收－其他应付。

资料来源：Wind，政府官网，兴业证券经济与金融研究所。

沿海发达省份的人口基数较大，产业都以第二、第三产业居多。群众对于基础建设呼声大，房地产开发行业成熟，对比其他地区，城市投资平台数量要远远超出，且融资相对顺畅。西部省份、直辖市与自治区可分为两类：前者的地理环境的限制导致人口基数本就不是那么密集，从而导致运输设备、工人、资金等条件的进入困难，城投平台稀少且资金汇集难度远高于后者；后者则与前者相反，人口基数大，人们对于物质层面的需求也不断发展，但即使人们对于当地基建的开发和投入都有非常高的参与意愿，地域不完全不充分的发展准备依然限制了开发商的进入意愿。

从杠杆率角度来看，政府杠杆率较高的地区主要集中在西北和西南地区，东南沿海地区则由于经济发展水平较高稀释了整体债务杠杆。

（二）市县级地方政府隐性债务较重

从债务层级来看，地方政府隐性债务主要集中在市县两级，主要原因是市县级地方政府承担了更多城镇化建设的责任。改革开放40余年，市县级人民政府是我国城镇化建设是地方基础设施建设和扩大内需等民生保障责任的主要推动力量。货物和劳务税作为地方政府税收的主要渠道，然而，2012年"营改增"后，地方主体税源的缺失导致地方政府可偿债财力增幅受限，加剧了支出刚性与收入放缓下的收支矛盾。这使市县级政府更加渴望举借债务。相较于省级平台公司，市县级的城投公司评级普遍较低，往往选择非标准化的隐性债务。

市县级地方政府举借隐性债务的目的主要是推动城镇化开发建设，项目类型大多属于基本民生或基建开发，投资周期长、收益回报慢，使用财政收入进行信用背书是地方政府唯一的选择，此类债务偿还到期时间集中，整体尚不稳定。地方政府债务能否偿还依赖于地方财政，而整体风险与财政稳定水平相关，地方政府的财政端有概率会受到隐性财务风险影响。

地方债务在债务举借的信用背书以及债务偿还能力方面具有较大差距，比较于中央，加上县市级平台自身的造血能力弱，隐性债务对地方财政的依赖度会更高，最终传导至财政的压力也会更为突出。[①]

（三）隐性债务风险加深

地域的经济发展离不开基础建设，而基础建设也离不开地方政府的举债发展，两者螺旋式的风险也不断累积。为推动地方经济发展，各地方政府通过各种方式举借隐性债务，举债的方式复杂多样，包括通过平台公司、政府购买服务、PPP、各类发展基金和引导基金等；资金来源多样，包括表内贷款、表外授信和表外类信贷融资规模庞大，增长速度较快。在规范化管理隐性债务之前，这些债务类型的整体规模迅速扩大。[②] 相较于显性政府债务，隐性债务的风险更高，原因在于：第一，隐性债务规模庞大，举债通道分散、隐蔽性强，难以进行有效统计。地方政府债务是在中央的预算管理下由上至下形成的，而隐性债务是地方政府通过各种融资方式自下而上形成的，同时隐性债务还有 PPP、信托等非标融资通道，缺少统筹、汇总统计难度更大。第二，隐性债务违约会引发财政风险，进而通过地方城商行和农商行渠道扩散，转化成为金融风险。第三，隐性债务缺乏债务管理和预警机制，容易产生政府过度举债的风险，政府可能将风险转移给市场主体。[③]

三、地方政府隐性债务存在的风险

（一）高宏观杠杆率加大地方政府举债风险

近年来，宏观杠杆率居高不下，2020 年及 2022 年有较大增幅。国家金融与发展实验室的数据显示，截至 2022 年底，我国宏观杠杆率约为 273.2%，宏观杠杆率全年共上升 10.4 个百分点，我国利率较高，举债压力很大。2018 年，我国债务的利息支付额是名义 GDP 增量的 1.5 倍；2019 年则达到了 1.8 倍。甚至2020 年，这一比例已经超过了 2 倍（张明和孔大鹏，2021）[④]。考虑隐性债务后，我国宏观杠杆率更加高企，隐性债务增量会对宏观杠杆率的稳定带来风险（见图 3-4）。

① 李奇霖. 深度解析地方政府债务 ［EB/OL］. https：//caifuhao.eastmoney.com/news/2019030722565
1565135060.

② 张明，朱子阳. 中国政府债务规模究竟几何 ［J］. 财经，2018 (17).

③ 浙商证券. 谈论国债时，我们在谈什么？［EB/OL］. https：//www.baogaoting.com/info/180371.

④ 张明，孔大鹏. 中国地方政府债务：特征事实、潜在风险与化解策略 ［J］. 辽宁大学学报（哲学社会科学版），2021, 49 (4)：1-11.

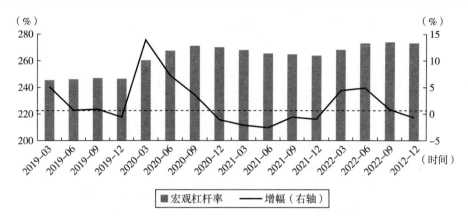

图3-4　2019～2022年我国分季度宏观杠杆率及增幅

资料来源：中国人民银行、国家统计局、财政部；国家资产负债表研究中心（CNBS）。

债务总量直接决定了债务偿还规模、偿还压力和利息成本，随着财政空间正在被压缩，隐性债务的利率较高，政府部门付息成本也不断上升，一旦未来长期利率攀升，政府部门存量债务的还本付息压力将不断增大，这可能成为导火索引发违约风险的出现。因此，较高的隐性债务存量不仅制约了政府举债空间，也正在流量上造成显著压力。

（二）经济欠发达地区债务压力更大

中国地方政府债务分布不均衡，总体来看中西部地区债务负担更大。就地方政府债务率而言，东部沿海发达地区的综合财力对其政府性债务余额的覆盖更为充分，中西部省份的政府综合财力较差，多省债务率超过警戒水位，以西部地区居多。其中，部分地区地方政府债务以及趋近饱和，未来举债能力受到制约。以贵州省为例，集中的债务到期时间对贵州省债务规模拉起警戒线，2021～2025年的各地区债务到期规模均超过1000亿元。而在此前，该省份的可举债空间已经受到限制，同时一般公共预算收入增长缓慢，财政平衡率①、过分依赖上级补助金等困难。全国债券规模过大，由于证券投资债券的到期收益率基本上比地方债券高出1个百分点左右引起利率差距将使地方政府产生追加支出。对于筹集城市投资债券"借新换旧"的财政收入有限的中西部地区地方政府更是落井下石，当偿债本金和利息远远超过地方财政收支的增长水平，地方政府资金链断裂的可能性也会提高，隐性债务也将面临违约或重组。

（三）财政风险或转化为金融风险

银行体系是我国地方债的最终买家。隐性债务表面上看是地方政府或其所属

---

① 一般公共预算收入／一般公共预算支出。

国有企业发生了债务危机，但是从深层次看，这些无法到期回收欠款的债权人大部分为国有性质的金融机构，因此隐性债务的风险最终将传导形成以国有资本为主的金融机构的风险。此外，城投公司之间互保或连环担保形成了担保圈贷款，这样的特殊利益群体并不稳定，当一部分资金运营发生困难时，便会出现巨大的违约危机，牵一发而动全身。[①] 一旦各级政府出现实质性违约，将会使地方金融体系安全受到冲击，例如导致违约风险快速蔓延，甚至形成系统性金融危机。

我国地方债投资者结构依然缺少多样性。截至 2022 年 11 月末，地方债存续规模为 34.9 万亿元，其中 83%的投资来自商业银行，而商业银行则以区域性中小银行为主。该局面使财政政策和金融政策交互作用，增强了财政风险和金融风险的互溢性。中国政府一旦介入救援银行业危机，无论是采取剥离银行不良资产、注入资本金的方式，还是为银行提供偿债担保，解难都需要注入重量级的财政资金。因此，保持银行业的稳健运行显得尤为重要。在此过程中，中央财政加杠杆将无法避免。

第二节　防范化解地方政府隐性债务的政策演变

一、防范化解地方隐性债务风险的政策演变

（一）中央层面化解地方隐性债务的政策体系

1. 隐性债务排查（2010~2013 年）

以 2010 年 6 月国务院"19 号文"为标志，监管部门开始对城投平台举债进行监管。"19 号文"及相关文件出台后，地方融资平台债务管理框架初具雏形，且基本遏制了信贷渠道隐性债务的发展。之后，审计署分别在 2011 年和 2013 年对地方政府债务进行了两轮审计，逐步规范地方政府举债融资机制。

2. 隐性债务显性化（2013~2017 年）

2014 年是地方政府融资模式管理切换的"分水岭"。2014 年 8 月 31 日，《中华人民共和国预算法（2014 年修正)》（以下简称"新《预算法》"）出台，要求对地方隐性债务存量进行甄别和置换，并提出除法律另有规定外地方政府及其所属部门不得为任何单位和个人的债务以任何方式提供担保，这在一定程度上限制了地方政府隐性债务的增长。

---

① 李奇霖. 深度解析地方政府债务 ［EB/OL］. https：//caifuhao. eastmoney. com/news/20190307225 651565135060.

2014 年 9 月，国务院下发"43 号文"，旨在加强地方政府性债务管理、规范地方政府举债行为，并明确中央政府不对地方政府债务进行兜底。"43 号文"为后续地方债务监管建立起基础性框架，其具体规定包括：①厘清政府和平台关系：剥离城投的政府性融资职能，融资平台不得新增政府债务；②赋予地方政府适度举债权限：明确地方政府只能通过政府及其部门发行政府债券方式举债，不得通过其他企事业单位举债，在国务院确定并经全国人大批准的额度内发行的地方政府债券纳入预算管理；③对城投举借的存量债务甄别，被甄别为地方政府负有偿还责任的债务，可以发行地方政府债券置换；④鼓励推广 PPP 模式，撬动社会资本参与基础设施和公共服务的提供。

2014 年 10 月发布的财预 351 号文指出要清理甄别截至 2014 年底尚未清偿完毕的存量债务，并将存量债务分别纳入预算管理，对甄别后纳入预算管理的地方政府存量债务允许发行地方债进行置换。这一政策意味着政府对存量的、不规范的债务进行了集中兜底和置换，试图将所有具有"隐性"属性的债务"显性化"。[①]

表 3-4　2014~2017 年隐性债务化解相关政策梳理

时间	文件名	文件编号	文件要点
2014 年 8 月	《中华人民共和国预算法》	—	要求对地方隐性债务存量进行甄别和置换，并通过相关基本规则限制了地方政府违规融资
2014 年 10 月	《国务院关于加强地方政府性债务管理的意见》	国发〔2014〕43 号	规定地方政府可以举债和规范举债，对地方政府性债务存量进行甄别，剥离融资平台公司政府融资职能
2014 年 10 月	《地方政府存量债务纳入预算管理清理甄别办法》	财预〔2014〕351 号	对存量债务进行清理、甄别，明确政府和企业的责任，确定偿还义务责任人

资料来源：中国人大网、中国政府网。

2017 年 7 月 24 日召开的中央政治局会议上，首次提出隐性债务的概念，此后，隐性债务成为地方债务压力管控的核心问题，一系列相关隐债化解政策出台，表 3-5 显示了这一时期发布的相关政策。

表 3-5　2017 年至今隐债化解相关政策梳理

时间	文件名	文件编号	文件要点
2017 年 5 月	《财政部　发展改革委　司法部　人民银行　银监会　证监会关于进一步规范地方政府举债融资行为的通知》	财预〔2017〕50 号	约束地方政府及平台杠杆融资，加强融资平台公司融资管理；进一步推动地方政府、平台融资向市场化方向发展

[①]　浙商证券．谈论隐债时，我们在谈什么？［EB/OL］．https：//www.baogaoting.com/info/180371．

时间	文件名	文件编号	文件要点
2017年5月	《关于坚决制止地方以政府购买服务名义违法违规融资的通知》	财预〔2017〕87号	坚持政府购买服务改革正确方向，严格按照规定范围实施政府购买服务，严格规范政府购买服务预算管理，切实做好政府购买服务信息公开
2017年11月	《关于规范政府和社会资本合作（PPP）综合信息平台项目库管理的通知》	财办金〔2017〕92号	防止PPP异化为新的融资平台，坚决遏制隐性债务风险增量；及时纠正PPP泛化滥用现象，着力推动PPP回归公共服务创新供应机制的本源
2018年8月	《中共中央国务院关于防范化解地方政府隐性债务风险的意见》	中发〔2018〕27号（非公开）	积极推进政府性债务管理改革，统筹资金、偿还一批；债务置换、展期一批；项目运营、消化一批；引入资本、转换一批
2018年9月	《关于印发〈地方政府隐性债务问责办法〉的通知》	中办发〔2018〕46号（非公开）	终身问责、倒查责任
2019年6月	《关于防范化解融资平台公司到期存量地方政府隐性债务风险的意见》	国办函40号（非公开）	坚决遏制隐性债务增量，稳妥化解隐性债务存量；规范了隐性债务化解方案，为隐性债务市场化化解创造了条件
2021年4月	《关于进一步深化预算管理制度改革的意见》	国发〔2021〕5号	把防范化解地方政府隐性债务风险作为重要的政治纪律和政治规矩，坚决遏制隐性债务增量，妥善处置和化解隐性债务存量

资料来源：中国政府网。

按照工作重点和政策发布的节点，2017年来中央层面化解地方隐性债务的政策变迁历程可分为三个阶段。[①]

第一阶段为2017～2018年，中央政府以隐性债务的甄别为重点。2017年下半年财预50号文、财预87号文、财办金92号文等文件相继出台，对政府购买、PPP、政府担保等容易滋生违法违规举债融资形式的监管进一步规范化。2018年8月，国务院下发27号文（非公开），其中涉及隐性债务口径的统一，并要求地方政府在5～10年内化解隐性债务。随后出台46号文，强调对地方政府"终身问责、倒查责任"，开始针对各地隐性债务全面摸底。

第二阶段为2019～2020年，中央政府开启隐债置换，推出首批建制县（区）隐债化解试点。2018年12月27～28日的全国财政工作会议强调，在2019年要"继续支持打好三大攻坚战。大幅度增加地方政府专项债券，严格控制地方政府隐性债务，有效防范化解财政金融风险"。2018年后不少地方出台化债方案，用

---

① 池光胜，陈雨田. 隐债的界定与监管变迁［EB/OL］. https：//mp. weixin. qq. com/s/ciOTx2MYHWHtps9uafwTzA.

5~10 年化解存量隐性债务。而化解隐性债务方式，除了安排财政资金、盘活资产收入、项目经营收入等直接偿还外，还可以通过借新还旧、展期等方式偿还。2019 年 6 月，国务院下发 40 号文，指导地方、金融机构开展隐性债务置换。2019 年 12 月，推出了首批建制县（区）隐性债务化解试点，地方纳入试点后可发行地方政府债券（省代发）置换部分隐性债务，纳入试点的主要是贵州、云南、湖南、甘肃、内蒙古、辽宁六个省份。

第三阶段为 2021 年至今，中央对地方政府隐性债务以"控增化存"为核心加严监管。2021 年以来的隐债监管政策有三条主线：其一，强调"控增化存"。2021 年 4 月，国务院发布《关于进一步深化预算管理制度改革的意见》，强调严禁地方政府以企业债务形式增加隐性债务。其二，加强对城投债券的监管。2021 年 4 月，上交所、深交所发布债券审核新规（3 号指引），结合 2020 年末的"红橙黄绿"分类监管，严控城投尾部风险。其三，"两头监管"，结合特殊再融资债发行，无隐债试点与建制县（区）隐债化解试点扩容同时推进。

（二）重点地区化解地方隐性债务的政策文件

当前，针对防范化解债务风险，中央采取因地制宜的思路，根据不同的风险进行分类，从而采取不同的政策试点。

1. 低风险地区"全域无债试点"

2021 年 10 月，国务院批准后，广东、北京等经济体量大的城市，率先开展了全域无隐性债务试点工作，实现了隐性债务清零，为全国其他地区提供了有益借鉴。广东和北京分别于 2022 年 1 月、2023 年 1 月"官宣"清零，上海根据各区的信息披露，或在 2022 年 5 月前后完成清零。

像广东等经济发达的省份，财政实力非常雄厚，能够直接进行偿债，或者将一部分隐性债务置换成地方政府显性债务，而且风险可控。但是对于一些欠发达地区，本身债务压力就较大，再加上如果将部分隐性债务转化成显性债务，财政更达到难以承受的程度。隐性债务清零是当前阶段的一个探索，对各地经验的借鉴仍需要继续实践。

表 3-6 "全域无债试点"地区相关政策表述

地区	时间	文件/会议	相关表述
上海	2021 年 10 月 25 日	上海市政府常务会议	会议听取上海市"全域无隐性债务"试点工作推进情况的汇报；经国务院批准，上海市正式启动"全域无隐性债务"试点工作
广东	2022 年 1 月 20 日	广东省人民政府工作报告	2021 年实行新一轮预算管理制度改革，率先开展全省全域无隐性债务试点

地区	时间	文件/会议	相关表述
北京	2022年5月25日	北京市十五届人大常委会第三十九次会议	坚持"强监管、控风险、促发展"的目标导向，健全政府债务管理体系，加强政府债务全流程管理，推进全域无隐性债务试点工作，防范化解政府债务风险

资料来源：中国政府网。

2. 高风险地区"建制县区隐性债务风险化解试点"

2019年国务院推出建制县隐债化解试点方案，由各省主动筛选需要上报的建制县，并向财政部上报方案和答辩，答辩通过后方可纳入试点并可由省代发再融资券置换部分隐性债务，主要集中于经济财政水平较弱、债务风险较高的地区。像贵州、云南、湖南、甘肃、内蒙古、辽宁六省份的部分地区，于2019年末首批被纳入试点，主要是2020年以来建制县隐债化解试点扩容，至今已有超过50个建制县纳入了试点范围，试点范围从湖南、贵州、云南等省份向外逐渐扩大，目前有湖南（部分区）、湖北（村级）、内蒙古（部分旗区）、江苏（部分县区）、青海（部分州）等省份的部分区域涉及"隐债清零"。

建制县隐债化解试点方案以"自下而上"推进为主。非试点省市"隐债清零"从债务存量较小的村级或区县切入居多，如湖北较多地级市涉及村级债务清零，湖南、江苏、内蒙古等清零主要涉及个别区县。除北上广外，"自上而下"的推进并配合中央政策资金支持目前尚未进一步推开，2023年可密切关注相关政策动向。例如，温州在预算执行报告中提出，"紧盯局域隐性债务清零试点动向，提前做好工作预案"。

二、防范化解地方隐性债务风险的政策走向

自2010年开始，中央层面防范化解地方隐性债务的政策思路经历了隐性债务甄别、隐性债务显性化、存量化解及增量遏制的政策重点转变。为了在2028年实现十年化债目标，地方隐性债务化解政策紧密围绕"控增化存"政策基调，并在保证不发生系统性风险的前提下逐渐趋严。

（一）控增化存，政策趋严

地方债置换隐债是指利用低息、长期的地方政府债券去置换高息、短期的隐性债务，以达到降低地方政府的存量债务成本，优化债务期限结构的目的。回顾地方政府性债务化解历程，隐债化解从地方债置换到目前压实地方政府责任、因地制宜控增化存，体现出债务管控不放松且进一步细化的方向。

截至目前，历史上总共开启过三轮债务置换工作：第一轮：2015～2018年，利用"置换债"置换"非政府债券方式举借债务"。期间，全国各地政府共发行了 12.24 万亿元置换债，既定置换存量目标大概完成了 86%；江苏、贵州、辽宁、浙江、山东等省政府债置换规模较高，均超过 7000 亿元，都是一些存量债务体量较大的省份。第二轮：2019 年，通过"置换债"开展建制县隐性债务化解试点。当年湖南、贵州、云南、辽宁、内蒙古、甘肃 6 个省份的部分建制县纳入试点，建制县发行了 1429.24 亿元置换债来化解隐债。第三轮：2020 年 12 月~2022 年 6 月，利用"特殊再融资债"置换隐债。2020 年底，再融资债券的资金用途由偿还到期政府债券变为偿还政府存量债务，"特殊再融资债"也成为本轮置换隐债的重要地方债品种，全国累计有 28 个省份共计发行了 1.12 万亿元，自 2022 年 6 月之后再无一笔特殊再融资债发行。[①] 分省份观察，北京、广东和上海三省开展"全域无隐性债务试点"的债务化解工作；其他省份发行的特殊再融资债则主要用于建制县区隐性债务风险化解试点来置换隐债，辽宁、重庆、天津、新疆、贵州、河南发行规模较大。

我国共推行三轮主动介入且全面铺开的债务置换工作。[②] 分别为 2015~2018 年用地方政府债来置换非债券形式存在的地方政府存量债务；2019 年地方政府与金融机构合作开展隐性债务置换工作，并推出了建制县隐债化解试点；以及 2020 年 12 月~2022 年 6 月，利用"特殊再融资债"置换隐债，通过再融资债券的资金用途从此前的"偿还到期政府债券"变成了"偿还政府存量债务"，"特殊再融资债"成了本轮置换隐债的重要地方债品种。

未来十年，隐性债务置换或成新的化债主线，政策监管趋严。2021 年 4 月，沪深交易所发布债券审核新规，明确规定主要从事城市建设的地方国企发债应符合地方政府性债务管理相关规定，不得新增地方政府债务，承诺所偿还的存量债务不涉及地方政府隐性债务。2021 年 5 月，财政部部长刘昆在《经济日报》撰文《建立健全有利于高质量发展的现代财税体制》，传达出监管层对于地方政府隐性债务的监管一直保持高压状态。信贷融资方面，2021 年 7 月，《银行保险机构进一步做好地方政府隐性债务风险防范化解工作的指导意见》（银保监〔2021〕15 号）传达出针对地方政府隐性债务监管的新一轮政策收紧。

（二）分类处置，稳步推进

地方政府债务问题是一个复杂的系统性问题，问题的解决不会一蹴而就，过去、现在和未来都应分类处置、稳步推进。比照显性债务分层治理的治理逻辑，针对隐性债务应采取分类治理原则。隐性债务的举债形式多样，包括地方融资平

---

① 李清荷．谈谈地方债置换隐债那些事儿［Z］．2023.

② 巨丰财经．城投债：化债明确，军心已稳［EB/OL］．https：//www.jfinfo.com/index.php/news/4019195.

台公司举借的各类债务、棚改债务、政府购买服务项目债务、金融扶贫项目债务、养老金缺口、政策性融资担保等。

作为地方政府隐性债务中的抓手，融资平台分类转型将加速。2023 年 2 月，财政部部长刘昆在《更加有力有效实施积极财政政策》一文，指出今年要加强地方政府融资平台的公司治理，逐步剥离政府融资功能，推动分类转型发展，防范地方国有企事业单位"平台化"。我国各地大量融资平台公司为地方政府承担融资功能，而融资平台举借商业性债务一定程度上挤出了民营企业的融资，导致信贷资源错配。推进融资平台的市场化分类转型有助于融资平台按照现代企业制度运行，补足其偿债能力弱的问题，提高平台公司的盈利水平，以市场化盈利逐步偿还稀释存量债务。而通过融资平台整合、理顺政企权责关系、盘活存量资产，形成具有核心竞争力的市场化综合性国有资本投资运营平台，也有助于提振市场对城投行业的信心。

（三）因地制宜，积极稳妥

隐性债务依然仍是预防地方政府债务风险的核心，并按照遏制新增隐性债务、稳妥化解存量隐性债务的思路，应当积极采取各种有效措施遏制隐性债务增长。

中央要求，要压实省级政府防范化解隐性债务主体责任，加大存量隐性债务处置力度，优化债务期限结构，降低利息负担，稳步推进地方政府隐性债务和法定债务合并监管，坚决遏制增量、化解存量。多位财税专家表示，这意味着隐性债务监管继续维持高压态势，避免新增隐性债务。而各地通过财政资金、盘活资产、拉长债务期限、降低利息成本等方式，来稳步化解存量隐性债务。

据财政部相关公示，当前隐性债务的增长趋势得到一定程度的遏制，隐性债务减少 1/3 以上，地方政府隐性债务风险得到一定的控制。比如，北京 2022 年实现了隐性债务清零，江苏、河南等地表示超额完成年度化债计划等。

众多省份仍重点关注化解隐性债务风险。例如，贵州省预算报告提出，通过争取中央支持、金融机构展期降息等方式，推动各地将政府债务和隐性债务利息足额纳入预算，力争用 3~5 年时间，建立健全系统解决和防范化解政府债务风险体制机制，逐步推动地方发展进入良性轨道。为了真实地反映地方债务风险情况，应该将地方政府债务按照统一标准执行，隐性债务和显性债务都要进行关注，并进行及时有效的监管。

第三节　防范化解地方政府隐性债务的实践

一、防范化解地方隐性债务的进展

2017 年，党的十九大把"防范化解重大风险"作为三大攻坚战之一进行全面部署，中央层面开始全面推动各地方防范化解地方隐性债务。6 年来，地方隐性债务风险化解工作依然在稳步推进，且收效颇丰。

（一）防范化解地方隐性债务规模的情况

对于我国地方政府隐性债务的规模，安信证券曾统计过 2020 年前的相关数据，但近几年官方不再对外公布隐性债务规模，不同机构或组织对于规模的统计口径不一，其结果差异较大。目前，业界多根据国际货币基金组织（IMF）和国际清算银行（BIS）披露的数据进行隐性债务规模的测算。其中 IMF 披露的预算内广义政府债务与增扩概念的债务的差额可理解为隐性债务余额，主要由有可能被确认的地方政府融资平台额外债务和与专项建设基金和政府指导基金相关的额外债务组成；而 BIS 数据的计算方法为 BIS 提供的政府部门信贷的名义价值与财政部公布的政府债务余额的政府债务余额差额，该部分可理解为 BIS 认定的地方政府隐性债务规模。根据目前 IMF 披露的数据进行测算，2022 年我国整体的隐性债务规模在 70.92 万亿元左右。根据 BIS 的数据测算，我国 2022 年整体的隐性债务在 31.9 万亿元左右。

如图 3-5 所示，在化债任务完成情况上，截至 2022 年底，对外公布的全国 293 个地级市的政府工作报告中，共有 148 个地级市提及了地方债务管理的内容，12 个地级市提到了本市 2022 年隐性化债任务完成，主要分布在江苏、河南、辽宁、内蒙古、湖南等省份。

如图 3-6 所示，在 192 个披露了 2022 年预算报告的地级市中，共有 45 个地级市在报告中提及本市已经完成年度的隐性化债任务，剔除同时在政府工作报告中提及完成年度化债任务的城市后共有 38 个。这些地级市大多分布在四川省、江苏省、内蒙古自治区和陕西省等。值得一提的是，有 22 个地级市在预算报告中披露本市超额完成了化债任务，主要分布在陕西省、江苏省和四川省等。

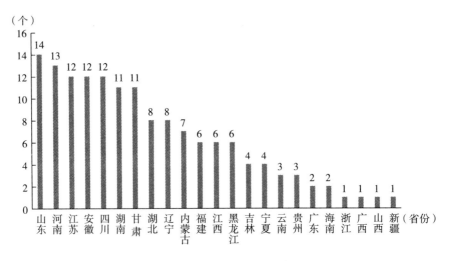

图3-5　分省份政府工作报告提及地方政府管理的地级市数量

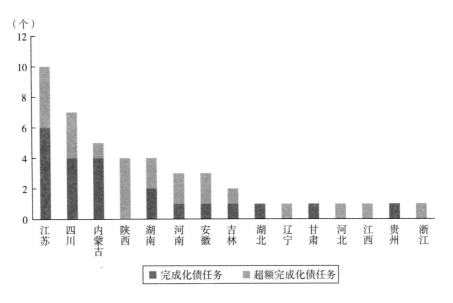

图3-6　披露年度化债任务（包括政府工作报告和预算报告）情况的地区分布

隐性债务化解任务的完成情况，最终要落到隐性债务规模的变化上。隐性债务化解的绝对规模主要通过隐债化解金额来反映。披露了2022年预算报告的192个地级市中，共有内蒙古、贵州、辽宁、吉林等省份的32个地级市披露了隐债化解的规模。其中内蒙古三个披露化债规模的地级市在隐债化解金额上遥遥领先其他地级市。鄂尔多斯市全市共完成隐性债务化解203.2亿元，呼和浩特市完成隐性债务化解 144.88 亿元，通辽市全年预计化解隐性债务 85.03 亿元。此外，贵州省黔南州（54.87 亿元）、吉林省吉林市（39.5 亿元）、山东省泰安市（38 亿元）隐债化解金额也均位列全国前列。

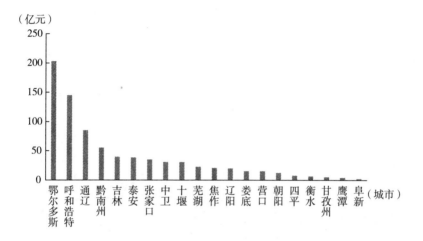

图 3-7　部分地级市年度化债金额

（二）2022 年我国隐性债务债务率变化

2018 年，国务院正式出台文件就防范化解地方政府隐性债务风险进行部署，要求地方政府在 5~10 年内化解隐性债务，截至目前，隐债化解已正式进入攻坚阶段，取得了一定的成效，部分地区的债务率有了明显的好转。

隐性债务的相对规模主要通过两个债务率指标反映：一是财政部公布的债务率，能够全面地衡量地级市的显性债务与隐性债务占该市综合财力的情况，由于各地级市的显性债务总额和占比受到中央的严格控制，因此该指标也可以侧面衡量地级市的隐性债务情况；二是根据各地级市的财政数据所计算的城投债务率，即城投债务率＝城投有息债务／一般公共预算收入。

一般来讲，地方隐性债务主要来源于政府对地方城投公司的间接信用担保，因此城投债务率相比财政部公布的全口径债务率，能够更为直接地反映地方隐性债务的相对规模。城投债务率变化上，截至 2023 年 3 月 1 日，同时披露一般公共预算收入、地方政府债务余额数据的地级市有 226 个。城投债务率整体呈现出北低南高的态势，高城投债务率地级市在江浙沪地区聚集。2022 年，全国共有 51 个地级市实现了城投债务率的下降，其余 175 个地级市的城投债务率都呈现了增长趋势。加总为省一级的数据来看，陕西、新疆、内蒙古、山西等省份 2022 年的城投债务率分别下降了 62%、20%、23% 和 11%，其余省份城投债务率均显示出上升趋势，其中吉林、河南等省份的城投债务率上升超过100%。图3-8为2021~2022年各省份城投有息债务和城投债务率情况。

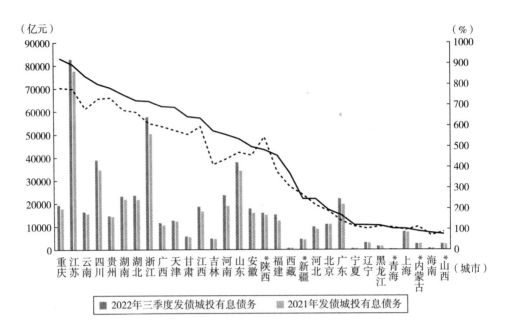

图 3-8　2021~2022 年各省份城投有息债务和城投债务率情况

注：带 * 的省份为 2022 年城投债务率实现下降的省份。

资料来源：各地市财政局、统计局官网、Wind。

二、防范化解地方隐性债务的成效

（一）重点地区防范化解地方隐性债务结果显著

经过几年的化债行动，重点地区和地市的隐债化解工作成果显著，如北京、上海和广东三个"全域无债试点"城市已基本完成了隐性债务清零工作。其中，广东和北京已分别于 2022 年 1 月和 2023 年 1 月宣布隐债清零。而上海市虽还未"官宣"隐债清零的完成情况，但根据各区目前所披露的信息，全市或已在 2022 年 5 月左右完成了清零成果。

各省份采取一系列举措防范债务风险、逐步化解隐性债务，取得了一定的成效。预算执行报告主要通过债务风险指标和监管机制来体现化债成果。

（1）债务风险指标方面，债务规模得到控制，债务率下降，风险等级安全可控，如重庆指出"按财政部政府债务风险评估办法计算，我市政府债务率为109%，风险总体可控"。监管机制方面，增强监管措施，强化管理制度，使债务风险得到控制，如山西通过"严格实行隐性债务风险化解年度目标责任考核，加强督查核查，坚决杜绝虚假化债、数字化债"等措施使隐性债务风险稳步降低，总体可控。

（2）重点地区隐性债务化解工作的顺利推行为全国层面隐性债务数据的向好发展作出了巨大贡献。在 2019 年以前，隐性债务规模增速便已进入下行轨道，2020 年的新冠疫情使地方债务管理成为次要矛盾，地方政府债务规模增速加快。2020 年和 2021 年，根据 IMF 和 BIS 测算的全国隐性债务规模分别为 48.7 万亿元（IMF）、21.50 万亿元（BIS）以及 61.31 万亿元（IMF）和 26.27 万亿元（BIS），隐性债务增长率分别为 25.9%（2020 年增长率，IMF 数据测算）、22.9%（2020 年增长率，BIS 数据测算）、15.7%（2021 年增长率，IMF 数据测算）、21.4%（2021 年增长率，BIS 数据测算），隐性债务增长率实现了较大幅度的下降（见图 3-9）。

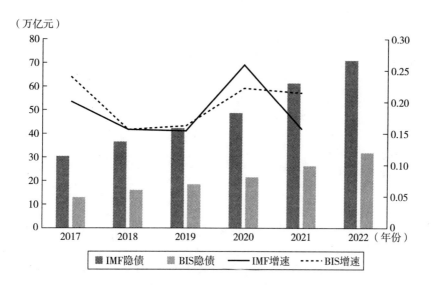

图 3-9　2017~2022 年隐性债务规模及增速

（3）在无债试点省份以外，部分地区也在逐步实现隐性债务清零的工作。非试点地区的隐债清零工作率先从村级或区县切入，原因在于这些地区既往债务包袱较小。在非试点省份中，湖北省在隐债清零工作中处于领先地位，共有随州市、荆门市、咸宁市、襄阳市、荆州市下属的五个村实现了隐性债务清零。在城投债务率较高的江苏省，徐州市云龙区政府已披露在 2022 年 9 月底实现了隐性债务清零。扬州市《政府工作报告》中指出，2022 年已实现村级非经营性债务全面清零。而在另一个隐债大省湖南省，湘潭市和娄底市均已在 2022 年的预算执行报告中"官宣"部分区域隐债清零。尽管隐性债务清零工作已经在全国范围内零星展开，但在政策层面还未有对大规模铺开隐债清零的政策或财政资金支持，因此目前的隐债清零工作还是有较大的局限性的。

（二）隐债化解政策体系基本已搭建完成

自 2010 年 6 月，国务院发布国发〔2010〕19 号文，构建了对于融资平台监管的初期政策框架，提出对融资平台债务进行分类监管以来，我国各级政府和部门不断完善针对地方隐性债务防范和化解的政策，从地方政府债券引导和管理、地方政府融资监管、地方政府财政监管等多个角度，相继出台了《关于进一步规范地方政府举债融资行为的通知》（财预〔2017〕50 号）、《中共中央办公厅国务院办公厅关于做好地方政府专项债券发行及项目配套融资工作的通知》（厅字〔2019〕33 号）等政策性文件，防范化解地方隐性债务的政策体系已基本搭建完成，覆盖了地方政府隐性债务产生和化解的各个可能方面。隐性债务化解政策文件如表 3-7 所示。

表 3-7　隐性债务化解政策文件整理（部分）

序号	发布时间	发布单位	政策文件	重点内容
1	2010 年 6 月	国务院	《国务院关于加强地方政府融资平台公司管理有关问题的通知》（国发〔2010〕19 号）	地方各级政府要对融资平台公司债务进行全面整治，并按照分类管理、区别对待的原则，妥善处理债务偿还和在建项目后续融资问题
2	2012 年 12 月	财政部	《关于制止地方政府违法违规融资行为的通知》（财预〔2012〕463 号）	严禁直接或间接吸收公众资金违规集资；切实规范地方政府以回购方式举借政府性债务行为；加强对融资平台公司注资行为管理；进一步规范融资平台融资行为
3	2017 年 4 月	财政部等六部委	《关于进一步规范地方政府举债融资行为的通知》（财预〔2017〕50 号）	全面组织开展地方政府融资担保清理整改工作并于 2017 年 7 月 31 日前清理整改到位，要求推动融资平台公司市场化运营和市场化融资，融资平台公司举债时，应当向债权人主动书面声明不承担政府融资职能
4	2019 年 6 月	国务院	《关于防范化解融资平台公司到期隐性债务风险的指导意见》（国办函〔2019〕40 号）	指导地方政府和金融机构开展隐性债务置换，随后推出建制县隐债化解试点
5	2019 年 6 月	中共中央、国务院	《中共中央办公厅国务院办公厅关于做好地方政府专项债券发行及项目配套融资工作的通知》（厅字〔2019〕33 号）	对符合标准的项目提供配套融资；允许将专项债作为符合条件的重大项目资本金；保障专项债项目融资与偿债能力相匹配、强化信用评级和差别定价等管理配套措施

续表

序号	发布时间	发布单位	政策文件	重点内容
6	2021 年 4 月	国务院	《关于进一步深化预算管理制度改革的意见》（国发〔2021〕5 号）	健全地方政府依法适度举债机制；清理规范地方融资平台公司，剥离其政府融资职能，对失去清偿能力的要依法实施破产重整或清算；严禁地方政府以企业债务形式增加隐性债务。严禁地方政府通过金融机构违规融资或变相举债

资料来源：中国政府网。

近些年来，国家持续加大对隐性债务的关注力度，继续完善隐债化解政策体系。与此同时，伴随新冠疫情缓和，消费投资复苏等新变化，针对隐性债务的防范和化解问题，中央在不同场合增添了一些新的表述。2022 年底，中央经济工作会议对地方政府债务的定调为防风险，防范化解地方政府债务风险，明确了坚决遏制增量、化解存量的总基调，为当下隐性债务风险所处的形势做出了判断，并为未来的隐债化解工作定下了总基调。与以往几次会议不同，本次经济会议将债务风险的防范单独列出一段论述，体现了对政府债务，尤其是隐性政府债务的前所未有的重视程度。地方政府债务监管政策发展周期，如表 3-8 所示。

表 3-8 地方政府债务监管政策发展周期

相关政策	国发〔2010〕19 号加强对地方政府融资平台的管理	银监发〔2012〕12 号放开地方政府融资平台新增贷款	国发〔2014〕43 号标志全面加强地方政府债务管理	财库〔2015〕102 号鼓励发行地方政府债券对非政府债务进行置换	国办函〔2016〕88 号、财预〔2016〕152 号加强地方政府性债务监管	银保监办发〔2018〕76 号"满足融资平台公司的合理融资需求"	国办函〔2019〕40 号指导地方政府和金融机构开展隐性债务置换	中央经济工作会议提出有效防范化解重大经济金融风险
年份	2010	2012	2014	2015	2016	2018	2019	2022
阶段	放松	收紧	放松	收紧	放松	收紧	放松	收紧

2023 年两会《政府工作报告》关于地方政府债务风险表述与中央经济工作会议基本一致，同样提出优化债务期限结构与降低利息负担，遏制增量、化解存量，同时重点强调了防范化解地方债务风险的重要性，为 2020 年后的首次。全国预算执行报告同样加强了对地方政府债务的重视程度，加强地方政府债务管理，确保法定债券不出任何风险，从资金供需两端同时管控，从两头遏制新增隐性债务。同时，强化政府对于债务的全方面治理，主动与企业脱钩，剥离地方政府信用，从而推动城投公司分类转型发展。2023 年的国务院机构改革，着重构建金融监管新体系，在银保监会基础上组建国家金融监督管理总局（以下简称

"国金局"），国金局统一负责除证券业之外的金融业监管，金融监管体系从原来的"一行两会"演化成当前的"一行一局一会"。从组织架构方面为提高隐性债务化解效率，加强地方金融监管提供了充分的可能性。

（三）充分探索和扩充隐性债务化解"工具箱"

经过近几年隐性债务化解实践，隐性债务化解已进入到攻坚阶段，各地级市积极探索适合本市的隐性债务化解方式，并在此基础上推陈出新，创新化解隐性债务风险的手段，扩展隐性债务化解"工具箱"。总体来看，地方政府化解隐性债务的手段主要有债务置换、债务转移、债务削减、债务重组、市场化转型、扩展经营项目等。

首先，隐性债务化解应考虑自身的经济禀赋、业务模式、隐性债务存量和分布状况，选择了最适合自身的隐性债务化解方式，实现隐性债务的高效高质化解。如对于上海、北京、江苏、福建等经济实力强，市场区位优势明显的省市，推动城投公司市场化转型的隐债化解方式具有较高的实用性。典型的案例有上海城投的市场化转型，2021 年的年报显示，上海城投的资产负债率为 52.27%，相比 2012 年下降了 3.89%。而对于广大中西部地区，市场禀赋、经营模式以及资源丰富度可能不及东部地区，但在政策推行阻力和实行效果等方面有着比较优势，可以采取债务重组，城投整合重组等较为依赖政策支持的模式进行隐性债务风险化解。在这方面，比较典型的例子是遵义道桥进行的债务重组。

其次，在隐性债务化解实践中，应积极探索一些新方式、新举措。重庆建立了应急周转"资金池"，以进一步完善应急处置机制；辽宁、贵州等积极推进与金融机构的合作，开展存量债务展期或重组，缓释到期债务风险；黑龙江严格落实"统计监测、月报预警、风险会商、应急救助、考核问责"债务风险防控机制，利用再融资、展期重组、周转金等政策工具，及时偿还到期债务本息；天津举办了恳谈会，通过与金融机构协商，对高息债务开展"削峰"管理。依法合规做好债务缓释，优化期限结构、降低利息负担。

（四）欠发达地区地方隐性债务规模仍旧较大

在 2022 年各地级市政府工作报告和预算执行报告中，只有少数地市披露了隐性债务化解的相关信息，包括任务完成情况、化债规模、债务率变动等，接近 3/4 的地市在 2022 年的两份报告中未提及任何隐债化解的内容。这些地市大多分布在云南、广西、青海等经济发展相对欠发达的省份。由于隐债化解任务的中央重视程度较高，可以合理推测未披露相关信息的地区隐债化解任务的推进可能遇到了困难，导致年度指标未完成或隐债指标不理想。

根据 226 个同时披露一般公共预算收入、地方政府债务余额数据的地级市推算，2022 年，青海、云南、广西等省份城投债务率达到了 600% 以上，且相比

2021 年的数据呈现出上升的趋势。而对于已经取得较为丰厚化债成果的江苏、浙江、湖北等省份，由于前期积累的隐性债务存量较大，2022 年的城投债务率仍居高不下。总体来看，我国地方尤其是欠发达地区的隐性债务规模仍旧庞大。

三、防范化解地方隐性债务的案例

（一）城投整合重组案例——福州市鼓楼区城投

福建省福州市鼓楼区原有城投平台两家，分别为福州市鼓楼区国有资产投资发展集团有限公司（以下简称"鼓楼国资"）和福州市鼓楼区城建投资发展集团有限公司（以下简称"鼓楼城投"）。两家公司由鼓楼区国资中心直接控股。整合重组前，两家公司资产规模均不大，经营实力不强，难以获得外部评级机构的AA 级主体评级。根据 Wind 数据统计，2021 年，该区将鼓楼城投股权划入鼓楼国资，另新设 3 家重要国有企业。2021 年末，鼓楼国资实际参控股国有企业共20 家，资产规模和经营能力得到迅速提升，经营性现金流得到较大改善，并取得 AA 主体评级，为该区首家获得主体评级的城投平台。

整合重组后，鼓楼国资于 2022 年 10 月首次在资本市场亮相，成功发行 5 亿元 PPN，期限为 3+2，融资成本仅 3.00%，低于 2022 年福建省新发放企业贷款加权平均利率（3.9%）。整合重组帮助城投平台打通了债券市场融资渠道，降低了融资成本，为其自身的信用质量和全区信用环境在资本市场树立了良好的形象，有效助力了区域债务化解。

2021 年以前，鼓楼区政府债务保持两位数以上增长。2021 年整合重组后，鼓楼国资对大型项目的融资能力得到显著加强，通过债券市场等渠道对原本由政府性债务作为资金来源的部分重大项目予以充足的资金保障，将潜在的政府性债务增量转为经营性债务，有效遏制了政府债务新增。根据 Wind 数据统计，2022 年，鼓楼区当年政府债务新增 2.26 亿元，债务增速 6.77%，较 2021 年和 2020 年下降明显。特别是在 2022 年全国专项债发行创新高的大背景下，鼓楼区政府债务增速放缓，化债成效更显宝贵。

（二）市场化转型案例——上海城投

上海城投作为上海市属国有企业的代表之一，一直承担着上海市基础设施建设的重任，但在此过程中也难免存在隐性债务的问题。因此，在 2018 年，上海市政府开始推进上海城投的市场化转型工作，旨在通过改革机制、优化结构等多种方式化解隐性债务风险，提高资产负债率和盈利能力。

"上海城投模式" 1.0（2004 年以前）：公益属性较高，依赖政策性资金作为还款来源。"上海城投模式" 2.0（2004 年以后）：发展市场化经营板块+拓展多元化融资。与 "上海城投模式" 1.0 相比，"上海城投模式" 2.0 融资渠道更加多元，通过上市、引入战略投资者等方式募集资金，同时随着 2014 年以来债务置换完成和公司融资平台功能剥离，有息负债占公司总负债的比重下降，长期应付款（主要为政府专项应付款）占比明显上升。期间公司还款来源也发生较大变化，投资收益和主营业务利润是还款的重要保障。

在市场化转型方面，上海城投主要采取了以下几个方面的措施：第一，着力优化业务结构，宣布实施市场化转型后，上海城投开始着重发展高效益、低风险的业务，包括环境保护、市政公用、城市发展等板块，减少对高风险、高资金占用的业务的投资。第二，扎实推进资产重组。上海城投先后出售了上海市城建投资（集团）有限公司所持有的两家子公司，分别为上海建工集团有限公司和上海市环保工程设计研究总院有限公司，实现了优质资产的剥离。第三，切实加强资金管控。上海城投出台了一系列的财务制度，加强对资金的管控，确保资金的安全。第四，建立健全市场化机制，上海城投出台了一系列的规章制度，建立了一套市场化的管理体系和市场化的考核机制，推动企业内部市场化运作。

这些措施的实施取得了显著的成效。截至 2020 年末，上海城投的总资产达到了 1294.4 亿元，总负债率下降至 67.45%，利润总额为 47.4 亿元。相比于 2018 年，总资产增长了 12.86%，总负债率下降了 11.18 个百分点，利润总额增长了 48.51%。通过这些措施，上海城投成功实现了从"基础设施建设型企业"到"市场化运作型企业"的转型，有效化解了隐性债务风险，提高了企业的盈利能力和资产负债率，为上海市经济的健康发展提供了强有力的支撑。上海城投转型提供了四点启示：

一是在城投的五类转型方向中，上海城投提供了依托已有业务进行转型的样例。城投转型可分为依托地理优势转型、依托资源优势转型、依托产业资源转型、依托已有业务转型和非相关转型五类，上海城投属于依托已有业务转型的样例。

二是资产分类管理，用经营性业务反哺公益性业务。在政府划入相关资产后，公司顺势而为保持水务、路桥、环境、置业四大板块稳定，并在大板块下寻找细分的可盈利性业务，例如水务中的污水治理、环境中的焚烧发电和固废处理、置业中的商品房等。在熟悉的业务领域和已有较高市场占有率的基础上进行转型可以增加成功的概率。

三是合理利用股权融资，有利于降低债务负担：上海城投在发展过程中逐步将经营性资产和公益性资产分离，并推动经营性资产上市、引入战略投资者等，有助于降低负债率。在当前政策大力鼓励公募 REITs 的背景下，积极参与 REITs 也是城投较好地利用股权融资降低债务负担的方式。

四是持续的政府支持对于维持转型过渡期企业现金流的运转较为重要。上海城投转型过程中，上海市政府持续给予资产注入等支持，部分资产成为公司重组业务或偿债的重要保障。

第四节　防范化解隐性债务风险的重点和难点

一、防范化解隐性债务风险的重点

（一）厘清防范隐性债务风险和化解隐性债务风险的关系

概念上讲，化解隐性债务风险是指将存量的地方政府隐性债务规模逐步化小，最终清零，从根本上解决隐性债务问题，消除隐性债务风险。而防范隐性债务风险主要包含两个层面：第一个层面是在保证地方政府隐性债务不再新增的基础上减少存量的地方政府隐性债务（化解隐性债务风险）；第二个层面是保证现有隐性债务不会发生系统性、结构性问题，威胁金融市场稳定，冲击金融秩序。从前文的分析可以看出，防范隐性债务风险是目标，其内涵更为丰富，而化解隐性债务风险是防范隐性债务风险的重要解决途径。化解隐性债务取得的成效最终会助推防范隐性债务风险这一目标的实现，但实现隐性债务风险的防范绝不能仅依赖地方隐性债务化解任务。

基于以上分析，地方政府应全面分析隐性债务风险的防范问题，在着力化解既有隐性债务风险的同时，还需要统筹安排人力、物力、财力，确保地方政府的隐性债务不再新增，同时确保既有的隐性债务不会"爆雷"，发生资金链断裂、违约、项目停滞等问题，对地方经济发展造成重大的负面影响。

（二）注意隐性债务风险化解存在时滞

隐性债务风险的化解不是一蹴而就的。由于地方政府债务特殊的发展和特殊地位，加之化解地方政府债务的种种途径都存在时滞效应，因此在化解防范隐债风险的过程中，一定要给予充足的耐心，避免操之过急。

第一，地方政府隐性债务由来已久，统计缺乏统一的口径和标准，举借方式多种多样（包括平台公司、企业债、项目收益债、短期融资券等），导致目前隐性债务底数不清，增长快速，规模庞大。基于此，隐性债务问题的解决需要长线考虑，逐个击破，隐性债务规模的降低很难在短时间内获得较大的成效。

第二，从隐性债务的化解方式来看，目前全国主要采用以下四种途径实现隐债化解任务。一是政府动用财政资金或使用土地、特许权等可出售的资产进行化解；二是政府通过向城投公司等融资平台公司注入经营资产以提高公司的盈利能力，由此逐步疏解隐性债务；三是对融资平台进行市场化转型实现隐性债务的化解，包括引入经营性、营利性业务，或将具有市场化盈利能力的隐性债务投资形成的资产转由市场主体运营，以便将隐性债务转化成经营性债务；四是将隐性债务置换为法定债务，使隐性债务显性化。

不难看出，以上种种化债举措都需要一定时间获得效果。如动用政府财政资金需要与年度财政的收入能力相适应，补充平台公司经营性资产也需要与营业收入的现金流量相吻合。若盲目地设定隐性债务削减的刚性要求，可能会提高政府的流动性需求，进而提高资金链断裂的可能性，加剧隐性债务风险。

（三）防范隐性债务风险的转嫁

隐性债务风险问题牵扯到政府、隐性债务融资方、项目推进方、投资者等多方主体，因此隐性债务的消除很可能"牵一发而动全身"，将原有的政府主担的隐性债务风险转嫁到其他主体，产生不可估量的负面影响。

首先，隐性债务常常伴随着资金链断裂、资金流失、项目停滞、拖欠工资等问题，给企业、职工和投资者带来不良影响，损害市场信心和稳定。如果金融市场失去信心、投资者失去信心，就会引发资本外流和经济下滑。而一旦隐性债务问题处置不及时，隐性债务问题的爆发可能会导致投资者对市场产生恐慌和不信任，从而减少对企业的投资和融资。这会进一步加剧资本市场的不稳定性。其次，由于隐性债务是政府的融资渠道之一，隐性债务的治理与化解将大幅收缩地方政府的融资手段，导致政府的项目预算减少，进而使此前获批的项目无法得到足够的资金进行推进，这对于需要投入大量前期成本进行建设的基础设施建设施工方来说是致命的。由此可见，隐性债务的化解可能会导致风险转嫁至项目推进方，导致项目推进方的资金链断裂、坏账准备增加、融资困难等问题。最后，防范化解隐性债务风险的方式不当也可能导致风险的转嫁。一方面，如果政府在化解隐性债务风险时采取非法措施，例如采取"隐瞒""转移""拖延"的方式，而实际并没有将隐性债务化解掉，就会增加市场的不确定性，进一步加剧风险。另一方面，由于隐性债务的化解最终是通过转化为显性债务由政府预算填补来实现的。如果政府在化解隐性债务风险时没有处理好化债预算与其他民生支出，公共服务支出，科教文卫事业支出等财政项目预算的关系，将导致政府其他服务职能无法顺利兑现，最终导致人民生活水平和社会各领域发展受阻。

二、防范化解隐性债务风险的难点

（一）欠发达地区地方财政困难

由于我国经济发展的不平衡，某些欠发达地区的财政状况整体上相对较为薄弱，导致城投转型缺少资源和基础。欠发达地区的经济水平较低，税收收入不足,同时由于历史原因和地域差异,一些地区的政府负债率偏高。这些地区的财政压力较大,财政收入不足以支撑基础设施建设和社会福利保障等公共服务的需求,进一步加剧了财政状况的困难。此外,欠发达地区的基础设施建设、医疗卫生、教育等领域的发展相对滞后,导致这些地区的发展与发达地区存在较大的差距。这种差距的存在,也使这些地区的发展面临一定的压力。

表 3-9　2022 年部分地区财政状况

省份	一般公共预算收入 (亿元)	地方政府债务余额 (亿元)	财政自给率 (%)
贵州	1886.36	12470.11	32.25
湖南	3301.80	15405.80	34.44
云南	1949.32	12098.30	29.10
广西	1800.12	8560.70	30.98
黑龙江	1300.50	6534.50	25.48
内蒙古	2349.90	8896.60	44.84

资料来源:Wind。

由于目前较为普适的隐性债务化解手段需要大量财政资金和政府项目的支持,因此对于财政状况欠佳的欠发达地区来讲,拨款进行隐性债务风险防范的压力较大,为这些地区防范和化解隐债风险增添了阻碍。

(二)缺少现代化企业经营管理理念

从实际操作层面,城投公司是最终负担化解隐性债务风险的重要主体,在隐性债务的化解中起着重要的作用,但城投公司的转型道路并不顺利,其中最主要的原因在于很多城投公司仍旧延续传统的经营管理方式,难以迅速转变。

过去,城投公司原主要以政府信用背书为支撑,市场化转型需要将其变为真正的市场主体,降低政府对其的干预和依赖,提高其资本运作能力和市场竞争力,但这种转型过程需要面对多方面的困难,如企业治理结构不合理、内部管理混乱、业务单一、融资成本高等问题,同时还需要面对市场竞争的压力和风险。因此,城投公司的市场化转型需要政府、企业、市场等多方面的合作,制定合理的政策措施,强化监管和风险管理,同时也需要企业自身不断努力和改进。

(三)化解债务可能产生其他连带风险

由于隐性债务化解的根本动力是财政支出,在化解债务过程中可能会由于财政挤兑而在多个方面产生新的风险。具体来讲,由化解债务任务引发的风险主要有以下几方面:

第一,化解隐性债务可能会产生很多连带且不可知的影响。从流程上看,隐债化解是结束债权债务关系的过程，有利于缓解金融机构和投资人的风险，但可能产生债务人的经营管理风险。近年来，受影响于新冠疫情，地方财政承担了较大的压力，此时化解隐债无疑是加大了地方财政的负担，政策执行过程中有可能会产生其他不可知的影响。

第二，隐性债务化解的财政支出可能最终压缩民生支出的空间。在现行的地方财政体制下，地方政府承担了更多的民生支出，特别是"三保"支出占财政支出的比重越高的地区，化债压缩民生支出的比例越高，进而甚至会激化社会矛盾，引发社会风险。

第三，隐性债务化解可能导致新的行政垄断的形成。近年来，为推动城投公司完成转型，部分政府不管为平台注入经营性资产和经营特许权，其中不乏供水、供电、城市交通等城市公用事业的经营权，以提高城投平台的盈利能力。公共经济学理论认为城市公用事业具有天然的经营壁垒，极易形成垄断经营，而城投公司对上述经营业务的行政性垄断实际上会阻碍城投平台市场化转型的进程，同时牺牲消费者的福利，进而导致整个社会的福利损失。

第四章　化解地方债务背景下合理融资的目标和举措

当前，防范化解地方债务风险是城投公司工作的重中之重，在此基础上开展合理融资是地方投融资平台转型发展的最终目标。本章从债务化解与合理融资并行的逻辑，债务化解背景下合理融资的目标，以及债务化解与合理融资并行发展的方向三个方面，阐述债务化解与合理融资边界的双向并行思路。

第一节　债务化解与合理融资并行的逻辑

一、合理融资的意义与原则

（一）合理融资的界定

不同城投公司处在不同的发展阶段，且经营业务也有很大的差异，因此其对于社会资金的需求也有不同的层次，从募集资金用途的角度，城投公司的合理融资需求可被划分为四个层次：[①]

第一层是借新还旧。借新还旧是城投公司避免债券违约的必要措施，也是城投公司最首要的合理融资需求。借新还旧往往局限在一定的债券品种内，比如发行城投企业债用于偿还的到期债务严格限定为到期的城投企业债，而不能是到期的其他债券品种，更不能是到期的其他债务，如非标、银行贷款等。

第二层是用于项目建设投资。城投公司因项目建设投资而产生的发债融资需求被认定为合理融资需求的概率较高，如保障性住房、产业园、交通运输、停车场、物流园等类型项目。同时，主体级别和是否有募投项目之间呈现较为明显的

---

① 中证鹏远评级．如何把握和界定城投公司"合理融资需求"？［EB/OL］．https：//mp．weix-in．qq．com/s/8nEUHu8v-XecZM1f4W_e7A．

负相关,即主体级别越低其发债计划的顺利实施就越依赖项目的可靠性。对合理性更准确的判断取决于项目特性,具体包括:①不得是纯公益性项目(自身没有任何盈利能力、单纯依赖财政补贴建设、运营),要求能产生较为充足、稳定的市场化销售/运营收入。②项目应符合国务院和行业主管部门的最低资本金要求。③债券存续期内,项目经营性收益应能够覆盖用于项目建设部分的债券利息;项目运营期内,项目经营性收益应能够覆盖项目总投资(省级棚户区、国家级高速公路、省会城市或计划单列市的轨道交通等项目除外,此三类不强制要求项目收益覆盖)。④合法合规的财政补贴收入不超过项目总收入的50%,建设期不得补贴,涉及跨年项目须列入中期财政规划并实施三年滚动管理。⑤用于募投项目的债券资金不超过项目总投资的70%(绿色债券可放松至80%)。

第三层是用于补充营运资金。补充营运资金是城投公司比较普遍的融资需求。总体上,城投公司的主体级别越高,其所发债券中用于补充营运资金的金额占比就越高,其因补充营运资金而产生的发债融资需求也越容易被认定为合理融资需求。中低级别主体为了补充营运资金而发债,往往会受制于其并不优秀的信用资质表现而在发行额度上被迫打折。

第四层是履行社会责任。作为一类特殊的地方国有企业,城投公司往往承担着很多社会责任,如扶持小微企业、支持战略性新兴产业和高技术产业领域中小企业等,并由这些特殊原因产生融资需求。

(二)合理融资的原则

虽然不同的城投公司对于合理融资的需求层次不一样,但"合理融资"的边界是相同的,界限就在于"严禁新增隐性债务",这条红线在当前和未来一段时间将一直存在,成为城投公司不可突破的红线。

自2018年开启十年化债以来,中央政府对于隐性债务"控增化存"的政策基调不变。在经济下行压力背景下对城投融资的边际放松仍要守住隐债不增、合法合规、不发生系统性风险的底线。2022年4月18日,金融"救市23条"[①] 的发布标志着城投融资再度进入边际放松期,但这并不意味着城投融资监管出现大幅转向:2022年以来,中央政府及相关部门在多个会议及政策文件中要求遏制隐性债务新增,并在2022年4月"救市23条"出台不久后,财政部于5月通报8起典型债务违规案例及问责情况,设计新增隐性债务和隐性债务化解不实两种违法违规方式。种种事实表明,债务"红线"不可突破,保障城投公司合理融资需求的底线是隐债不增。

---

① 2022年4月18日,中国人民银行、国家外汇管理局印发《关于做好疫情防控和经济社会发展金融服务的通知》,提出加强金融服务、加大支持实体经济力度的23条政策举措。

二、债务化解与合理融资的必要性

（一）城市化进程进入"下半场"

随着我国城镇化建设的深入推进，地方对基础设施和公共服务的投入需求也在逐年增加，其中地方政府投融资平台对近二十年来中国经济的高速增长和城市化率的持续提高起到了极大的促进作用。不同于对实体产业的投资，基础设施和公共服务建设资金投入量大、产出缓慢，而且投资回报机制的建立比较困难。城投平台开创了新型的融资方式，一定程度上缓解了地方财权事权不匹配的现象，并专注于城市基础设施的建设，有效地推动了中国的城市化进程。

从本质上来看，城投公司地方通过债务融资提升区域基础建设和产业发展水平，有利于带动区域经济发展和社会环境变化，从而为地方政府带来财税增长、土地增值，最终反哺城投公司，打通形成了地方资金循环的闭环。过去这种循环依托于中国的城市化进程，主要是土地、基础建设，但随着城市化水平达到瓶颈，房地产行业调整导致土地收入锐减，过去这条路已经越走越窄，并且循环周期越来越长，回报率也逐渐下降。并且在城投公司蓬勃发展的过程中，衍生的城投债务风险问题已成为阻碍地方发展的障碍之一。从全国来看，部分地方基建投资已有前置迹象，增长动能亟须转换，并且为了避免再次发生地方债务风险，地方城投应当根据实际情况合理融资，且资金投向需要转向周期更长、难度更高的产业发展之路。

（二）政企分家和政府不兜底

2014 年底，国务院发布了"43 号文"，要求建立标准化的地方政府举债融资机制，城投公司长期承担的地方政府职能的历史使命走向终结，城投转型箭在弦上。地方政府依据新发布的政策条件，不需要对城投公司的债务承担无限连带责任，政府债务和企业债务之间的界限越来越清晰。在原先的历史原因下存在的"政企不分家"现象，政企即地方政府与城投公司。在此现象中，城投公司的管理很大程度上由政府机构负责，尽管近年来发生了变化，但许多城投公司依然坚持这种管理风格，这也成为其市场化转型首先需要跨过的障碍。

以实现从融资型企业向经营型企业转变，从行政化管理向公司化管理转变，两大转变方向为目标，城投公司应该首先明确转型策略，确定以产业、市场、价值为导向的转型方针。同时，在新时代下城投公司应当积极响应国家与省市的各项政策，牢牢把握住各种新的机遇，为实现国有企业做强做优做大的目标尽快采取转型措施，并勇于尝试新领域，适应市场需求。

（三）适应现代市场经济体制

随着国家相关政策的频频出台，其中有文件明令禁止了建设—移交（BT）、代建、土地未来收益质押和政府购买服务等一系列间接融资模式。除此之外，其中也严格地规定和限制了地方城投公司对外举债的融资方式。

将公益性资产和土地资产从城投公司剥离后，其资产规模会迅速减少，同时由于土地转让金不能成为金融机构商定的还款来源，也无法长久地依靠政府信贷支持进行融资，尤其是对于财政收入和土地出让收入较少的区县政府，因其政府对城投公司的支持有限，故城投公司亟须进行投资和融资模式的创新，革新的重点在于建立适应新经济形势的现代化经营管理制度。

三、债务化解与合理融资并行的合理性

自 2014 年 10 月 "43 号文" 发布以来，国家政策明确支持取缔金融平台的代政府融资职能，并开始执行标准化和市场化融资，但如何化解政府的隐性债务以及规范化政府性融资依然是首要任务。同向发力、协调推进。政策在当前阶段的诉求更多是稳增长、防风险（防范 "处置风险的风险"、系统性风险）、落实隐性债务化解工作（尤其是严格遏制住新增地方政府隐性债务）。隐债化解偏向于存量概念，城投合理融资需求涉及增量问题。存量妥善处置，增量合理满足，是兼顾稳增长和防风险的有效选择。①

在债务化解方面，防控地方政府隐性债务风险是当前我国财政金融领域一项极为迫切的任务，所以中央层面三令五申，强调严控新增、化解存量、打破 "两大幻想"、全国层面 2028 年前实现隐债清零的目标不变。在 2022 年 4 月 18 日 "救市 23 条" 出台前后，中央层面及相关部门的表态均显示隐债管控并未放松。2022 年 4 月 16 日，财政部部长刘昆在最新发表的文章《稳字当头稳中求进实施好积极的财政政策》中表示，"要提升风险防控能力，建立健全风险识别和监测预警体系，完善风险处置预案，坚决守住不发生系统性风险的底线；强化跨周期和逆周期调节，合理安排赤字、债务及支出政策，推动财力下沉，严肃财经纪律，有序化解地方政府债务风险"；4 月 19 日，中央全面深化改革委员会第二十五次会议强调，"要压实地方各级政府风险防控责任，完善防范化解隐性债务风险长效机制，坚决遏制隐性债务增量，从严查处违法违规举债融资行为"；5 月 18 日，财政部官网通报 8 起地方政府隐性债务问责典型案例，详细披露了地方政府通过擅自变更政府购买服务合同额、挪用城投公司债券募集资金用于应由财政预算安排的项目、占用国企资金并拨付给城投公司用于公益性项目等违规方式进行虚假化债或造成新增隐债的情况，其中有 6 个案例均涉及城投公司，进一步为地方政府及下辖城投公司敲响了警钟。从表态的内容来看，目前我国着力于统

---

① 孙彬彬. 如何看待城投隐债化解和合理融资行为？[EB/OL]. https：//mp. weixin. qq. com/s/o-czWH5kIb4qr-YoGwyISg.

筹发展和安全，对防控地方政府债务风险的态度依然是保持强化的主基调；从时间线来看，财政部通报 8 起隐债问责典型案例是在"救市 23 条"出台一个月之后，这实际上给市场释放了明确信号：严禁新增隐债的底线要求并未放松，同时某种程度上也是对过于乐观的市场预期进行纠偏。

在合理融资方面，随着注册制改革的深入，监管层对城投发债的态度有所缓和，这也符合"开前门、堵后门"的思路，但这并不意味着城投公司发债政策出现了实质性放松。一个最重要的原因是：城投债在公司债中的占比从 2019 年起不断攀升，2021 年已高达 70%（按宽松口径，占比更高），这与公司债新规出台时的初衷（将主体扩大至所有公司制法人，但地方政府融资平台除外，意在提升公司债市场服务实体经济的水平和能力）并不相符，而且这种结构上的"变异"也不利于隐债风险的防控，所以客观上城投发债政策并没有大幅放松的空间。但从长期来看，地方经济发展需要城投公司，也离不开城投公司的助力，在政策的引导下，城投公司转型的方向将会越来越快，城投公司融资渠道和模式朝着透明化、公开化和合理化的方向发展。

城投债监管政策端整体呈现出"稳增长、防风险"的双底线思路，一方面继续防范化解债务风险，另一方面支持保障合理融资需求。在财政部规定的隐性债务十年（2018～2027 年）化解期间，监管政策预计具有很强的延续性，持续以禁止隐性债务增量、化解隐性债务存量为核心。2018 年发布的 27 号文（非公开）涉及隐性债务口径的统一，并要求地方政府在 5～10 年内化解隐性债务；之后政策的放松和收紧始终围绕此方针政策进行微调和细化，大的政策格局不变。[1] 但是，禁止新增隐债并不意味着城投平台不能新增融资，关键在于城投平台"市场化"和融资"规范化"，在不新增隐债的前提下城投可以从不同渠道合规的新增融资。[2] 因此，债务化解与合理融资并不矛盾。强调对"合理融资需求"的保障与满足并不意味着城投融资监管政策发生转向，而是在综合考虑了稳增长压力、在建项目实施、防范债务风险无序蔓延等多个因素后对其融资政策所做的适度调整。总之，对于城投公司"合理融资需求"而言，无论是当下还是未来，严禁新增隐债都是一条不可突破的"红线"。

---

① 程晨，肖乐鸣 . 城投政策的历史周期与投资策略［EB/OL］. https：//xueqiu. com/5315150239/193362240.

② 天风证券 . 如何看待城投隐债化解和合理融资行为？［EB/OL］. https：//www. 97caijing. com/article/1665.

第二节 债务化解背景下合理融资的目标

一、隐性债务化解和融资监管演变

城投政策作为"准财政政策"的一环，具备重要的经济稳定器的职能。当前，我国经济面临着国际和国内新的困难挑战，国际市场需求减弱，全球经济金融领域风险积累；国内需求不足，重点行业风险隐患较多。回顾历史，每次经济遇到较大内外部因素的冲击、稳增长压力较大时，融资平台管控均有较为显著的政策放松，可以拉动经济且不会增加政府显性杠杆率，进而稳基建、稳投资。[①]为应对经济危机，2008 年 11 月中央出台"四万亿"投资计划，表示支持有条件的地方政府组建投融资平台，全国各地的城投平台自此快速崛起。2010 年以来城投公司融资监管政策已经历三轮半松紧周期轮回，目前处于第四轮政策的放松时期，政策周期如下（见图 4-1）：

图 4-1 城投融资监管周期

（1）2010~2013 年，监管架构搭建，城投平台快速发展，政策小幅收紧。

（2）2014~2015 年 4 月，新《预算法》及"43 号文"出台，融资政策大幅紧缩。

（3）2015 年 5 月~2016 年 9 月，政策转松。

（4）2016 年 10 月~2018 年 6 月，监管政策加码，政策转紧。

（5）2018 年 7 月~2020 年 10 月，严控隐债背景下城投政策边际放松。

（6）2021 年 7 月~2022 年 3 月，政策收紧。

（7）2022 年 4 月至今，政策放松。融资监管政策转向宽松或紧缩的标志性

---

① 华创固收. 一文尽览城投政策与所处历史周期 [EB/OL]. https：//www. kanzhiqiu. com/newsadapter/newcjnews/read_ news. htm？id＝3636301.

文件如表4-1所示。

表4-1　城投政策周期转向的标志性文件

时间	文件	文件编号	文件要点	政策转向
2010	《国务院关于加强地方政府融资平台公司管理有关问题的通知》	国发〔2010〕19号	依据"分类管理、区别对待"的原则对融资平台公司债务全面清理	监管政策起步
2014	《国务院关于加强地方政府性债务管理的意见》	国发〔2014〕43号	规定地方政府可以举债并规范举债，剥离融资平台公司政府融资职能	收紧
2015	新《预算法》	—	提出地方政府以及其所属部门除法律另有规定外，不允许对任何单位或个人的债务通过任何的形式提供担保	
2015	《关于妥善解决地方政府融资平台公司在建项目后续融资问题意见的通知》	国发办〔2015〕40号	"依法合规积极支持融资平台公司在建项目后续融资，确保在建项目有序推进，切实满足实体经济的合理融资需求"	宽松
2016	《地方政府性债务风险应急处置预案》	国办函〔2016〕88号	明确省级政府对本地区政府性债务风险应急处理负总责；重申地方政府责任范围，明确各类政府性债务处置原则	
2017	《关于进一步规范地方政府举债融资行为的通知》	财预〔2017〕50号	"地方政府不得将公益性资产、储备土地注入融资平台公司""不得承诺将储备土地预期出让收入作为融资平台公司偿债资金来源""不得要求或接受地方政府及其所属部门以担保函、承诺函、安慰函等任何形式提供担保""限额内发行地方政府债券方式举债"	收紧
2018	国务院常务会议	—	"督促地方盘活财政存量资金，引导金融机构按照市场化原则保障融资平台公司合理融资需求，对必要的在建项目要避免资金断供、工程烂尾"	边际放松
2018	《国务院办公厅关于保持基础设施领域补短板力度的指导意见》	国办发〔2018〕101号	"按照市场化原则保障融资平台公司合理融资需求，不得盲目抽贷、压贷或停贷，防范存量隐性债务资金链断裂风险"	

续表

时间	文件	文件编号	文件要点	政策转向
2021	《关于进一步深化预算管理制度改革的意见》	国发〔2021〕5号	剥离地方融资平台公司的政府融资职能，并对其进行清理规范，其中失去清偿能力的公司要依法实施破产重整或清算	收紧
2021	《银行保险机构进一步做好地方政府隐性债务风险防范化解工作的指导意见》	银保监发〔2021〕15号		
2022	《关于做好疫情防控和经济社会发展金融服务的通知》		第11条："加大对有效投资等金融支持力度"中提及"要在风险可控、依法合规的前提下，按市场化原则保障融资平台公司合理融资需求，不得盲目抽贷、压贷或停贷，保障在建项目顺利实施"	边际放松

2010~2013 年，城投监管体系开始搭建，城投融资政策小幅收紧。2010 年 6 月，《国务院关于加强地方政府融资平台公司管理有关问题的通知》（国发〔2010〕19 号）构建了城投监管的初期政策框架，提出对城投平台和平台债务进行分类监管。

2014 年，城投融资监管大幅趋紧。新《预算法》和"43 号文"的发布宣告了城投公司以政府信用做背书的传统融资模式的终结。新《预算法》允许省级政府在国务院确定的限额内，发行地方政府债券举借债务；作为债务管理的纲领性文件，"43 号文"提出"剥离融资平台公司政府融资职能"。二者共同搭建了全新的政府性债务管理框架。

2015 年 5 月，城投融资政策放松。2015 年 5 月 15 日，国务院转发财政部、人民银行、银监会《关于妥善解决地方政府融资平台公司在建项目后续融资问题意见的通知》（国发办〔2015〕40 号）中提到"依法合规积极支持融资平台公司在建项目后续融资，确保在建项目有序推进，切实满足实体经济的合理融资需求"。

2016 年 10 月，城投融资政策再度转紧，对城投平台的监管重回"43 号文"框架。2016 年 10 月，国务院办公厅印发《地方政府性债务风险应急处置预案》（国办函〔2016〕88 号），对地方债务做出系统性安排，建立地方性政府债务风险应急处理机制，守住不发生区域性系统性风险的底线，明确指出地方政府对其举借的债务负有偿还责任，中央实行不救助原则，并且省级政府对本地区政府性债务风险应急处置负总责，标志着地方信用与国家信用的分离。① 而后在 2017 年 4 月，财政部、银保监会等六部门联合发布《关于进一步规范地方政府举债融资行为的通知》（财预〔2017〕50 号，以下简称"50 号文"），政策目的在于提高相关风险预防能力，同时限制地方政府及平台杠杆融资。对于地方政府违法违规举债融资问题，在向融资平台公司等国有企业提供融资时，部分金融机构要求地方政府提供相关担保承诺，存在诸如部分政府和社会资本合作项目、政府投资基金等违规行为，"50 号文"旨在厘清地方政府和融资平台的债务关系，规范存在于地方政府的举债融资行为，同时表明自 2015 年 1 月 1 日起，平台中的新增债务依照相关法律文件不属于地方政府债务。

2018 年 7 月，"保障融资平台公司合理融资需求"再次被提出，城投融资在严控隐债的背景下走向边际放松。2018 年 7 月 23 日，国务院常务会议指出"要有效保障在建项目资金需求。督促地方盘活财政存量资金，引导金融机构按照市场化原则保障融资平台公司合理融资需求，对必要的在建项目要避免资金断供、工程烂尾"②。这是 2016 年四季度以来中央首次对城投再融资正面发声，明确和正面地提及合理融资保障问题。随后在 2018 年 10 月，国办发 101 号文下发，提出允许融资平台公司在与金融机构协商的基础上采取适当展期、债务重组等方式维持资金周转。

2021 年 5 月，国发 5 号文，明确清理地方融资平台公司，剥离其政府融资职能。同年 7 月，银保监会发布了《银行保险机构进一步做好地方政府隐性债务风险防范化解工作的指导意见》（银保监发〔2021〕15 号文，以下简称"15 号文"），对于金融机构的各类融资行为，该文件对其进行了进一步的规范，同时对城投新增债务进行严格控制。"15 号文"的核心内容包括：第一，提出"打消财政兜底幻觉"，"牢牢守住不发生系统性风险底线"，重申城投债务并非与政府债务画等号的基本原则；第二，明确"不得提供预期土地出让收入作为企业偿债资金来源的融资"；第三，不得向承担地方政府隐性债务的客户提供流动资金贷款或流动资金贷款性质的融资，也不支持为其参与的专项债券项目提供配套融资。"15 号文"的出台意味着地方融资平台的监管环境趋严，银行及保险配置城投债的渠道将受阻，进而导致城投债面临的流动性大幅缩水。③

2022 年 4 月 18 日，金融"救市 23 条"发布，融资平台融资政策出现边际

①　债市研究．城投政策收紧，万变不离其宗［EB/OL］．https：//mp.weixin.qq.com/s/heK9ugVAICiGfga2IT-4fQ.

②　上海陆家嘴金融．解读-央行发文支持"保障融资平台公司合理融资需求"［EB/OL］．https：//mp.weixin.qq.com/s/d2CQSQJoCJ2vanWYN-u81Q.

③　中国城镇供水排水协会．城投平台融资政策进入新一轮收紧时期——银保监会 15 号文解读［EB/OL］．https：//cuwa.org.cn/shuiwuyuqing6/9504.html.

改善。中国人民银行、国家外汇管理局联合印发《关于做好疫情防控和经济社会发展金融服务的通知》，强调"要合理购买地方政府债券，支持地方政府适度超前开展基础设施投资""按市场化原则保障融资平台公司合理融资需求"。这是当前城投融资政策调整的一个重要转折点，与 2018 年 7 月城投融资走向宽松有相似之处，两次表述都强调了："市场化原则""融资平台公司""合理融资需求""在建项目"等多重限定，在这些限定下平台融资放松的幅度有限。

从政策导向的角度看，我国将延续地方政府隐性债务"控增量+稳存量"的大方向，对城投政策边际转松的方向则更多在于缓解融资平台公司的流动性压力。一方面，对于融资平台来说，依然要"坚决遏制新增地方政府隐性债务"，同时坚持"稳妥化解存量隐性债务"；另一方面，政策对于融资平台在银行信贷（诸如流动性贷款支持）等方面可能会边际放松，以缓解融资平台公司的流动性压力，也有利于更好保障在建项目的顺利实施。

二、多视角下隐性债务化解与合理融资的目标

（一）从中央政府角度

近年来中央的城投政策目标可分为三个方向：一是限制地方隐性债务增长，化解存量隐性债务（"15 号文"）；二是规范地方融资平台，遏制不规范融资行为；三是坚持中央不救助和不兜底原则。[①]

要严控隐性债务增量，就要坚持"突出重点、保障民生、分类管理、量力而行"的原则，按照"停、缓、调"的总体思路，实施建设项目库分类管理，合理规划政府投资项目。一是停建一批，对不属于中央重点项目和省委、省政府明确的民生工程且未开工的项目，全部予以停建；二是缓建一批，对已开工建设无后续资金支撑的市政道路、城市景观、绿化亮化等项目，或债务成本高、风险大的形象类项目均予以暂停建设；三是调减一批，对调减之后对民生、环保、生态、乡村振兴等方面无重大影响的项目，坚决予以撤销。[②]

2014 年以来监管政策的变迁过程，政策周期有松紧，但债务管控的框架越来越完善和细化，地方政府腾挪空间持续缩小是大趋势。举例而言，2017 年 5 月财政部"87 号文"切断了政府购买服务做基建这一违法违规融资方式，2018 年 3 月财政部"23 号文"全方位规范金融机构参与地方政府相关融资……这一系列监管文件出台之后，城投平台政企分开、不直接承担政府融资职能基本已经实

① 上海陆家嘴金融. 解读-央行发文支持"保障融资平台公司合理融资需求"［EB/OL］. https：//mp. weixin. qq. com/s/d2CQSQJoCJ2vanWYN-u81Q.

② 中国能新. 央行：依法合规保障融资平台合理融资需求［EB/OL］. https：//mp. weixin. qq. com/s/wpjk1tbBPCXrGGOBq2WYUg.

现，政府债务风险应急处置机制、债务风险问责机制等机制已经建立，地方政府融资愈加规范化，地方政府腾挪空间持续缩小是不变的大趋势。

2022年，省以下财税体制改革持续推进，化解债务责任压实到省级及以下地方政府。2022年4月召开的第二十次深化改革委员会会议中强调"压实地方各级政府风险防控责任，完善防范化解隐性债务风险长效机制，坚决遏制隐性债务增量，从严查处违法违规举债融资行为"。2022年6月，国务院办公厅正式印发《关于进一步推进省以下财政体制改革工作的指导意见》（国办发〔2022〕20号）进一步明确了关于地方债务问题，坚持中央不救助，省级党委和政府对本地区债务风险负总责的原则，明确了区县财政的部分事权和支出责任向上迁移，增强区县财税收入的改革措施。①

2023年1月，财政部公开了在2022年8月对政协委员会《关于进一步防范化解地方政府隐性债务风险的提案》的答复函（财预函〔2022〕82号）中提及"坚持中央不救助原则，'谁家孩子谁抱走'，建立市场化、法治化的化解隐性债务存量，已发实现债务人、债权人合理分担风险，坚持分类审慎处置、纠正地方投资基金、PPP、政府购买服务中的不规范行为"。财政部部长刘昆在2023年1月3日新华社权威访谈中表示，下一步，将进一步打破政府兜底预期，分类推进融资平台公司市场化转型，推动形成政府和企业界限清晰、责任明确、风险可控的良性机制，促进财政可持续发展。

（二）从地方政府角度

1. 完成地方化解债务

2018年监管部门提出对隐性债务遏增化存之后，多地公布了隐性债务化解方案，大多要求在5~10年将隐性债务化解完毕。在中央的监管下，各省份以"遏制新增""化解存量""牢牢守住不发生系统性风险的底线"为原则，整体按照六大措施开展化债工作，强调对于隐性债务风险的监管与问责。截至目前，首批进行"全域无隐性债务"试点的上海、北京、广东已基本完成隐性债务清零工作；"建制县区隐性债务风险化解试点"持续推进，贵州、云南、湖南、甘肃、内蒙古、辽宁、宁夏、陕西、江西、西藏等省份的隐性债务增量得到有效遏制。

2. 保证城投债券刚性兑付

2014年以来，债券市场非标、信贷违约事件频发，投资者在不断调整市场定价和心理预期，但城投公司的公开市场债券依旧是零违约的纪录。近年来，地方政府土地收入下降、城投平台信用基本面转弱，地方政府仍需保障公开市场债务兑付。例如，甘肃省政府提出"确保兰州建投公开市场债券刚性兑付"，贵州

---

① 程晨，肖乐鸣. 城投政策的历史周期与投资策略［EB/OL］. https：//xueqiu.com/5315150239/193362240.

省委领导也曾多次表示确保全省公开市场债券如期兑付。

但是从长远来看，随着监管政策不断强化，地方政府认清融资形势及融资难度，且市场对于投资区域的选择趋于一致后，城投债券信仰并非牢不可破。部分区域一旦失去市场信心、地方政府持续救助的显性成本过高，而区域城投彻底丧失了向市场的再融资能力，亦失去政府救助的必要性，则可能打破城投债券刚性兑付信仰。[①]

（三）从平台公司角度

1. 停止无序扩张和过度举债

城投的无序扩张在一定程度上造成了地方政府债务隐患，容易形成系统性风险。由于有地方政府的背书，城投平台往往有不考虑自身实际能力而过度举债的倾向，城投平台的有息债务规模自 2010 年以来持续攀升，截至 2022 年底，据估算，城投平台有息债务规模达 55 万亿元，个别地区城投平台债务+地方政府债务已然超过地方政府财力，若出现违约事件，很容易对相关地区形成冲击，造成区域性乃至全国性金融风险。

2014 年以"43 号文"为标志的政策紧缩规范了地方政府和城投平台行为，其核心是剥离城投平台的政府融资职能，进而推进城投公司融资与政府信用的剥离；2017 年的融资政策强调紧缩严控地方政府债务增量，终身问责，倒查责任，坚决遏制违法违规举债；2021 年以"5 号文"和"15 号文"为标志的政策紧缩重申城投债务并非与政府债务画等号的基本原则。近年来政策迭代加速，经过三轮融资政策紧缩周期的规范，财政兜底预期已基本被打破，融资平台公司的过度举债趋势已得到基本遏制，新增隐性债务被严格控制。

2. 推动债务重构和融资平台公司的转型升级

城投未来面临着转型升级的需要。目前，城投转型的主要方向是公益性或商业性国企，通过自身正常经营化解债务，剥离政府性融资职能以实现转型，但城投企业实力的参差以及累积的债务都是我国城投成功转型的阻碍。

经济发展相对滞后，不具有市场、资源、区位等优势的中西部地区，更要加快推动城投的转型升级，通过城投的整合重组可在短期内显著提升城投自身造血能力，加快债务化解。其一，对城投的整合可提升其融资能力。通过将数个无评级主体或低评级主体整合重组为 AA 级甚至更高评级的主体，可实现在债券市场直接融资，解决融资难问题，有效降低对政府的依赖。其二，对城投的整合可提升其债务化解能力。整合重组后，母公司可对新主体的资金使用和债务管理进行统筹安排，以丰补歉、以肥补瘦，一方面加大对尾部城投优质项目的资金支持力

---

① 中证鹏远评级．财政部长再提打破兜底预期，城投债风险怎么看？［EB/OL］．https：//mp．weixin．qq．com/s/xmRHtyorpKvylv9GgEwhaw．

度，为尾部城投提供发展所需的流动性支持；另一方面提高尾部城投债务管理和再融资能力，帮助尾部城投化解高息债务，有效排除债务隐患，从而推动新主体整体的资金效率和债务管理提升，实现发展与化债的良性循环。①

第三节　债务化解与合理融资并行发展的方向

一、债务化解背景下合理融资的难点

（一）公开融资标准高且方式少

当前，城投公司的主要融资渠道有三大类，分别是：银行贷款、公开发行城投债券、非标准化融资，其中，公开发行城投债券的标准最高，也是唯一没有发生债务违约的融资品种。

城投债券的金融属性强，可以像股票一样在证券交易所或银行间市场交易、流通，具有很强的流动性。加上城投债券未发生过违约事件，是仅次于国债、地方政府债的最受市场欢迎的债券。城投债券的优点是基于其从发行就受到各种政策的监管，包括证监会、人民银行等高等级国家职能部门严格审批，其合法性和合规性都处于较高的水平，如公开评级、资产规模、偿还能力等均有严格的要求，并且待债券公开发行后，还要受到市场机构和投资者的公开监督。

当前，虽然城投债的存续规模已达到 13 万亿元，占债券市场 10% 左右的份额，财政部为了落实"堵后门、开前门"的思路，持续推动构建多层次资本市场，扎实推进债券注册制改革走深走实，已简化便利了企业债发行审核制度，有利于拓宽城投公司公开发展渠道，但相对于国内地方政府约 70 万亿元的隐性债务规模，公开市场的融资规模仍有很大的拓展空间。

（二）过度依赖非标准化融资

过去，由于股权资本市场融资标准高，银行贷款审查相对严格，而非标准化融资监管不足，导致没有评级和发债历史的城投公司难以通过正规渠道融资，多数资质不足的城投平台只能选择其他融资方式，如租赁融资、定融产品融资这些非标准化融资。

可以看出，城投公司由于自身资质较差、行政层级较低、处在实力较弱区域等原因，选择非标准化发行或担保定融产品，定融产品虽然能在短期缓释流动性

---

① 天府债券工作室. 城投整合重组，或为债务化解加速器？［EB/OL］. https：//mp. weixin. qq. com/s/lNM9Afe4yKq-q8qdjOTbAA.

压力，但较高的融资成本实则进一步推升了融资平台压力，放大中长期风险。长此以往，这不仅导致大部分城投公司无序举债，面临较大的短期偿债压力，也形成城投公司采用非标准化融资的固定思维模式，不愿意尝试其他融资渠道。

近几年，定融产品中城投涉及的比重较大，而定融产品一直是监管的重要领域。自2018年起，监管部门开始压缩清理定融产品。2018年11月，中国证监会清理整顿各类交易场所办公室（以下简称"清整联办"）发布了《关于稳妥处置地方交易场所遗留问题和风险的意见》（清整联办〔2018〕2号），明确要求金交所限定业务范围，其中提出："不得直接或间接向社会公众进行融资或销售金融产品，不得与互联网平台开展合作，不得为其他金融机构（或一般机构）相关产品提供规避投资范围、杠杆约束等监管要求的通道服务。"同时，要求无基础资产对应但有担保、抵押或质押的债权类业务，不得新增，存量到期后按合同约定兑付，不得展期或滚动发行；对于已经形成"资金池"的业务，要严格控制业务增量，逐步压缩清理。至此，定向融资计划产品空间被压缩。2020年9月，清整联办又下发《关于进一步做好金融资产类交易场所清理整顿和风险处置工作的通知》（清整办函〔2020〕14号），再次明确：要严格投资者适当性管理，不得向个人（包括面向个人投资者发售的投资产品）销售或者变相销售产品，机构投资者不得通过汇集个人资金或为个人代持等方式规避个人投资者禁入规定。既往已向个人投资者销售的产品，金交所要逐步清理，并完善投资者投诉及纠纷处理机制。①

即使近年来监管趋严，城投公司定融仍在定融产品发行占据较大比例，且近年来有多起产品逾期违约事件发生，这不利于城投公司拓宽合理融资渠道。

（三）企业盈利能力有待提高

按照项目区分理论，以投资项目有无收费机制和资金流入可以分为两类，即非经营性公共基础设施和经营性公共基础设施。非经营性公共基础设施因无收费机制，缺乏现金流，其运营的目的是获得社会效益和环境效益。经营性公共基础设施有收费机制和现金流入，又分为纯经营性公共基础设施和准经营性公共基础设施。其中纯经营性公共基础设施投资的目的和动机是利润最大化，可以通过市场化的方式实现投资和运营的成本全覆盖；准经营性公共基础设施有收费机制和资金流入，具有一定的现金流，但无法收回成本。

城投公司多以城市基础设施建设为主业，通过委托代建或者BT等方式承担建设任务，工程建设周期和回款周期较长。城投公司的收入多依赖于政府工程款、项目回购资金的支付，受地方政府财力的制约。

---

① 城投研究. 偿债重压之下，城投如何破解融资难题？[EB/OL]. https：// mp. weixin. qq. com/s/dB-dtZ0JM2__ezfJ-n95m3w.

少量的政府补贴及通过土地和房产抵押贷款融资是城投公司主要的资金来源，传统的城投公司几乎没有经营性收入，现金流较少，融资渠道较窄，融资方式单一，基本上都是以土地或房产抵押从银行取得贷款。随着土地和房产抵押用尽，外部融资基本停滞，而还本付息的压力依然存在，新的政府项目需要投资，债务负担沉重，城投公司随时都有资金链断裂的风险。特别是近几年，房地产进入了下降的通道，城投公司通过土地、房产腾挪的空间越来越小。

于地方政府融资平台承担着大量城市基础设施融资、建设任务，同时还背负着转型发展的压力和政府性债务偿还的负担。绝大部分的政府融资平台，由于投入产出效能与周期的不匹配，形成了大量的政府性债务，使企业资产负债率居高不下，债务循环出现困难，企业资金链安全也受到极大的影响。特别在当前严控政府隐性债务的背景下，依靠自身经营或简单化地转型重组，在一定期限（如3~5年）内化解政府隐性债务问题难度极大。

二、债务化解背景下合理融资的方向

（一）不断扩大地方政府债券规模

当前，扩大合理融资规模的前提是先解决地方政府隐性债务问题。截至2022年末，地方政府负债率为29.1%，加上中央政府国债之后，政府负债率合计50.1%。2022年末地方政府债务率为125.3%，连续两年超过100%，地方财力不足导致债务率上升速度较快（见图4-2）。预计在未来几年内，政府债务率将继续攀升，甚至有可能超过150%的国际警戒线水平：一方面，发行置换债券进行隐性债务置换将使债务余额和债务率有较大上升；另一方面，地方政府的建设资金需求需要通过发行新增债券（尤其是新增专项债）满足，推动地方政府债务余额上升。

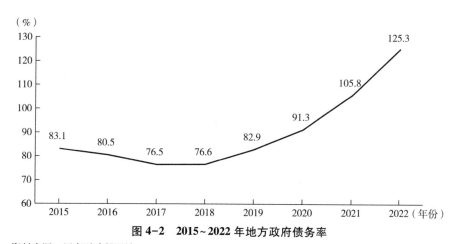

图4-2　2015~2022年地方政府债务率

资料来源：国家财政部网站。

通过债务置换将隐性债务显性化存在限额，地方债务限额高出地方债务余额的部分为地区可发行债务规模的理论上限。根据各省份 2023 年《预算报告》计算，2022 年末 31 个省地方政府债务限额为 37.65 万亿元，余额为 35.06 万亿元，因此特殊再融资债的理论上限是 2.59 万亿元，其中一般债务为 1.44 万亿元，专项债务为 1.15 万亿元。近三年，地方政府债务余额增速维持在 15%~21%，其中专项债务余额增速持续高于 20%，一般债务余额增速在 4%~8%范围内。根据 IMF 测算，2021 年末我国隐性债务存量为 61.3 万亿元。在"控增化存"的隐性债务化解政策基调下，当前我国化债工作重心已开始逐步从"控存量"向"去存量"转化，如果要将存量隐性债务全部显性化为地方政府债务，预计全国地方政府债务余额将上升至约 100 万亿元。在财政收支矛盾加剧、财政收入增速下降、财政支出刚性较强的背景下，财政资金的匮乏可能会造成较大的债务偿还的压力，地方政府财力规划和预算面临考验。2015~2022 年地方政府债务余额及增速如图 4-3 所示。

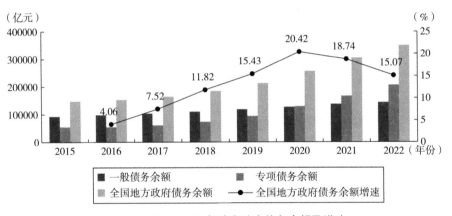

图 4-3　2015~2022 年地方政府债务余额及增速

资料来源：国家财政部网站。

（二）融资逐步转向标准化融资

平台公司常通过非标融资来补充流动资金，非标准化融资的门槛较低、速度快、交易结构简单。但是监管机构无法监控融资规模，这具有增加地方隐性债务的可能，不符合监管要求。"非标转标"的趋势从 2017 年就开始浮现，随着 2018 年 4 月正式出台了《关于规范金融机构资产管理业务的指导意见》（以下简称《资管新规》），监管高压持续，非标转标成为大势所趋。2021 年 7 月发布的"15 号文"明确要求银行以及保险资金不得通过理财、信托等非标产品违规向政府融资平台提供融资，严禁新增地方政府隐性债务（见表 4-2）。2022 年下半年，云南、浙江、河南、江苏等多省份陆续发文叫停非标，非标融资已经走向尾声，城投债的未来或将是以标准化债券的形式继续。①

表 4-2　非标准化融资主要监管政策

时间	文件名	文件号	文件要点
2018	《关于规范金融机构资产管理业务的指导意见》	银发〔2018〕106 号	定义标准化债权五大特征，规定除标准化债权资产之外的债权类资产，均为非标债权
2021	《银行保险机构进一步做好地方政府隐性债务风险防范化解工作的指导意见》	银保监发〔2021〕15 号	进一步规范银行保险机构、地方政府相关融资业务

在稳定增长的目标下，作为基础设施投资的主要载体和实施者，城投公司在一定程度上承担了支持地方经济和缓解地方财政压力的责任。城投公司的融资渠道不会被冻结，系统性风险不会爆发。政策鼓励非标准资产转换为标准资产。如果非标资产清理完毕，整体风险可控，发行标准债券将是城投公司长期稳定的融资渠道。

城投债作为标准化债券，与非标准化融资方式相比，具有众多优势。第一，城投债是标准化债券，有成熟的交割机制，可以进行交易；非标准化融资方式在资金投入后变现较为困难。第二，城投债的信息披露严格，管理人须定期向投资者披露月度、季度、年度等报告。第三，城投债的管理人更加专业，管理人来自正规金融机构，在证监会、中基协官网可查到备案信息，大多具备丰富的投资管理经验，对市场信息把握更加准确和迅速。

（三）以产业投资拓宽融资渠道

在严控新增隐性债务、推动融资平台公司市场化转型趋势下，融资平台公司必须摆脱对政府的依赖，通过市场化融资解决资金问题。合理融资要求城投公司创新投融资模式，拓宽多元化投融资渠道。

产业投资是投融资平台公司业务布局趋势之一，做好产业投资，除了招商引资、培育孵化，还可以选择收购成熟企业，包括上市公司。对于平台公司来讲，传统业务大多很难满足 IPO 的要求。近两年，宏观经济和资本市场环境变化，民营上市公司出现自身资金问题、接班问题等，出现了出让上市公司控股权的需求，这给了地方融资平台公司一个很好的机会。

平台公司可以结合当地产业发展需求，寻找合适标的进行并购。不仅解决了民营企业的问题，也解决了当地产业发展问题和自身资本市场对接问题，实现一

---

① 中央强调+各省官宣刚兑，城投债稳了！

举多赢。即便在实际操作中上市公司迁址比较困难，但是依然可以依靠新增生产线投资、当地合资等，给当地产业发展带来比较大的促进作用。平台公司也因此拥有了上市公司，对于提升企业管理水平和市场信用等级，以及提高社会影响力、引培高端人才等，均有积极促进作用，能够实现公司质的提升。①

三、债务化解背景下合理融资的举措

（一）建立国有企业现代企业制度

现代企业制度是指适应现代社会化大生产和市场经济体制要求的一种企业制度，是以市场经济为基础，以企业法人制度为主体，以公司制度为核心，以产权清晰、权责明确、政企分开、管理科学为条件的新型企业制度。城投公司建立现代企业制度是作为社会资本参与当地项目的先决条件，也是推动城投市场化转型最重要的关键。

从来源上看，城投公司一般由地方政府以非经营性资产注入而来，承接项目多为公益性或准公益性项目，导致投资回收期较长且创收能力不强，加之近年融资成本增加等原因，大大制约了城投企业的发展。经过三年的国企改革行动，许多城投企业已经完成公司化制度改革，但其经营管理模式、治理结构和制度体系并不完善，远远达不到市场化竞争的要求。

现代企业制度是围绕市场建立的一系列经营管理体系的集合，是以公司制度为主体的市场经济体制，其重要性在于建立性质功能的制度规定，组织管理的行为准则，有序运转的机制保障，持续发展的契约安排。建立现代企业制度体系的标志是，城投公司应达到市场化制度体系的一般要求：一是系统完整性，现代企业制度体系要涵盖产权、经营、管理和运行等各个方面，其中，产权是前提，组织是基础，管理是保障，运行是支撑；二是外部适配性，现代企业制度要能够充分适应外部环境、市场经济要求以及满足利益相关者诉求；三是内部协同性，现代企业制度的不同内容之间应当层次分明、相互配合，共同服务于企业组织的使命与任务。

（二）推动深化混合所有制改革

我国城投企业主要由地方政府及其部门、事业单位等设立，缺少民营资本等其他经济成分，导致企业在资金、技术、人才和管理方面的基础薄弱。随着城投市场化改革的推进，亟须社会资本介入协助国有城投公司开展混合所有制改革。

混合所有制改革是指国有城投平台在进行市场转型过程中，引入一些民营资本，2015 年 9 月国务院印发《国务院关于国有企业发展混合所有制经济的意见》

---

① 全球投融圈. 中国地方投融资平台公司转型发展的目标、布局与保障［EB/OL］. https：//mp. weixin. qq. com/s/q2KIqe4Fax_itv-SAR8-3A.

（国发〔2015〕54 号）就提出鼓励各类资本参与国有企业混合所有制改革。对于市场化程度高的城投企业，混合所有制改革是公司市场化改革的方向之一，也有利于企业通过转让股份获得社会资金。

2019 年，国务院国资委发布《中央企业混合所有制改革操作指引》（国资产权〔2019〕653 号），进一步落地混改的六大核心步骤，以及每个步骤中的核心政策问题，特别在混改的方向性、规范性、可操作性和创新性四大方面，为国企混改实施落地铺好了道路。城投公司在城市化进程中发挥了很大作用，承担着政府城市化建设的责任。随着政府投融资改革，城投公司被剥离政府融资职能后开展市场化转型，其中很重要的一个策略就是推动混合所有制改革。考虑当前城投公司群体的特征，城投混改的实施途径更可能是引入战略投资者，具备较强实践性，更有利于发挥混合所有制经济的效用。

（三）鼓励设立政府产业引导基金

政府产业引导基金又称创业引导基金，是指由政府出资，并吸引有关地方政府、金融、投资机构和社会资本，以股权或债权等方式投资于创业风险投资机构或新设创业风险投资基金，以支持创业企业发展的专项资金。在这一过程中，城投公司作为项目发起人联合社会资本，一起以股权投资的方式参与基础设施和公共服务项目的建设和运营中去，城投手里有优质项目，社会资本手里有资金，因此这种合作模式既能缓解城投的资金压力，又有利于引导地区产业升级。

2014 年，国务院出台《关于加强地方政府性债务管理的意见》（国发 43 号），加强了对地方政府债务的规范，并推广政府和社会资本合作模式。产业基金不仅可以缓解短期的财政压力，也为推动城投产业化转型提供一种思路。目前，国内已经有相当比例的 PPP 项目是通过产业基金的方式参与，据统计，全国目标规模千亿元以上的引导基金共 18 只，总目标规模合计 29737 亿元，占总政府引导基金目标规模 25.62%，其中，国家级 5 只、省级 6 只、市级 6 只、区县级 1 只。产业引导基金的投向很广，除基建和公共服务项目外，还支持创新创业、中小企业发展和产业转型升级与发展等，如长江经济带生态基金目标规模高达 3000 亿元，属于国内目标规模最大的引导基金；区县级千亿元以上规模的政府引导基金只有 1 只，是设立在湖北省武汉市的中国光谷母基金，其目标规模与省级的新疆 PPP 政府引导基金相同，均为 2500 亿元。

（四）企业资产证券化

资产证券化，指的是把能够产生稳定现金流的资产打包出售，通过结构化的设计后，在金融市场上发行具有固定收益流的可流通有价证券。长期以来，各地方城投公司参与了大量的基础设施建设和公用事业服务工程，积累了较大规模的资产，有些资产在未来较长时间里能够产生持续稳定的现金流，符合资产证券化的条件，通过将这部分资产证券化，可以缓解城投公司的资金压力。例如，城投公司有某一条公路的收费权，城投通过资产证券化手段，把未来一段时间收费折算成当期的现金，这样城投就通过资产证券化盘活了自身的资产。

普通债券和项目收益债相比，城投资产证券化具有如下优点：①提高资产流动性。通过资产证券化实现资产出售，将不具流动性的资产转化为具有流动性的货币资产。②资金用途不受限制。资产证券化融资资金用途不受限制，既可以补充资本，也可以用于建设项目，还可以补充流动资金，同时无须披露。③提高证券信用评级，降低融资成本。很多城投公司信用级别不高，发行普通债券融资成本会很高，发行项目收益债信用评级也会受到股东评级的影响，而发起资产证券化，通过优先/次级的结构化安排，可以起到增信作用，从而提高证券信用评级，降低融资成本。④资产证券化能有效配置融资企业期限、利率需求。根据资产证券化优先/次级分层结构，偿付期越短的层级越优先，相应利率水平也较低，偿付期越长的层级越劣后，其较高风险溢价导致利率水平也较高。这样一种融资结构在期限上能较为完整地覆盖项目建设所需现金流，也能较大地降低融资成本。

目前，我国资产证券化的途径有四种：一是中国证监会主管下的非金融企业资产证券化（ABS）；二是交易商协会主管下的非金融企业资产支持票据（ABN）；三是银保监会主管下的保险资产管理公司项目资产支持计划；四是人民银行和银监会主管下的信贷资产证券化。这四种模式在发起人、基础资产、交易结构以及上市流通场所等方面存在一定差异，城投公司资产证券化路径以ABS和ABN为主。从实践来看，资产证券化基础资产主要包括债权类资产和收益权类资产两大类，城投资产证券化债权类基础主要包括BT合同债权、应收账款债权等，收益权类基础资产包括像自来水、燃气、污水处理等公共事业收费、高速公路收费权、租赁收入等。

（五）不动产投资信托基金

城投公司作为地方政府重要的投融资平台，业务主要集中在基础设施建设、公用设施运营和城市更新项目等，这些项目资产与基础设施公募REITs的底层资产具有天然的契合性。特别是对于承担了大量的地方基础设施建设任务、杠杆率相对较高、债务负担相对较重的地方城投公司来讲，发行REITs可以有效吸引社会公众资金参与地方基础设施权益投资、降低地方城投公司的融资压力，并给地方城投公司带来了新的转型发展契机。

基础设施REITs是和股票、债券并列的直接融资工具，发行REITs可以补足基础设施企业的直接融资短板、提升基础设施企业权益融资能力。"十四五"规划提出，"规范有序推进政府和社会资本合作（PPP），推动基础设施领域不动产投资信托基金（REITs）健康发展，有效盘活存量资产，形成存量资产和新增投资的良性循环"。2021年，首批上市的9只公募REITs中2只的发行人为城投公司，发行人分别为浙江沪杭甬高速公路股份有限公司、广州交通投资集团有限公司，发行规模为43.60亿元与91.14亿元。城投公司通过参与公募REITs，有利于盘活存量资产获得资金，从而化解债务，并且从投融资功能转型上实现真正意义上的基础设施市场化运营主体。

【评价篇】

第五章 地方政府投融资平台转型
发展评价

本书借鉴国内外构建研究指标体系的相关经验，结合国内地方政府投融资平台的实际情况，以往年构建的中国地方政府投融资平台转型发展评价报告指标体系为基础，不断改进完善，形成了省、地级市、区县、开发区四级评价体系，旨在客观、系统地评价全国公开融资的地方政府投融资平台的经营发展情况，为地方政府投融资平台的转型与发展提供建设性思路。

第一节 地方政府投融资平台转型发展评价指标说明

一、指标体系构建的原则

为了直观、准确地反映全国范围内的地方政府投融资平台的营运情况及发展情况，本书从公司业绩、市场转型及社会责任三个维度构建评价体系，对各地方政府投融资平台的经营状况以及未来如何发展进行系统的分析，提供一个较为全面的视角。在构建评价指标体系的过程中，本书坚持以下六项基本原则。

（一）全面性原则

选取指标时注重指标的全面性，保障指标充分发挥作用。在对全国各地方政府投融资平台进行评价时，尽可能使选取的指标能够较为全面地反映出地方政府投融资平台的实际经营情况。在以往的报告中，企业的经营业绩通常被视为最主要或唯一的评价指标来评价企业的发展水平及价值，为了更全面地反映出地方政府投融资平台的经营及发展情况，本评价指标体系在重视经营业绩的同时，充分考虑各地方政府投融资平台所处行业的不同属性。

（二）典型性原则

为确保本评价指标体系具有一定的典型性，在构建体系时注重以下两个方面：一是在评价省、地级市、区县、开发区四级地方政府投融资平台时，对指标的选取有所侧重，最大限度反映出相同行政级别的地方政府投融资平台的发展情况，使本评价指标体系具有一定的客观性；二是尽可能反映出东部、中部、西部等不同区域地方政府投融资平台的社会经济及发展情况的差异。本评价指标体系在选取指标、分配各指标权重及划分评价标准时，注重其与不同行政级别的地方政府投融资平台相适应。

（三）系统性原则

本评价指标体系各指标间存在合理的逻辑关系，每个一级指标由一组指标构成，各一级指标之间相互独立且又彼此关联，可以从不同角度反映出各地方政府投融资平台的经营及发展情况，从而使评价指标体系具有一定层次性，共同形成一个有机整体。

（四）问题导向性原则

本评价指标体系结合目前各平台在发展过程中存在的问题，选择靶向性指标，针对平台未来发展和市场化转型等核心问题进行分析，旨在一定程度上对地方政府投融资平台发展路径进行有效梳理。

（五）可比性、可操作性、可量化原则

选择指标时，保持在总体范围内的一致性，注重指标的计算量度与计算方法保持统一，各指标简单明了、微观性强、便于获取，具有很强的可操作性和可比性。同时，充分考虑能否量化处理，以便于数据计算与分析，满足数据分析的可行性。

（六）动态性原则

各地方政府投融资平台的发展情况需要通过一定的时间才能显现出来。因此，评价指标的选取要充分考虑相关指标的动态变化，应以若干年度的变化数据为基础。

二、指标体系的研究设计

构建中国地方政府投融资平台转型发展评价指标体系主要包括明确体系范围、设计评价指标体系、分配指标权重及选择测算方法等环节。

本指标体系旨在对全国地方政府投融资平台的营运及发展情况进行较为客观综合的评价，因此指标评价体系的样本为在中华人民共和国境内注册的，已公开进行市场融资的，由地方政府或其相关部门控股的，承担政府投资项目投融资功能的企事业单位（地方政府投融资平台）。

在设计指标体系的过程中，本书尽可能涵盖所有具有公开融资经历且目前仍在运营的地方政府投融资平台，从公司业绩、社会责任、市场化转型三个维度对地方政府投融资平台进行评价，最终构成地方政府投融资平台转型发展评价指标体系（见表5-1）。本评价指标体系将上述三个维度作为一级指标，下设相应的二级指标。由于不同一级指标的侧重点有所不同，二级指标可能会有较大不同。由于不同行政级别的地方政府投融资平台间差异较大，本书将按省、地级市、区县、开发区对融资平台进行划分，分别评价，生成四级地方政府投融资平台发展评价结果。

表5-1　地方政府投融资平台转型发展评价指标体系

一级指标	二级指标	三级指标
公司业绩	基础指标	总资产
		净资产
	财务效益指标	资产收益率
		总资产报酬率
		主营业务利润率
		盈余现金保障倍数
		成本费用利润率
	资产运营指标	总资产周转率
		流动资产周转率
		存货周转率
		应收账款周转率
	偿债能力指标	资产负债率
		EBITDA 利息倍数
		现金流动负债比率
		速动比率
		流动比率
	发展能力指标	总资产增长率
		销售增长率
		三年资本平均增长率
		三年销售平均增长率

一级指标	二级指标	三级指标
社会责任	国资运营指标	资本金利润率
		资本保值增值率
	企业责任指标	综合社会贡献
		纳税管理
		企业社会责任报告制度
		失信执行人
		监管函、处罚决定
		公司高管是否受处分
		年报是否延期披露
市场化转型	市场化转型指标	公司在所属区域市场占有度
		主营业务集中度
		融资渠道单一程度
		主体评级调整

（一）公司业绩指标

现代企业的经营权与所有权分离，企业信息具有一定的不对称性。由于财务层面的评价指标具有综合性、数据可收集性强等特点，在企业评价体系中往往占有较大比重，是企业经营情况分析的重要组成部分。此外，企业财务业绩指标是企业持续经营的动力，也是构成本评价体系的重要内容。为了客观、全面地量化公司实际营运情况，在一级指标公司业绩指标项下，下设五个二级指标，即基础指标、财务效益指标、资产运营指标、偿债能力指标和发展能力指标。

1. 基础指标

本评价体系在基础指标项下选取了总资产与净资产作为评价指标，旨在一定程度上客观地反映企业的经营规模。

（1）总资产。是指某一经济实体拥有或控制的、能够带来经济利益的全部资产。我国资产负债核算中的资产为经济资产，所谓经济资产，指的是资产所有权已确定，在一定时期内所有者通过对它们的有效使用、控制或处置，可以从中获取经济利益。

（2）净资产。净资产就是所有者权益，是指所有者在企业资产中享有的经济利益，其金额为资产减去负债后的余额。所有者权益包括实收资本（或股本）、资本公积、盈余公积和未分配利润。

2. 财务效益指标

本评价体系在财务效益指标项下选取了资产收益率、总资产报酬率、主营业务利润率、盈余现金保障倍数、成本费用利润率五个指标来评价企业的经营情况和盈利能力。

（1）资产收益率。又称资产回报率，是用来评价每单位资产能够带来多少净利润的指标。

$$资产收益率=净利润/平均资产总额×100\% \tag{5-1}$$

（2）总资产报酬率。又称资产所得率，是指企业在一定时期内获得的报酬总额与资产平均总额的比率。它表示企业包括净资产和负债在内的全部资产的获利能力，是评价企业资产运营效益的重要指标。

$$总资产报酬率=息税前利润/平均资产总额×100\% \tag{5-2}$$

总资产报酬率表示企业全部资产获取效益的水平，该指标越高，代表企业投入产出的水平越好，企业整体资产的运营越有效，较直观地反映了企业的投入产出情况与盈利能力。

（3）主营业务利润率。是指企业一定时期主营业务利润同主营业务收入净额的比率。它表明企业每单位主营业务收入能带来多少主营业务利润，反映了企业主营业务的获利能力，是评价企业经营效益的主要指标。

$$主营业务利润率=（主营业务收入-主营业务成本-主营业务税金及附加）/$$
$$主营业务收入×100\% \tag{5-3}$$

（4）盈余现金保障倍数。又称利润现金保障倍数，是指企业一定时期经营现金净流量同净利润的比值，反映了企业当期净利润中现金收益的保障程度，真实地反映了企业的盈余的质量。

$$盈余现金保障倍数=经营现金净流量/净利润×100\% \tag{5-4}$$

（5）成本费用利润率。是指企业在一定期间内的利润总额与其成本、费用总额的比率。

$$成本费用利润率=利润总额/成本费用总额×100\% \tag{5-5}$$

3. 资产运营指标

本评价体系在资产运营指标项下选取了总资产周转率、流动资产周转率、存货周转率、应收账款周转率等指标来评价企业的整体资产运营能力，反映了企业对其资产的利用效果。

（1）总资产周转率。是指企业在一定时期内主营业务收入净额与平均资产总额的比率。

$$总资产周转率（次）=营业收入净额/平均资产总额 \tag{5-6}$$

（2）流动资产周转率。是指企业在一定时期内主营业务收入净额与平均流动资产总额的比率，它是衡量企业资产利用率的一个关键指标。

流动资产周转率（次）＝主营业务收入净额/平均流动资产总额　　　　（5-7）

（3）存货周转率。是企业一定时期销货成本与平均存货余额的比率，用于反映存货的流动性及存货资金占用量是否合理，促使企业在保证生产经营连续性的同时，提高资金的使用效率，增强企业的短期偿债能力。

存货周转率（次）＝销售成本/平均存货余额　　　　（5-8）

（4）应收账款周转率。是反映公司应收账款周转速度的比率，它说明一定期间内公司应收账款转为现金的平均次数。用时间表示的应收账款周转速度为应收账款周转天数，也称平均应收账款回收期或平均收现期，它表示公司从获得应收账款的权利到收回款项、变成现金所需要的时间。

应收账款周转率＝销售收入/平均应收账款余额　　　　（5-9）

4. 偿债能力指标

本评价体系在偿债能力指标项下选取了资产负债率、EBITDA 利息倍数、现金流动负债比率、速动比率及流动比率五个指标来衡量企业偿还到期债务的能力。

（1）资产负债率。是期末负债总额除以资产总额的百分比，反映负债总额与资产总额的比例关系。资产负债率反映在总资产中有多大比例是通过借债来筹资的，也可以衡量企业在清算时保护债权人利益的程度。该指标是评价公司负债水平的综合指标，同时也是一项衡量公司利用债权人资金进行经营活动能力的指标，反映债权人发放贷款的安全程度。

资产负债率＝负债总额/资产总额×100%　　　　（5-10）

它包含以下几层含义：①资产负债率能够揭示出企业的全部资金来源中有多少是由债权人提供；②从债权人的角度看，资产负债率越低越好；③对投资人或股东来说，负债比率较高可能带来一定的好处［财务杠杆、利息税前扣除、以较少的资本（或股本）投入获得企业的控制权］；④从经营者的角度看，他们最关心的是在充分利用借入资金给企业带来好处的同时，尽可能降低财务风险；⑤企业的负债比率应在不发生偿债危机的情况下，尽可能择高。

（2）EBITDA 利息倍数。又称已获利息倍数，是企业生产经营所获得的息税前利润与利息费用之比，是衡量企业长期偿债能力的指标。利息保障倍数越大，说明企业支付利息费用的能力越强。因此，债权人要分析利息保障倍数指标，以此来衡量债务资本的安全程度。

利息保障倍数＝$EBIT$/利息费用　　　　（5-11）

息税前利润（$EBIT$）＝净销售额-营业费用　　　　（5-12）

利息保障倍数不仅反映了企业获利能力的大小，还反映了获利能力对偿还到期债务的保证程度，它既是企业举债经营的前提依据，也是衡量企业长期偿债能力大小的重要标志。要维持正常偿债能力，利息保障倍数至少应大于1，且比值越高，企业长期偿债能力越强。如果利息保障倍数过低，企业将面临亏损、偿债的安全性与稳定性下降的风险。

（3）现金流动负债比率。是企业一定时期的经营现金净流量同流动负债的比率，它可以从现金流量角度来反映企业当期偿付短期负债的能力。

$$现金流动负债比率 = 年经营现金净流量 / 年末流动负债 × 100\% \qquad (5-13)$$

（4）速动比率。是指速动资产对流动负债的比率，是衡量企业流动资产中可以立即变现用于偿还流动负债的能力。

$$速动比率 = 速动资产 / 流动负债 \qquad (5-14)$$

$$其中，速动资产 = 流动资产 - 存货 \qquad (5-15)$$

（5）流动比率。是流动资产对流动负债的比率，用来衡量企业流动资产在短期债务到期以前，可以变为现金用于偿还负债的能力。

$$流动比率 = 流动资产合计 / 流动负债合计 × 100\% \qquad (5-16)$$

5. 发展能力指标

本评价体系在发展指标项下选取了总资产增长率、销售增长率、三年资本平均增长率、三年销售平均增长率四个指标来衡量企业在一段时间内的发展能力。

（1）总资产增长率。是企业本年总资产增长额同年初资产总额的比率，反映企业本期资产规模的增长情况。

$$总资产增长率 = 本年总资产增长额 / 年初资产总额 × 100\% \qquad (5-17)$$

$$其中，本年总资产增长额 = 年末资产总额 - 年初资产总额 \qquad (5-18)$$

总资产增长率越高，表明企业一定时期内资产经营规模扩张的速度越快。但在分析时，需要关注资产规模扩张的质与量的关系，以及企业的后续发展能力，避免盲目扩张。

（2）销售增长率。是企业本年销售收入增长额同上年销售收入总额之比，是评价企业成长状况和发展能力的重要指标。该指标越大，表明其增长速度越快，企业市场前景越好。

$$销售增长率 = 本年销售增长额 ÷ 上年销售总额 = （本年销售额 - 上年销售额）÷$$
$$上年销售总额 \qquad (5-19)$$

（3）三年资本平均增长率。是表示企业资本连续三年的积累情况，在一定程度上反映了企业的持续发展水平和发展趋势。

$$三年资本平均增长率 = [（当年净资产总额 / 三年前净资产总额）^{1/3} - 1] × 100\%$$
$$(5-20)$$

（4）三年销售平均增长率。表明企业主营业务连续三年的增长情况，体现企业的持续发展态势和市场扩张能力，尤其能够衡量上市公司持续性盈利能力。

三年销售平均增长率=［（当年主营业务收入总额/三年前主营业务收入总额）^1/3-

1］×100%　　　　　　　　　　　　　　　　　　　　　　　　（5-21）

（二）社会责任指标

1. 国资运营指标

（1）资本金利润率。是利润总额占资本金总额的百分比，是反映投资者投入企业资本金的获利能力的指标。企业资本金是所有者投入的主权资金，资本金利润率的高低直接关系到投资者的权益，是投资者最关心的问题。

资本金利润率=利润总额/资本金总额×100%　　　　　　　　（5-22）

此外，会计期间内涉及资本金发生变动时，则公式中的"资本金总额"要用平均数，其计算公式为：

资本金平均余额=（期初资本金余额+期末资本金余额）÷2　　（5-23）

资本金利润率这一比率可以直接反映企业资本金的利用效果，进而影响企业资本金盈利能力。资本金利润率较高，表明企业资本金的利用效果较好，资本金利润率偏低表明资本金的利用效果不佳，企业资本金盈利能力较弱。

（2）资本保值增值率。反映了资本的运营效益与安全状况，是企业资本运营情况的核心指标。

资本保值增值率=期末所有者权益/期初所有者权益×100%　　（5-24）

其中，期末所有者权益需扣除企业接受捐赠、资本金增加等客观增减因素。

2. 企业责任指标

（1）综合社会贡献。在现代社会，企业经营不仅要考量自身效益，还需要考量企业为社会创造或支付价值的能力。

（2）纳税管理。加强纳税管理不仅可以降低税收成本，还可以促进企业内部调整产品结构、合理配置资源。在履行纳税义务的过程中，依据税法对纳税期限的规定，通过预缴与结算的时间差管理，合理处理税款，减少企业流动资金利息的支出。全面衡量不同的纳税方案对企业整体税负的影响，选择合适的纳税方案，提升企业经营效益。

（3）企业社会责任报告制度。企业社会责任报告（以下简称"CSR报告"）是企业非财务信息披露的重要载体。近年来，优秀的企业社会责任案例不断涌现，CSR报告制度可促进企业履行社会责任。

（4）失信被执行人。被执行人具有履行能力而拒不履行生效法律文书确定的义务，并具有下列情形之一的，中华人民共和国最高人民法院应当将其纳入失信被执行人名单，依法对其进行信用惩戒：①以伪造证据、暴力、威胁等方法妨碍、抗拒执行的；②以虚假诉讼、虚假仲裁或者以隐匿、转移财产等方法规避执行的；③违反财产报告制度的；④违反限制高消费令的；⑤被执行人无正当理由拒不履行执行和解协议的；⑥其他有履行能力而拒不履行生效法律文书确定义务的。

（5）监管函、处罚决定。收到证监会、上交所、深交所处罚、重点监管决定。

（6）公司高管是否受处分。公司高管人员是否受到刑事、行政处分或处罚。

（7）年报是否延期披露。作为发债主体的地方政府投融资平台，应按要求在每年 4 月 30 日之前，披露上一年的年度报告和审计报告，是否存在延期披露年报的情况。

（三）市场化转型指标

1. 公司在所属区域市场占有度

在市场规模不变的前提下，公司产品的销售量随市场占有率的提升而增加。通常市场占有率越高，企业的竞争力越强，因此，企业的竞争能力可以通过市场占有率进行考量。同时，由于规模经济效应，提高市场占有率可能在一定程度上降低单位产品成本，提升利润率。

2. 主营业务集中度

主营业务集中度为逆向指标，主营业务集中度越高，公司经营过程中对单一业务的依赖性越强，更有可能面临经营风险。

3. 融资渠道单一程度

融资渠道单一程度为逆向指标，企业的融资渠道越单一，越有可能面对资金流动性风险。

4. 主体评级调整

根据评级公司的公告，公司是否存在主体评级调高、维持、调低的情况。

三、指标体系的测算方法

本评价指标体系在各地方政府投融资平台 2020~2022 年经营数据的基础上，通过相关数据的测算，对平台的发展情况进行评价。

（一）指标赋权

通过对各一级指标下的二级指标数和三级指标数的考量，本评价指标体系在对地方政府投融资平台进行评价时侧重于公司自身的财务经营状况，本书以72.5%、20%、7.5%的比例来对公司业绩、社会责任、市场化转型三个一级指标进行赋权。

各指标权重设置见表 5-2，对标准化的三级指标值进行加总可获得最终评价得分。

表 5-2　各指标权重设置

一级指标	权重	二级指标	权重	三级指标	权重
公司业绩	72.5%	基础指标	10%	总资产	5%
				净资产	5%
		财务效益指标	16%	资产收益率	3.2%
				总资产报酬率	3.2%
				主营业务利润率	3.2%
				盈余现金保障倍数	3.2%
				成本费用利润率	3.2%
		资产运营指标	15.5%	总资产周转率	3.875%
				流动资产周转率	3.875%
				存货周转率	3.875%
				应收账款周转率	3.875%
		偿债能力指标	15.5%	资产负债率	3.1%
				EBITDA 利息倍数	3.1%
				现金流动负债比率	3.1%
				速动比率	3.1%
				流动比率	3.1%
		发展能力指标	15.5%	总资产增长率	3.875%
				销售增长率	3.875%
				三年资本平均增长率	3.875%
				三年销售平均增长率	3.875%
社会责任	20%	国资运营指标	6%	资本金利润率	3%
				资本保值增值率	3%
		企业责任指标	14%	综合社会贡献	2.5%
				纳税管理	2.5%
				企业社会责任报告制度	2%
				失信执行人	2%
				监管函、处罚决定	2%
				公司高管是否受处分	1.5%
				年报是否延期披露	1.5%
市场化转型	7.5%	市场化转型指标	7.5%	公司在所属区域市场占有度	1.5%
				主营业务集中度	2%
				融资渠道单一程度	2%
				主体评级调整	2%
合计					100%

（二）标准化处理

为避免不同单位和范围会对各三级指标的可比性产生影响，保证三级指标之间具有可加性，本书以 0—1 标准化（0-1 Normalization）方法对指标进行标准化处理，最终结果会以 ［0，1］分布的形式呈现。

具体的处理过程如下：x 为某具体指标的原始测算值，x_{min} 为某具体指标中的最小值，x_{max} 为某具体指标中的最大值，x' 为经过标准化处理后的指标标准值。上述处理的优势在于经过处理的标准值均分布在相同区间，为后期的数据处理及权重赋值提供了便利。

正向指标、逆向指标标准化处理公式分别如下：

$$x' = \frac{X - X_{min}}{X_{max} - X_{min}} \tag{5-25}$$

$$x' = \frac{\dfrac{1}{X} - \dfrac{1}{X_{max}}}{\dfrac{1}{X_{min}} - \dfrac{1}{X_{max}}} \tag{5-26}$$

四、指标体系的数据来源

本评价指标体系中的数据来源于市场公开披露的数据，指标数据涵盖 2020～2022 年，主要数据来源有 Wind、中国债券信息网、中国外汇交易中心网、上海证券交易所——公司债券项目信息平台、深圳证券交易所——固定收益信息平台，以及各省、市、自治区政府工作报告。在数据使用过程中，按指标需求对初始数据进行相应处理。

在计算指标时，本书会根据不同指标对数据进行调用，若存在个别年份缺少数据的情况，则会以年平均增长率计算或求取相邻年份指标的算术平均值替代空缺。

第二节 地方政府投融资平台转型发展分析

本书通过整理计算 2020～2022 年的指标数据，获得全国已公开融资的地方政府投融资平台得分，针对平台实际控制人不同的行政属性，分别选取省级 80强、地市级 200 强、区县级 150 强、开发区 50 强榜单列示分析。其中，若母公司与其控股或参股子公司同时入选，则剔除控股或参股的子公司，只对母公司列示分析；若平台的实际控制人为港澳台公司，则不列示。

一、省级地方政府投融资平台80强

全国前80位省级地方政府投融资平台公司情况如表5-3所示，其中北京市入选8家平台，安徽省、河南省、山东省各入选5家。从质量上来看，在榜单前十位中，四川省、河南省、山东省、江苏省、浙江省、上海市、湖北省以及天津市各入选1家，甘肃省入选2家，其中四川发展（控股）有限责任公司居榜单首位。

表5-3 省级地方政府投融资平台80强

	公司名称	省份	城市
1	四川发展（控股）有限责任公司	四川省	成都市
2	河南交通投资集团有限公司	河南省	郑州市
3	山东高速集团有限公司	山东省	济南市
4	江苏交通控股有限公司	江苏省	南京市
5	甘肃省公路航空旅游投资集团有限公司	甘肃省	兰州市
6	浙江省交通投资集团有限公司	浙江省	杭州市
7	上海城投（集团）有限公司	上海市	上海市
8	湖北交通投资集团有限公司	湖北省	武汉市
9	甘肃省国有资产投资集团有限公司	甘肃省	兰州市
10	天津城市基础设施建设投资集团有限公司	天津市	天津市
11	湖南省高速公路集团有限公司	湖南省	长沙市
12	安徽省能源集团有限公司	安徽省	合肥市
13	安徽省交通控股集团有限公司	安徽省	合肥市
14	湖南建工集团有限公司	湖南省	长沙市
15	北京控股集团有限公司	北京市	北京市
16	云南省交通投资建设集团有限公司	云南省	昆明市
17	广东省环保集团有限公司	广东省	广州市
18	云南省投资控股集团有限公司	云南省	昆明市
19	山东省港口集团有限公司	山东省	青岛市
20	广西投资集团有限公司	广西壮族自治区	南宁市
21	浙江省建设投资集团股份有限公司	浙江省	杭州市
22	四川华西集团有限公司	四川省	成都市
23	云南省建设投资控股集团有限公司	云南省	昆明市
24	上海久事（集团）有限公司	上海市	上海市

续表

	公司名称	省份	城市
25	广西交通投资集团有限公司	广西壮族自治区	南宁市
26	北京市基础设施投资有限公司	北京市	北京市
27	江西省交通投资集团有限责任公司	江西省	南昌市
28	四川路桥建设集团股份有限公司	四川省	成都市
29	福建省国有资产管理有限公司	福建省	福州市
30	江西省投资集团有限公司	江西省	南昌市
31	安徽省国有资本运营控股集团有限公司	安徽省	合肥市
32	安徽建工集团控股有限公司	安徽省	合肥市
33	北京首都创业集团有限公司	北京市	北京市
34	广东恒健投资控股有限公司	广东省	广州市
35	北京城建集团有限责任公司	北京市	北京市
36	山东省鲁信投资控股集团有限公司	山东省	济南市
37	陕西交通控股集团有限公司	陕西省	西安市
38	北京保障房中心有限公司	北京市	北京市
39	湖北省联合发展投资集团有限公司	湖北省	武汉市
40	黑龙江省建设投资集团有限公司	黑龙江省	哈尔滨市
41	河南投资集团有限公司	河南省	郑州市
42	上海城建（集团）有限公司	上海市	上海市
43	上海地产（集团）有限公司	上海市	上海市
44	陕西建工集团股份有限公司	陕西省	西安市
45	四川省港航投资集团有限责任公司	四川省	成都市
46	福建建工集团有限责任公司	福建省	福州市
47	山西路桥建设集团有限公司	山西省	太原市
48	重庆高速公路集团有限公司	重庆市	重庆市
49	重庆水务环境控股集团有限公司	重庆市	重庆市
50	广西北部湾投资集团有限公司	广西壮族自治区	南宁市
51	福建省投资开发集团有限责任公司	福建省	福州市
52	北京城市排水集团有限责任公司	北京市	北京市
53	福建省高速公路集团有限公司	福建省	福州市
54	中关村发展集团股份有限公司	北京市	北京市
55	广东省交通集团有限公司	广东省	广州市
56	广东惠州平海发电厂有限公司	广东省	惠州市

续表

	公司名称	省份	城市
57	重庆三峰环境集团股份有限公司	重庆市	重庆市
58	长江产业投资集团有限公司	湖北省	武汉市
59	广西中马钦州产业园区投资控股集团有限公司	广西壮族自治区	钦州市
60	天津渤海国有资产经营管理有限公司	天津市	天津市
61	水发集团有限公司	山东省	济南市
62	宁夏国有资本运营集团有限责任公司	宁夏回族自治区	银川市
63	河南水利投资集团有限公司	河南省	郑州市
64	新疆能源（集团）有限责任公司	新疆维吾尔自治区	乌鲁木齐市
65	陕西省水务集团有限公司	陕西省	西安市
66	中原豫资投资控股集团有限公司	河南省	郑州市
67	北京市国有资产经营有限责任公司	北京市	北京市
68	安徽省投资集团控股有限公司	安徽省	合肥市
69	山东省土地发展集团有限公司	山东省	济南市
70	重庆城市交通开发投资（集团）有限公司	重庆市	重庆市
71	河北高速公路集团有限公司	河北省	石家庄市
72	河南航空港投资集团有限公司	河南省	新郑市
73	海南省发展控股有限公司	海南省	海口市
74	新疆投资发展（集团）有限责任公司	新疆维吾尔自治区	乌鲁木齐市
75	江西省水利投资集团有限公司	江西省	南昌市
76	山西天然气有限公司	山西省	太原市
77	贵州高速公路集团有限公司	贵州省	贵阳市
78	吉林省高速公路集团有限公司	吉林省	长春市
79	贵州省水利投资（集团）有限责任公司	贵州省	贵阳市
80	陕西燃气集团有限公司	陕西省	西安市

　　Wind 数据显示，四川发展（控股）有限责任公司、河南交通投资集团有限公司等公司的资产体量较大。截至 2022 年底，四川发展（控股）有限责任公司总资产规模为 17639.08 亿元，负债规模合计 12731.47 亿元，资产负债率为 72.18%；2022 年，公司营业收入为 3998.67 亿元，净利润为 66.01 亿元。截至 2022 年底，河南交通投资集团有限公司总资产规模为 6404.56 亿元，负债规模合计 4276.62 亿元，资产负债率为 66.78%；2022 年，公司营业收入为 911.40 亿元，净利润为 -5.69 亿元。根据中国证券监督管理委员会（以下简称"证监会"）

行业分类标准，2022 年，四川发展（控股）有限责任公司在综合类位居第一，河南交通投资集团有限公司在交通运输、仓储和邮政业—道路运输业位居第一。

二、地市级地方政府投融资平台 200 强

地市级地方政府投融资平台 200 强见表 5-4。与省级平台公司的分布情况不同，江苏省、广东省、山东省、福建省、四川省等地平台公司占据多席，反映这些省份的地市级平台公司具有较强的竞争力。其中江苏省共 24 家地市级平台公司入选，入选数量位居第一；广东省、山东省分别以 20 家、19 家位居第二、第三，表现较为出色。在榜单前 10 位的公司中，4 家公司来自广东省，2 家公司来自四川省，江西省、安徽省、福建省、山东省各入选 1 家，其中南昌市交通投资集团有限公司位居榜单榜首。根据证监会行业分类标准，在市级平台 200 强榜单中，南昌市交通投资集团有限公司在水利、环境和公共设施管理业—水利管理业位居第一。

表 5-4　地市级地方政府投融资平台 200 强

	公司名称	省份	城市
1	南昌市交通投资集团有限公司	江西省	南昌市
2	宜宾发展控股集团有限公司	四川省	宜宾市
3	成都兴城投资集团有限公司	四川省	成都市
4	广州市建筑集团有限公司	广东省	广州市
5	深圳市地铁集团有限公司	广东省	深圳市
6	合肥市建设投资控股（集团）有限公司	安徽省	合肥市
7	厦门轨道建设发展集团有限公司	福建省	厦门市
8	深圳市水务（集团）有限公司	广东省	深圳市
9	青岛海发国有资本投资运营集团有限公司	山东省	青岛市
10	珠海水务环境控股集团有限公司	广东省	珠海市
11	深圳市资本运营集团有限公司	广东省	深圳市
12	杭州市城市建设投资集团有限公司	浙江省	杭州市
13	广州地铁集团有限公司	广东省	广州市
14	淄博市城市资产运营集团有限公司	山东省	淄博市
15	宁波开发投资集团有限公司	浙江省	宁波市
16	东莞市交通投资集团有限公司	广东省	东莞市
17	宁波通商集团有限公司	浙江省	宁波市
18	广东粤海控股集团有限公司	广东省	广州市

续表

	公司名称	省份	城市
19	株洲市城市建设发展集团有限公司	湖南省	株洲市
20	武汉市城市建设投资开发集团有限公司	湖北省	武汉市
21	广州交通投资集团有限公司	广东省	广州市
22	佛山市投资控股集团有限公司	广东省	佛山市
23	深圳市特区建工集团有限公司	广东省	深圳市
24	山东公用控股有限公司	山东省	济宁市
25	武汉地铁集团有限公司	湖北省	武汉市
26	浙江嘉兴国有资本投资运营有限公司	浙江省	嘉兴市
27	青岛城投新能源投资有限公司	山东省	青岛市
28	广州产业投资控股集团有限公司	广东省	广州市
29	铜仁市黔东汇能物流有限公司	贵州省	铜仁市
30	赣州发展投资控股集团有限责任公司	江西省	赣州市
31	建安投资控股集团有限公司	安徽省	亳州市
32	龙岩水务发展集团有限公司	福建省	龙岩市
33	成都产业投资集团有限公司	四川省	成都市
34	贵阳产业发展控股集团有限公司	贵州省	贵阳市
35	南京扬子国资投资集团有限责任公司	江苏省	南京市
36	郑州城市发展集团有限公司	河南省	郑州市
37	济南轨道交通集团有限公司	山东省	济南市
38	义乌市国有资本运营有限公司	浙江省	义乌市
39	石家庄国控城市发展投资集团有限责任公司	河北省	石家庄市
40	厦门火炬集团有限公司	福建省	厦门市
41	福州水务集团有限公司	福建省	福州市
42	南昌市政公用集团有限公司	江西省	南昌市
43	珠海华发综合发展有限公司	广东省	珠海市
44	成都环境投资集团有限公司	四川省	成都市
45	郑州发展投资集团有限公司	河南省	郑州市
46	上海新长宁（集团）有限公司	上海市	上海市
47	石家庄交通投资发展集团有限责任公司	河北省	石家庄市
48	乌鲁木齐城市建设投资（集团）有限公司	新疆维吾尔自治区	乌鲁木齐市
49	武汉城市建设集团有限公司	湖北省	武汉市
50	宁波市轨道交通集团有限公司	浙江省	宁波市

续表

	公司名称	省份	城市
51	青岛国信发展（集团）有限责任公司	山东省	青岛市
52	厦门市政集团有限公司	福建省	厦门市
53	江东控股集团有限责任公司	安徽省	马鞍山市
54	菏泽投资发展集团有限公司	山东省	菏泽市
55	洛阳国晟投资控股集团有限公司	河南省	洛阳市
56	衢州市国有资本运营有限公司	浙江省	衢州市
57	宣城市国有资本投资运营控股集团有限公司	安徽省	宣城市
58	泉州市金融控股集团有限公司	福建省	泉州市
59	唐山市城市发展集团有限公司	河北省	唐山市
60	北京市海淀区国有资本运营有限公司	北京市	北京市
61	九江市国有投资控股集团有限公司	江西省	九江市
62	桂林市交通投资控股集团有限公司	广西壮族自治区	桂林市
63	肇庆市国联投资控股有限公司	广东省	肇庆市
64	晋城市国有资本投资运营有限公司	山西省	晋城市
65	鹰潭市国有控股集团有限公司	江西省	鹰潭市
66	龙岩交通发展集团有限公司	福建省	龙岩市
67	西安城市基础设施建设投资集团有限公司	陕西省	西安市
68	长沙市轨道交通集团有限公司	湖南省	长沙市
69	天津滨海新区建设投资集团有限公司	天津市	天津市
70	北京金融街资本运营集团有限公司	北京市	北京市
71	伊犁哈萨克自治州财通国有资产经营有限责任公司	新疆维吾尔自治区	伊宁市
72	福州城市建设投资集团有限公司	福建省	福州市
73	长春市城市发展投资控股（集团）有限公司	吉林省	长春市
74	汉江国有资本投资集团有限公司	湖北省	襄阳市
75	保定市国控集团有限责任公司	河北省	保定市
76	滁州市城市投资控股集团有限公司	安徽省	滁州市
77	三明市投资发展集团有限公司	福建省	三明市
78	湖州市城市投资发展集团有限公司	浙江省	湖州市
79	淮安市国有联合投资发展集团有限公司	江苏省	淮安市
80	温州市交通运输集团有限公司	浙江省	温州市
81	泸州市兴泸投资集团有限公司	四川省	泸州市
82	南京东南国资投资集团有限责任公司	江苏省	南京市

续表

	公司名称	省份	城市
83	巴州国信建设发展投融资有限公司	新疆维吾尔自治区	库尔勒市
84	青岛地铁集团有限公司	山东省	青岛市
85	阿克苏地区绿色实业开发集团有限公司	新疆维吾尔自治区	阿克苏市
86	泸州产业发展投资集团有限公司	四川省	泸州市
87	潍坊市城市建设发展投资集团有限公司	山东省	潍坊市
88	沧州市建设投资集团有限公司	河北省	沧州市
89	淮北市建投控股集团有限公司	安徽省	淮北市
90	郑州公用事业投资发展集团有限公司	河南省	郑州市
91	沧州交通发展（集团）有限责任公司	河北省	泊头市
92	温州市城市建设发展集团有限公司	浙江省	温州市
93	昌吉州国有资产投资经营集团有限公司	新疆维吾尔自治区	昌吉市
94	淮安市投资控股集团有限公司	江苏省	淮安市
95	昆明市交通投资有限责任公司	云南省	昆明市
96	南宁轨道交通集团有限责任公司	广西壮族自治区	南宁市
97	南京市国有资产投资管理控股（集团）有限责任公司	江苏省	南京市
98	南京市交通建设投资控股（集团）有限责任公司	江苏省	南京市
99	泉州水务集团有限公司	福建省	泉州市
100	德州德达城市建设投资运营有限公司	山东省	德州市
101	宜昌城市发展投资集团有限公司	湖北省	宜昌市
102	长沙城市发展集团有限公司	湖南省	长沙市
103	厦门安居控股集团有限公司	福建省	厦门市
104	日照城投集团有限公司	山东省	日照市
105	克拉玛依市城市建设投资发展有限责任公司	新疆维吾尔自治区	克拉玛依市
106	南宁建宁水务投资集团有限责任公司	广西壮族自治区	南宁市
107	广州市城市建设投资集团有限公司	广东省	广州市
108	新余市城市建设投资开发有限公司	江西省	新余市
109	阜阳投资发展集团有限公司	安徽省	阜阳市
110	德阳发展控股集团有限公司	四川省	德阳市
111	晋中市公用基础设施投资控股（集团）有限公司	山西省	晋中市
112	福州左海控股集团有限公司	福建省	福州市
113	南京地铁集团有限公司	江苏省	南京市

续表

	公司名称	省份	城市
114	焦作市投资集团有限公司	河南省	焦作市
115	金华市国有资本运营有限公司	浙江省	金华市
116	佛山市建设发展集团有限公司	广东省	佛山市
117	无锡市交通产业集团有限公司	江苏省	江阴市
118	重庆万州经济技术开发（集团）有限公司	重庆市	重庆市
119	西安市轨道交通集团有限公司	陕西省	西安市
120	南通城市建设集团有限公司	江苏省	南通市
121	福建漳州城投集团有限公司	福建省	漳州市
122	常州新港经济发展有限公司	江苏省	常州市
123	福州古厝集团有限公司	福建省	福州市
124	惠州市交通投资集团有限公司	广东省	惠州市
125	开封市发展投资集团有限公司	河南省	开封市
126	济宁城投控股集团有限公司	山东省	济宁市
127	临沂振东建设投资有限公司	山东省	临沂市
128	徐州市产城发展集团有限公司	江苏省	徐州市
129	黄石市城市发展投资集团有限公司	湖北省	黄石市
130	三明市城市建设投资集团有限公司	福建省	三明市
131	邯郸城市发展投资集团有限公司	河北省	邯郸市
132	鄂州市城市建设投资有限公司	湖北省	鄂州市
133	长沙水业集团有限公司	湖南省	长沙市
134	重庆市涪陵国有资产投资经营集团有限公司	重庆市	重庆市
135	博尔塔拉蒙古自治州国有资产投资经营有限责任公司	新疆维吾尔自治区	博尔塔拉蒙古自治州
136	德州财金投资控股集团有限公司	山东省	德州市
137	西安市安居建设管理集团有限公司	陕西省	西安市
138	西安城市发展（集团）有限公司	陕西省	西安市
139	株洲市国有资产投资控股集团有限公司	湖南省	株洲市
140	福建漳龙集团有限公司	福建省	漳州市
141	北京市顺义区国有资本经营管理有限公司	北京市	北京市
142	南阳投资集团有限公司	河南省	南阳市
143	资阳发展投资集团有限公司	四川省	资阳市
144	昆山国创投资集团有限公司	江苏省	昆山市
145	上饶市城市建设投资开发集团有限公司	江西省	上饶市

续表

	公司名称	省份	城市
146	嘉兴市现代服务业发展投资集团有限公司	浙江省	嘉兴市
147	荆州市城市发展控股集团有限公司	湖北省	荆州市
148	榆林市城市投资经营集团有限公司	陕西省	榆林市
149	泰安市泰山财金投资集团有限公司	山东省	泰安市
150	北京市丰台区国有资本运营管理有限公司	北京市	北京市
151	南京软件谷发展有限公司	江苏省	南京市
152	咸阳市城市建设投资控股集团有限公司	陕西省	咸阳市
153	上海奉贤发展（集团）有限公司	上海市	上海市
154	南通经济技术开发区控股集团有限公司	江苏省	南通市
155	无锡市市政公用产业集团有限公司	江苏省	无锡市
156	镇江城市建设产业集团有限公司	江苏省	镇江市
157	浙江汇盛投资集团有限公司	浙江省	衢州市
158	铜陵市建设投资控股有限责任公司	安徽省	铜陵市
159	深圳市特区建设发展集团有限公司	广东省	深圳市
160	清远市德晟投资集团有限公司	广东省	清远市
161	三门峡市投资集团有限公司	河南省	三门峡市
162	成都文化旅游发展集团有限责任公司	四川省	成都市
163	湖州市产业投资发展集团有限公司	浙江省	湖州市
164	赤峰国有资本运营（集团）有限公司	内蒙古自治区	赤峰市
165	延安城市建设投资（集团）有限责任公司	陕西省	延安市
166	绍兴市交通投资集团有限公司	浙江省	绍兴市
167	曹妃甸国控投资集团有限公司	河北省	唐山市
168	湖南湘江新区发展集团有限公司	湖南省	长沙市
169	广州市水务投资集团有限公司	广东省	广州市
170	渭南市城市投资集团有限公司	陕西省	渭南市
171	齐鲁财金（山东）经济发展有限公司	山东省	济南市
172	泰州市城市建设投资集团有限公司	江苏省	泰州市
173	成都轨道交通集团有限公司	四川省	成都市
174	重庆国际物流枢纽园区建设有限责任公司	重庆市	重庆市
175	景德镇市国资运营投资控股集团有限责任公司	江西省	景德镇市
176	岳阳市城市建设投资集团有限公司	湖南省	岳阳市
177	济南城市投资集团有限公司	山东省	济南市

续表

	公司名称	省份	城市
178	怀化市交通建设投资有限公司	湖南省	怀化市
179	潍坊市投资集团有限公司	山东省	潍坊市
180	宝鸡市投资（集团）有限公司	陕西省	宝鸡市
181	南宁交通投资集团有限责任公司	广西壮族自治区	南宁市
182	泸州阜阳投资集团有限公司	四川省	泸州市
183	盐城市城镇化建设投资集团有限公司	江苏省	盐城市
184	新乡投资集团有限公司	河南省	新乡市
185	常州东方新城建设集团有限公司	江苏省	常州市
186	徐州市新盛投资控股集团有限公司	江苏省	徐州市
187	天津市武清区国有资产经营投资有限公司	天津市	天津市
188	眉山发展控股集团有限公司	四川省	眉山市
189	泰州海陵城市发展集团有限公司	江苏省	泰州市
190	江苏盐城港控股集团有限公司	江苏省	盐城市
191	莆田市国有资产投资集团有限责任公司	福建省	莆田市
192	岳阳市洞庭新城投资建设开发有限公司	湖南省	岳阳市
193	临沂投资发展集团有限公司	山东省	临沂市
194	天津武清经济技术开发区有限公司	天津市	天津市
195	南宁城市建设投资集团有限责任公司	广西壮族自治区	南宁市
196	盐城市城南新区开发建设投资有限公司	江苏省	盐城市
197	盐城海瀛控股集团有限公司	江苏省	盐城市
198	六安城市建设投资有限公司	安徽省	六安市
199	驻马店市产业投资集团有限公司	河南省	驻马店市
200	湘潭振湘国有资产经营投资有限公司	湖南省	湘潭市

三、区县级地方政府投融资平台150强

区县级地方政府投融资平台150强见表5-5。入选榜单的平台所属省份中，浙江省、江苏省、山东省三个地区分别以44家、41家、15家位列前三。整体来看，江浙地区地理位置优越，经济实力较强，地方政府能够给予平台公司更多的资源和资金支持。

表 5-5　区县级地方政府投融资平台 150 强

	公司名称	省份	城市
1	闽西兴杭国有资产投资经营有限公司	福建省	龙岩市
2	邹城市恒泰控股集团有限公司	山东省	邹城市
3	广东南海控股集团有限公司	广东省	佛山市
4	绍兴市柯桥区国有资产投资经营集团有限公司	浙江省	绍兴市
5	泗县城市建设投资有限公司	安徽省	宿州市
6	无锡锡山资产经营管理有限公司	江苏省	无锡市
7	厦门海沧投资集团有限公司	福建省	厦门市
8	台州市路桥区国有资产运营有限公司	浙江省	台州市
9	神木市国有资本投资运营集团有限公司	陕西省	神木市
10	青岛西海岸新区海洋控股集团有限公司	山东省	青岛市
11	诸暨市国有资产经营有限公司	浙江省	诸暨市
12	绍兴市上虞区国有资本投资运营有限公司	浙江省	绍兴市
13	温岭市国有资产投资集团有限公司	浙江省	温岭市
14	成都空港城市发展集团有限公司	四川省	成都市
15	南安市能源工贸投资发展集团有限公司	福建省	南安市
16	杭州萧山国有资产经营集团有限公司	浙江省	杭州市
17	浙江安吉国控建设发展集团有限公司	浙江省	湖州市
18	东阳市国有资产投资有限公司	浙江省	东阳市
19	南京溧水城市建设集团有限公司	江苏省	南京市
20	常熟市城市经营投资有限公司	江苏省	常熟市
21	嘉善县国有资产投资集团有限公司	浙江省	嘉兴市
22	杭州西湖投资集团有限公司	浙江省	杭州市
23	杭州富阳城市建设投资集团有限公司	浙江省	杭州市
24	平湖市国有资产控股集团有限公司	浙江省	平湖市
25	浙江长兴金融控股集团有限公司	浙江省	湖州市
26	伟驰控股集团有限公司	江苏省	常州市
27	成都香城投资集团有限公司	四川省	成都市
28	江苏武进经济发展集团有限公司	江苏省	常州市
29	南京市六合区国有资产经营（控股）有限公司	江苏省	南京市
30	福清市国有资产营运投资集团有限公司	福建省	福清市
31	成都武侯资本投资管理集团有限公司	四川省	成都市

续表

	公司名称	省份	城市
32	慈溪市国有资产投资控股有限公司	浙江省	慈溪市
33	桐乡市城市建设投资有限公司	浙江省	桐乡市
34	浙江安吉两山国有控股集团有限公司	浙江省	湖州市
35	重庆长寿投资发展集团有限公司	重庆市	重庆市
36	平阳县国资发展有限公司	浙江省	温州市
37	建德市国有资产经营有限公司	浙江省	建德市
38	台州市椒江区国有资本运营集团有限公司	浙江省	台州市
39	杭州上城区国有资本运营集团有限公司	浙江省	杭州市
40	海宁市资产经营公司	浙江省	海宁市
41	仁寿发展投资集团有限公司	四川省	眉山市
42	仙居县国有资产投资集团有限公司	浙江省	台州市
43	江苏安东控股集团有限公司	江苏省	淮安市
44	青岛西海岸公用事业集团有限公司	山东省	青岛市
45	江苏兴海控股集团有限公司	江苏省	盐城市
46	东台惠民城镇化建设集团有限公司	江苏省	东台市
47	江苏园博园建设开发有限公司	江苏省	南京市
48	青岛西海岸新区融合控股集团有限公司	山东省	青岛市
49	德清县建设发展集团有限公司	浙江省	湖州市
50	张家港市国有资本投资集团有限公司	江苏省	张家港市
51	扬州龙川控股集团有限责任公司	江苏省	扬州市
52	乐清市国有投资有限公司	浙江省	乐清市
53	新郑市投资集团有限公司	河南省	新郑市
54	兴化市城市建设投资有限公司	江苏省	兴化市
55	海盐县国有资产经营有限公司	浙江省	嘉兴市
56	厦门思明国有控股集团有限公司	福建省	厦门市
57	滨州市滨城区经济开发投资有限公司	山东省	滨州市
58	聊城市安泰城乡投资开发有限责任公司	山东省	聊城市
59	余姚市高铁站场建设投资有限公司	浙江省	余姚市
60	南京江宁城市建设集团有限公司	江苏省	南京市
61	宜都市国通投资开发有限责任公司	湖北省	宜都市
62	淄博市临淄区九合财金控股有限公司	山东省	淄博市
63	郑州中原发展投资（集团）有限公司	河南省	郑州市

续表

	公司名称	省份	城市
64	青岛世园（集团）有限公司	山东省	青岛市
65	寿光市城市建设投资开发有限公司	山东省	寿光市
66	江苏金坛投资控股有限公司	江苏省	常州市
67	丹阳投资集团有限公司	江苏省	丹阳市
68	郑州牟中发展投资有限公司	河南省	郑州市
69	宁波市镇海投资有限公司	浙江省	宁波市
70	福建石狮产业投资发展集团有限责任公司	福建省	石狮市
71	成都东方广益投资有限公司	四川省	成都市
72	泰兴市成兴国有资产经营投资有限公司	江苏省	泰兴市
73	永康市国有资本投资控股集团有限公司	浙江省	永康市
74	宁波杭州湾新区开发建设有限公司	浙江省	宁波市
75	枝江市国有资产经营中心	湖北省	枝江市
76	舟山群岛新区蓬莱国有资产投资集团有限公司	浙江省	舟山市
77	龙港市国有资本运营有限公司	浙江省	龙港市
78	江苏润城城市投资控股集团有限公司	江苏省	邳州市
79	贵溪市国有控股集团有限公司	江西省	贵溪市
80	诸暨市城乡投资集团有限公司	浙江省	诸暨市
81	建湖县开发区建设投资有限公司	江苏省	盐城市
82	南京滨江投资发展有限公司	江苏省	南京市
83	乳山市国有资本运营有限公司	山东省	乳山市
84	湖南洞庭资源控股集团有限公司	湖南省	岳阳市
85	瑞安市国有资产投资集团有限公司	浙江省	瑞安市
86	睢宁县润企投资有限公司	江苏省	徐州市
87	宁波舜通集团有限公司	浙江省	余姚市
88	湖州南浔新开建设集团有限公司	浙江省	湖州市
89	浙江省新昌县投资发展集团有限公司	浙江省	绍兴市
90	杭州临平城市建设集团有限公司	浙江省	杭州市
91	福建省晋江市建设投资控股集团有限公司	福建省	晋江市
92	启东城投集团有限公司	江苏省	启东市
93	南京高淳国有资产经营控股集团有限公司	江苏省	南京市
94	荥阳城市发展投资集团有限公司	河南省	荥阳市
95	江苏华靖资产经营有限公司	江苏省	靖江市

续表

	公司名称	省份	城市
96	青岛全球财富中心开发建设有限公司	山东省	青岛市
97	仪征市城市发展投资控股集团有限公司	江苏省	仪征市
98	南昌市红谷滩城市投资集团有限公司	江西省	南昌市
99	平度市城市建设投资开发有限公司	山东省	平度市
100	绍兴市上虞杭州湾经开区控股集团有限公司	浙江省	绍兴市
101	湖北松滋金松投资控股集团有限公司	湖北省	松滋市
102	库尔勒城市建设（集团）有限责任公司	新疆维吾尔自治区	库尔勒市
103	齐河县城市经营建设投资有限公司	山东省	德州市
104	仙桃市城市建设投资开发有限公司	湖北省	仙桃市
105	常高新集团有限公司	江苏省	常州市
106	成都兴华生态建设开发有限公司	四川省	成都市
107	南京溧水产业投资控股集团有限公司	江苏省	南京市
108	常熟市发展投资有限公司	江苏省	常熟市
109	建湖县城市建设投资集团有限公司	江苏省	盐城市
110	嵊州市投资控股有限公司	浙江省	嵊州市
111	涟水县交通产业发展（集团）有限公司	江苏省	淮安市
112	公安县城建投资有限公司	湖北省	荆州市
113	余姚市城市建设投资发展有限公司	浙江省	余姚市
114	丰城发展投资控股集团有限公司	江西省	丰城市
115	杭州萧山环境集团有限公司	浙江省	杭州市
116	江苏宿城国有资产经营管理有限公司	江苏省	宿迁市
117	江苏邗建集团有限公司	江苏省	扬州市
118	抚州市临川区城镇建设开发投资有限公司	江西省	抚州市
119	庐江县城市建设投资有限公司	安徽省	合肥市
120	西昌海河文旅投资发展有限公司	四川省	西昌市
121	深圳市福田投资控股有限公司	广东省	深圳市
122	泰兴市智光环保科技有限公司	江苏省	泰兴市
123	宁波市镇海区海江投资发展有限公司	浙江省	宁波市
124	宜兴市城市发展投资有限公司	江苏省	宜兴市
125	贵州省红果经济开发区开发有限责任公司	贵州省	六盘水市
126	仁怀市城市开发建设投资经营有限责任公司	贵州省	仁怀市
127	杭州市拱墅区城市建设投资发展集团有限公司	浙江省	杭州市

续表

	公司名称	省份	城市
128	滕州信华投资集团有限公司	山东省	滕州市
129	成都兴锦生态建设投资集团有限公司	四川省	成都市
130	赣州市南康区城市建设发展集团有限公司	江西省	赣州市
131	漳州市龙海区国有资产投资经营有限公司	福建省	漳州市
132	如皋市交通产业集团有限公司	江苏省	如皋市
133	简阳发展（控股）有限公司	四川省	简阳市
134	杭州钱塘智慧城投资开发有限公司	浙江省	杭州市
135	无锡食品科技园发展有限公司	江苏省	无锡市
136	无锡市惠山国有投资控股集团有限公司	江苏省	无锡市
137	宜宾市翠屏区国有资产经营管理有限责任公司	四川省	宜宾市
138	扬中市城市建设投资发展集团有限公司	江苏省	扬中市
139	成都市金牛城市建设投资经营集团有限公司	四川省	成都市
140	郑州二七国有资产经营有限公司	河南省	郑州市
141	郓城县水浒城市建设投资有限公司	山东省	菏泽市
142	新津新城发展集团有限公司	四川省	成都市
143	高邮市经济发展总公司	江苏省	高邮市
144	进贤城市建设投资发展集团有限公司	江西省	南昌市
145	太仓市城市建设投资集团有限公司	江苏省	太仓市
146	蒙城县城市发展投资控股集团有限公司	安徽省	亳州市
147	阳城县国有资本投资运营有限公司	山西省	晋城市
148	盐城市大丰区城市建设集团有限公司	江苏省	盐城市
149	南京六合经济技术开发集团有限公司	江苏省	南京市
150	资中县兴资投资开发集团有限责任公司	四川省	内江市

其中，闽西兴杭国有资产投资经营有限公司位居区县级榜首，根据 Wind 数据，截至 2022 年底，公司总资产规模 3188.18 亿元，负债合计 1953.64 亿元，资产负债率为 61.28%；2022 年，公司营业收入 2705.40 亿元，净利润 245.73 亿元。根据证监会行业分类标准，在区县级 150 强中，闽西兴杭国有资产投资经营有限公司在采矿业—有色金属矿采选业位居第一。

四、开发区地方政府投融资平台 50 强

开发区地方政府投融资平台 50 强见表 5-6。其中，江苏省入选 7 家平台，广东省和陕西省分别入选 6 家和 6 家。从质量上来看，榜单前十位中，四川省和广东省各入选 2 家，山东省、湖北省、上海市、福建省、陕西省和江苏省各入选 1 家，其中淄博高新国有资本投资有限公司居榜单首位。

表 5-6　开发区地方政府投融资平台 50 强

	公司名称	省份	城市
1	成都高新投资集团有限公司	四川省	成都市
2	湖北省科技投资集团有限公司	湖北省	武汉市
3	上海陆家嘴（集团）有限公司	上海市	上海市
4	惠州仲恺城市发展集团有限公司	广东省	惠州市
5	漳州市经济发展集团有限公司	福建省	漳州市
6	西安高新控股有限公司	陕西省	西安市
7	苏州工业园区国有资本投资运营控股有限公司	江苏省	苏州市
8	知识城（广州）投资集团有限公司	广东省	广州市
9	成都天府新区投资集团有限公司	四川省	成都市
10	长春新区发展集团有限公司	吉林省	长春市
11	广州高新区投资集团有限公司	广东省	广州市
12	广州开发区投资集团有限公司	广东省	广州市
13	苏州工业园区兆润投资控股集团有限公司	江苏省	苏州市
14	苏州苏高新集团有限公司	江苏省	苏州市
15	科学城（广州）投资集团有限公司	广东省	广州市
16	南昌金开集团有限公司	江西省	南昌市
17	漳州圆山发展有限公司	福建省	漳州市
18	陕西西咸新区发展集团有限公司	陕西省	西安市
19	北京亦庄投资控股有限公司	北京市	北京市
20	乌鲁木齐高新投资发展集团有限公司	新疆维吾尔自治区	乌鲁木齐市
21	徐州经济技术开发区国有资产经营有限责任公司	江苏省	徐州市
22	济南高新控股集团有限公司	山东省	济南市
23	郑州经开投资发展有限公司	河南省	郑州市
24	福州新区开发投资集团有限公司	福建省	福州市
25	天津海泰控股集团有限公司	天津市	天津市
26	安徽省宁国建设投资集团有限公司	安徽省	宁国市
27	南宁高新产业建设开发集团有限公司	广西壮族自治区	南宁市

续表

	公司名称	省份	城市
28	上海浦东发展（集团）有限公司	上海市	上海市
29	广州开发区控股集团有限公司	广东省	广州市
30	绍兴袍江经济技术开发区投资发展集团有限公司	浙江省	绍兴市
31	宁波市中浦石化投资集团有限公司	浙江省	宁波市
32	贵州贵安发展集团有限公司	贵州省	贵阳市
33	西安高科集团有限公司	陕西省	西安市
34	无锡太湖国际科技园投资开发有限公司	江苏省	无锡市
35	江苏省锡山经济技术开发有限公司	江苏省	无锡市
36	陕西榆神能源开发建设集团有限公司	陕西省	神木市
37	乌鲁木齐经济技术开发区建设投资开发（集团）有限公司	新疆维吾尔自治区	乌鲁木齐市
38	郑州高新投资控股集团有限公司	河南省	郑州市
39	天津保税区投资控股集团有限公司	天津市	天津市
40	江阴高新区投资开发有限公司	江苏省	江阴市
41	济宁高新城建投资有限公司	山东省	济宁市
42	西安国际陆港投资发展集团有限公司	陕西省	西安市
43	南宁绿港建设投资集团有限公司	广西壮族自治区	南宁市
44	淄博高新国有资本投资有限公司	山东省	淄博市
45	大理经济开发投资集团有限公司	云南省	大理白族自治州
46	重庆两江新区开发投资集团有限公司	重庆市	重庆市
47	益阳高新产业发展投资集团有限公司	湖南省	益阳市
48	武汉高科国有控股集团有限公司	湖北省	武汉市
49	长沙金洲新城投资控股集团有限公司	湖南省	宁乡市
50	西安曲江文化控股有限公司	陕西省	西安市

　　根据 Wind 数据，截至 2022 年底，淄博高新国有资本投资有限公司总资产规模 613.60 亿元，负债合计 451.29 亿元，资产负债率为 73.55%；2022 年，公司营业收入 31.48 亿元，净利润 2.67 亿元。根据证监会行业分类标准，在开发区地方政府投融资平台 50 强中，淄博高新国有资本投资有限公司在建筑业—土木工程建筑业位居第一。

第六章　地方政府投融资平台转型发展评价

——以河北省为例

第一节　河北省及雄安新区经济、财政及政府债务情况

一、河北省经济情况和财政状况

（一）河北省及下辖市经济状况

1. 河北省经济状况

河北省地处华北平原的北部，总面积 18.88 万平方千米，下辖有 11 个地级市，是北方重要经济体之一，区位优势显著，具备较大的经济发展潜力。近年来，在京津冀一体化、环首都经济圈、河北沿海经济带三大国家战略的推动下，河北省经济实力不断增强。

经济增长方面，根据河北省统计局发布的《河北省 2022 年国民经济和社会发展统计公报》显示，2022 年，全省生产总值实现 42370.4 亿元，比 2021 年增长 3.8%，在全国处于中上水平。民营经济增加值 26693.9 亿元，比 2021 年增长 3.6%；占全省生产总值的比重为 63.0%。全省人均生产总值为 56995 元，比 2021 年增长 4.1%。2022 年底全省常住总人口 7420 万人，比 2021 年减少 28 万人。全年全省城镇新增就业 89.69 万人，比 2021 年减少 2.82 万人。城镇失业人员再就业 30.02 万人，比 2021 年增加 1.53 万人。就业困难对象实现再就业 10.29 万人，比 2021 年减少 1.52 万人。全年居民消费价格比上年上涨 1.8%。其中，城市上涨 1.7%，农村上涨 2.0%（见图 6-1）。

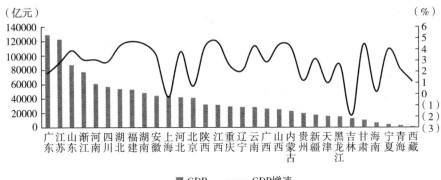

图 6-1　2022 年河北省 GDP 及增速在全国各省份的情况

资料来源：国家统计局、同花顺 iFinD，本书编写组整理。

　　固定资产投资方面，2022 年河北省全社会固定资产投资同比增长 7.9%，近三年增长速度持续提升，保持良好发展态势。其中，建设项目投资增长 10.6%，房地产开发投资下降 0.8%。从产业来看，第一产业固定资产投资同比增长 13.0%；第二产业投资增长 13.0%；第三产业投资增长 4.4%。

　　产业结构方面，2022 年河北省实现第一产业增加值 4410.3 亿元，同比增长 4.2%；第二产业增加值 17050.1 亿元，同比增长 4.6%；第三产业增加值 20910 亿元，同比增长 3.2%。近年来，河北省加大结构调整和转型升级力度，现代物流、金融信息等现代服务业发展迅速，三次产业比例由 2021 年的 10.0∶40.5∶49.5 调整为 2022 年的 10.4∶40.2∶49.4，产业结构进一步优化（见表 6-1）。

表 6-1　2020~2022 年河北省经济基本情况

项目	2020 年	2021 年	2022 年
地区生产总值（亿元）	36013.8	40397.1	42370.4
地区生产总值增速（%）	3.8	6.5	3.8
第一产业（亿元）	3880.4	4030.4	4410.3
第二产业（亿元）	13765.1	16355.8	17050.1
第三产业（亿元）	18368.4	20010.9	20910.0
产业结构			
第一产业（%）	10.8	10.0	10.4
第二产业（%）	38.2	40.5	40.2

续表

项目	2020 年	2021 年	2022 年
第三产业（%）	51.0	49.5	49.4
固定资产投资增速（%）	2.9	3.0	7.9
进出口总额（亿元）	4410.4	5415.6	5629.0
出口额（亿元）	2521.9	3029.8	3407.4
进口额（亿元）	1888.5	2385.8	2221.6
社会消费品零售总额（亿元）	12705.0	13509.9	13720.1
城镇居民人均可支配收入（元）	37285.7	39791.0	41278.0
农村居民人均可支配收入（元）	16467	18197	19364
居民消费价格指数（2021 年＝100）	102.1	101.0	101.8
金融机构各项存款余额（本外币，亿元）	80895.2	88589.5	100279.0
金融机构各项贷款余额（本外币，亿元）	60993.2	67962.8	76644.7

资料来源：企业预警通；三次产业、居民价格消费指数来自同花顺 iFinD；固定资产投资增速（%）、农村居民人均可支配收入、进口额、出口额来自河北省统计局。

2. 河北省下辖市经济状况

河北省下辖 11 个地级市，包括石家庄市、唐山市、保定市、邯郸市、张家口市、承德市、廊坊市、秦皇岛市、沧州市、邢台市和衡水市。

从 GDP 情况来看，地级市之间经济体量差距较为明显，可划分为三个梯队。其中，第一梯队为唐山和石家庄，唐山在 2022 年 GDP 总量为 8900.7 亿元，石家庄 GDP 为 7100.64 亿元，与其他城市差距较大；第二梯队为沧州、邯郸、保定、廊坊及邢台，GDP 总量位于 2000 亿~4500 亿元；第三梯队为秦皇岛、衡水、承德和张家口，GDP 总量在 2000 亿元以下。

从 GDP 增速来看，2022 年各地级市 GDP 总量均保持增长态势，增速介于 1.5%~6.4%，各地级市之间存在一定差距。其中，石家庄市的增速最快，为 6.4%；廊坊和张家口增速最低，分别为 2.1% 和 1.5%；其余城市增速差距较小，均在 4% 左右。

从人口数量来看，河北省地级市人口规模差异明显。以 2022 年常住人口数量为依据，石家庄市人口数量超过 1000 万人，保定市人口数量达 914.40 万人，显著高于其他地级市。唐山市、沧州市、邢台市人口数量均在 700 万~800 万人，其余地级市人口数量少于 600 万人，其中，受益于京津冀协同发展，廊坊市人口流入规模显著高于其他地级市。秦皇岛市人口数量最少，仅有 309.81 万人。

从产业结构来看，各地级市产业结构差距较大。承德市、张家口市和衡水市第一产业占比较高，分别为23.6%、17.9%、14.6%；唐山市、邯郸市和沧州市第二产业比重较高，分别为55.4%、44.9%、41.5%；第三产业占比较高的城市为廊坊市、石家庄市和张家口市，占比分别为60%、59.8%、55.8%（见表6-2）。

表6-2　2022年河北省各地市经济发展情况

地区	人口（万）	GDP（亿元）	GDP增速（%）	固定资产投资增速（%）	三次产业结构
唐山	770.60	8900.7	4.7	10.5	7.2：55.4：37.5
石家庄	1122.35	7100.6	6.4	10.1	7.8：32.5：59.8
沧州	731.48	4388.2	4.2	8.2	8.4：41.5：50.1
邯郸	—	4346.3	4.2	8.1	10.1：44.9：45
保定	914.40	3880.3	3.8	8.1	12：35.9：52.2
廊坊	549.53	3565.3	2.1	0.1	6.5：33.5：60
邢台	702.56	2546.9	3.6	7.5	13.8：39.6：46.6
秦皇岛	309.81	1909.5	3.5	8.1	13.2：35.7：51.1
衡水	416.65	1800.5	4.2	8.1	14.6：34.6：50.8
承德	—	1780.2	3.9	8.1	23.6：33.7：42.7
张家口	407.46	1775.3	1.5	3.6	17.9：26.3：55.8

资料来源：同花顺 iFinD，固定资产投资增速根据地级市政府工作报告整理。

从产业分布来看，近年来河北省的第二产业取得较大进展，尤其是石家庄市和邯郸市，主干产业类型丰富，且发展较为全面，对河北省经济增长的拉动作用日益显著。唐山市、沧州市、邯郸市的第二产业，占比较高，其重点产业以装备制造、能源及钢铁为主；石家庄市、保定市、邢台市的第二产业与第三产业齐头并进，均衡发展；河北省其他地级市产业结构则以第三产业为主，其中秦皇岛市和承德市的文化旅游较为突出（见表6-3）。

表6-3　2022年河北省先进产业发展情况

地区	主要产业
唐山	钢铁、装备制造、新材料、新兴信息服务
石家庄	石化、食品、信息智能、生物医药、新能源
沧州	装备制造业、生物医药
邯郸	钢铁、装备制造业、食品、生物医药、新能源、新材料

续表

地区	主要产业
保定	装备制造业、新能源、建筑业
廊坊	信息智能、装备制造
邢台	石化、食品、新能源
秦皇岛	食品、现代农业、文化旅游
衡水	食品、新材料
承德	新能源、新材料、文化旅游
张家口	装备制造、食品

（二）河北省及下辖市财政情况

1. 河北省财政情况

2022 年，河北省精准有效落实稳经济财政政策措施，着力保障重点支出，扎实推进财税改革，持续规范收支管理，有效防控运行风险，省级预算执行情况较好，推动全省财政在极为严峻的多难局面下实现了平稳运行，为加快建设经济强省、美丽河北提供了有力支撑。

一般公共预算完成情况：据河北省统计局显示，2022 年，河北省一般公共预算收入 4084.0 亿元，保持全国中上游水平，比 2021 年下降 2.0%，扣除留抵退税因素后增长 6.6%，其中，税收收入 2242.7 亿元，比 2021 年下降 18.0%，扣除留抵退税因素后下降 4.6%；全省一般公共预算支出 9336.5 亿元，占预算的 95.2%，比 2021 年增长 5.5%。省本级收入 622.86 亿元，扣除留抵退税因素后同比增长 -2.1%。支出完成 1121 亿元，占预算的 97.4%，同比增长 5.3%。省本级支出加上对下补助、上解中央支出、债务转贷支出、债务还本支出等 4242.4 亿元，省本级支出总计 5363.4 亿元。收支相抵，结转 30.4 亿元。

政府性基金预算完成情况：2022 年，河北省政府性基金收入 2016.1 亿元，完成预算的 65.2%，下降 28.2%；支出完成 3917.3 亿元，占预算的 72.9%，增长 5.8%（主要是发行专项债券增加）。省本级收入 26 亿元，完成预算的 79.4%，下降 51.6%；支出完成 48.7 亿元，占预算的 96.8%，增长 11.3%。

国有资本经营预算完成情况：2022 年，河北省国有资本经营预算收入 24.84 亿元，完成预算的 136.8%，比 2021 年下降 48.4%；支出完成 14 亿元，占预算的 74.1%，比 2021 年下降 43.8%。省本级收入 7.4 亿元，完成预算的 122.1%，比 2021 年增长 28.4%；支出完成 3.9 亿元，占预算的 95.9%，比 2021 年下降 6%（见表6-4）。

表 6-4　2020~2022 年河北省财政预算收支情况　　　　单位：亿元

项目		2020 年		2021 年		2022 年	
		全省	省本级	全省	省本级	全省	省本级
收入	一般公共预算收入	3826.46	661.7	4167.62	733.6	4083.98	622.86
	其中：税收收入	2527.28	527.4	2735.73	589.7	2242.70	492.86
	非税收入	1299.18	134.3	1431.89	143.9	1841.28	130.0
	一般债务收入	6409.3	—	5998.40	—	5595.12	—
	政府性基金预算收入	3164.95	56.2	280.17	53.6	2016.10	26
	国有资本经营预算收入	38.3	5.2	46.69	5.8	24.08	7.4
支出	一般公共预算支出	9022.79	1077.4	8848.21	1203.8	9336.45	1121
	一般债券还本支出	1053	—	1072	—	727	—
	政府性基金预算支出	4582.07	43.1	3703.61	43.7	3917.29	48.7
	国有资本经营预算支出	19.38	2.2	24.84	4.2	13.95	3.9
财政平衡率（%）		42.41	—	47.10	—	43.74	—

资料来源：全省数据来自企业预警通，省本级数据来自河北省财政厅。

2. 河北省下辖市财政状况

河北省各地市的财政状况与经济状态休戚相关，因此财政状况与经济状况类似，各地市之间财政差距较为明显。

从一般公共预算收入来看，石家庄市和唐山市一般公共预算收入较高，属于第一梯队。2022 年，石家庄一般公共预算收入为 689.8 亿元，比上年增长 5.5%，增速稳定。2022 年，唐山市 GDP 总量虽然一直位居全省第一，但财政收入一直落后于石家庄，并且 2022 年唐山市财政收入增长未能实现正增长，降低了 1.8%，唐山的重工业要加快转型升级，既要保持重工业基础，又要在高新产业上寻找新的增长点。邯郸市、保定市、廊坊市、沧州市四地的一般公共预算收入均在 300 亿元级别。其中，邯郸市是全省唯一增速破十的城市，增速达到 13.1%，位居全省第一；沧州市在 2022 年的财政收入突破 300 亿元大关，这得益于其在 2022 年增长 5.9%；相较这两座城市，保定市和廊坊市的表现则较为一般，其中廊坊的财政收入更是下降 12.5%。除邢台市凭借 9.9% 的增速一举突破 200 亿元大关外，其余城市的一般公共预算收入均未达到 200 亿元。

从政府性基金收入来看，唐山市政府性基金收入最高，达到 439.93 亿元，占全省的 22%，远高于石家庄市（365.91 亿元）和保定市（248.80 亿元）。其余 8 个地市政府性基金收入总额为 949.81 亿元，分布不均衡特点明显。

从财政自给率来看，各地级市之间差距也较为显著，其中唐山市的财政自给率最高，为 59.68%，这得益于唐山市较为雄厚的经济实力，此外，还有石家庄市、廊坊市和秦皇岛市，财政自给率也达到 50% 以上；承德市和张家口市表现较差，财政自给率不足 30%（见表 6-5）。

表 6-5　2022 年河北省下辖市综合财力对比

地区	一般公共预算收入（亿元）	其中：本级占比（%）	税收收入（亿元）	税收占比（%）	政府性基金收入（亿元）	其中：本级占比（%）	财政自给率（%）
石家庄	689.84	29.86	360.33	52.23	365.91	24.19	56.77
唐山	580.64	9.28	257.50	44.35	439.93	25.03	59.68
邯郸	355.20	7.94	196.66	55.37	210.30	22.59	42.07
廊坊	341.52	5.96	182.70	53.50	146.79	9.05	56.46
沧州	317.19	12.42	170.46	53.74	151.11	24.08	44.70
保定	315.60	9.95	149.25	47.29	248.80	46.91	37.87
邢台	209.70	13.35	105.60	50.36	132.30	5.90	34.06
秦皇岛	171.88	—	81.09	47.18	84.36	—	54.38
张家口	169.52	23.66	67.94	40.08	118.12	37.29	28.11
衡水	143.61	13.68	68.04	47.38	72.78	23.08	34.03
承德	123.90	16.30	66.51	53.68	34.05	19.09	28.56

资料来源：企业预警通。

二、河北省政府债务情况

（一）河北省债务情况

河北省地方政府债务余额、债务限额持续增长，2022 年债务规模已居于全国前列。

地方政府债务余额方面，截至 2022 年底，全省政府债务余额 15749.09 亿元，较 2021 年底增长 19.1%，其中一般债务余额 6409.03 亿元、专项债务余额 9340.06 亿元，增量主要来自政府专项债务。2020~2022 年，河北省政府债务率和负债率均不断提高，2022 年分别为 257.16% 和 37.17%。

从政府债务限额方面来看，河北省 2022 年新增政府债务限额 2317 亿元，截至 2022 年底，河北省地方政府债务限额总量为 17159.10 亿元，其中一般债务新增限额 7453.84 亿元、专项债务限额 9705.26 亿元（见表 6-6）。

表 6-6　2020~2022 年河北省地方政府债务情况

项目	2020 年	2021 年	2022 年
地方政府债务限额（亿元）	12442.10	14842.10	17159.10
其中：一般债务限额（亿元）	6451.8	6975.84	7453.84
专项债务限额（亿元）	5990.3	7866.26	9705.26
地方政府债务余额（亿元）	11016.4	13226.37	15749.09
其中：一般债务余额（亿元）	5595.12	5998.4	6409.03
专项债务余额（亿元）	5421.28	7227.97	9340.06
政府债务还本（亿元）	1053	1072	727
其中：一般债务还本（亿元）	573	721	557
专项债务还本（亿元）	480	350	169
政府债务率（%）	99.33	128.89	257.16
政府负债率（%）	30.59	32.74	37.17

资料来源：企业预警通、河北省历年政府工作报告。

（二）河北省下辖市债务状况

河北省各地市之间债务状况差距较为明显，可从债务余额、举债空间、债务负担等方面展开分析。

债务余额方面，河北省所有地级市政府债务余额均持续增长，但各地市之间债务余额差异较大。首先，河北省的地方政府债务主要集中于唐山市和石家庄市，这两个地级市地方政府债务余额均超过 2000 亿元，远超其他城市；其次，是邯郸市、保定市和张家口市，债务余额为 1000 亿元以上；最后，其余地市债务余额均不足 1000 亿元，其中衡水市债务余额最少，为 530.79 亿元。

举债空间方面，从地方政府债务限额来看，2022 年，各地市均未超过限额，债务风险仍在可控范围内。分地市具体来看，唐山市、石家庄市和邯郸市的地方政府限额与现有余额的差值均在 200 亿元以上，举债空间较大；秦皇岛市和承德市举债空间处于中间地位，均在 100 亿元以上；除此之外，其余地市的举债空间均小于 100 亿元。

债务负担方面，截至 2022 年底，承德市地方政府债务率最高，为 554.56%，其次是邢台市，债务率为 453.17%，此外，邯郸市、衡水市和秦皇岛市的债务率均位于 300% 以上，其余各地级市债务率均未超过 300%，债务率最低的为沧州市，为 254.13%。整体来看，河北省各地级市政府债务压力分化较为明显。

表6-7 2022年河北省地方政府债务情况 单位：亿元

地区	地方政府债务余额	地方政府债务限额	限额-余额空间	城投有息债务	城投债存量	债券占比（%）	地方政府债务率（%）
唐山	2248.96	2533.26	284.30	1003.28	369.90	36.87	262.42
石家庄	2031.20	2247.00	215.80	1851.78	221.30	11.95	294.46
沧州	806.10	870.63	64.53	706.90	170.00	24.05	254.13
邯郸	1189.20	1392.04	202.84	532.67	309.58	58.12	334.80
保定	1376.03	1451.33	75.30	393.33	40.00	10.17	—
廊坊	959.43	1036.93	77.50	117.51	15.50	13.19	280.95
邢台	950.30	1033.64	83.34	221.09	94.02	42.53	453.17
秦皇岛	658.82	777.55	118.73	100.85	40.90	40.56	383.29
衡水	530.79	567.98	37.19	37.53	11.00	29.31	369.63
承德	687.10	794.01	106.91	137.83	36.72	26.64	554.56
张家口	1046.61	1126.78	80.17	342.96	88.70	25.86	—

资料来源：同花顺 iFinD。

三、雄安新区经济、财政及债务情况

（一）雄安新区经济、财政数据及债务数据

根据《河北省人民政府关于河北省2022年省级决算和全省总决算情况的报告》公布的数据，2022年，雄安新区本级一般公共预算收入9.2亿元，其中，税收收入6.6亿元，为预算的13.4%；非税收入2.6亿元。加上上级补助306.9亿元、下级上解0.6亿元、一般债券转贷收入151亿元、上年结转53.7亿元、调入资金72.4亿元、动用预算稳定调节基金135亿元，收入总计728.8亿元。2022年，本级一般公共预算支出394.4亿元。加上补助下级108.7亿元、上解上级0.7亿元、一般债券转贷支出16亿元、安排预算稳定调节基金176.5亿元，支出总计696.3亿元。收支相抵后，按规定结转下年32.5亿元。

2022年，雄安新区本级政府性基金预算收入96亿元；加上上级补助0.4亿元、专项债券转贷收入150亿元、上年结转222.5亿元，收入总计468.9亿元。2022年，本级政府性基金预算支出388.2亿元；加上补助下级0.2亿元、调出资金71.8亿元，支出总计460.2亿元。收支相抵后，按规定结转下年8.7亿元。

2022年，雄安新区本级国有资本经营预算收入0.6亿元，加上上级补助18万元，收入总计0.6亿元。2022年，本级国有资本经营预算没有安排支出，补助下级18万元、调出资金0.6亿元，支出总计0.6亿元。收支相抵后没有结余。

2022年，雄安新区本级社会保险基金预算收入15.9亿元，加上上年结余12.7亿元，收入总计28.6亿元。雄安新区本级社会保险基金预算支出10.3亿元。收支相抵后，年终结余18.3亿元。

（二）雄安新区建设情况

截至2022年底，雄安新区共实施重点项目240个，总投资8047亿元，累计完成投资5100多亿元。雄安新区城市外围骨干交通路网、内部骨干道路体系、生态廊道、水系构成的"四大体系"基本形成，城市框架全面拉开。3500多栋楼宇拔地而起，7批次、近12万名群众回迁新居。一系列优惠政策先后公布，一批批疏解、产业、公共服务及配套项目建设加快推进。

自2013年雄安新区设立以来，先后有63家中央企业投身雄安新区建设，4家央企总部和超150家子企业落户雄安新区。中国星网企业总部主体封顶，中国中化、中国华能总部加快建设，中矿集团完成总部选址，中国中铁产业集群注册落地。截至2022年底，首批疏解的4所高校选址已确定，校园总规设计方案基本稳定，可研报告编制等工作有序推进。"三校一院"项目（北海幼儿园、史家小学、北京四中、宣武医院）于2019年9月20日开工，幼儿园、小学和中学项目分别于2021年12月30日、2022年6月22日和2022年7月31日建成交付，医院项目拟于2023年开诊运行。

截至2022年底，随着京雄高速的全线通车，京津雄"1小时交通圈"基本形成。至此，"四纵"高速骨干线路全部实现通车，"四纵"为京港澳、大广、荣乌、津石4条高速；"三横"高速骨干路线也已形成，"三横"为雄安新区京雄高速公路河北段、荣乌高速新线、京德高速公路。京雄城际高铁将雄安高铁站直连北京，R1快线建成后将连通雄安新区与大兴国际机场，雄安新区对外路网全部打通。

雄安新区全面深入实施"雄才计划"，以雄才卡为载体建立涵盖教育、医疗、住房、税收奖励等在内的"菜单式"政策包。截至2022年底，共有6000余人申领"雄才卡"，引进1500余名专业技术人才充实到教育、医疗、科技等重点领域，柔性引进专家顾问等高层次人才近300名，新增城镇创新创业人口8000余人。

2022年5月印发的《关于促进"专精特新"企业和数字经济核心产业高质量发展的若干措施》，设立科技企业库、"专精特新"企业培育库、上市企业后备库、孵化载体库4个企业库。截至2022年底，雄安新区已有325家科技型企业纳入科技企业库、54家企业纳入"专精特新"企业培育库。

第二节 河北省地方政府投融资平台及偿债能力

一、河北省城投公司发展历程

20 世纪 90 年代，随着改革开放的深入，为解决产业发展的基础设施落后问题，河北省也开始学习沿海省市的投融资经验，通过设立城投平台开展城市基建相关的投融资业务，经过多年的发展，河北省的城投公司发展历程可分为以下四个阶段（见图 6-2）。

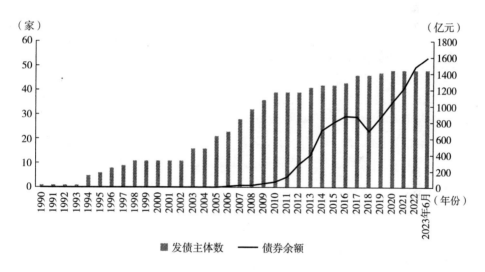

图 6-2 1990~2023 年 6 月河北省债券余额及发债主体

资料来源：Wind。

1. 起步阶段（1990~2007 年）

1990~2007 年是河北省城投公司发展的起步阶段。为解决城镇化基础设施落后的问题，河北省一共设立了城投公司 28 家，承担地方政府投融资任务。

1990 年，河北建设投资集团有限责任公司——河北省第一家城投公司，同时也是河北省第一家 AAA 级城投公司成立，前身为河北省建设投资公司。此后，公司经省政府批准，改制为国有独资有限责任公司，是河北省政府聚合、融通、引导社会资本和金融资本，支持河北省经济发展的资本运营平台、基础设施建设平台和投融资平台，由河北省国资委履行监管职责的国有资本运营机构和投资主体，该公司形成了以能源、交通、水务、城镇化等基础设施及战略性新兴产业为主的业务板块。到 2006 年，河北省发行了第一只债券评级为 AAA 级城投债，发行规模为 100 亿元，用于河北省的项目建设、偿还有息债务，同时补充流动资金。自此，河北省承担地方政府投融资任务的城投公司逐渐产生。

2. 高速发展阶段（2008~2015 年）

2008~2015 年是河北省城投公司的高速发展阶段。2008 年，为应对金融危机，我国推出了四万亿元投资计划（其中城投占 3 万亿元），同时实施积极的财政政策和宽松的货币政策。国家政策惠及河北，2008 年河北省内为破解资金难题，进行投融资体制改革，城投债发行规模开始扩张，发行主体也逐渐从省市级平台向地级市及区县级平台扩展。2008 年河北省设立城投公司 42 家，其中省级城投平台只有 3 家，地市级及区县级城投平台占比为 92.86%，河北省城投平台在数量和融资规模上再创新高，极大地推动了河北省社会经济的发展。

2009 年，为加快河北省经济社会发展和城镇化进程，推进城市建设投融资体制改革，广泛吸引社会资本参与城市建设，河北省政府发布《关于推进城市建设投融资体制改革的意见》（冀政〔2009〕33 号），为河北省各级城投公司的组建提供了有力的政策支持和工作指导，河北区县城投公司纷涌迭出。2013 年，河北省确立了河北省 37 个投融资试点县（市），同时确定国开行、农发行、农行、省供销社为省级合作单位，提出 2013~2015 年每年投入 4.1 亿元，用于支持试点县（市）城市建设，进一步破解县城建设过程中的资金难题，至此，河北省城投迎来突飞猛进式发展。

3. 规范发展阶段（2016~2018 年）

2016~2018 年是河北省城投公司规范发展的时期。随着中央陆续出台政策措施规范平台公司融资，加强政府债务、政府隐性债务监管力度，叠加 2015 年省内河北融投事件发生，河北省城投公司进入了规范发展的阶段。2018 年，河北省发行城投债规模达到近五年内最低，河北省城投公司在相关政策的要求下进一步规范。

4. 转型发展阶段（2019 年至今）

2019 年至今是河北省城投公司转型发展的时期。随着债务风险的凸显，城投公司需要通过转型才能实现可持续发展。河北省各地市城投公司开始重组整合，省内区县级政府融资平台也加快了转型发展的步伐。2019 年，城投债发行规模回升，当年河北省发行城投债 329.80 亿元，较 2018 年增长 216.3 亿元，融资回暖。从发债企业外部评级看，各地级市城投平台主体评级以 AA 级别为主。28 家存续城投发债主体来看，AA 级别城投平台主体有 20 家，占比达 71%；AAA 级平台有 3 家，占比 11%。自此，河北省城投债发行量呈现逐年上升的趋势，截止到 2023 年 6 月，全省有河北省城投债余额共计 1594.44 亿元，涉及 48 家城投平台，主要集中在省级平台和邯郸市、石家庄市、唐山市等地市城投平台。

综合来看，从 1990 年至今，河北省城投公司发展呈现出阶段性的发展特征，随着影响因素愈加复杂，相关调控也越频繁。现如今，河北省城投进入新一轮的发展阶段，2023 年上半年，河北省城投债无负面舆情信息。《关于河北省 2022 年预算执行情况和 2023 年预算草案的报告》提到，河北省在防范债务风险方面，加强政府债券还本付息全流程管理，全省到期债券本息全部按时偿还，继续保持"零违约"。同时，对隐性债务风险化解进行全面核查，督促指导基层规范债务管理，确保不出现债务风险事件。

二、河北省地方政府投融资平台及债务概况

(一) 河北省地方政府投融资平台

截至 2023 年 7 月 31 日，河北省共有 48 家城投企业，其中省级城投企业 3 家，市级城投企业 27 家，区县级城投企业 13 家。根据级别划分，省内共有 AAA 级城投公司 7 家，AA+级城投公司 15 家，AA 级及以下的城投公司 4 家，其中省级城投公司的级别总体评级较高，2 家 AAA 级，1 家 AA-级。根据地区来看，评级较高的公司主要集中在省会石家庄市和唐山市，此外，沧州市和邯郸市的城投公司发展状况也处于领先状态（见表 6-8）。

表 6-8　河北省级及下辖市县级平台数量

	平台数量（家）				
	AAA	AA+	AA	AA-	A+
河北省	2	0	0	1	0
石家庄	1	2	2	0	1
唐山	1	5	6	1	0
沧州	0	2	3	0	0
邯郸	0	3	3	0	0
保定	1	2	1	0	0
廊坊	0	0	2	0	0
邢台	0	0	1	0	0
秦皇岛	0	0	2	0	0
衡水	0	0	1	0	0
承德	0	1	0	0	0

续表

	平台数量（家）				
	AAA	AA+	AA	AA−	A+
张家口	0	0	3	1	0
总数	5	15	24	3	1

资料来源：Wind。

从河北省城投企业行政级别分布情况来看，6%的城投企业为省级，58%的城投企业为地市级，35%的城投企业为区县级（含县级市）。从评级分布来看，河北省 AAA 级城投数量占总量的 10%，AA+级和 AA 级城投数量各占总量的 31%和 50%，整体城投评级得分较高（见图 6-3 和图 6-4）。

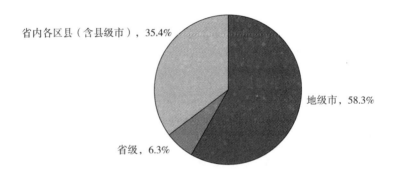

图 6-3　河北省城投企业行政级别分布情况

资料来源：Wind。

图 6-4　河北省城投企业评级分布情况

资料来源：Wind。

（二）河北省及各地区城投债概况

截至 2023 年 6 月，河北省有存续债券的城投企业共 48 家，存续债券余额合计 1637.87 亿元。其中，省级城投企业 3 家，存续债券余额 200 亿元；地市级城投企业 28 家，存续债券余额 1141.03 亿元；县级城投企业 17 家，存续债券余额 296.84 亿元。从各地级市有存续债券的城投企业数量看，省会石家庄市发债城投企业有 6 家，唐山市有 13 家。总体来看，河北省发债城投企业较少，多集中在石家庄市和唐山市（见图 6-5）。

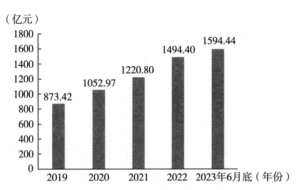

图 6-5　2019~2023 年 6 月债券余额

资料来源：Wind。

从发展趋势来看，2019~2022 年，河北省债券余额呈现逐年递增的趋势，由 2019 年的 873.42 亿元增加至 2022 年的 1494.40 亿元，复合增长率为 19.60%，截至 2023 年 6 月底的债券余额为 1594.44 亿元。2019~2022 年新发型债券呈现快速增长态势，由 2019 年的 329.80 亿元增加至 2022 年的 631.60 亿元，复合增长率为 24.18%，2023 年 1~6 月新发行债券为 306.40 亿元（见图 6-6）。

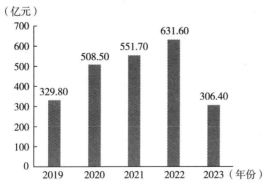

图 6-6　2019~2023 年 1~6 月新发行债券

资料来源：Wind。

从债券余额来看，截至 2023 年 6 月，河北省共有城投债券余额 1594.44 亿元，分地市来看，省会石家庄市债券余额为 473.10 亿元，占河北省总额的 29.67%，遥遥领先河北省各地市；邯郸市和唐山市紧随其后，均位于 300 亿元左右，差距不太明显；其余城市除沧州市 195.90 亿元以外，均不足 100 亿元。

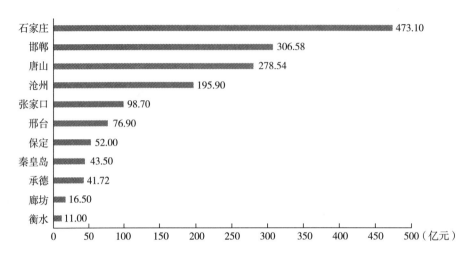

图 6-7　2023 年 6 月底河北省各地市债券余额

资料来源：Wind。

截至 2023 年 6 月，河北省省城投债发行市场下滑明显，2022 年全年发行城投债 631.60 亿元，而目前河北省发行城投债数量 306.40 亿元。分地级市来看，河北省内城投债发行规模最大的城市为石家庄市，成为省内唯一发行规模破 66.40 亿元的城市；唐山市紧随其后，发行规模为 62.00 亿元。此外，邯郸市和沧州市发展规模分别为 60.00 亿元和 31.00 亿元，也处于全省领先地位；其余城市的发行规模较小，其中衡水市 2023 年 6 月前没有新增城投债券（见图 6-8）。

从债券到期情况看，截至 2023 年 6 月，河北省到期的债券规模约为 201.36 亿元，其中邯郸市和唐山市两地的到期债券规模较大，金额均超过 50 亿元，两者占 2023 年债券到期总额的 57.24%，相对较为集中（见图 6-9）。

三、河北省城投公司偿债能力分析

从资产负债率①来看，2022 年，河北省各地级市的资产负债率集中于 50% ~ 70%。其中，承德市的发债城投企业资产负债率在 70% 以上。除了唐山市以外，

---

① 资产负债率＝负债总额/资产总额。

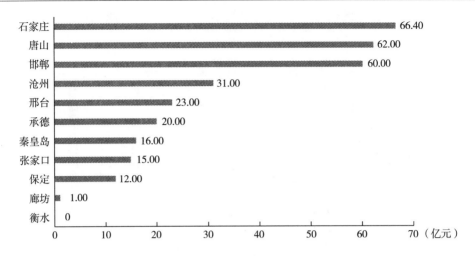

图 6-8　2023 年 6 月各市新发行债券

资料来源：Wind。

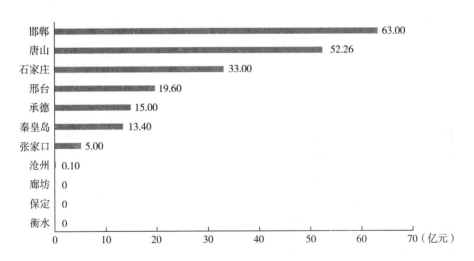

图 6-9　2023 年 6 月各市债券到期情况

资料来源：基于同花顺 iFinD 初始数据整理。

河北省所有地级市的发债城投企业资产负债率均在 50% 以上，债务负担相对较重（见图 6-10）。

从全部债务资本化比率来看，邢台市的全部债务资本化比率高于 60%，为 65.04%。唐山市和衡水市的全部债务资本化比率较低，分别为 34.83% 和 27.82%（见图 6-11）。

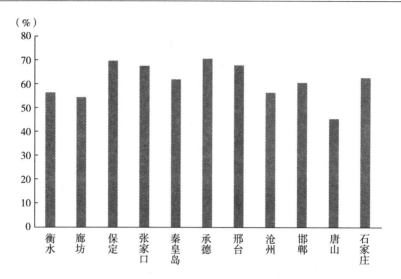

图 6-10　2022 年河北省各地级市发债城投公司资产负债率

资料来源：Wind。

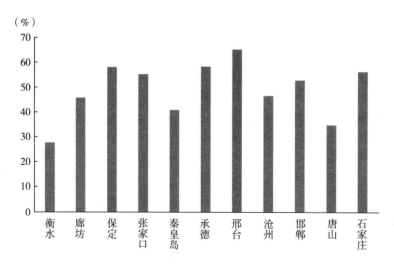

图 6-11　2022 年河北省各地级市发债城投公司全部债务资本化比率

资料来源：Wind。

　　从短期偿债能力看，衡水市与廊坊市的短期偿债能力显著高于其他地级市，可以实现货币资金对短期债务 50% 以上的覆盖，张家口市发债城投企业货币资金对短期债务的覆盖程度较低，不足 10%（见图 6-12）。

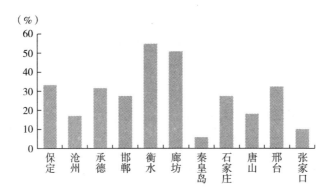

图 6-12 2022 年河北省各地级市发债城投公司短期偿债能力
资料来源：Wind。

截止到 2023 年 9 月，河北省到期年份在 2024~2026 的城投债总规模为 1204.56 亿元，其中 2024、2025、2026 年到期规模分别为 359.50 亿元、378.50 亿元、466.56 亿元，分别占比 29.84%、31.42%、38.73%，到期偿还规模呈现逐年递增变化。分地市看，石家庄市未来三年到期规模为 372.80 亿元，占全省未来三年到期规模的 31.34%。此外，唐山市、邯郸市的未来三年到期规模分别为 243.1 亿元和 257.3 亿元（见图 6-13）。

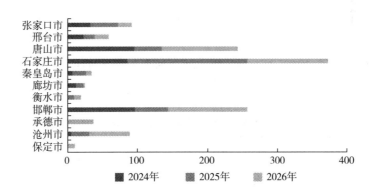

图 6-13 2024~2026 年河北省各地区到期债券规模
资料来源：Wind。

第三节　河北省地方政府投融资平台评级情况

一、地方政府投融资平台概况

河北省各地方投融资平台资质差异较大，且聚集性特点突出。全省 AAA 级平台中，石家庄市、唐山市占比较大，其他区域政府投融资平台普遍集中于 AA 级。从城投平台行政级别来看，河北省共拥有 2 家省级、21 家市级、2 家区县级和 1 家开发区级城投平台。从区域分布来看，唐山市共有 6 家平台公司，数量居全省首位，石家庄市共有 5 家平台公司，其中 3 家为 AAA 级，是全省 AAA 级平台最多的城市，其余各市均处于 3 家及以下。

二、评价情况

从主体评级来看，河北省参与评价的 26 家企业中，评级为 AAA 级的有 4 家，评级为 AA+级的有 13 家、AA 级有 9 家。主体评级为 AA 级及以上的企业占比为 100.00%，体现出河北省政府投融资平台具有较强的投融资能力。以入选企业的层级看，省级平台有 1 家 AAA 级、1 家 AA+级，市级平台入选企业以 AA+级和 AA 级为主，区县级 2 家企业均为 AA 级，开发区级入选企业有 1 家 AA 级。河北省各级地方政府投融资平台具体情况如下：

（一）省级政府投融资平台

从表 6-9 来看，河北省共有 2 家省级投融资平台企业上榜，主体评级分别为 AAA 级和 AA+级，均位于省会石家庄市。

表 6-9　省级地方政府投融资平台

	公司名称	城市	主体评级
1	河北高速公路集团有限公司	石家庄市	AAA
2	河北旅游投资集团股份有限公司	石家庄市	AA+

（二）地市级政府投融资平台

河北省地市级平台有 21 家，其中 AAA 级 3 家、AA+级 12 家、AA 级 6 家，反映出河北省地市级平台公司整体融资能力较强。分区域来看，石家庄市有 2 家 AAA 级企业，唐山市有 1 家 AAA 级企业，AA+级、AA 级平台分布较为分散，分布于不同的城市（见表6-10）。

表6-10　地市级政府投融资平台

	公司名称	城市	主体评级
1	石家庄国控城市发展投资集团有限责任公司	石家庄市	AAA
2	石家庄交通投资发展集团有限责任公司	石家庄市	AAA
3	唐山市城市发展集团有限公司	唐山市	AAA
4	保定市国控集团有限责任公司	保定市	AA+
5	沧州市建设投资集团有限公司	沧州市	AA+
6	沧州交通发展（集团）有限责任公司	泊头市	AA+
7	邯郸城市发展投资集团有限公司	邯郸市	AA+
8	曹妃甸国控投资集团有限公司	唐山市	AA+
9	唐山控股发展集团股份有限公司	唐山市	AA+
10	邯郸市建设投资集团有限公司	邯郸市	AA+
11	廊坊市投资控股集团有限公司	廊坊市	AA
12	唐山市文化旅游投资集团有限公司	唐山市	AA+
13	邯郸市交通投资集团有限公司	邯郸市	AA+
14	河北顺德投资集团有限公司	邢台市	AA+
15	张家口建设发展集团有限公司	张家口市	AA
16	承德市国控投资集团有限责任公司	承德市	AA+
17	张家口通泰控股集团有限公司	张家口市	AA
18	衡水市建设投资集团有限公司	衡水市	AA
19	秦皇岛城市发展投资控股集团有限公司	秦皇岛市	AA
20	唐山市通顺交通投资开发有限责任公司	唐山市	AA+
21	石家庄滹沱新区投资开发有限公司	石家庄市	AA

（三）区县级政府投融资平台

河北省上榜的区县级企业有2家，均为AA级。河北区县级平台的数量较少，整体实力居中，河北省应推动发展区县级平台，发挥平台对区县及以下地区经济的推动作用（见表6-11）。

表 6-11　区县级地方政府投融资平台

	公司名称	城市	主体评级
1	乐亭投资集团有限公司	唐山市	AA
2	滦州市城市建设投资有限公司	滦州市	AA

（四）开发区级政府投融资平台

河北省上榜的开发区级企业有 1 家，为 AA 级。河北省开发区级平台的数量偏少，未来随着区内园区建设和产业升级，开发区级城投公司将是发展的重点（见表 6-12）。

表 6-12　开发区级地方政府投融资平台

公司名称	城市	主体评级
秦皇岛开发区国有资产经营有限公司	秦皇岛市	AA

第四节　河北省与安徽省产业及城投对比

一、河北省与安徽省产业发展及城投转型的对比

（一）河北、安徽两省产业发展对比及经验借鉴

1. 产业发展对比

（1）河北省和安徽省地区生产总值及产业结构对比。根据《河北省 2022 年国民经济和社会发展统计公报》显示，2018 年以前，河北省的 GDP 一直力压安徽省，是北方经济的"领头羊"之一，2018 年后，安徽省 GDP 规模超越河北省，自此保持着对河北省的领先态势。在增长速度方面，2020 年开始，安徽省地区生产总值增速放缓，河北省和安徽省的 GDP 增速呈现交替领先的态势。2022 年，河北省 GDP 总量为 42370.40 亿元，安徽省 GDP 总量为 45045.00 亿元，安徽省的 GDP 总值已占河北省 GDP 总值的 106.3%（见图 6-14）。

从三次产业结构来看，2022 年，河北省第一产业增加值为 4410.30 亿元，第二产业增加值为 17050.10 亿元，第三产业增加值为 20910.00 亿元，三大产业占比为 10.4∶40.2∶49.4；安徽省第一产业增加值为 3517.00 亿元，第二产业增加值为 18588.00 亿元，第三产业增加值为 22943.30 亿元，三大产业占比为 7.8∶41.3∶50.9。

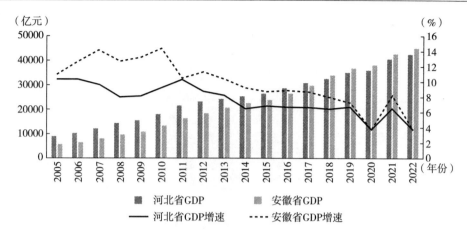

图 6-14　河北省与安徽省 GDP 对比

与全国三次产业比重的 7.3∶39.9∶52.8 相比，两省的第一、第二产业的占比相对较高（见图 6-15、图 6-16）。从产业结构变迁历程来看，2013~2022 年安徽省规模以上工业增加值年均增长 9.9%，居全国第三，中部第一，由"农业大省"迈向了"制造强省"；河北省也在积极推动工业转型升级，正从传统的工业制造到现代的科技创新。

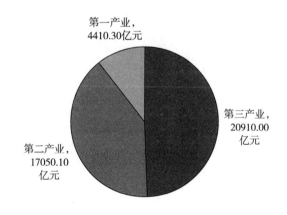

图 6-15　2022 年河北省产业结构

（2）安徽省重点产业分析。安徽省通过深化"提质扩量增效"做强第二产业，其主导产业已升级为以电子电器、新型建材、生物制药和汽车产业为主。根据 2022 年的产业统计数据，集成电路产业链企业数量已超过 400 家，在建及谋划项目总投资额超过 3000 亿元；新材料产业占全省战略性新兴产业规模以上工

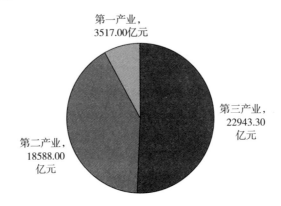

图 6-16　2022 年安徽省产业结构

业企业数的近 30%，海螺水泥、铜陵有色等连续多年入围世界 500 强企业；汽车产业近 3 年一直保持 20% 以上的增速，2022 年全年全省汽车产量达到 174.7 万辆，新能源汽车产量达到 52.7 万辆，拥有 7 家整车企业，其中包括奇瑞、江淮、蔚来、比亚迪合肥、合肥长安、大众安徽和汉马科技；高端制造业规模以上工业增加值年均增长率达到 9.9%，制造业高质量发展指数在全国中排名第七，全省拥有的高新技术企业数量达到 11368 家。

与此同时，安徽省通过深化"锻长补短"大力推进第三产业发展，2022 年，规模以上生产性服务业营业收入增长 8% 左右，软件产业主营业务收入增长 20% 左右；物流业中快递业务量增长 10% 左右，蚌埠市获批国家骨干冷链物流基地、生产服务型国家物流枢纽；电子商务业新增上市公司 30 家。基础设施 REITs 发行规模居全国第二位。新增 3 个跨境电商综试区，建设使用海外仓 322 个，跨境电商交易额增长 35%。科技驱动型产业如信息传输、软件和信息技术服务业方面的产业增加值年均增速超过 30%。到 2022 年，安徽省的科学研究和技术服务业贡献地区生产总值为 832.15 亿元，信息传输、软件和信息技术服务业贡献地区生产总值为 1063.00 亿元，显示出该领域取得了显著的发展成果。

（3）河北省重点产业分析。河北省的主导产业集中在化工（医药）、冶金、建材、机械和食品等方面，2022 年生物医药健康行业、新能源产业、信息智能产业、新材料产业分别增长了 11.8%、0.7%、6.0%、9.9%，其中生物医药健康行业增幅明显。具体来看，2022 年 1~8 月生物医药产业规模以上医药制造业工业累计同比增长 11.4%，高于全国医药制造业增速（-3.8%）15.2 个百分点，规模以上医药工业实现利润总额 124.29 亿元，同比增长 12.3%。化工产业受到河北省炼油工业的发展限制，2022 年 1~9 月增长 1.1%，增长较为缓慢。2022 年 1~11 月冶金产业黑色金属矿采选业及黑色金属冶炼和压延加工业增加值累计增速同比增长 8.2%，占全省规模以上工业增加值的 33.2%。汽车制造业是河北省的优势产业之一，具有长城汽车等全国知名的车企，2013 年河北省汽车整车年产量为 103.69 万辆，略高于安徽省 103.60 万辆，2018 年起传统汽车行业受到新能源汽车的冲击，河北省汽车产量增势放缓，2018 年为 122.28 万辆，2022 年降为 90.6 万辆。食品加工制造业方面，2022 年 1~11 月，全省规模以上食品工业增加值同比累计增长 7%，高于全省累计增长速度 1.4 个百分点，占全省工业的 6.8%，全省规模以上食品工业企业 1258 家（较 2021 年增加 102 家），实现营业收入 3916.49 亿元，同比增长 5.6%，占全省工业营业收入的 8.31%；实现利润总额 136.9 亿元，同比下降 1.6%，占全省利润总额的 11.03%。

2. 对产业发展经验的借鉴

通过对比安徽省的重点产业，河北省可以借鉴的思路如下：一是构建高端制造业产业链，推进多技术路线发展。安徽省构筑"一链三线"战略布局的做法具有很强的启示作用，通过重点发展乘用车、商用车、专用车等主导方向，并推进多种技术路线的发展，如燃油、纯电、混动和氢燃料等。河北省可以借鉴这一经验，将自己作为资源密集型省份的优势扩大，结合本省占有的矿业、钢材加工行业，可以为汽车及上下游产业发展扎实根基。

二是引进优质项目，培育新材料产业龙头企业。近年来，安徽省通过"双招双引"平台，积极吸引和引进优质新材料项目，增加产业链的完整度和技术含量。因此，通过创造宜商环境，叠加一系列政策优惠有助于招大引强，引领产业发展。

三是促进科研与产业融合，鼓励创新创业推动科技驱动型产业发展。在促进科研与产业融合方面，安徽省在信息传输、软件和信息技术服务业方面的发展经验，加强科研与产业的融合，推动科技成果转化为实际生产力。当前，河北省内缺少重点高校提升科研环境，通过设立创新创业基金，鼓励和支持创新型企业的成立，为创新创业提供优惠政策和创业支持，有利于推动科技驱动型产业的快速发展。

（二）河北与安徽城投转型对比及经验借鉴

1. 城投发展对比

作为地方政府隐性债务的主要组成部分，地方政府城投平台的债务余额对地方债务产生不可忽视的影响。从城投债发行量来看，2020~2022 年河北省城投发行量虽然一直呈现增长的趋势，但是增长速度非常缓慢；安徽省的城投发行量呈现波动，相较于 2020 年，2021 年安徽省城投发行量出现显著的增长，但在 2022 年有所下降，但整体上看，安徽省的城投债发行量远大于河北省的城投债发行量（见图 6-17）。

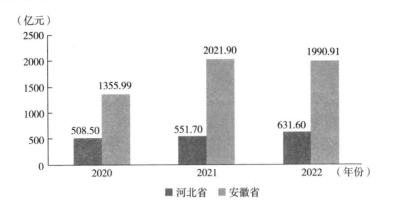

图 6-17　2020~2022 年河北省和安徽省城投发行量对比

从城投公司规模来看，截至 2023 年 5 月，河北省有 28 家公司发行城投债，发行规模总计 23579.17 亿元，其中超过 3000 亿元的企业有 2 家，1000 亿~3000 亿元的企业有 4 家，1000 亿元以下的有 22 家；安徽省有 123 家公司发行城投债，共计 55993.98 亿元，其中超过 3000 亿元的企业有 3 家，1000 亿~3000 亿元的企业有 7 家，500 亿~1000 亿元的有 16 家，500 亿元以下的有 97 家。由此可见，安徽省城投平台数量和规模远高于河北省，河北省城投平台还具有更为广阔的发展空间（见图 6-18）。

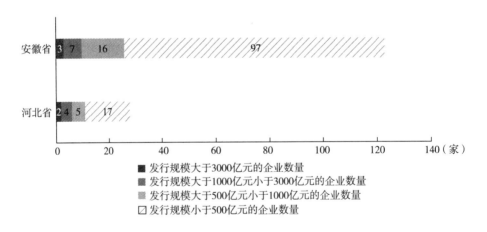

图 6-18　河北省和安徽省城投债发行数量及规模对比

资料来源：Wind。

2. 对城投转型经验的借鉴

一是依据当地基础条件进行职能定位调整，成立金融控股公司。在城投平台进行转型时，应考虑当地产业链的成熟度和支柱产业的优势，以及政策背景等因素，合理调整职能定位。成立金融控股公司是一种值得借鉴的方式，可以增强城投平台的融资和投资能力，从而更好地推动产业发展。

二是优化投资结构，加速推动产业升级和转型。安徽省省内平台公司的投资目标是区域内产业升级，通过积极引入京东方、晶合等项目，助力企业做强做大，以带动全省产业升级。此外，通过市场化的方式，围绕落地龙头企业上下游、供应链进行投资，打造良性的产业投资结构。因此，作为地方政府职责的延伸，城投平台应优先参与战略性新兴产业的投资，特别是高新技术产业和战略性新兴产业，加速推动产业升级和转型。

三是通过设立、划转等方式合并子公司，多元化业务拓展，布局新的实业领域。以芜湖市建设投资有限公司（以下简称"芜湖建投"）为例，该公司成立之初定位为芜湖市最重要的基础设施建设主体和土地整理开发主体，随着市场环境的变化和发展需求的变化，芜湖建投开始在智能装备制造、汽车及汽车零部件、木材贸易及其他中介服务领域加快布局，通过设立子公司、股权划转或收购等方式进行多元化发展，成功实现主营业务收入的增长。这一做法，有助于提高经营性资产和经营性收入的比重，降低对财政的依赖，形成更稳定的现金流，同时为城投平台带来更多的投资回报和利润增长点。

四是参与产业投资基金，获取利润增长点。安徽省芜湖市建设投资有限公司、安庆市城市建设投资发展（集团）有限公司、滁州市城市建设投资有限公司等多家城投平台，纷纷发起并设立了产业投资基金，积极对未上市企业的股权及符合政策导向的优质项目进行投资。可以在产业投资基金中发挥多元化角色，以基金持有人的方式参与，通过出资成立私募股权投资基金等方式，撬动银行信贷和社会资本，缓解资金不足的投资约束，同时降低资产负债率，从中获得投资收益。

二、石家庄与合肥产业发展及城投转型对比及经验借鉴

（一）石家庄与合肥产业发展对比及经验借鉴

1. 产业发展对比

安徽省和河北省均采用强省会的发展策略，省会的经济发展在全省的经济运行中起到了举足轻重的作用。以 2022 年为例，河北省的省会城市石家庄市的地区生产总值达到 7100.64 亿元，占全省地区生产总值的 16.8%。安徽省的省会城市合肥市的地区生产总值达到了 12013.1 亿元，占全省地区生产总值的 26.7%（见图 6-19）。

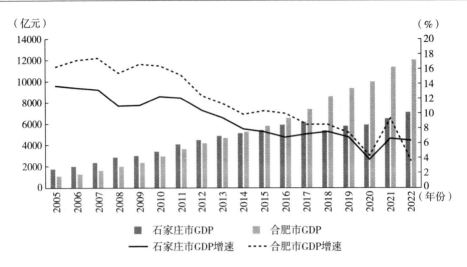

图 6-19 石家庄市与合肥市 GDP 情况

资料来源：石家庄统计局、合肥统计局。

地区生产总值方面，两大省会城市的变化模式与全省生产总值的变化模式类似。2005 年，石家庄市的地区生产总值为 1786.78 亿元，GDP 增速为 13.7%，合肥市的地区生产总值为 1074.38 亿元，GDP 增速 16.2%，合肥市的 GDP 增长率明显快于石家庄市，但总量只有石家庄市的 60.1%。此后至 2012 年，虽然两座城市的 GDP 年增长率均大于 10%，但在增速上合肥市保持着对石家庄市每年约 2% 的领先，在 GDP 总量上，合肥市也在快速追进石家庄市，并于 2014 年实现了反超。截至 2022 年底，石家庄市地区生产总值为 7100.64 亿元，合肥市地区生产总值为 12013.1 亿元，GDP 增速分别为 6.4% 和 3.5%，合肥市的地区生产总值已接近石家庄市的两倍。

从主导产业来看，石家庄市的主要产业集中在电子信息产业、生物医药产业、食品产业、先进装备制造业、现代商贸物流业等领域；合肥市主导产业包括自主品牌汽车制造、新材料、集成电路等，且被列为国家级重点产业。

从产业结构来看，2018~2022 年石家庄市与合肥市三次产业增加值均取得了显著增长。但从产业结构来看，2018 年石家庄市三次产业结构比为 7.82：32.23：59.95，2022 年为 7.86：32.87：59.27；2018 年合肥市三次产业结构之比为 3.23：36.84：59.95，2022 年为 3.16：36.58：60.26（见图 6-20、图 6-21）。

虽然在 2018~2022 年这两个省会城市的产业结构转换速度较为缓慢，但还是呈现出以下三个特点：一是石家庄市的第一产业比重和产值始终高于合肥

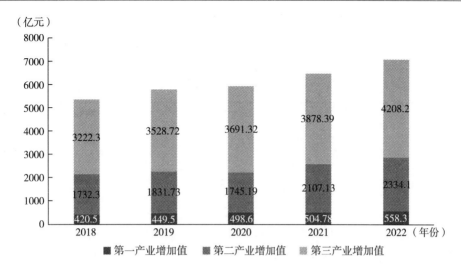

图 6-20　2018~2022 年石家庄市三次产业结构变动

资料来源：石家庄统计局。

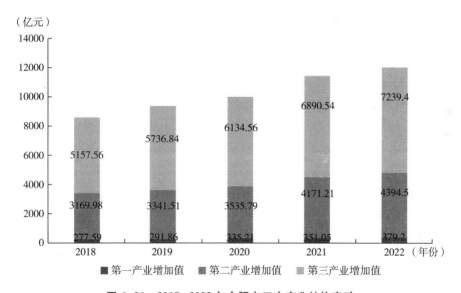

图 6-21　2018~2022 年合肥市三次产业结构变动

资料来源：合肥统计局。

市；二是合肥市二三产业增加值及增速均高于石家庄市；三是与石家庄市相比，合肥市产业结构现代化程度更高、产业结构转型升级态势更明显。

2. 对产业发展经验的借鉴

当前，合肥市已形成"芯屏汽合、集终生智"的产业结构，截至 2022 年底，合肥市共拥有 8 个千亿级产业集群，3 个千亿级龙头企业，300 个左右专精特新"小巨人"和"冠军"企业。合肥的人工智能、集成电路、新型显示三个产业入选首批国家战略性新兴产业集群。

综合来看，合肥产业市产业发展经验可以概括为以下几个方面：

一是政府牵头，构建投资生态。《合肥市产业招商指南》对 24 个合肥战略性新兴产业、未来产业，从产业趋势、市场布局、产业政策、产业链情况进行深度研究，列出重点招商目标企业和对接平台，为全市产业招商提供靶向目标，提高招商精准性。

二是引入龙头项目，布局产业集群。合肥市以"缺什么就补什么"为指导，引入龙头项目，最后产业成链、成群。以新型显示产业为例，投入巨资与京东方开展项目合作，先后建设 6 代线、8.5 代线和 10.5 代线等项目，再到引进维信诺、康宁、彩虹、视涯科技、乐凯科技等一批龙头企业，合肥新型显示产业全产业链累计投资项目超过 120 个，完成投资超 1550 亿元，产线规模位列全球第一梯队，打造了一个世界级的新型显示产业集群。

三是先人一步，培育战略性新兴产业。培育战略性新兴产业是合肥市政府产业投资的关键。单一的资金支持或者单方面的土地、财政补贴支持都不足以培育一个可持续发展的产业集群，产业培育需要精密的顶层设计。而政府引导基金结合政府对企业的扶持政策，能够从更高层次统筹基金回报率、税收、就业、城市长期增长等多维度发展目标，从而政府和市场的多赢局面。

（二）石家庄市与合肥市城投转型对比及经验借鉴

1. 城投发展对比

从城投债发行量来看，如图 6-22 所示，2020~2022 年石家庄市和合肥市的城投债发行量分别呈现出先降后升和先升后降的过程，但是合肥市的城投发行量远大于石家庄市的城投发行量，合肥市在城投债发行量最高的 2021 年甚至是石家庄市发行量的 2.8 倍。

从城投公司数量和规模来看，如图 6-23 所示，截至 2022 年，石家庄市有 7 家城投公司，资产总计 13530.48 亿元，其中发行城投债规模超过 3000 亿元的企业有 2 家，发行规模分别为 3319.84 亿元和 3319.64 亿元，1000 亿~3000 亿元的有 3 家，小于 1000 亿元的企业有 2 家；合肥市有 16 家公司发行城投债，资产总计 55993.98 亿元，其中超过 3000 亿元的企业有 3 家，发行规模分别为 6135.84 亿元、3442.85 亿元和 3322.61 亿元，1000 亿~3000 亿元的企业有 1 家，小于 1000 亿元的企业有 12 家。合肥市城投公司在数量和发债规模上都要高于石家庄市。

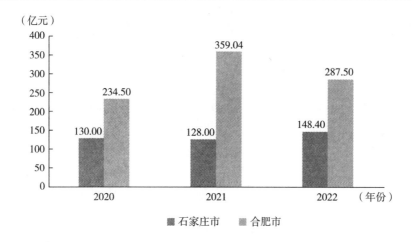

图 6-22　2020~2022 年石家庄市和合肥市城投发行量对比

资料来源：Wind。

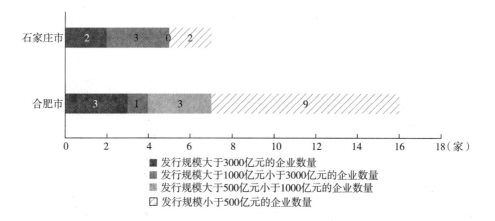

图 6-23　2022 年石家庄市和合肥市城投债发行数量及规模对比

2. 对城投转型经验的借鉴

对比石家庄和合肥市的城投公司发展，总结以下三点经验：

第一，整合吸纳当地金融业态，采取错位竞争策略，打造金融控股集团。对于大部分省会城市而言，合肥市集聚了省内大部分的金融资源，以合肥兴泰金融控股（集团）有限公司为例，在地方政府的政策倾斜和推动下合肥兴泰金融控股（集团）有限公司将当地核心的金融机构进行整合和吸纳，打造成为区域领导型综合金融控股集团，进而完善当地金融服务体系，最大限度地发挥地方金融企业的经济效益，也可将金融资本引入实体经济，形成产融结合的良性循环发展。经过多年金融资源的不断聚拢和整合，合肥兴泰金融控股（集团）有限公司金融服务体系得以不断完善，从而带动合肥市整体的金融服务能力得以明显提升。

第二，借鉴产业孵化+基金投资模式。合肥市建设投资控股（集团）有限公司（以下简称"合肥建投"）作为合肥市属城投公司，投资布局显示产业链、大规模集成电路、新能源汽车等多个战略性新兴产业，先后设立了合肥芯屏产业投资基金、合肥建琪城市建设发展基金等，并直接投资蔚来汽车等公司，推动了显示产业链、大规模集成电路、新能源汽车等多个战略性新兴产业的落户投产壮大，同时战略性新兴产业投资带来的盈利显著增厚了公司的经营性收入，助力其向市场化转型。

第三，政府"以投带引"，发挥引导和带动作用。合肥市通过"以投带引"的招商引资模式，成功地布局了战略性新兴产业，逐步实现了蓬勃发展。这种模式是将政府投资机构与风险投资机构的区别所在。在招商引资过程中更加注重引导和带动作用，将投资引入战略性新兴产业，形成产业链补缺和产业集聚，注重长远发展，确保投资的可持续性和稳健性。

第五节　河北省地方政府投融资平台发展分析及转型建议

一、河北省地方政府投融资平台转型发展的主要问题

河北省地方政府投融资平台担负着基础设施建设、融资、国有资产管理、投资四大公共职能。地方政府投融资平台依靠当地政府信用，整合地方政府拥有的优质资源，将经营性资源、优质资产全部划拨或注入平台公司，将特许经营权以及未来需要资金推动的投资项目授权给平台公司运营和投资建设。现如今，地方政府投融资平台已经成为河北省加快基础设施建设、实现产业调整、解决发展瓶颈的重要推手，有效推动河北省经济可持续发展。目前，河北省地方政府投融资平台发展主要存在以下问题。

（一）省内投融资平台数量少

近年来，河北省平台公司在外部支持及内生动能驱动下，做大做强趋势明显，转型发展取得一定成果，但省内平台公司数量仍较少、资产体量中枢偏低，具体表现在 AA 级以上能够发行债券、直接融资的优质平台寥寥无几，融资金额

少。截至 2022 年底，全国共有存续城投公司 3070 家，河北省有 38 家，仅占 1.2%，远远落后于部分发达省份。主要原因可能在于，河北省大部分县区缺少一个强有力的投融资主体，以投融资平台公司为代表的国有资本投资运营主体因自身市场化融资能力和资本运作能力有限，在统筹协助县域政府推进各类投资项目上仍有较大的提升空间。

（二）区县级城投公司发展状况较差

相较于全国经济发达省份，河北省县级政府投融资平台起步晚、规模小，实力水平相对较弱，大部分县在近三四年才注册组建城投平台。截至 2022 年底，河北省仅有 334 家区县级城投公司，整体发展较为薄弱，各个公司发展状况一般，整体资产均处于 300 亿元以下。

具体来说，河北省县级政府投融资平台公司存在以下四个方面的特征：一是资产规模小，注册资金少。多数平台公司资产在 10 亿~20 亿元，注册资金几千万元，超过 10 亿的公司寥寥无几。二是平台分散。资产分散在几个平台，没有整合起来，分属不同的行业主管部门，甚至一些区县拥有 4~5 个平台公司。三是企业经营管理能力弱。多数平台没有形成现代企业治理体系，普遍存在政企不分、事企不分问题。四是表现在资产质量差，资产负债率高，营业利润差，偿债能力差。融资多元性及创新性仍有较大提升空间。

二、河北省地方政府投融资平台转型面临的政策形势

近年来，国务院也曾多次发文明确金融机构与部门应着力帮助企业缓解融资难、融资贵的问题，缩短企业的融资链条，简化企业获得应急贷款的程序，开发相应的理财产品直接与企业融资问题相对，形成金融与实体经济的良性互动。

2021 年 11 月，河北省出台了《财政引导金融支持实体经济发展十条措施》，引导金融机构更好服务实体经济，推动全省经济高质量发展。其中有两点措施值得注意：一是引导企业通过发行债券从公开市场融资，通过发行公司债、企业债、非金融企业债务融资工具、可转债等方式多渠道融资，提高直接融资比重，优化债务融资结构；二是鼓励资产证券化，支持引导企业盘活资产融资，积极推动资产证券化，引导企业以特定基础资产或资产组合所产生的现金流为偿付支持，通过结构化方式进行信用增级，在此基础上进行资产证券化融资。

三、河北省地方政府投融资平台转型发展建议

（一）丰富拓宽融资渠道

河北省地方投融资平台公司应积极拓宽和丰富融资渠道，在保持传统债券融资品种有序安排的基础上，重点关注基础设施 REITs、县城新型城镇化建设专项债等创新品种，优化债券融资结构，盘活存量资产。多措并举增加平台资产规模和现金流，在厘清权属关系的前提下，按照"应划尽划"原则，通过向平台公司注入特许经营权、收费权等，整合分散运转的各类存量资产，优先选择部分现金流比较充沛的项目进行盘活。

（二）整合提升做大做强

"以大带小、以强带弱、以小促大"加快推进河北省辖区内市、县级平台公司整合提升，每个地市可以致力于打造一个总资产 500 亿元级以上综合性国有资本运营集团，每个区县打造一个总资产 50 亿元级以上综合性国有资本运营公司。

具体来说，各地区可根据实际情况进行并购重组，从而实现做大做强，提升再融资实力。对于经济实力较强区域的平台可以结合当地的金融资源，实现产融结合或融融结合，转型为金控控股平台；园区类平台可以结合园区内的厂房、房屋等，以租赁方式服务企业或投资入园企业，形成"股东+房东"的形式，转型为园区综合服务提供商。

（三）加快转型发展进度

近年来，监管层面一直强调平台公司要剥离政府融资职能，推动平台公司转型发展，将平台转型作为地方政府"一把手"工程，加快融资平台公司市场化转型，进一步提升市场化投融资能力，将融资平台公司打造成为市县政府谋划实施建设项目的重要依托、支撑高质量发展的重要载体。

目前，省内多数平台公司的现金流相对匮乏，自身面临着较大的债务压力，融资也存在一定困难，通过转型发展做大做优，可以促进债务化解、缓解债务问题，保证项目的顺利建设。

（四）推进投融资体制改革

为加快河北省产业转型升级的步伐，促进金融资源的有效整合与合理利用，河北省政府应出台相关政策，积极顺应时代的潮流，深入推进投融资体制机制改革。构建政府引导、政企分开、社会参与、市场运作的投融资机制，打造充满活力的产业升级融资平台，建立金融资源长期注入机制，实现平台内项目公司的完全市场化运作。

第七章　地方政府投融资平台转型发展评价

——以新疆维吾尔自治区为例

第一节　新疆维吾尔自治区经济、财政和政府债务情况

一、新疆维吾尔自治区经济情况与财政状况

（一）新疆维吾尔自治区及下辖地市州经济状况

1. 新疆维吾尔自治区经济状况

新疆维吾尔自治区位于我国西北边陲，总面积 166.49 万平方千米，是我国陆地面积最大的行政区域，地处亚欧大陆腹地，战略位置十分重要，是我国丝绸之路经济带的重要枢纽和核心区域。近年来，新疆维吾尔自治区经济总量稳步上升且发展趋势较好，为当地投融资平台的发展壮大提供了重要机遇。

经济增长方面，2020~2022 年新疆维吾尔自治区生产总值分别为 13800.70 亿元、16311.60 亿元、17741.34 亿元，同比分别增长 3.4%、7.2%、3.2%。固定资产投资增速在 2020~2022 年分别为 16.2%、15.0%、7.6%。

产业结构方面，2022 年新疆维吾尔自治区实现第一产业增加值 2509.27 亿元，增长 5.3%；实现第二产业增加值 7271.08 亿元，增长 4.8%；实现第三产业增加值 7960.99 亿元，增长 1.5%。三次产业比例由 2020 年的 14.36：34.68：50.96 调整为 2022 年的 14.14：40.98：44.87，其中，第三产业占比在近三年有所下降，由 2020 年的 50.96% 下降至 2022 年的 44.87%，第一产业占比在 2020~2022 年均高于全国水平，产业结构有待进一步优化（见表 7-1）。

外贸合作方面,2022 年新疆维吾尔自治区对外贸易进出口总值达 2463.57 亿美元首次突破 2400 亿美元大关,创历史新高,同比增长 57%。其中,出口 2091.20 亿美元,增长 64.4%;进口 372.37 亿美元,增长 25.3%[①]。

表 7-1　2020~2022 年新疆维吾尔自治区经济基本情况

项目	2020 年	2021 年	2022 年
地区生产总值（亿元）	13800.70	16311.60	17741.34
地区生产总值增速（%）	3.4	7.2	3.2
第一产业（亿元）	1981.28	2359.10	2509.27
第二产业（亿元）	4786.70	6295.90	7271.08
第三产业（亿元）	7032.80	7656.60	7960.99
产业结构			
第一产业（%）	14.4	14.5	14.1
第二产业（%）	34.7	38.6	41.0
第三产业（%）	50.9	46.9	44.9
固定资产投资增速（%）	16.2	15.0	7.6
进出口总额（亿美元）	213.87	242.98	366.84
出口额（亿美元）	158.36	197.12	311.10
进口额（亿美元）	55.51	45.87	55.74
社会消费品零售总额（亿元）	3062.55	3584.62	3240.48
城镇居民人均可支配收入（元）	34838	37642	38410
农村居民人均可支配收入（元）	14056	15575	16550
居民消费价格指数（上年=100）	101.5	101.2	101.8
金融机构各项存款余额（本外币,亿元）	24824.70	26662.1	30848.12
金融机构各项贷款余额（本外币,亿元）	22377.60	25074.0	27866.29

资料来源:新疆维吾尔自治区统计局、新疆维吾尔自治区人民政府。

此外,新疆维吾尔自治区区位优势和资源优势均十分明显,煤炭、天然气、石油、太阳能等储量丰富,加之在维护国家统一、民族团结和社会稳定等方面的突出地位,新疆维吾尔自治区持续受到国家重点扶持,全国有 19 个省市对口支援新疆维吾尔自治区,不断加强产业援疆力度,支持其承接东部沿海发达地区产

---

① 陈蔷薇.2022 年新疆外贸进出口总值首破 2400 亿元［EB］.http://www.xj.xinhuanet.can/2023-01/17/c_1129293626.htm.

业转移,助力新疆维吾尔自治区加快推进"一港"、"两区"、"五大中心"及"口岸经济带"的建设。其中,喀什、霍尔果斯两个经济开发区,成为新疆维吾尔自治区乃至我国向西开放的重要窗口,助力新疆进一步深化同周边国家的交流与合作。

2. 新疆维吾尔自治区下辖地市州经济状况

新疆维吾尔自治区下辖 4 个地级市、5 个地区、5 个自治州、12 个自治区直辖县级市。新疆维吾尔自治区呈现强省会特征,在 GDP 总量方面,乌鲁木齐市的 GDP 远高于其他区域,在三次产业结构方面,乌鲁木齐主要集中在第三产业,新疆维吾尔自治区各地级市经济发展较为不均衡。从各市(州)的三次产业结构来看,喀什、塔城、铁门关的第一产业占比相比其他地区更高;克拉玛依、哈密、五家渠的第二产业占比相比其他地区更高(见表 7-2)。

表 7-2　2022 年新疆维吾尔自治区各地市州经济发展情况

地区	人口(万)	GDP(亿元)	GDP 增速(%)	固定资产投资增速(%)	三次产业结构
乌鲁木齐	408.24	3893.22	0.3	0.3	0.8 : 29.1 : 70.1
伊犁	—	2801.36	2.9	14.5	26 : 28.4 : 45.5
昌吉	—	2169.52	4.2	15.2	13.8 : 56.5 : 29.7
阿克苏	272.57	1739.54	5.5	26.3	24.3 : 35.7 : 40.0
巴州	149.85	1519.84	1.8	-2.1	14.3 : 58.1 : 27.6
喀什	450.69	1368.56	3.1	12.1	30.9 : 20.7 : 48.4
克拉玛依	48.70	1188.10	4.7	6.3	1.6 : 72.2 : 26.2
塔城	—	877.47	5.2	25.3	41.1 : 21.4 : 37.5
哈密	—	868.99	7.1	17	5.3 : 66.5 : 28.2
和田	—	490.55	4.4	9.7	21.9 : 16.6 : 61.5
博州	—	481.66	6.2	20.8	21.1 : 32.3 : 46.6
阿勒泰	—	399.71	1.3	14.9	15.4 : 38.4 : 46.2
阿拉尔	—	380.91	5.7	16.1	—
胡杨河	—	260.60	9.3	21.9	26.9 : 38.1 : 35.0
五家渠	36.55	257.49	2.2	10.8	18.5 : 54.6 : 26.9
图木舒克	32.66	235.19	5.1	25.10	31.7 : 25.4 : 42.9
可克达拉	25.74	221.34	3.3	5.4	28.6 : 29.6 : 41.8
克州	—	217.12	2.7	10.2	12.4 : 35.8 : 51.9
铁门关	26.1	171.08	-11.6	-25.9	36.1 : 20.0 : 43.9

地区	人口（万）	GDP（亿元）	GDP增速（%）	固定资产投资增速（%）	三次产业结构
双河	14.82	93.31	6.3	4.8	30.1∶15.5∶54.5
北屯	—	75.82	4.9	25.4	26.4∶24.9∶48.6
昆玉	7.06	38.37	3.6	5.6	46.3∶17.9∶35.8
新星	—	170.37	7.6	54.1	11.8∶52.7∶35.5
吐鲁番	69.17	526.56	7.4	10.4	14.2∶52.8∶33.0
石河子	56.81	831.50	6.5	5.4	13.0∶53.3∶33.7

资料来源：Wind。

产业分布方面，第一产业集中分布在农业生产优势明显的阿克苏地区、喀什地区、塔城地区、伊犁州、昌吉州；第二产业集中分布在工业基础较好的乌鲁木齐市、昌吉州、克拉玛依市、巴州、阿克苏地区；第三产业集中分布在乌鲁木齐市、伊犁州、阿克苏地区、喀什地区、昌吉州。分地区来看，乌鲁木齐市支柱产业为能源化工产业，周边拥有吐哈油田、塔里木油田、准东油田和克拉玛依油田四大油田，为乌鲁木齐大力发展石油化工产业提供了先决条件；昌吉州的优势产业在于高端现代煤电煤化工、有色金属等，目前正培育壮大新材料、装备制造、生物医药等新兴产业；阿克苏地区以石油化工、煤炭深加工及电力工业等为主要产业，未来将持续推动装备制造业集群发展；伊犁州支柱产业为采矿业和制造业，目前正在向新能源、新材料、生物制药等领域发展；喀什地区以传统优势工业为主，包括工业纺织服装、轻工食品、民族手工业、建材业等。新疆维吾尔自治区文化旅游和农业等服务型产业主要集中在乌鲁木齐市、和田市、库尔勒市、喀什等地区（见表7-3）。

表7-3　2022年新疆维吾尔自治区各地市州重点产业

地区	主要产业
乌鲁木齐	能源化工、钢铁和有色金属、装备制造业
昌吉	煤电煤化工、有色金属、煤炭煤电
克拉玛依	石油化工
巴州	石油化工
阿克苏	石油化工、煤炭深加工、电力工业
伊犁州	采矿业、制造业
喀什	工业纺织服装、轻工食品、民族手工业、建材业

资料来源：财达证券根据公开资料整理。

(二) 新疆维吾尔自治区财政情况

1. 新疆维吾尔自治区财政情况

2020~2022 年，新疆维吾尔自治区一般公共预算收入分别为 1477.2 亿元、1618.6 亿元和 1889.2 亿元。依靠突出的政治和战略地位中央政府的转移支付对新疆维吾尔自治区财力形成重要支撑，2022 年全区获得一般公共预算补助收入 1889.2 亿元。

从收入结构来看，2020~2022 年新疆全区税收收入占地方一般公共预算收入的比例分别为 61.62%、67.54%、64.67%，一般公共预算收入的稳定性相对较弱。2022 年政府性基金预算收入为 528.9 亿元（见表 7-4）。

表 7-4 2020~2022 年新疆维吾尔自治区财政预算收支情况表　单位：亿元

项目		2020 年		2021 年		2022 年	
		全区	区本级	全区	区本级	全区	区本级
收入	一般公共预算收入	1477.2	248.5	1618.6	290.2	1889.2	262.2
	其中：税收收入	910.2	139.1	1093.2	172.5	1221.8	96.4
	非税收入	567.0	109.4	524.4	117.7	667.4	165.8
	一般债务收入	749.3	749.3	877	877	624.7	624.7
	政府性基金预算收入	591.4	25.9	606.1	24.1	528.9	21.7
	国有资本经营预算收入	17.5	3.1	13.4	4.3	25	6.8
支出	一般公共预算支出	5539.1	1162.3	5401.9	1224.9	5726.1	1174.7
	一般债券还本支出	354.9	155.2	563	291.9	—	—
	政府性基金预算支出	1427.4	140	1238.7	85.5	1451.6	120.4
	国有资本经营预算支出	7.0	3.3	9.8	1.4	8.6	4.8
财政平衡率		26.67%		29.96%		32.99%	

资料来源：关于 2021 年自治区预算执行情况和 2022 年自治区预算草案的报告。

2. 新疆维吾尔自治区下辖市财政状况

新疆维吾尔自治区的财政状况与其经济发展状况高度相似，均呈现出强省会特征，且各地市之间财政实力差距较为明显。

从一般公共预算收入来看，新疆维吾尔自治区省会乌鲁木齐市达到 314.82 亿元，其财政收入在全区遥遥领先，一般公共预算收入占比 16.66%。昌吉实现一般公共预算收入 222.14 亿元，其余市州一般公共预算收入均较低（见表 7-5）。

表7-5　2022年新疆维吾尔自治区下辖地市州综合财力对比

地区	一般公共预算收入（亿元）	税收收入（亿元）	税收占比（％）	政府性基金收入（亿元）	财政自给率（％）
乌鲁木齐	314.82	227.42	72.24	109.54	69.07
伊犁	132.52	—	—	46.75	24.71
昌吉	222.14	163.47	73.59	43.99	61.58
阿克苏	151.32	114.39	75.59	40.82	30.73
巴州	90.97	65.6	72.11	42.54	31.70
喀什	74.47	35.81	48.09	48.25	10.23
克拉玛依	102.30	80.72	78.91	11.53	81.70
塔城	48.28	29.53	61.16	21.16	22.64
哈密	93.89	80.32	85.55	14.66	55.41
石河子	69.68	62.33	89.45	—	50.25
吐鲁番	58.92	36.82	62.49	9.75	49.57
和田	42.18	20.77	49.24	26.37	8.80
博州	38.80	20.01	51.57	22.35	27.27
五家渠	30.12	26.72	88.71	—	—
阿勒泰	35.79	23.76	66.39	18.4	14.96
阿拉尔	18.17	—	—	—	—
胡杨河	7.40	2.40	32.43	—	12.09
图木舒克	10.70	2.95	27.57	—	9.30
可克达拉	10.03	—	—	—	10.37
克州	18.86	11.97	63.47	4.61	9.42
铁门关	5.88	1.84	31.29	2.66	—
新星	6.91	3.70	53.55	—	18.36
双河	4.11	1.71	41.61	—	9.11
北屯	4.16	—	—	0.82	9.82
昆玉	—	—	—	—	—

资料来源：Wind。

二、新疆维吾尔自治区政府债务情况

（一）新疆维吾尔自治区债务情况

2022年底，新疆维吾尔自治区政府债务余额为7849.09亿元，债务规模水平居全国中下游。从债务资金投向来看，新疆维吾尔自治区政府债务主要用于基础设施建设，其中市政建设、保障性住房和棚户区改造、农田水利建设、政权建设等建设项目形成的政府债务占比分别为 24.44%、22.40%、9.77% 和 8.11%。上述建设项目形成了大量有一定经营性收入的优质资产，在一定程度上保障了相关债务的本息偿还。从债务期限结构来看新疆维吾尔自治区政府债务期限结构相对合理，不存在债务大规模集中到期兑付的情况（见表 7-6）。

表 7-6　2020~2022 年新疆维吾尔自治区地方政府债务情况　　单位：亿元

项目	2020 年	2021 年	2022 年
地方政府债务限额	6987.89	7167.86	8435.86
其中：一般债务限额	4237.01	4147.93	4425.93
专项债务限额	2750.88	3019.93	4009.93
地方政府债务余额	6175.93	6627.10	7849.09
其中：一般债务余额	3766.74	3794.88	3951.92
专项债务余额	2409.19	2832.21	3897.17
政府债务还本	422.58	470.73	495
其中：一般债务还本	359.58	366.03	386
专项债务还本	63.00	104.70	110
政府债务率	108.50%	114.43%	321.28%
政府负债率	44.76%	41.46%	44.26%

资料来源：新疆维吾尔自治区财政厅官网。

（二）新疆维吾尔自治区下辖市债务状况

新疆维吾尔自治区各地市之间债务状况差距较大，省内地方政府债务和城投平台有息债务均主要集中于省会乌鲁木齐市。债务余额方面，新疆维吾尔自治区的地方政府债务主要集中于乌鲁木齐市，乌鲁木齐地方政府债务余额达到了1401.25 亿元。举债空间方面，2022 年底，新疆维吾尔自治区各地市的债务均未超过限额，债务风险在可控范围内（见表 7-7）。

表 7-7　2022 年新疆地方政府债务情况　　单位：亿元

地区	地方政府债务余额	地方政府债务限额	限额—余额空间	城投有息债务	城投债存量	债券占比（%）	地方政府债务率（%）
乌鲁木齐	1401.25	1531.30	130.05	2628.33	716.89	27.28	329.72
伊犁	662.34	695.97	33.63	405.28	160.12	39.51	369.47
昌吉	547.84	603.07	55.23	371.06	26.60	7.17	205.48
阿克苏	546.81	579.71	32.90	282.12	121.19	42.96	282.37

续表

地区	地方政府债务余额	地方政府债务限额	限额—余额空间	城投有息债务	城投债存量	债券占比（%）	地方政府债务率（%）
巴州	533.95	568.03	34.08	122.58	32.25	26.31	398.41
喀什	602.20	629.59	27.39	68.82	0	0.00	490.73
克拉玛依	258.13	287.78	29.65	105.57	51.00	48.31	226.87
塔城	337.31	371.49	34.18	64.14	7.30	11.38	485.74
哈密	281.88	318.62	36.74	148.46	37.24	25.08	258.42
石河子	—	—	—	325.47	0	0.00	—
吐鲁番	204.70	222.04	17.34	23.77	0	0.00	297.75
和田	456.90	469.41	12.51	19.39	2.60	13.41	824.88
博州	274.05	289.67	15.62	173.58	8.20	4.72	447.86
五家渠	—	—	—	39.80	8.50	21.36	—
阿勒泰	329.11	343.84	14.73	28.10	3.75	13.35	605.90
阿拉尔	—	—	—	21.35	0	0.00	—
胡杨河	—	—	—	—	0		
图木舒克	—	—	—	—	0		
可克达拉	—	—	—	—	36		
克州	221.65	227.34	5.69	6.79	0	0.00	944.33
铁门关	—	—	—	—	5.80		
新星	—	—	—	—	0		
双河	—	—	—	—	0		
北屯	—	—	—	18.02	0	0.00	
昆玉	—	—	—	—	0		
阿拉尔	—	—	—	2			

资料来源：Wind。

第二节　新疆维吾尔自治区地方政府投融资平台及偿债能力

一、新疆维吾尔自治区城投发展历程

20 世纪 90 年代，随着改革开放向西部地区逐步推进，新疆维吾尔自治区也开始转变以经济建设为中心，加快基础设施行业投资，自此，新疆维吾尔自治区城投发展也应运而生，其发展可分为三个阶段（见图7-1）：

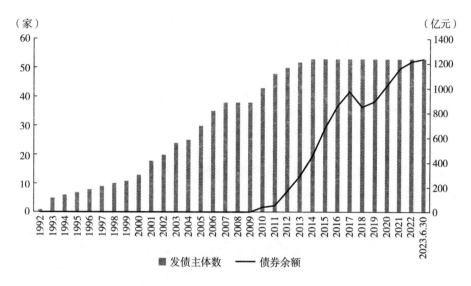

图7-1　1992~2023年6月底债券余额及发债主体

资料来源：Wind。

（1）1992~2007年是新疆维吾尔自治区城投公司的起步时期，为快速解决基础设施落后的问题，这一时期共计成立了38家城投公司，主要以城市建设、高速等基础建设为核心。1992年，第一家城投公司——乌鲁木齐经济技术开发区建发国有资本投资运营（集团）有限公司经乌鲁木齐市人民政府批准成立，重点业务涵盖基础设施开发建设、经营性房产的运营及管理、绿化及市政道路管养等。到1994年，新疆维吾尔自治区首个获得AAA级资信等级的国有企业——乌鲁木齐城市建设投资（集团）有限公司批准成立，自此，新疆地区的城投公司评级水平不断提升。

（2）2008~2017年是新疆城投公司的快速发展时期，为应对金融危机，我国实施了积极的财政政策和宽松的货币政策，且各地主要融资平台的数量和规模都在逐年增加，共计新成立了15家城投公司。在债券市场方面，新疆维吾尔自治区积极融入债券市场，于2010年也开始发行城投债券，债券余额呈直线上升趋势，年复合增长率达到55.70%，为城市建设募集了大量资金。这一阶段，各大城投公司为贯彻市委、市政府关于全市经济发展和城市建设各项决策部署，融资能力的逐步增强，新疆维吾尔自治区城市的基础设施建设水平得到一定程度的提升。

（3）2018 年至今是新疆维吾尔自治区城投公司高质量发展的时期，城投企业数量并没有增加，但整体的质量有了明显的提升。新疆地区对债务的管控更加严格，对城投债等具体事项加大了监督管控力度，导致城投债发行速度有所放缓，但经过重整和监管，新疆维吾尔自治区的债券市场仍保持上升趋势，截至2023 年 6 月，新疆维吾尔自治区城投债余额已达到 1233.18 亿元。

当前，在宏观经济承压的背景下，新疆维吾尔自治区的城投公司逐渐开始转型。2020 年《中共中央 国务院关于新时代推进西部大开发形成新格局的指导意见》发布，指出要强化基础设施建设等，新疆维吾尔自治区各层级平台公司也努力探索出适合自身发展的市场化转型升级道路，如新疆能源（集团）有限责任公司依托新疆煤炭、油气资源优势，大力开展煤炭、油气资源勘探与开发及上下游供应链贸易业务，预计将有效提升公司的营业收入及盈利水平；伊犁哈萨克自治州财通国有资产经营有限责任公司依托当地农业产业优势，持续加快粮食市场体系建设，充分发挥国有粮食企业在粮食收购中的主渠道作用，并依托有色金属产业优势，积极开展电解铜、铝锭等有色金属产品购销业务；乌鲁木齐高新投资发展集团有限公司依托新疆维吾尔自治区内企业对有色金属的需求，主动围绕核心企业开展供应链贸易业务，并适时开展黄金原料及棉产品等贸易业务。

综合来看，新疆维吾尔自治区各地区产业优势和资源优势各有不同，城投集团确立并积极贯彻落实"1+3+5"的经营方针，在公共资源服务、城市资源开发运营、土地综合开发、大数据技术与应用、工程建设管理这五大板块继续推进，在传统业务继续发展的同时，通过原有资产整合、对外投资等不同方式，充分挖掘区域产业优势和资源优势，实现多元化经营，建立起具有城市特色的产业结构，从而为自身的持续盈利和可持续发展奠定了坚实的基础。

二、新疆维吾尔自治区地方政府投融资平台及债务概况

（一）新疆维吾尔自治区地方政府投融资平台

截至 2023 年 6 月，新疆维吾尔自治区共有 52 家城投企业，根据行政级别划分，省级城投企业 5 家，市级城投企业 20 家，区县级（含开发区）城投企业 27家。根据企业评级划分，自治区内共有 AAA 级城投公司 3 家，AA+级城投公司10 家，AA 级及以下的城投公司 39 家，其中，省级城投公司的级别总体评级较高，都达到 AA 级以上。根据地区来看，城投企业主要分布在乌鲁木齐市，共 10家，占全疆总数量的 19.23%，此外，评级较高的公司也主要集中在省会乌鲁木齐市。从级别迁徙来看，2021 年以来，新疆维吾尔自治区城投企业主体信用级别无变动情况（见表 7-8）。

表7-8　新疆维吾尔自治区级及下辖地市州级平台数量

	平台数量（家）						
	AAA	AA+	AA	AA-	A+	BB	未评级
省本级	2	1	1		1		
乌鲁木齐	1	5	4				
伊犁		0	3				
昌吉			2				
阿克苏		1	3				
巴州		1	1				
喀什			2				
克拉玛依		1					
塔城			2				
哈密			2				
石河子			1	1		1	
吐鲁番			1				
和田			1				
博州			1				
五家渠			2				1
阿勒泰			1	1			1
阿拉尔			3				
胡杨河							
图木舒克							
可克达拉		1					
克州				1			
铁门关			1				
新星							
双河							
北屯			1				
昆玉							
总数	3	10	32	3	1	1	2

资料来源：Wind。

（二）新疆维吾尔自治区及各地区城投债概况

2019~2023 年，新疆维吾尔自治区发债城投企业债券余额平缓上升，2022年新发行债券 467.37 亿元，较 2021 年新发量有所下降。

从债券余额来看，截至 2023 年 6 月，新疆维吾尔自治区共有城投债券余额1233.18 亿元，其中乌鲁木齐市债券余额 718.35 亿元；债券余额 100 亿~200 亿元的地区有 2 个；小于 100 亿元的地区有 22 个。总体来看，新疆维吾尔自治区城投债券市场分布不均，各地区之间差异较大，省会乌鲁木齐市债券余额占全自治区的比例超过 50%，而乌苏市、和田地区、阿勒泰地区等地区占比则不足 1%（见图 7-2 至图 7-4）。

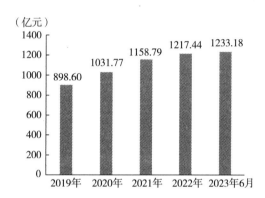

图 7-2 2019~2023 年底债券余额

资料来源：Wind。

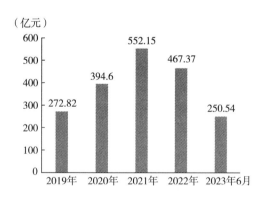

图 7-3 2019~2023 年新发行债券

资料来源：Wind。

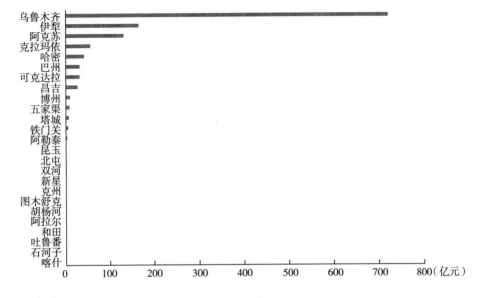

图 7-4　2023 年 6 月新疆维吾尔自治区各地区债券余额

资料来源：Wind。

从债券发行情况看，2023 年 1~6 月新疆维吾尔自治区新发行城投债 250.54 亿元，其中，乌鲁木齐市发行规模为 124.30 亿元，发债规模远高于其他地区，占全疆发行规模的 49.61%。从净融资看，2023 年 1~6 月，净融资为 16.63 亿元，其中阿克苏地区的净融资额最大。由于其他地级市 2023 年上半年未发行债券或净融资额为 0，在图 7-5 和图 7-6 中暂未统计。

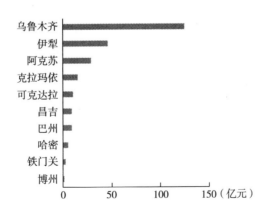

图 7-5　2023 年 6 月各市新发行债券

资料来源：Wind。

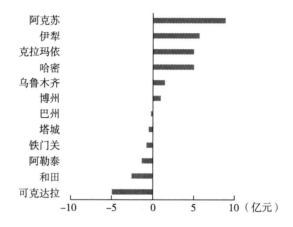

图 7-6　2023 年 6 月各市净融资额

资料来源：Wind。

从债券到期情况看，截至 2023 年 6 月底新疆维吾尔自治区在 2023 年下半年到期的债券规模约为 233.91 亿元，其中乌鲁木齐在 2023 年下半年到期的债券规模较大，金额为 122.84 亿元，占 2023 年债券到期总额的 52.52%，较为集中。从城投债到期月份来看，1 月、3 月和 4 月是还债的高峰期，尤其是 4 月，偿还金额超过 55 亿元（见图 7-7、图 7-8）。

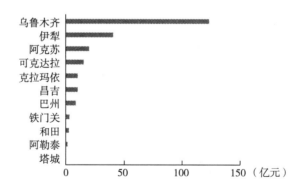

图 7-7　2023 年 6 月各市债券到期情况

资料来源：Wind。

三、新疆维吾尔自治区城投公司偿债能力分析

从资产负债率来看，2022 年，新疆维吾尔自治区各地级市的资产负债率集中于 50%～70% 区间。其中，乌鲁木齐、博州和伊犁市的发债城投企业资产负债率

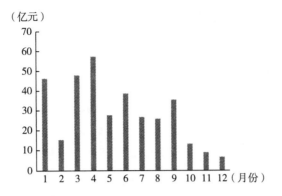

图7-8　2023年底城投债到期分布

资料来源：Wind。

在60%以上，只有阿勒泰地区的债务负担率在20%以下，债务负担相对较重（见图7-9）。

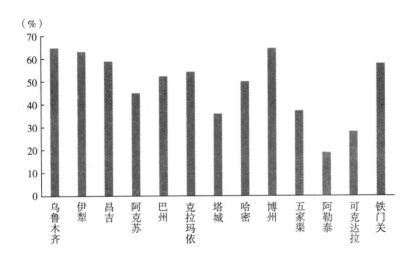

图7-9　新疆维吾尔自治区各地级市发债城投公司资产负债率

资料来源：Wind。

从全部债务资本化比率①来看，伊犁州、博州和乌鲁木齐市的全部债务资本化比率高于50%，分别为51.82%、51.17%和56.89%，阿勒泰地区的全部债务资本化比率非常低，仅为7.29%（见图7-10）。

———————————
①　全部债务资本化比率＝有息债务／（有息债务＋所有者权益）×100%。

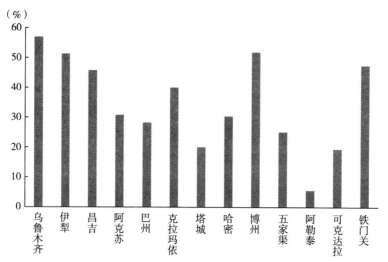

图 7-10 新疆维吾尔自治区各地级市发债城投公司全部债务资本化比率

资料来源：Wind。

从短期偿债能力①看，阿勒泰地区的短期偿债能力显著高于其他地级市，实现货币资金对短期债务的完全覆盖（短期偿债能力 = 240.54%），昌吉回族自治州发债城投企业货币资金对短期债务的覆盖程度较低，约为 11.74%（见图 7-11）。

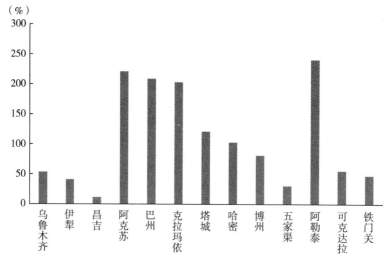

图 7-11 新疆维吾尔自治区各地级市发债城投公司短期偿债能力

资料来源：Wind。

---

① 短期偿债能力 = 货币资金/短期债务。

2024~2026 年，新疆维吾尔自治区城投债总到期规模为 951.42 亿元，到期规模分别为 317.30 亿元、387.16 亿元、246.96 亿元，分别占比 33.35%、40.69%、25.96%，到期偿还压力呈波动趋势。分地市来看，乌鲁木齐 2024~2026 年到期规模为 553.33 亿元，占全省未来三年到期规模的 58.16%（见图 7-12）。

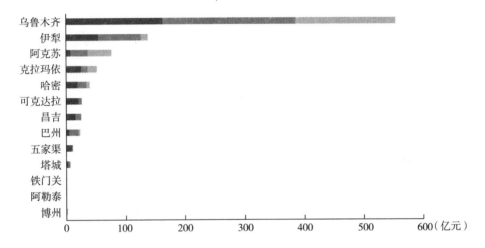

图 7-12　2024~2026 年新疆维吾尔自治区各地区到期债券规模

资料来源：Wind。

第三节　新疆维吾尔自治区地方政府投融资平台评级情况

通过选取相关指标构建研究模型，中心课题组对新疆地方政府投融资平台进行了调研。从主体评级来看，新疆参与调研的 33 家企业中，评级为 AAA 级的有 1 家，AA+级的有 15 家，AA 级的有 17 家。从入选企业的层级来看，省级平台入选企业均为 AA+级，市级平台入选企业以 AA+及 AA 级别为主，区县级以 AA 级为主，开发区级以 AA+及 AA 级别为主。整体来看，新疆各级投融资平台中都不乏有融资能力的优秀企业，但高评级的融资主体仍需打造。

一、新疆维吾尔自治区省级政府投融资平台评级情况

目前，新疆省级平台公司共 3 家，分别为新疆能源（集团）有限责任公司、

新疆投资发展（集团）有限责任公司和新疆新业国有资产经营（集团）有限责任公司，均为 AA+级，位于乌鲁木齐市。其中，新疆能源（集团）有限责任公司是新疆维吾尔自治区国资系统唯一一家以清洁能源综合开发利用、节能环保、现代农业等"绿色产业"为主业的地方国有独资集团公司；新疆投资发展（集团）有限责任公司是新疆维吾尔自治区最重要的国有产业投资主体和推动自治区产业发展的重要载体；新疆新业国有资产经营（集团）有限责任公司是新疆维吾尔自治区国资委旗下最重要的国有产业资产经营管理主体和推动自治区国有经济布局和结构调整的重要载体之一。总体来看，新疆省级平台较少，缺乏高评级的龙头企业（见表 7-9）。

表 7-9　新疆维吾尔自治区省级政府投融资平台

	公司名称	城市	主体评级
1	新疆能源（集团）有限责任公司	乌鲁木齐市	AA+
2	新疆投资发展（集团）有限责任公司	乌鲁木齐市	AA+
3	新疆新业国有资产经营（集团）有限责任公司	乌鲁木齐市	AA+

资料来源：笔者整理。

二、新疆维吾尔自治区地级市级政府投融资平台情况

新疆维吾尔自治区地市级平台共有 20 家，其中 AAA 级 1 家，AA+级 10 家，AA 级 9 家，反映出新疆维吾尔自治区地市级平台公司整体融资能力较强。分区域来看，AAA 级企业位于乌鲁木齐市，AA+级、AA 级平台分布较为分散，分布于不同的城市（见表 7-10）。

表 7-10　新疆维吾尔自治区地市级政府投融资平台

	公司名称	城市	主体评级
1	乌鲁木齐市城市建设投资（集团）有限公司	乌鲁木齐市	AAA
2	伊犁哈萨克自治州财通国有资产经营有限责任公司	伊宁市	AA+
3	巴州国信建设发展投融资有限公司	库尔勒市	AA+
4	阿克苏地区绿色实业开发集团有限公司	阿克苏市	AA+
5	昌吉州国有资产投资经营集团有限公司	昌吉市	AA+
6	克拉玛依市城市建设投资发展有限责任公司	克拉玛依市	AA+
7	博尔塔拉蒙古自治州国有资产投资经营有限责任公司	博尔塔拉蒙古自治州	AA
8	新疆可克达拉市国有资本投资运营有限公司	可克达拉市	AA+

续表

	公司名称	城市	主体评级
9	乌鲁木齐城市轨道集团有限公司	乌鲁木齐市	AA+
10	乌鲁木齐房地产开发（集团）有限公司	乌鲁木齐市	AA+
11	新疆生产建设兵团建设工程（集团）有限责任公司	乌鲁木齐市	AA+
12	新疆生产建设兵团第七师国有资本投资运营集团有限公司	奎屯市	AA
13	新疆维吾尔自治区哈密市国有资产投资经营有限公司	哈密市	AA
14	乌鲁木齐交通旅游投资（集团）有限公司	乌鲁木齐市	AA+
15	阿勒泰地区国有资产投资经营有限公司	阿勒泰地区	AA
16	新疆绿原国有资本投资运营有限公司	铁门关市	AA
17	哈密市建辉国有资产管理有限公司	哈密市	AA
18	塔城地区国有资产投资经营集团有限责任公司	塔城地区	AA
19	新疆国恒投资发展集团有限公司	五家渠市	AA
20	新疆天恒基投资（集团）有限公司	乌鲁木齐市	AA

资料来源：笔者整理。

三、新疆维吾尔自治区区县级政府投融资平台情况

新疆维吾尔自治区上榜的区县级企业共 5 家，均为 AA 级，分布在库尔勒市、伊宁市、昌吉市等地。新疆维吾尔自治区区县级平台整体融资能力不高（见表 7-11）。

表 7-11　新疆维吾尔自治区区县级政府投融资平台

	公司名称	城市	主体评级
1	库尔勒城市建设（集团）有限责任公司	库尔勒市	AA
2	伊宁市国有资产投资经营（集团）有限责任公司	伊宁市	AA
3	昌吉市国有资产投资经营有限责任公司	昌吉市	AA
4	乌苏市兴融建设投资集团有限责任公司	乌苏市	AA
5	阿克苏信诚资产投资经营有限公司	阿克苏市	AA

资料来源：笔者整理。

四、新疆维吾尔自治区开发区级政府投融资平台情况

新疆维吾尔自治区共 6 家开发区级平台公司，其中 3 家为 AA+级，分别为乌

鲁木齐高新投资发展集团有限公司、乌鲁木齐经济技术开发区建设投资开发（集团）有限公司和乌鲁木齐经济技术开发区建发国有资本投资运营（集团）有限公司，均位于乌鲁木齐市；3 家为 AA 级，分别为乌鲁木齐经济技术开发区高铁枢纽综合投资（集团）有限公司、新疆润盛投资发展有限公司和阿克苏纺织城发展有限责任公司，分布较为分散。新疆维吾尔自治区开发区级平台的整体实力较强，应积极发挥其优势，助力区域经济进一步发展（见表 7-12）。

表 7-12　新疆维吾尔自治区开发区级政府投融资平台

	公司名称	城市	主体评级
1	乌鲁木齐高新投资发展集团有限公司	乌鲁木齐市	AA+
2	乌鲁木齐经济技术开发区建设投资开发（集团）有限公司	乌鲁木齐市	AA+
3	乌鲁木齐经济技术开发区建发国有资本投资运营（集团）有限公司	乌鲁木齐市	AA+
4	乌鲁木齐经济技术开发区高铁枢纽综合投资（集团）有限公司	乌鲁木齐市	AA
5	新疆润盛投资发展有限公司	奎屯市	AA
6	阿克苏纺织城发展有限责任公司	阿克苏地区	AA

资料来源：笔者整理。

第四节　新疆维吾尔自治区地方政府投融资平台发展分析及转型建议

一、新疆维吾尔自治区地方政府投融资平台转型发展的现状及特征

（一）新疆维吾尔自治区地方政府投融资平台的现状

1. 平台类型多样化、经营方式逐渐多元化

在新疆维吾尔自治区，地方政府投融资平台类型多样，常见的有政府投资公司、地方银行、融资担保公司、发展投资公司等多种类型，平台主要通过向企业提供贷款、股权投资等方式为地方经济发展提供融资支持。

在经营方式方面，新疆维吾尔自治区地方政府投融资平台也呈现出多元化的趋势。除了传统的贷款、股权投资等方式外，还有近年来兴起的政府和社会资本合作（PPP）模式及向大型企业协同发展的方式。

2. 风险控制意识增强

随着我国金融市场监管政策的不断加强，新疆维吾尔自治区地方政府投融资

平台在风险管理方面也在不断加强，一方面，平台对借款方的风险评估和风险管理流程更加完善和严格；另一方面，对于投融资平台的监管，无论是法规政策，还是落实手段方面，全流程的风险管理制度体系日趋完善。

3. 业务种类相对单一

新疆维吾尔自治区地方政府投融资平台主营业务集中在基础设施建设、保障性住房建设、土地开发整理、城市公共事业服务及商品贸易等领域。结合新疆现有地方政府投融资平台的主营业务构成进行分析，目前自治区内平台公司仍以基础设施建设业务为主，较多的地市级和区县级平台公司业务主要来自委托代建项目及其他政府相关项目。综合来看，新疆维吾尔自治区内平台公司业务主要来自所属地的基建项目等，仍处于平台转型发展的前期阶段，转型的完成度总体较低。

（二）新疆维吾尔自治区地方政府投融资平台的特征

1. 地域特征鲜明

新疆维吾尔自治区作为我国的边疆地区，经济发展程度与其他发达地区相比存在较大差距。在这种背景下，新疆维吾尔自治区地方政府投融资平台的转型发展方向主要是围绕本地区的民生改善和基础建设而进行。

2. 产业结构单一

相对其他省市，新疆维吾尔自治区的产业结构相对单一，主要以石油、天然气、煤炭等传统资源能源产业为主，缺乏现代服务业、高新技术等产业。因此，新疆维吾尔自治区地方政府投融资平台在投资方向上也相对单一，主要集中在能源、基础设施等传统领域，对于其他新兴产业的投资相对不足。

3. 平台聚集性特点突出

根据 Wind 统计，从平台数量来看，在新疆 54 家城投企业中，位于乌鲁木齐市的共 16 家，占全疆数量的 28.57%。债券余额方面，截至 2022 年底，新疆维吾尔自治区共有城投债券余额 1320.94 亿元，其中乌鲁木齐市债券余额 730.39 亿元，占全自治区总额的比例超过 50%。从债券发行情况看，2022 年全自治区新发行城投债 544.37 亿元，其中，乌鲁木齐市发行规模为 256.82 亿元，占全疆发行规模的 47.18%。由此可见，新疆维吾尔自治区地方政府投融资平台在数量分布、活跃程度上均高度集中于乌鲁木齐市。

二、新疆维吾尔自治区地方政府投融资平台转型面临的政策形势

（一）金融去杠杆加强

2008 年以来，为应对金融危机，我国实施了积极的财政政策和宽松的货币政策，启动了"四万亿"的投资计划，为解决中央项目的地方配套资金缺口等

问题，各级地方政府纷纷建立融资平台，通过这些融资平台从银行获得大量贷款用于基础设施建设，这为拉动地方经济回升、加快城市化建设进程提供了巨大帮助，但也导致地方债务急剧膨胀。随着近年来全国金融去杠杆的力度加强，地方政府融资平台债务压力不断加大。中央层面一直在强调防范和化解地方政府债务风险，其中，实行市场化发债机制是一项重要举措。因此，新疆维吾尔自治区政府需要积极推进地方政府债务置换工作，通过政府重组等方式化解地方政府债务，并提高地方政府直接融资效率。在金融去杠杆的背景下，新疆维吾尔自治区地方政府投融资平台的监管和规范也将会得到进一步加强。

（二）市场监管趋严

目前，监管机构对地方政府融资平台的监管越来越严格。2019 年起，地方政府融资平台已经被纳入宏观审慎评估的范畴，受到更加精细化、个性化的监管。市场监管趋严一方面会导致投资者对风险的容忍度下降，进而增加新疆维吾尔自治区地方政府投融资平台的融资难度和平台的资金成本；另一方面也会促使各级政府对投资项目的审批更加严格，这在一定程度上可以倒逼地方政府投融资平台提高自身业务水平和项目质量。

三、新疆维吾尔自治区地方政府投融资平台转型发展建议

（一）加强制度体系建设

新疆维吾尔自治区地处祖国西北边陲，政策及市场信息获取不及时的问题较为突出，大量城投公司建立的现代化管理体系不及内地省份的城投公司贴近市场，规章制度也不够完善。上述问题严重制约了新疆城投公司的转型效率和效果。按照"专业化管理、集团化管控"的原则，新疆维吾尔自治区的城投公司应积极建立自身专业的组织架构完善内部管理制度，形成包括重大事项决策制度、财务管理制度、人力资源管理制度、资金管理制度和内部审计制度等在内的内部制度体系，为公司市场化转型提供强有力的制度保障。例如，当前伊犁财通正全方位开展制度体系建设，积极改进限制公司发展的落后机制，建立提升公司运作效率和经营质量的新型制度体系。

此外，在开展制度体系建立的同时，城投公司还要加强集团化组织和管理能力，以保证集团及下属子公司可以共同致力于集团整体业务规划的建立与实施，使各级子公司的发展路径与集团整体发展战略相协调，从而确保集团转型发展计划得以顺利实施。

（二）充分发挥地域产业优势

新疆维吾尔自治区幅员辽阔，矿产资源种类全、储量大、开发前景广阔，由于其独特的产业优势和资源优势，新疆维吾尔自治区的城投公司应当结合当地实

际情况，按照"市场化经营、专业化发展、多元化经营"的指导思想，在继续发展传统业务的同时，要充分挖掘区域产业优势和资源优势，通过原有资产整合、对外投资等不同方式实现多元化经营，建立起具有城市特色的产业结构，从而为自身的持续盈利和可持续发展奠定坚实的基础。

（三）增强直接融资能力

当前，新疆维吾尔自治区尚无一家专门服务企业直接融资的信用增进公司，其可以积极主动同中国人民银行、自治区人民政府和地方金融监管部门对接，通过设立信用增进或专业化担保公司以服务地方投融资平台开展直接融资活动。此外，新疆维吾尔自治区地处我国西北部，相较于其他省份，新疆维吾尔自治区地方政府融资平台在获取融资渠道信息上可能存在一定时滞。因此，在转型发展的关键阶段，新疆维吾尔自治区各层级城投公司应主动对接金融机构，明确并解决阻碍直接融资的重难点问题，从而早日达到直接融资的相关要求，进一步强化直接融资对自身转型发展的支持力度。此外，新疆维吾尔自治区各级城投公司可以服务区域发展为战略出发点，由市政基础设施的投资者积极向城市市政综合运营服务商的角色转变，在前期基础设施建设形成的大量优质经营性资产的基础上，尝试通过发行 REITs 来盘活存量资产，为加快自身业务转型升级及提升市场化经营能力提供资金支持。

第八章　地方政府投融资平台
转型发展评价

——以甘肃省为例

第一节　甘肃省经济、财政和政府债务情况

一、甘肃省经济情况与财政状况

（一）甘肃省及下辖市经济状况

1. 甘肃省经济状况

甘肃省位于我国的西北地区，位于青藏、蒙新、黄土三大高原交汇处，省内地形为"两山夹一川"的河谷地形，经济腹地辐射空间有限。2022 年，甘肃省生产总值实现 1.12 万亿元，比 2021 年增长 4.5%，高于全国 GDP 的平均增速。2020~2021 年，甘肃省地区生产总值分别为 9016.7 亿元、1.02 万亿元，同比增长分别为 3.76%、6.90%。2022 年，甘肃省人均 GDP 仅 44968 元。经济发展水平较为落后的同时，甘肃省财政实力处于较低水平，债务率处于偏高水平，债务负担较重。

产业结构方面，甘肃省第一产业占比较高，第二产业占比偏低。2022 年，甘肃省第一产业增加值 1515.3 亿元，增长 5.7%；第二产业增加值 3945.0 万亿元，增长 4.2%；第三产业增加值 5741.3 亿元，增长 4.4%。2020~2022 年，甘肃省的三次产业结构较为稳定，二三产业占比约 85%，其中第二产业占比小幅提升，第三产业占比小幅下降。2022 年，甘肃省三次产业比例为 13.5∶35.2∶51.3（见表 8-1）。甘肃省矿产资源丰富，以工业和能源相关产业为支柱产业，文化底蕴厚重，资源开采、冶金工业、文化旅游、农业等是其支柱产业。为改善产业结构

和区域经济结构不均衡问题，省政府提出要坚持产业兴省、工业强省，加快推进传统产业高端化、智能化、绿色化改造。"十四五"期间，甘肃省将在改造提升传统产业的同时，做大做强生态产业，抢抓新兴产业发展机遇，制造业升级将以有色冶金、装备制造和电子信息为重点，新兴产业布局以半导体产业、氢能产业、电池产业、储能与分布式能源产业、航空航天产业配套产业为重点。

表 8-1　2020~2022 年甘肃省经济基本情况

项目	2020 年	2021 年	2022 年
地区生产总值（亿元）	9016.7	10243.3	11201.6
地区生产总值增速（%）	3.9	6.9	4.5
第一产业（亿元）	1198.1	1364.7	1515.3
第二产业（亿元）	2852.0	3466.6	3945.0
第三产业（亿元）	4966.5	5412.0	5741.3
产业结构			
第一产业（%）	13.3	13.3	13.5
第二产业（%）	31.6	33.8	35.2
第三产业（%）	55.1	52.8	51.3
固定资产投资增速（%）	7.8	11.1	10.1
进出口总额（亿元）	372.8	490.9	584.2
出口额（亿元）	85.7	96.9	127.3
进口额（亿元）	287.1	394.0	456.9
社会消费品零售总额（亿元）	3632.4	4037.1	3933.3
城镇居民人均可支配收入（元）	33821.8	36187	37572.4
农村居民人均可支配收入（元）	10344.3	11433	12165.2
居民消费价格指数（上年=100）	102.0	100.9	101.9
金融机构各项存款余额（本外币，亿元）	20992.7	22614.6	24896.4
金融机构各项贷款余额（本外币，亿元）	22159.4	23905.3	25389.8

资料来源：甘肃省财政厅、甘肃省统计局。

2. 甘肃省下辖市经济状况

甘肃省下辖 12 个地级市和 2 个民族自治州。甘肃省呈现强省会特征，在GDP 总量方面，兰州市的 GDP 远高于其他市（州），是庆阳市的 3.27 倍，甘肃省各地级市经济发展较为不均衡。从各市（州）的三次产业结构来看，武威市、平凉市、张掖市的第一产业占比相比其他区域更高；庆阳市、酒泉市、金昌市、嘉峪关市的第二产业占比相比其他区域更高（见表 8-2）。

表8-2　2022年甘肃省各地市（州）经济发展情况

地区	人口（万）	GDP（亿元）	GDP 增速（%）	固定资产投资增速（%）	三次产业结构
兰州	442	3344	0.8	-3.5	1.9：34.4：63.6
庆阳	216	1022	4.4	11.3	12.2：54.0：33.8
酒泉	105	841	6.1	17.6	17.0：44.2：38.8
天水	295	814	5.3	14.8	19.1：27.1：53.8
武威	145	663	6	18	32.4：18.3：49.3
平凉	182	642	8.2	10.6	23.6：29.7：46.7
白银	150	636	5.6	12.5	18.3：39.5：42.1
张掖	112	582	6.1	17.6	29.3：20.4：50.3
陇南	239	562	7.8	16.9	18.5：26.4：55.1
定西	251	558	7.8	16.7	18.5：26.4：55.1
金昌	43	523	13.5	17.3	6.1：71.1：22.8
临夏	212	409	6	30	18.5：20.2：61.3
嘉峪关	32	363	4.8	9.4	1.8：66.7：31.5
甘南	68	245	4	10	17.1：11.5：71.4

资料来源：Wind。

从产业分布来看，庆阳市、酒泉市、金昌市、嘉峪关市形成了以第二产业为主的产业结构，其重点产业以石油化工、有色金属、能源及钢铁为主；武威市、张掖市的第一产业占比较高，其重点产业包括现代农业、特色农副产品加工业；甘肃省其他地级市（州）产业结构均以第三产业为主。2022年甘肃省各市（州）重点产业情况如表8-3所示。其中，石油化工、有色冶金等工业产业主要集中在兰州市、庆阳市、金昌市等地区；文化旅游和农业等服务型产业主要集中在酒泉市、张掖市、嘉峪关市等地区，甘肃省拥有敦煌、七彩丹霞等著名旅游景区。

表8-3　2022年甘肃省各地市（州）重点产业

地区	主要产业
兰州	生物医药、石油化工、装备制造
庆阳	农业、石油化工
酒泉	新能源、化工、冶炼、文化旅游
天水	电子信息、装备制造、生物医药、新材料
武威	现代农业、生态工业、文化旅游
白银	有色金属、化工

续表

地区	主要产业
平凉	畜牧业、煤电
张掖	电力、冶金、化工、特色农副产品加工、文化旅游
陇南	农业、中医药、有色金属
定西	农业、有色冶金、装备制造
金昌	有色金属、化工
临夏	农业、文化旅游
嘉峪关	冶金、文化旅游
甘南	畜牧业、文化旅游

资料来源：根据公开资料整理。

（二）甘肃省财政情况

1. 甘肃省财政情况

2022年，甘肃省一般公共预算收入907.6亿元，同比下降9.41%，其中，税收收入582.70亿元，同比下降12.69%，占比64.20%。受到留抵退税和经济基本面下行等因素影响，2022年甘肃省财政收入下滑较明显，财政压力明显加大。财政支出方面，2022年，甘肃省一般公共预算支出4263.5亿元，同比增长5.73%。同期财政自给率21.29%，远低于全国平均水平（见表8-4）。

表8-4 2020~2022年甘肃省财政预算收支情况 单位：亿元、%

项目		2020年		2021年		2022年	
		全省	省本级	全省	省本级	全省	省本级
收入	一般公共预算收入	874.55	238.5	1001.83	279.93	907.6	263.8
	其中：税收收入	567.93	159.6	667.41	186.2	582.7	177.2
	非税收入	306.62	78.9	334.45	93.7	324.8	86.5
	一般债务收入			186.6	105.4		
	政府性基金预算收入	650.39	85.7	595.66	110.6	368.1	124
	国有资本经营预算收入	11.08	6.9	14.08	6.7	25.1	6
支出	一般公共预算支出	4163.4	715.6	4032.56	797.4	4263.5	740.5
	一般债券还本支出	328.1	132.3	164	129.1	311	41.8
	政府性基金预算支出	1190.59	297.5	1233.83	296.7	1454.5	316.1
	国有资本经营预算支出	4.26	2.8	7.46	3.4	6.6	3.4
财政平衡率		21.01		24.84		21.29	

资料来源：甘肃省财政厅、企业预警通。

2. 甘肃省地市（州）财政状况

甘肃省各地市的财政状况与其经济发展状况高度相似，均呈现出强省会特征，且各地市之间财政实力差距较为明显。

从一般公共预算收入来看，甘肃省仅省会兰州市突破百亿元，达到221.50亿元，其财政收入在全省遥遥领先，是庆阳市的3.15倍，在甘肃省一般公共预算收入占比24.4%。庆阳市实现一般公共预算收入70.30亿元，其余市州一般公共预算收入均未能突破50亿元。2022年甘肃省14个市州中，仅有5个市州的财政收入实现了正增长，分别为：庆阳市（+7.57%）、平凉市（+7.31%）、张掖市（+10.72%）、定西市（+0.95%）、金昌市（+6.45%）。

从财政自给率来看，甘肃省各市州财政平衡性较差，且各市州差距显著。嘉峪关市财政自给率为甘肃省内最高，达到59.32%；其次为省会兰州市，兰州市拥有省内最强经济、财政实力的同时财政自给率较高，达到45.61%；此外，庆阳市、酒泉市的财政自给率达到20%以上，其余城市的财政自给率均不足20%，其中陇南市、临夏市、甘南市的财政自给率不足10%，地区财政平衡性较差（见表8-5）。

表8-5　2022年甘肃省下辖市综合财力对比　　　　单位：亿元、%

地区	一般公共预算收入	其中：本级占比	税收收入	税收占比	政府性基金收入	其中：本级占比	财政自给率
兰州	221.50		160.37	72.40	86.45		45.61
庆阳	70.30	49.82	48.96	69.64	13.91		22.05
天水	45.38	26.44	31.07	80.18	33.62	46.10	14.13
平凉	40.70		21.37	52.51	12.25		16.33
酒泉	37.27	28.07	30.10	80.76	21.96		20.34
白银	32.53		—	—	—		15.22
定西	30.92	11.19	17.00	54.98	16.62		9.85
张掖	28.73		12.20	42.46	5.78		16.23
金昌	28.72		23.41	81.51	3.46		37.18
陇南	27.80		—	—	—		8.73
武威	27.79		13.69	49.26	13.94		12.04
临夏	20.92		14.22	67.97	16.55		7.49
嘉峪关	19.10		13.70	71.73	3.21		59.32
甘南	9.97	24.37	4.93	49.45	3.71		4.46

资料来源：Wind。

二、甘肃省政府债务情况

(一) 甘肃省债务情况

2022 年底，甘肃省政府债务余额为 6087.50 亿元，低于财政部规定的当年年末债务限额的 6390.80 亿元，债务规模水平居全国下游。2020~2021 年，甘肃省地方政府债务余额和限额均有较大幅度增长，增速分别为 58.79%、53.23%。

2022 年，甘肃省政府债务还本 308 亿元，其中一般债务还本 216 亿元，专项债务还本 92 亿元。支付政府债务利息 184.8 亿元，其中省级 61.7 亿元，市县 123.1 亿元（见表 8-6）。

表 8-6　2020~2022 年甘肃省地方政府债务情况　　　　单位：亿元

项目	2020 年	2021 年	2022 年
地方政府债务限额	4351.80	6668.10	6390.80
其中：一般债务限额	2198.30	2394.30	2569.30
专项债务限额	2153.50	2827.50	3821.50
地方政府债务余额	3941.90	6259.30	6087.50
其中：一般债务余额	2101.90	2282.40	2414.10
专项债务余额	1840.00	2613.20	3673.40
政府债务还本	302	301	308
其中：一般债务还本	214	164	216
专项债务还本	88	137	92
政府债务率	86.23	106.79	165.80
政府负债率	43.80	47.88	54.34

资料来源：甘肃省财政厅、企业预警通、中国地方政府债券信息公开平台。

(二) 甘肃省下辖地市 (州) 债务状况

甘肃省各地市 (州) 之间债务状况差距较大，省内地方政府债务和城投平台有息债务均主要集中于省会兰州市。债务余额方面，甘肃省的地方政府债务主要集中于兰州市，兰州市地方政府债务余额在省内占比 18.84%。举债空间方面，2022年底甘肃省各地市的债务均未超过限额，债务风险在可控范围内（见表 8-7）。

表8-7　2022年甘肃省地方政府债务情况　　　单位：亿元、%

地区	地方政府债务余额	地方政府债务限额	限额-余额空间	城投有息债务	城投债存量	债券占比	地方政府债务率
兰州	996.60	1079.52	82.92	1899.05	597.28	31.45	321.97
庆阳	345.92	367.80	21.88	117.69	0	0	397.61
天水	291.13	330.20	39.07	38.05	8.80	23.13	395.08
平凉	244.65	262.34	17.69	165.81	23.49	14.17	451.64
酒泉				23.06	0	0	
白银	271.44	288.57	17.13	22.53	0	0	834.43
定西	286.22	296.57	9.85	32.10	10	31.15	606.14
张掖				30.75	0	0	
金昌	98.01	109.84	11.83	40.52	0	0	209.56
陇南					0		
武威	315.35			106.80	0	0	752.85
临夏					0		
嘉峪关				46.30	0		
甘南					0		

资料来源：Wind、企业预警通。

第二节　甘肃省地方政府投融资平台及偿债能力

一、甘肃省城投发展史

城投平台是我国城镇化加速建设背景下的产物，为弥补分税制改革下的资金缺口地方政府成立了各种融资平台。改革开放初期，甘肃省也尝试利用城投公司承担基础设施建设和募集资金的任务，在地方城市建设中发挥着举足轻重的作用。纵观过去四十多年的发展，甘肃省城投债发展可以分为四个时期：

（1）1989~2008年是甘肃省城投发展的起步时期。甘肃省城投公司发展史起始于1989年12月9日，甘肃省首家城投公司——平凉市城乡发展建设投资集团有限公司的成立。该公司主要经营范围包括：城乡、道路基础建设，以及水利和保障房建设等公益性项目。不久后，1991年，甘肃地区首个获得AAA级资信等级的国有企业——甘肃省建设投资（控股）集团有限公司成立。1989~1999年，甘肃省共成立四家城投公司，其中，一家公司开发旅行社及相关服务，三家公司以基础设施建设为中心，这其中创造了大量就业岗位，并且改善了居民的生活质量。截至 2008 年，甘肃省的城投公司数量已经增加至 17 家。

（2）2009~2014 年是甘肃城投的快速发展时期。2008 年，为应对金融危机，我国实施了积极的财政政策和宽松的货币政策，城投公司迎来快速发展期，该时期共计成立 5 家公司。在城投债方面，2009 年，甘肃省第一只债券"09 兰城投债"发行，开启了甘肃省城投公司在资本市场融资的新时期。2012 年，兰州新区正式获批国家级新区，自此，本省的城投企业数量和规模快速发展。2013 年 12 月 27 日，第一只评级为 AAA 的债券——13 甘建投 PPN001，由甘肃省建设投资（控股）集团有限公司发行，是甘肃城投发展史的一个重要里程碑。此后，甘肃省发行债券数量激增，2013~2014 年，是甘肃省城投债增长的爆发期，两年时间债券存量同比上涨 168.57% 和 156.38%。但是 2014 年发生债券回购流动性风险事件，2014 年下半年起，城投板块监管政策再次进入收紧周期，自 2014 年底，城投平台发行额与净融资额双双大幅下降，于 2015 年 2 月达到最低点。2015 年，甘肃省债券存量同比增长下降至 19.71%，城投债发行量同比下降 61.26%。

（3）2015~2020 年是甘肃省城投的稳步增长期。2017 年，兰州新区开始整合重组国资国企，赋予了城投集团基础设施建设、房地产开发、实体资产经营为主的战略定位，兰州新区城投发展迎来高质量发展的又一个春天。甘肃省强省会特征明显，省份城投债发行中兰州占比较大，新区城投发展也带动了甘肃省当年城投债发行的数量。2018 年，甘肃省城投同比增长由负转正，达到 11.47%。随后甘肃省城投债存量一直平稳增长，2020 年达到 40.66%。该时期有 3 家城投公司成立，2020 年，是甘肃省城投债债券余额最多的时间点，达到 500.6 亿元，同时也是发行城投债最多的一年，该年发行城投债 204.6 亿元。

（4）2021 年至今是甘肃省城投的市场调整期。2021 年受到房地产市场疲软的负面影响，兰州市土地出让金收入严重下降，财政收入的减少也导致兰州市城投主体债务问题逐渐显露。甘肃省自 2021 年起城投债存量同比增长再次由正转负，2022 年甘肃省城投债存量同比下降 -30.28%，城投债发行量同比下降 47.40%。对此，甘肃省地方金融监管局召开债券投资人恳谈会，并成立了规模 100 亿元的兰州市国有企业信用保障基金。

截至 2023 年 6 月，甘肃省城投债存量下降趋势仍非常明显。综合来看，甘肃省存续发债城投企业数量较少，发债企业主体信用级别以 AA 为主，AAA 级城投企业仅有两家。城投企业的日常经营对地方政府有较大依赖性，除定西市以外其他地区城投公司短期偿债能力较弱。甘肃省债务到期情况集中在 2023 年 3 月份，上半年还债压力较大。而作为"一带一路"建设的关键省份，甘肃省将构建"中心+通道+基地+服务体"的开放型经济发展新体系。未来，甘肃省也将得到国家的大力支持，债务问题也将得到化解（见图 8-1）。

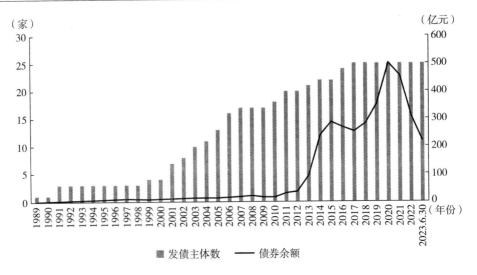

图 8-1 1989~2023 年 6 月底债券余额（亿元）及发债主体

二、甘肃省地方政府投融资平台及债务概况

（一）甘肃省地方政府投融资平台

截至 2023 年 7 月，全省共有 26 家城投企业，其中省级城投企业 4 家，国家级新区级城投企业 3 家，市级城投企业 18 家，县级城投企业 0 家。根据级别划分，省内共有 AAA 级城投公司 2 家，AA+ 级城投公司 4 家，AA 级及以下的城投公司 17 家，另有 3 家城投公司暂无评级。其中省级城投公司的级别总体评级较高，2 家 AAA 级城投公司全部为省级城投公司，另有 1 家 AA-级城投公司，1 家公司未评级。从地区来看，评级较高的公司主要集中在省会兰州市，有 4 家 AA+级城投公司（见表 8-8）。

表 8-8 甘肃省级及下辖市（州）级平台数量

	平台数量（家）					
	AAA	AA+	AA	AA-	A+	无评级
甘肃省	2	1		1		1
国家级新区			2			1
兰州	3	2	1			1
嘉峪关				1		
金昌					1	
白银				1		
天水			1			

续表

	平台数量（家）					
	AAA	AA+	AA	AA−	A+	无评级
武威			1			
张掖			1			
平凉					1	
酒泉			1			
庆阳			1			
定西			1			
总数	2	4	11	4	2	3

资料来源：Wind。

从级别迁徙来看，2022 年甘肃省城投企业中 1 家主体信用级别出现降低，且展望为负面。该主体为兰州建设投资（控股）集团有限公司（以下简称"兰州建投"）。2022 年 5 月 20 日和 9 月 2 日，穆迪服务发布评级报告，分别将兰州建投的主体信用评级由 B1 下调至 B3、由 B3 调低至 Caa1，评级展望为负面。下调原因主要包括兰州建投 2022 年下半年大量债务到期的问题在评级观察期内并无实质性进展，且该公司的融资渠道有限，其上升的流动性和再融资风险削弱了其信用质量。

（二）甘肃省及各地区城投债概况

截至 2023 年 6 月底，甘肃省有存续债券的城投企业共 15 家，存续债券余额合计 215.29 亿元。其中，省级城投企业 4 家，存续债券余额 113.1 亿元；国家级新区级城投企业 3 家，存续债券余额 8.00 亿元；地市级城投企业 18 家，存续债券余额 94.19 亿元；县级城投企业 0 家，存续债券余额 0 亿元。从各地级市有存续债券的城投企业数量看，省会兰州市发债城投企业有 7 家，定西市有 1 家、嘉峪关市有 1 家、金昌市有 1 家、酒泉市有 1 家、平凉市有 2 家、庆阳市有 1 家、天水市有 1 家、武威市有 1 家、张掖市有 1 家。总体来看，甘肃省发债城投企业较少，多集中在省本级和省会兰州市。

2019~2023 年，随着债务到期兑付，甘肃省发债城投企业债券余额波动下降，2022 年新发行债券 61.01 亿元，截至 2023 年 6 月，甘肃省新发行债券 20.58 亿元。其中，除兰州市、平凉市外，各地发债主体 2023 年均未发行新债券；兰州市城投企业发债余额在 2020 年后逐渐下降并于 2022 年大幅减少，综合导致甘肃省城投存续债券规模的波动下降。

从债券余额来看，截至 2023 年 6 月，甘肃省共有债券余额 215.29 亿元。其中兰州的债券余额超过 175.40 亿元，占甘肃省债券余额的 81.47%；其余有存量债券的地区 3 个，平凉市、天水市、定西市债券余额分别为 21.09 亿元、8.8 亿元、10.00 亿元。总体来看，甘肃省的城投债券市场高度集中、活跃度有限，兰州（包括省本级）的存量城投债占比超八成，其余地区债券余额较小（见图 8-2 至图 8-4）。

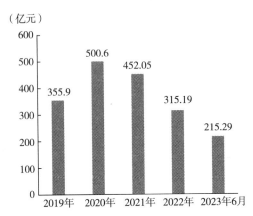

图 8-2　2019~2023 年 6 月债券余额

资料来源：Wind。

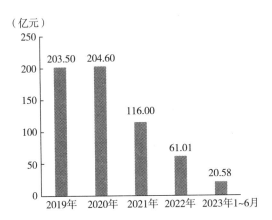

图 8-3　2019~2023 年 6 月新发行债券

资料来源：Wind。

从债券发行情况看，2023 年上半年甘肃省城投债发债市场活跃有限，截至 6 月，发行规模 20.58 亿元，同比下降 44.26%，随着化债工作的推进，各地市债券发行金额同比均有不同程度下降，作为甘肃省内城投债发行规模最大的城市，省会兰州 2022 年发行金额的下降幅度达到 70.08%，发行债券 72.70 亿元。《2023 年政府工作报告》提出加快基础设施投资建设、争取 2023 年全国实现生

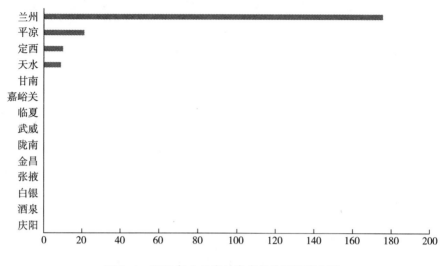

图 8-4　2023 年 6 月底甘肃省各地区债券余额

资料来源：Wind。

产总值增长 5% 左右的发展目标。城投企业未来仍将面临增加投资和债务化解两手抓的处境。2023 年，兰州新发行债券 19 亿元，同比下降 41.54%。从净融资看，2023 年 1~6 月，甘肃省共偿还债券 150.78 亿元，净融资为 -130.2 亿元，除兰州市、平凉市、天水市、定西市各地区城投债净融资额均为 0（见图 8-5 和图 8-6）。

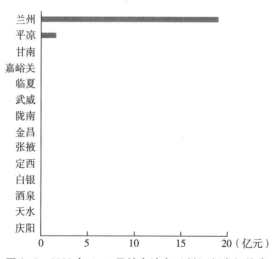

图 8-5　2023 年 1~6 月甘肃地市（州）新发行债券

资料来源：Wind。

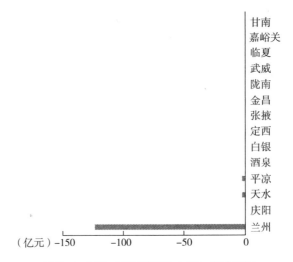

图 8-6　2023 年甘肃地市（州）净融资额

资料来源：Wind。

　　从债券到期情况看，截至 2023 年 6 月，甘肃省到期的债券规模约为 120.48 亿元，集中于兰州市，共占 2023 年债券到期总额的 96.70%。从城投债到期月份来看，上半年还债压力较大，3 月、4 月是还债的高峰期，分别需偿还金额均 39.48 亿元、44.50 亿元；7 月、10 月无到期的城投债（见图 8-7 和图 8-8）。

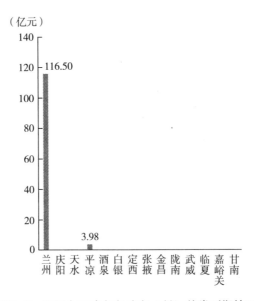

图 8-7　2023 年下半年各地市（州）债券到期情况

资料来源：Wind。

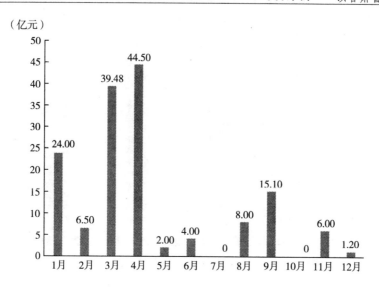

图 8-8　2023 年城投债到期分布

资料来源：Wind。

三、甘肃省城投公司偿债能力分析

根据公布的城投公司年报数据，截至 2022 年，甘肃省仅有兰州市、定西市、平凉市和天水市 4 个地区有公布的城投债务情况。从资产负债率①来看，4 个地市的城投资产负债率集中于 50%~70%。其中，兰州市和平凉市的发债城投企业资产负债率在 60% 以上，天水市和定西市的发债城投企业资产负债率在 55% 以上。甘肃省所有地级市的发债城投企业资产负债率均在 50% 以上，债务负担相对较重（见图 8-9）。

从全部债务资本化比率②来看，平凉市的全部债务资本化比率高于 60%，为 61.64%。兰州市为 50.94%，天水市和定西市的全部债务本化比率较低，分别为 46.89% 和 42.26%（见图 8-10）。

从短期偿债能力③看，定西市的短期偿债能力显著高于其他地级市，实现货币资金对短期债务的完全覆盖（短期偿债能力 = 122.46%），兰州市、天水市和平凉市发债城投企业货币资金对短期债务的覆盖程度较低，约为 20%（见图 8-11）。

---

① 资产负债率 = 负债总额 / 资产总额。

② 全部债务资本化比率 = 有息债务 / (有息债务 + 所有者权益) × 100%。

③ 短期偿债能力 = 货币资金 / 短期债务。

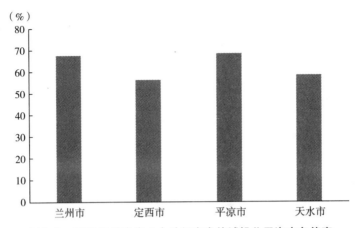

图 8-9　2022 年甘肃省 4 个地级市发债城投公司资产负债率

资料来源：Wind。

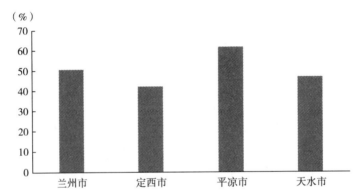

图 8-10　2022 年甘肃省 4 个地级市发债城投公司全部债务资本化比率

资料来源：Wind。

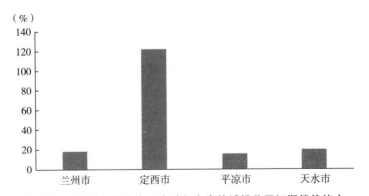

图 8-11　2022 年甘肃省 4 个地级市发债城投公司短期偿债能力

资料来源：Wind。

2024~2026 年，甘肃省城投债总到期规模为 166.39 亿元，到期规模分别为 71.02 元、59.19 亿元、36.18 亿元，分别占比 42.68%、35.57%、21.74%，到期偿还压力逐年递减。分地市看，2024~2026 年，兰州市到期规模为 132.7 亿元，占全省到期规模的 79.75%。此外，平凉市、天水市、定西市的到期规模分别为 21.09 亿元、6.60 亿元、6.00 亿元（见图 8-12）。

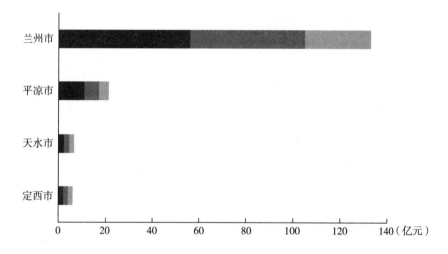

图 8-12　2024~2026 年甘肃省 4 个地市到期债券规模

资料来源：Wind。

第三节　甘肃省地方政府投融资平台情况

通过选取相关指标构建研究模型，对甘肃省地方政府投融资平台进行了调研。从主体评级来看，甘肃省参与调研的 11 家企业中，共 2 家 AAA 级，3 家 AA+级，6 家 AA 级。从入选企业的层级看，省级平台入选企业以 AAA 级为主，市级、开发区级平台入选企业主体信用以 AA 级别为主。其中，省级平台存在 2 家 AAA 级企业，1 家 AA+级企业；市级平台存在 2 家 AA+级企业。整体来看，甘肃省企业融资实力不强，高评级企业主要位于省会兰州市。

一、甘肃省省级政府投融资平台排名情况

甘肃省省级平台情况如表 8-9 所示，其中 AAA 级有 2 家，分别为甘肃省公

路航空旅游投资集团有限公司、甘肃省国有资产投资集团有限公司；AA+级 1 家，为甘肃省民航机场集团有限公司；AA 级 1 家，为甘肃电投能源发展股份有限公司。省级平台均位于兰州市，相较于地市级、开发区级的平台企业，省级平台企业的融资能力较强。

表 8-9　甘肃省省级政府投融资平台

	公司名称	城市	主体评级
1	甘肃省公路航空旅游投资集团有限公司	兰州市	AAA
2	甘肃省国有资产投资集团有限公司	兰州市	AAA
3	甘肃电投能源发展股份有限公司	兰州市	AA
4	甘肃省民航机场集团有限公司	兰州市	AA+

资料来源：课题组整理。

二、甘肃省地市（州）级政府投融资平台排名情况

甘肃省地市级平台情况如表 8-10 所示，其中 AA+级有 2 家，分别为兰州建设投资（控股）集团有限公司、兰州黄河生态旅游开发集团有限公司；AA 级 4 家，分别为兰州市轨道交通有限公司、平凉市城乡发展建设投资集团有限公司、定西国有投资（控股）集团有限公司和天水市城市建设投资（集团）有限公司。从城市分布来看，AA+级企业主要分布于兰州市，区域经济相对发达；AA 级企业分布较为分散，兰州市、平凉市、定西市和天水市各 1 家。

表 8-10　甘肃省地市（州）级政府投融资平台

	公司名称	城市	主体评级
1	兰州市轨道交通有限公司	兰州市	AA
2	兰州建设投资（控股）集团有限公司	兰州市	AA+
3	兰州黄河生态旅游开发集团有限公司	兰州市	AA+
4	平凉市城乡发展建设投资集团有限公司	平凉市	AA
5	定西国有投资（控股）集团有限公司	定西市	AA
6	天水市城市建设投资（集团）有限公司	天水市	AA

资料来源：笔者整理。

三、甘肃省开发区级政府投融资平台情况

目前，甘肃省开发区级平台只有 1 家，为兰州新区城市发展投资集团有限公

司，主体评级为 AA，位于兰州市（见表8-11）。截至2022年底，公司总资产为1107.39亿元，负债合计701.49亿元，资产负债率为63.35%；公司实现收入165.27亿元，实现净利润2.57亿元。

表8-11 甘肃省开发区级政府投融资平台

公司名称	城市	主体评级
兰州新区城市发展投资集团有限公司	兰州市	AA

资料来源：笔者整理。

第四节 甘肃省地方政府投融资平台发展分析及转型建议

一、甘肃省地方政府投融资平台转型发展的现状及特征

（一）新增债务放缓，非标依赖程度低

从债务的历史变动来看，2018年后甘肃省城投平台融资速度明显放缓。随着隐性债务监管趋严，2019年后甘肃城投平台新增融资明显回落。

2018~2022年甘肃省地方政府债务余额增速分别为20.47%、25.06%、26.48%、24.19%、8.04%，同期甘肃省城投平台债务余额增速分别为-0.37%、16.27%、17.67%、-1.11%、-31.19%。整体来看，甘肃省城投债务增速低于政府显性债务增速，且随着2019年以来城投平台监管政策趋严，甘肃省城投债务余额在2021~2022年呈下降态势。

从融资渠道来看，甘肃多数城投平台融资渠道对非标的依赖度不高。2018~2022年，甘肃省城投平台的非标融资金额分别为78.94亿元、143.49亿元、128.56亿元、32.02亿元、0.38亿元，同期城投债融资金额分别为170.00亿元、323.50亿元、294.60亿元、247.00亿元、81.01亿元。2020~2022年，甘肃省非标净融资连续三年为负，城投公司的非标融资金额和占比均持续下降。

（二）平台债务集中于省级和省会兰州市，区域偿债压力不均匀

甘肃省的地方政府投融资平台格局为省级和省会城投占主导，甘肃省的城投债高度集中于省级和省会兰州市。截至2022年底，甘肃省城投存续债券余额为639.57亿元，其中省级平台存续债券余额为440.86亿元，占68.93%，兰州平台

存续债券余额为 89.80 亿元，占 14.04%。甘肃城投债余额高度集中于三家省级主体，省公航旅集团、甘肃公交建集团和甘肃电投集团，三家主体合计贡献全省城投债余额的 64.38%。

从全省看债务率不高，但区域偿债压力不均衡，兰州市偿债压力大。2022 年，甘肃省宽口径债务率为 133.36%。其中兰州市 2022 年宽口径债务率达到 321.92%，明显高于全省平均水平。2022 年，兰州城投存续负债规模达到 1899.05 亿元，远远高于平凉市的 159.99 亿元。

（三）盈利能力较弱，债务偿还过度依赖地方政府支持

甘肃省负债较高的城投公司过度依赖于市政府和省政府的支持措施，例如，政府为国有企业提供流动性支持而成立的应急基金及与金融机构的协调来偿还债务。以 2022 年被穆迪服务下调公司家族评级的兰州建投为例，2019~2021 年兰州建投获得的财政补贴收入分别为 7.16 亿元、6.40 亿元、6.64 亿元，同期公司净利润分别为 3.75 亿元、2.68 亿元、-3.87 亿元。2021 年 11 月以来，兰州建投的资本市场融资渠道受限，预计该公司将主要依靠兰州市政府和甘肃省政府调动资源（如政府为国有企业提供流动性支持而成立的应急基金）及与金融机构进行磋商，以解决其债务偿还问题。此外，兰州城投于 2022 年先后出现 PPN 技术性违约和担保非标债务展期后又违约。这些负面舆情事件不仅影响企业在资本市场的融资，对于全省的城投公司的信用评级都会造成巨大的负面影响。

二、甘肃省地方政府投融资平台转型面临的政策形势

（一）划分类型，重组整合

2021 年 9 月 23 日，甘肃省发展和改革委员会等七部门发布了《关于推进市县政府融资平台公司整合升级加快市场化转型发展的指导意见》（甘发改财金〔2021〕609 号）（以下简称《意见》），文件明确指出融资平台公司的转型方向为"综合性国有资产运营集团公司"，并认为要通过划分类型（"空壳类""复合类""市场类"）、整合资源、注入资产、清理撤销、归并整合、"以市带县"等方式，将现有融资平台公司转型为权属清晰、多元经营、自负盈亏的市场化综合性国有资产运营（集团）公司。

从具体转型路径来看，平台公司将进行重组整合。《意见》对不同类型的平台公司提出差异化整合策略："全面清理撤销'空壳类'平台、兼并重组'复合类'平台、着力打造'市场类'平台。"根据《意见》，甘肃省要求兰州市本级平台不超过 4 家，兰州新区和其他市（州）级区级平台不超过 2 家，其他县级平台只保留 1 家等；并要求各市（州）力争在 2024 年以前，打造一个总资产 300 亿元以上的综合性国有资产运营集团公司。

（二）"以市（州）带县"模式推动县域经济发展

转型之后的融资平台公司应对县域经济发展起到更好的带动作用。《意见》指出，转型之后融资平台公司承担更好服务县域经济高质量发展、重点园区加快发展、县城新型城镇化建设、乡村振兴战略各项任务，破解发展建设融资瓶颈，提高直接融资能力，支持项目建设，扩大有效投资，防范化解政府性债务风险。因此，融资平台转型之后应能以市场化的融资、投资、建设、运营服务能力承担城市投资开发、建设运营、产业培育、服务、乡村振兴等全方位任务。

市（州）级平台带动县级平台公司的具体措施包括：由市（州）级平台通过参股、业务整合等方式带动县级平台公司；鼓励将县级平台并入市级平台，向县级平台多渠道增信，探索通过市级统贷、县级用款模式扩大融资规模。这实际上鼓励市级平台公司对区县平台公司进行重组。更高的行政层级意味着掌握更多资源，也相应更容易进行平台公司市场化转型。县级平台公司掌握资源少、转型困难，即使多个县级平台公司进行重组整合仍难转型。而通过"以市带县"模式来盘活资产，可以更容易实现融资平台公司市场化转型，依托市级平台公司化解本区县平台公司的债务问题，增强融资能力。因此，"以市（州）带县"模式的关键点在于市级平台公司，具体的实施也面临现实挑战：第一，区县级平台公司资产债务复杂，市级平台的整合需兼顾两方利益；第二，区县级基本上没有发展的主动权，平台公司需考虑贯彻区县政府的战略部署。

三、甘肃省地方政府投融资平台转型发展建议

（一）推进平台公司整合，盘活存量资产

融资平台的市场化转型发展需要盘活存量资产、接受政府资金注入，但由于政府债券融资额度有限，不少平台公司承担大量公益性项目，现金流少，经营困难，市场化转型也较为困难。

对于甘肃省内的平台公司来讲，由于长期积累的负债已成为当前拖累平台发展的最大障碍，因此，在市场化转型中，公司必须要盘活存量资产，推进融资平台整合。而平台公司重组必须要对所有国有资产权属关系进行清理，分清经营性国有资产、公益性资产，对于经营性国有资产要分清权属清晰、权属不清等各种情况，分门别类、优化组合。资产注入必须要与业务相匹配，需对重组整合后的公司进行准确的定位，明确其主营业务，然后根据对其要求（如评级要求、盈利要求等）注入相应的资源、资产。

（二）建立现代企业制度，提高市场化经营能力

融资平台公司是特定功能类国有企业，其市场化转型的目的是成为独立的市场主体，而推进政企分开、加快建设现代企业制度是重中之重。通过转型，融资

平台公司将重点提高资源整合能力，从而提高融资能力和业务能力。

在市场化经营能力方面，由于历史原因，甘肃省内很多融资平台公司长期作为政府的融资平台，缺乏公司的管理体系与市场化运营能力。一方面，要剥离政府非经营性项目的投融资职能，挖掘具有可融资性的项目。以市场化方式谋划项目，围绕县域经济高质量发展、重点园区加快发展、县城新型城镇化建设，积极创新项目商业模式，充分挖掘项目潜在的商业价值，健全投资回报机制，提高项目自身信用。另一方面，要以市场化方式运作、投资项目，可通过混合所有制改革、股权多元化等方式引入优秀的战略合作伙伴，充分利用其专业的能力及市场资源快速做强做大市场类业务，改善公司整体财务状况。

根据《意见》的部署规定："市州、县市区要选强配齐融资平台公司主要负责人，按照市场化原则推行职业经理人制度，政府工作人员原则上不再兼任公司管理职务。"因此，推动省内平台公司建立现代企业制度，首先要建立专业投融资团队，找准市场定位，并厘清与政府的关系，使政府真正放手让企业市场化转型。

第九章　地方政府投融资平台转型发展评价

——以开发区为例

第一节　开发区基本发展情况

纵观我国改革开放四十多年的经济发展，开发区因其便利的审批流程、特殊的招商引资政策和完善的基础设施环境吸引了大量企业入驻，已成为各省区市核心产业的重要承载平台。作为落实推动开发区建设、运营和管理的重要抓手，地方政府投融资平台数量和规模伴随着开发区的发展而不断增长，在协助地方进行基础建设和产业招商方面发挥了巨大的推动作用。为了最大化利用社会资金推动区域发展，开发区和地方政府投融资平台积极采取多种融资手段募集资金，经过多年的发展，债券市场已成为重要的融资渠道之一。

开发区是指由国务院和省、自治区、直辖市人民政府批准在城市规划区内设立的，由各级政府设专门机构实施管理的，具有发展产业和经济目标功能的，有确定管辖边界范围和特定空间区域。从狭义来看，开发区只包括国家级经济技术开发区和高新技术产业开发区；从广义来看，开发区主要包括经济特区、（国家级和省级）经济技术开发区、（国家级和省级）新区、保税区（又称自由贸易区）、高新技术产业开发区、国家旅游度假区、综合开发区及国家综合配套改革试验区。

一、开发区的概况及发展历程

（一）开发区的数量

开发区诞生于改革开放初期，1984 年 9 月，经国务院批准成立的我国第一个国家级经济技术开发区——大连经济技术开发区，自此，开发区的数量一直呈现不断上升的趋势。早期，由于政策和经济条件的制约，很多地区的基础条件难以满足开发区建设的要求，导致开发区建设主要以沿海或重点城市为主，其数量增长相对缓慢，截至 2004 年，开发区的总量不足 1000 家。2001 年，我国正式加入 WTO，这带动了外贸出口相关产业的发展，我国开发区数量明显上升，特别是 2008 年后，一系列刺激经济发展的政策推动开发区跨越式发展，截至 2015 年，开发区的数量已经超过 2500 家。2016 年，开发区已经遍布我国的大中型城市或区县，伴随着产业结构调整，开发区发展已从量变开始质变的新阶段，截至 2022 年底，我国开发区总量已超过 3000 家（见图 9-1）。

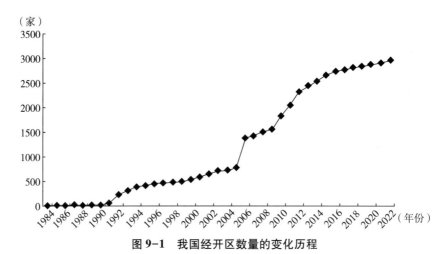

图 9-1　我国经开区数量的变化历程

资料来源：企业预警通。

我国所有开发区的成立时间主要以 10 年以上为主，占比超过 70%，其中，10~20 年的开发区有 1683 家，占比为 50.49%，其中，超过 20 年的开发区有 711 家，占比为 21.33%。此外，5~10 年的开发区有 398 家，占比为 11.94%；小于 5 年的开发区为 185 家，占比为 5.55%；其他年限的开发区有 76 家，占比为 2.5%（见图 9-2）。

（二）开发区的发展阶段

20 世纪 80 年代，为了配合对外改革开放战略，国务院通过试点在沿海的经济开放城市批准建设经济技术开发区吸引外资，成效显著，此后几十年间，开发区审批程序逐步放宽，种类也日渐增多，还曾在 20 世纪 90 年代形成了"开发区发展热"，成为助推我国经济发展的一股不可忽视的力量。纵观开发区演进史，开发区的发展大致可分为三大阶段：

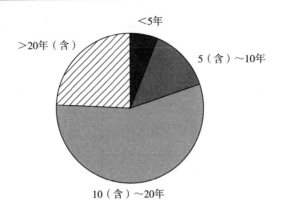

图 9-2 我国经开区成立时间对比

资料来源：企业预警通。

（1）开发区初期设立阶段（1984～1992 年）。1980 年，党中央决定设立深圳、珠海、汕头、厦门四个经济特区。随后，中共中央、国务院批转《沿海部分城市座谈会纪要》，指出在有条件的城市"划定一个有明确地域界限的区域，兴办新的经济技术开发区"。自此，各类开发区如雨后春笋般在全国各地冒出。

在早期，建设开发区的亮点主要在于其政策创新：一是政策优惠，对在开发区生产经营的企业有税收优惠；二是扩大了地方自主性，如地方政府可以利用外资和贷款等形式筹集启动资金。

（2）开发区快速发展阶段（1993～2016 年）。1993 年，中共十四届三中全会做出《关于建立社会主义市场经济体制若干问题的决定》，改革开放从沿海地区向内陆地区全面深入，经济技术开发区也随着改革开放的潮流在全国范围内迅速铺开。到 2002 年 6 月，全国仅国家级开发区就有 160 多家，这些国家级开发区遍布我国各个省份，当初只面向个别开发区的政策红利也渐渐地被其他开发区稀释。

进入 21 世纪后，开发区赖以发展的政策优势逐步丧失。开发区优惠政策中最重要的是促进开放政策、财政政策、税收政策和土地使用政策。我国加入WTO 后，全国境内全方位的开放和国民待遇原则的引入弱化了国家原来赋予开发区的各种开放政策的优势。享受多年的中央财政优惠，也在 2002 年相继到期。2008 年 1 月 1 日起施行的《中华人民共和国企业所得税法》，取消了中国大陆范围内企业所得税的差异，实行统一的税率，由此开发区的区域税收优惠政策不复存在。

（3）开发区改革转型阶段（2017 年至今）。为了适应全球经济和产业格局的深刻变化，形成新的集聚效应和增长动力，国务院办公厅于 2017 年下发《关于促进开发区改革和创新发展的若干意见》（以下简称《意见》），内容涵盖优化开发区形态和布局、加快开发区转型升级、全面深化开发区体制改革、完善开发区土地利用机制、完善开发区管理制度等多个方面的指导思想。该《意见》重点指出要全面深化开发区体制改革，完善开发区管理体制，促进开发区整合优化发展，提高开发区行政管理效能，做好开发区投资促进工作，推进开发区建设和运营模式创新。

在国家宏观指导思想下，各个开发区纷纷开始进行管理体制、用人机制和经营方式的市场化改革，通过对内改革和调整，强化开发区在区域规划、营商环境和基础条件等方面的硬实力。这一时期，开发区的数量也由高速发展过渡到中低速，更加强调开发区的质量水平。

（三）二十大开发区概况

当前，我国开发区数量已超过3000家，呈现数量多、分布广的特点。但从体量上看，不同地区开发区的GDP规模差距较大，前二十大开发区主要分布在华东地区，共有11家入围，其中上海浦东新区遥遥领先，2022年的GDP达到1.6万亿元，是青岛西海岸新区的3.4倍，其中江苏的开发区上榜数量最多，共有5家上榜，分别是苏州工业园区、江宁经济技术开发区、无锡高新技术产业开发区、苏州高新技术产业开发区和吴中经济技术开发区。此外，值得一提的是，华北、西北和东北地区都各仅有一个开发区发展较好，从侧面也说明了开发区规模与地区经济发展正相关，是推动地区实体经济发展的重要因素之一（见图9-3）。

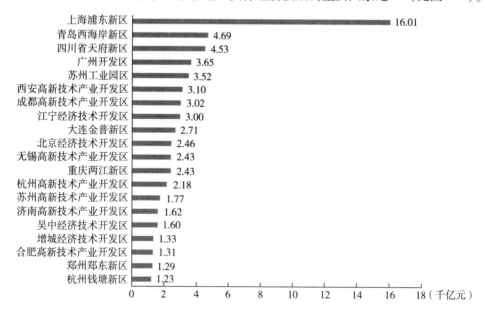

图9-3 我国二十大开发区 2022 年 GDP 情况

资料来源：企业预警通。

二、开发区的分布及重点产业

(一) 开发区的类别分布

经过四十多年的发展，我国开发区衍生出各种不同的类型，2018年，国家通过审核所有开发区，整理汇编成《中国开发区审核公告目录（2018年版）》。按照分类，我国开发区主要分为两大类，第一类是国务院批准设立的，为国家级开发区，主要包括国家级经开区、国家级高新；第二类是省级人民政府批准设立的，为省级开发区，包括省级经开区、高新区和省级特色工业园区。

根据企业预警通的2022年数据，按照级别和类型分类来看，我国开发区主要以省级开发区为主，数量为2297家，占所有开发区总量的68.91%；其次为国家级经济技术开发区、国家级高新区，分别为235家、181家，占总量的7.05%、5.43%（见图9-4）。

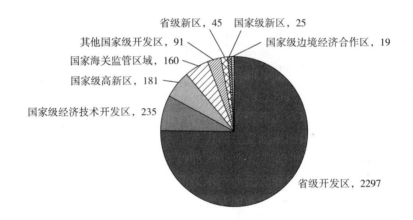

图9-4　我国开发区类别分布状况

资料来源：企业预警通。

(二) 开发区的地域分布

截至2022年底，我国各级别开发区数量已达到3053个，分布在31个省区市。其中，江苏、河南、山东三个省份的经济开发区数量最多，分别为223家、223家和192家，分别占我国经济开发区总数的6.69%、6.69%和5.76%；北京市、宁夏回族自治区、青海省、海南省和西藏自治区的经开区数量在全国经开区总数占比不足1%（见图9-5）。

对我国经开区依据地区分布状态进行核心圈带的划分，可以分为长三角地区、中三角地区、京津冀地区、成渝地区和小珠三角地区。其中，长三角地区设

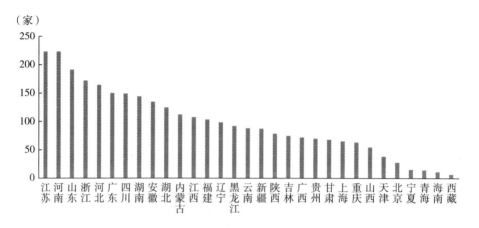

图 9-5 我国开发区地域分布状况

资料来源：企业预警通。

立经开区 598 家，占比为 41.86%，长三角地区的经开区数量是其他核心圈带设立经开区数量的 2 倍。小珠三角地区的经开区数量最少，设立的经开区数量只有 70 家，占比为 4.9%（见图 9-6）。

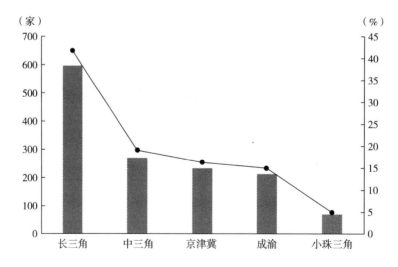

图 9-6 2022 年我国核心圈带经开区数量分布状况

资料来源：企业预警通。

从开发区的面积大小来看，开发区的核准面积普遍偏大，70% 以上大于 300

平方千米，其中大于 1000 平方千米的数量占比最高，其次为 500~1000 平方千米、300~500 平方千米。具体来看，我国核准面积小于 100 平方千米的开发区有 239 家，占比为 7.17%；有 593 家经开区核准面积在 100~300 平方千米，占比为 17.79%；有 627 家经开区核准面积在 300~500 平方千米，占比为 18.81%；有 773 家经开区核准面积在 500~1000 平方千米，占比为 23.19%；有 821 家经开区核准面积大于 1000 家，占比为 24.63%（见图 9-7）。

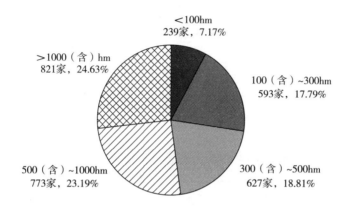

图 9-7 开发区核准面积分布

资料来源：企业预警通。

（三）开发区的重点产业

作为实体产业的集聚区，开发区重点发展的主导产业可分为 11 大类，分别为先进技术设备制造业、高端装备制造业、新型材料制造业、新型综合制造业、现代农林牧渔业、现代生产性服务业、新型生活性服务业、现代信息技术业、新能源开发及生产业、节能环保业和创新创业与现代技术服务业。

超过半数的开发区主导产业为先进技术设备制造业、高端装备制造业和新型材料制造业。其中，有 716 家开发区主导产业为先进技术设备制造业，632 家开发区主导产业为高端装备制造业，488 家开发区主导产业为新型材料制造业，占比分别为 28.64%、25.28% 和 19.52%（见图 9-8）。

三、国家级开发区的发展情况

开发区是区域经济的核心组成部分，以国家高新区和国家经开区为代表的产业园区是我国经济发展的压舱石、对外开放的稳定器、创新发展的主引擎、转型升级的风向标。

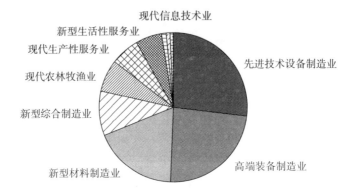

图 9-8 开发区主导产业分布状况

资料来源：企业预警通。

（一）国家级高新技术开发区

高新技术产业开发区（以下简称"国家高新区""国家级高新区"），是在一些知识与技术密集的大中城市和沿海地区建立的发展高新技术的产业开发区。高新区以智力密集和开放环境条件为依托，主要依靠国内的科技和经济实力，充分吸收和借鉴国外先进科技资源、资金和管理手段，通过实施高新技术产业的优惠政策和各项改革措施，实现软硬环境的局部优化，最大限度地把科技成果转化为现实生产力而建立起来的集中区域。

1988 年国务院开始批准建立国家高新技术产业开发区，1998 年 8 月中国国家高新技术产业化发展计划——火炬计划开始实施，创办高新技术产业开发区和高新技术创业服务中心被明确列入火炬计划的重要内容。根据 2022 年 11 月中华人民共和国科学技术部（以下简称"科技部"）公布的数据，我国共有 177 个国家级高新技术产业开发区，分布在全国 31 个省、自治区、直辖市，其中，江苏省的国家级高新区数量最多，达到了 18 个，其次为广东、山东、湖北分别为 14 个、13 个、12 个，此外，江西、湖南和河南分别有 9 个。

根据科技部火炬中心的统计数据，近些年，高新技术开发区、国家自主创新示范区持续保持蓬勃发展态势，2022 年，两者贡献了全国 13.6% 的 GDP。

（二）国家级经济技术开发区

经济技术开发区是为了落实改革开放政策而设立的现代化工业、产业园区，主要解决长期存在的审批手续繁杂、机构叠床架屋等制约经济社会发展的体制问题。其中，国家级经济技术开发区是由国务院批准成立的经济技术开发区，在我国现存经济技术开发区中居于最高地位，是推动高水平对外开放的重要抓手，在积极推进高质量发展有效发挥稳外贸、稳外资方面发挥着"主力军"的作用。

根据中华人民共和国商务部的统计口径，截至 2022 年底，我国共有 230 家国家级经开区，其地区生产总值在 2022 年达到 15 万亿元，同比增长 8.7%，占同期国内生产总值比重为 11.4%；出口总额 10 万亿元（其中出口 6 万亿元，进口 4 万亿元），同比增长 11.1%，占全国进出口总额比重为 21.5%；实际使用外资 423 亿美元，同比增长 9.2%，占全国实际使用外资比重为 20.5%。分区域来看，东部地区 112 家国家级经开区地区生产总值 9.3 万亿元，同比增长 7.8%；中部地区 68 家国家级经开区地区生产总值 3.4 万亿元，同比增长 7.8%；西部地区 50 家国家级经开区地区生产总值 2.3 万亿元，同比增长 13.9%。

第二节　开发区投融资平台发展及债券融资情况

（一）开发区投融资平台发展情况

根据企业预警通已披露的数据，截至 2022 年底，全国共有开发区 3053 家，其中，国家级开发区共有城投企业 549 家，其中国家级经开区城投企业 314 家，国家级高新区城投企业 215 家，其他国家级新区 20 家（见图 9-9）。

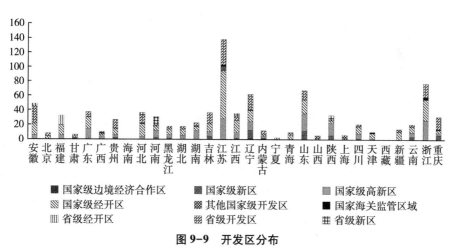

图 9-9　开发区分布

资料来源：企业预警通。

根据统计，已披露主体评级的开发区城投平台共有 326 家，根据评级划分，共有 AAA 级城投公司 20 家，AA+级城投公司 101 家，AA 级城投公司 189 家，AA 级以下的城投公司 16 家。从地区分布来看，达到 AAA 级的城投公司分别分布在北京市、四川省、湖北省、山东省、江苏省、广东省、浙江省、湖南省。北京市、安徽省、浙江省、山东省、广东省、湖南省等省市（自治区）的地方政府投融资平台评级均在 AA 级及以上。从级别迁徙来看，近年来，开发区城投没有评级变化情况，主体评级趋于稳定（见图 9-10）。

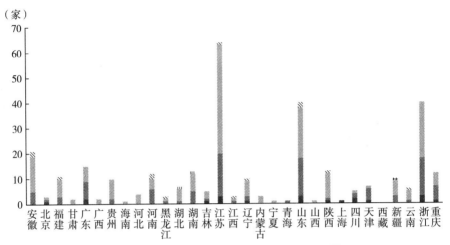

图 9-10   各省份开发区投融资平台及评级

资料来源：企业预警通。

（二）开发区内城投债券融资情况

从开发区新发行城投债来看，2018~2021 年，由于开发区数量的拓展，新发债务持续高企，开发区发债城投企业债券余额呈现出持续上升的趋势，2021 年达到破纪录的 3588.03 亿元。2022 年，受宏观经济影响，开发区内新发行债券金额有所下降，降至 3517.94 亿元。从区域来看，江苏省开发区城投平台贡献的新发债券金额最大，达到 1123.71 亿元，浙江省开发区城投平台的贡献度次之，新发债券金额达到 373.12 亿元。而内蒙古、宁夏、上海市、河北省等地的开发区城投平台在 2022 年无新发债券（见图 9-11）。

从债券存量来看，2022 年底，开发区城投平台债券余额为 8411.57 亿元，其中只有江苏省的开发区城投平台存量债券余额超过 1000 亿元，达到了 2397.01 亿元。债券余额大于 500 亿元的开发区省份小于 1000 亿元的地区有 6 个，分别为浙江省、湖南省、四川省、山东省、湖北省和广东省。从个体开发区来看，地方政府债务余额超过 300 亿元的开发区为镇江经开区、大连长兴岛经开区、武汉东湖技术产业开发区、营口经开区、武汉经开区、天津经开区，其中镇江经开区

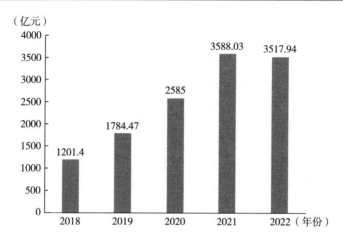

图 9-11　2018~2022 年开发区新发行债券

资料来源：企业预警通。

和大连长兴岛经开区地方政府债务余额在 400 亿元以上；债务余额在 200 亿~300 亿元的有成都经开区、无锡高新区、西安高新区、重庆高新区、烟台经开区、乌鲁木齐经开区和成都高新区。整体来看，东部地区的开发区城投平台在债券市场上参与发债行为更积极，而西部地区开发区的债券融资能力相对较弱（见图 9-12）。

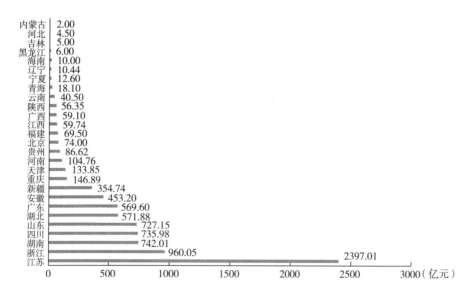

图 9-12　2022 年各省份开发区投融资平台债券余额

资料来源：企业预警通。

在已公布政府债务限额的开发区中，除长春高新区和长春经开区的限额超过千亿元外，其余开发区的债务限额均低于 500 亿元。地方政府债务余额超过 300 亿元的开发区为镇江经开区、大连长兴岛经开区、武汉东湖技术产业开发区、营口经开区、武汉经开区、天津经开区，其中镇江经开区和大连长兴岛经开区地方政府债务余额在 400 亿元以上；债务余额在 200 亿~300 亿元之间的有成都经开区、无锡高新区、西安高新区、重庆高新区、烟台经开区、乌鲁木齐经开区和成都高新区。从债务率上看，以宽口径债务率来计算，大部分开发区的债务率在 300% 左右，南昌经开区、贵阳高新区、肇庆高新区、巴彦淖尔经开区、益阳高新区、吉林经开区、洛阳高新区、锦州经开区八个开发区的债务率在 1000% 以上。

从省份分布来看，城投债主要分布在江苏省、山东省、重庆市、湖南省、湖北省。其中，江苏省有 51 个国家级经开区平台和 23 个国家级高新区平台，存量城投债 452 只，存量债余额为 2397.74 亿元，约占全国开发区存量债余额的 28.50%。其他省份国家级开发区存量城投债余额均在 1000 亿元以下，其中黑龙江省、吉林省、河北省、内蒙古存量债券余额不足 10 亿元（见图 9-13 和图 9-14）。

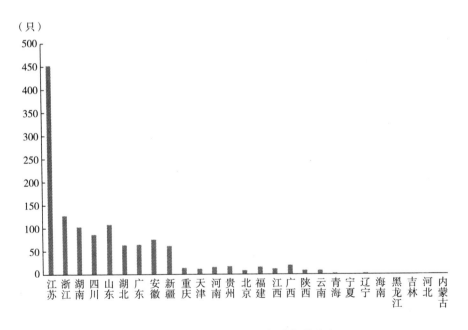

图 9-13 各省份开发区城投债数量分布

资料来源：企业预警通。

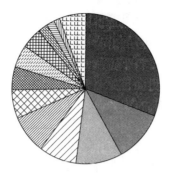

江苏省　浙江省　湖南省　四川省　山东省　湖北省　广东省
安徽省　新疆　重庆市　天津市　贵州省　其他省份

图9-14　部分省份城投债金额占比

资料来源：企业预警通。

　　随着开发区经济、财政实力的提升，中央、地方加大对各开发区的支持力度，地方政府债务偿付有所保障。此外，各开发区正着力优化债务管理机制，完善常态化监控机制，稳妥化解地方政府隐性债务存量，全面落实开"前门"堵"后门"，严格防控政府债务风险。

第三节　开发区地方政府投融资平台发展分析及转型建议

一、开发区地方政府投融资平台转型发展的现状及特征

（一）债务类型多样，满足融资需求

　　目前，我国开发区债务已逐渐呈现出数量扩大化、期限结构日渐丰富、种类多元化等特点。丰富多样、结构合理的开发区债务将为开发区投融资平台的转型发展提供充足的资金支持，推动开发区城投平台的多元化发展。

　　首先，从债券总量上看，近些年，我国开发区债券发行量逐年递增，由2018年的551只增长至2021年的1156只，截至2022年底，债券市场上与国家级开发区和经开区相关的城投债有多达1291只，占该时点城投债总量的6.52%。

　　其次，债券的期限结构日益丰富。截至2022年底，在债券市场上的开发区城投债中，有短期融资券（含超短期融资券）115只，占全部开发区城投债的8.91%，对于解决短期现金流不足的问题以及处理突发性事故造成的短期资金需

求发挥重要作用，满足了短期资金需求。中期票据 352 只，占全部开发区城投债的三成左右，从五年期到十年期不等，满足对于资金周转周期较长的企业资金需求。

最后，债券种类正逐渐多元化。截至 2022 年底，国家债券市场上的开发区城投债中，共有定向债务融资工具（PPN）251 只，占全部开发区城投债的19.4%，满足公募品种债券额度剩余不足、有大额临时过桥或资金周转需求的企业、拟进行较复杂的融资结构创新的企业的资金需求。公司债（包括私募债）和企业债分别为 52 只和 165 只，分别占全部开发区城投债的 4.02% 和 12.8%，大量的公司债以及企业债有效满足了企业较为一般性的资金需求。

（二）经济体量优异，有力推动发展

我国开发区经济体量庞大，在经济发展中起到了举足轻重的地位，其价值主要体现在以下两个方面：第一，开发区是为促进地方经济发展而设立的特殊经济区域，享有税收优惠政策和其他一系列优惠政策，吸引了大量的国内外企业落户，形成了庞大的经济规模；第二，随着我国经济的快速发展，很多开发区在过去几十年中积累了丰富的产业经验和技术实力，成为了相关产业的重要基地，也进一步推动了经济的发展。

从体量上来看，2021 年，开发区共贡献生产总值 29.0 万亿元和一般公共预算收入 8088.59 亿元。可以说，无论是税收方面还是对 GDP 贡献方面，开发区都起着不可或缺的作用，其经济体量巨大，是强有力的经济推动者。但伴随着经济形势的变化，开发区投融资平台过去依靠政府的资金支持和行政管理的时代已经不能满足当前经济发展的需求，在这种情况下，开发区投融资平台需要转型升级。具体来看，开发区投融资平台需要建立更加开放的投融资机制，吸引更多的资本进入开发区，带动当地的经济发展。同时，投融资平台还需要更加专业化，为企业提供更加高效的融资服务，促进当地经济的创新和发展。这些转型举措均需要一定量的资金支持，而开发区自身的经济体量将成为开发区投融资平台完成转型的坚实后盾。

（三）主营业务市场化程度低

根据主营业务类型分类，开发区级城投公司的主营业务主要分为七大类，分别为土地开发整理、基础设施建设、交通建设运营、棚改/保障房建设、公用事业、产投平台和综合性平台。截至 2021 年底，对 162 家披露主营类型的开发区投融资平台进行统计，有 63 家城投平台主要从事基础设施建设业务，另有 17 家平台从事土地开发整理业务，9 家平台主营公用事业。有超过一半的公司业务市场化程度较低（见图 9-15）。

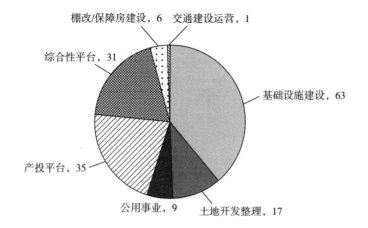

图 9-15　开发区投融资平台主营业务分布

投融资平台的主营业务市场化程度较低是当前存在的现实，这对平台的转型发展带来一定的困难，具体体现在以下几点：第一，大量平台业务主要依赖于政府的财政补贴和扶持政策，平台难以从市场竞争中获得足够的利润和资金支持，无法扩大市场规模和业务范围，从而限制了平台的发展潜力。第二，政府的监管和支持是一把"双刃剑"，不仅极易受到政策导向的影响，导致公司发展前景的不稳定，还缺乏对市场的敏锐度和风险感知能力，难以及时识别和应对市场风险，从而容易受到市场波动的冲击。第三，平台公司的技术创新主要依赖于政府的科技支持和政策引导，难以靠自身提高技术研发能力，从而限制了平台的市场竞争力。第四，平台的人才队伍主要依赖于政府的引才政策和人才补贴，难以真正吸引和留住优秀的人才，制约了平台的人才储备和发展潜力。

二、开发区地方政府投融资平台转型面临的政策形势

当前，开发区的转型升级创新发展的方式主要是由政府主导向市场主导转变，通过推进体制机制创新，促进开放型经济发展，推动产业转型升级，因此，开发区的平台公司转型应当紧跟园区转型升级。

在投融资平台公司转型引导方面，以及在明确对投融资平台公司转型发展要求方面，国家提出了明确的指导意见。为防范个别地区违法违规举债担保的情况，牢牢守住不发生区域性系统性风险的底线，国家陆续出台了《关于进一步规范地方政府举债融资行为的通知》（财预〔2017〕50号）、《关于坚决制止地方以政府购买服务名义违法违规融资的通知》（财预〔2017〕87号）、《中共中央国务院关于防范化解地方政府隐性债务风险的意见》（中发〔2018〕27号）等文件，建立健全监督问责机制，遏制政府新增隐性债务，保障财政安全。

在《国务院办公厅关于促进国家级经济技术开发区转型升级创新发展的若干意见》（国办发〔2014〕54号）等文件的基础上，2017年国务院发布了《关于促进开发区改革和创新发展的若干意见》（国办发〔2017〕7号），再次提出优化开发区形态和布局，推动各区域开发区协调发展；加快开发区转型升级，推动创新驱动发展与产业结构优化；全面深化体制改革与完善开发区管理制度。随后发布了《国务院关于推进国家级经济技术开发区创新提升打造改革开放新高地的意见》（国发〔2019〕11号）、《国务院关于促进国家高新技术产业开发区高质量发展的若干意见》（国发〔2020〕7号），进一步增强开发区功能优势、培育新兴产业、优化营商环境等方面全力推动开发区体制机制改革创新，发挥好示范引领和辐射带动作用。

三、开发区地方政府投融资平台转型发展建议

（一）"管委会+公司"，构建产业新模式

当前，各地开发区正不断创新体制机制，优化营商环境，创新产业园区运营模式，以加快推动开发区高质量发展，但传统的投融资模式、招商模式、运营模式、服务模式都面临着巨大的挑战，传统的土地、人口红利下降，新的红利还很薄弱，形势很严峻。解决问题的关键在于重建平台公司与管委会的关系，通过构建新型的政企关系，推动管委会和平台公司分工协同。

"管委会+公司"模式，即为实现"政企分开、政资分开"，管委会建立专业运营公司，把原来由管委会独自承担的行政管理职能和开发建设运营职能，转变为由管委会和公司共同承担。开发区发展规划、政策制定和社会事务管理由管委会独自承担；而建设开发、招商引资、园区运营服务等功能由管委会和公司共同承担，从而逐步实现"政府+市场"的共治。"管委会+公司"模式是推动平台公司成为市场化的投融资主体、产业运营主体、资源配置主体、要素整合主体，抛弃传统的融资平台定位。通过政策、产业、资源、资本、体制机制、运营服务等关键要素的相互作用来实现协同的，平台公司以市场化模式优化要素配置，从传统的融资平台向产业平台升级，从基础设施投资建设商向产城融合的投资建设、运营、服务商转型是明确的方向。

（二）拓宽融资渠道，提升平台信用等级

随着城投平台业务的持续发展，对外融资的需求不断增加，公司债务规模的快速增长，平台的财务杠杆整体处于较高水平。平台公司主要通过银行贷款等间接融资渠道进行融资，融资成本高且灵活性较低。在城投平台创新转型发展的道路上，必须拓宽企业的融资渠道，通过发行债券、设立基金等方式增强直接融资在企业融资中的比例，优化公司融资结构。积极响应《关于构建绿色金融体系

的指导意见》（银发〔2016〕228 号）及各地区促进绿色金融发展措施等相关文件，探索绿色债券、基础设施领域不动产投资信托基金、售后回租多种创新型融资方式的可行性，同时加强与社会资本合作，在《国务院关于加强地方政府性债务管理的意见》（国发〔2014〕43 号）等政策的基础上，鼓励推广 PPP 等模式，提升融资实力。

平台公司是政府信用的代表，深入资本市场不仅表明企业能够应用的融资手段多，更能从侧面代表着企业的还款能力强，还款意愿高，其在资本市场的信用等级也会不断增强。

（三）整合与重组，有利于提高融资效用

目前，园区类资产流动性仍然偏低，没有能够充分发挥优质资产的作用。一方面，园区中存在大量的道路、桥梁等基础设施类的资产；另一方面，园区类资产中的主要类型为标准厂房和其他产业空间，从资产管理和估值角度上看，仍然处于没有被充分开发的状态，大量的厂房仍然处于较为低效的运营状态。通过整合与重组园区内各类平台公司的不同业务，可以有效提升园区类资产的流动速度和变现能力，从业务组合上赋能园区类资产。

为实现高质量的资产整合与重组，一方面要把握园区内平台公司的精准定位，在整合重组过程中，将资源、资产、资本、资金结构化重组，加快"两非"（非主业、非优势）分离、"两资"（低效资产、无效资产）清退，聚焦主责主业，加强业务发展深度和专业度。推动资本布局结构优化，提高资源配置效率，集中资源攻坚技术壁垒，建设企业核心竞争力。上述举措同时也是增强企业自身融资能力的重要途径。另一方面要聚焦协同效应的发挥，强化重组后的深度融合，加快同类业务的横向整合、产业链上下游垂直方向整合。按照"分类管理、专业运营"的理念，做大做强母（集团）公司，做实做专相应子公司，明确各自业务分工，有效提高平台融资效率。

【案例篇】

第十章　靖江市城投基础设施发展有限公司转型发展案例分析

　　靖江市城投基础设施发展有限公司是靖江市城市建设领域资产规模最大的国有企业之一，承担着靖江市国有资产保值增值的重要职能，主要业务涵盖工程施工、土地整理开发和商业运营管理三大核心板块。近些年，通过长期积累的项目开发、运营和管理经验，公司建立了市场化的内部管理机制，实现了产城融合商业化发展，形成了符合本土国企改革和债务管理的方案。当前，公司已实现从"建设城市"向经营"城市产业"的转变，成功转型成为重大项目建设主体、城市运营主体和商业发展主体。

第一节　公司基本情况

一、公司简介

　　靖江市城投基础设施发展有限公司（以下简称"靖江城投"或"公司"）成立于 2001 年 5 月 11 日，经过股权变更和多次增资，注册资本达到 19.2 亿元。靖江城投的控股股东为靖江市人民政府国有资产监督管理办公室，持股比例为99.81%；靖江市华信担保有限公司持有公司 0.19%的股份。

　　靖江城投是靖江市重要的基础设施建设和投融资主体，主营业务范围涵盖了房地产综合开发业务，经营管理政府授权范围内的国有资产，投资经营市政公用设施建设，投资经营与市政公用设施相关的土地开发等多个领域。此外，公司还经营着房屋租赁、停车场管理服务，以及金属及金属矿、非金属矿及制品、建材、煤炭、焦炭的销售等业务。

二、所在区域情况

靖江市地处苏锡常、宁镇扬、通泰扬三个经济区的交界处和苏南、苏北交通咽喉位置，向东距上海 156 千米，向西至南京 191 千米。江阴长江大桥作为京沪高速公路的唯一跨江通道，与宁通高速公路、广靖高速公路、姜八公路、江平路成为贯穿大江南北的重要交通枢纽，使靖江市的区位优势非常明显。

靖江市是国务院最早批准的沿江开放城市之一，2022 年位列全国百强县第 37 位。目前，靖江市已初步形成了以机电及汽车配件、医药及精细化工、纺织服装、船舶修造为主的工业结构，正全力打造船舶修造、冶金、能源、石化、现代物流等临江产业群。

靖江市人民政府网站统计数据显示，2022 年靖江市实现 GDP 1226.18 亿元，同比增长 5.3%。经济结构呈现"一产稳、二产增、三产优"的发展态势。其中，第一产业增加值为 27.30 亿元，增长 3.3%；第二产业增加值为 680.23 亿元，增长 7.2%；第三产业增加值为 518.65 亿元，增长 3.0%。全年三次产业结构比例为 2.2∶55.5∶42.3。

凭借地理和经济优势，靖江市的基础设施建设项目具有广阔的市场前景和较强的盈利能力。随着城市的不断发展，靖江城投的业务量和效益将稳步提升，对公司的发展起到积极的推动作用。

三、公司业务情况

靖江城投主要业务范围包括工程施工、土地整理开发和商业运营管理三大核心板块，其中，商业运营管理板块包含运输、市场管理、安置房销售、物资销售、租赁等业务。

随着靖江市经济快速发展，迫切需要进一步提升区域内的基础设施建设水平，以满足经济发展的需求。为此，靖江市市委、市政府制定了《靖江市城市总体规划（2013—2030 年）》，将规划形成"中心城区—小城市—特色镇—特色村"的四级城乡体系，建设各种交通方式协调发展、对外开放、对内集聚的多层次综合交通体系，同时，还提出了坚持产城融合、市域协调、多元驱动原则，提升城镇化发展水平和质量。在此背景下，靖江城投承接了大量靖江市基础设施建设业务，工程施工板块及土地整理开发板块成为公司主营业务收入的重要来源。2022 年，靖江城投工程施工板块及土地整理开发板块收入分别为 35416.48 万元和 14518.89 万元，占主营业务收入的比重分别为 32.05% 和 13.14%。

公司工程施工业务模式为靖江市相关政府部门与公司签署建设合同，协议明确双方的权利和义务，建设项目具体内容、工程监理、工期及工程进度、结算价款、结算时间、工程验收方式等，公司按照国家相关规定，根据市场情况自主选择工程施工第三方，公司与施工方签订施工合同。施工方按照项目进度与公司进行结算，公司确认施工成本并加计一定的代建管理费，向财政局提出申请，财政局再根据资金状况进行拨付，待公司收到财政局拨付资金后再支付给施工方。公司根据施工进度按照项目结算价格加计一定的代建管理费确认工程施工收入。

公司土地整理开发业务主要由公司本部及全资子公司靖江市华丰城市建设有限公司负责，在靖江市旧城区的土地整理与开发行业具有明显的垄断优势。作为靖江市政府授权的土地整理业务开发主体，随着靖江市城市化建设的不断推进，公司在获取土地资源信息，以及对土地进行收集、整理、出让等渠道方面具有较大优势，为公司的城市土地开发业务提供了较好的发展空间。

公司运输业务由其下属公司靖江市恒通出租汽车有限公司负责经营，该公司是靖江市唯一一家出租车运营公司，也是集出租客运、普通货运、汽车租赁和汽车维修于一体的综合性企业，不仅肩负着国有资本保值增值的首要职责，还承担着一定的社会责任和国企担当，着重缓解市内居民用车压力，大力解决百姓出行用车困难。

公司市场管理业务由子公司江苏渔婆农副产品批发市场有限公司负责经营。其经营业务属靖江市政府"菜篮子"工程，有效地方便了居民生活，稳定了市场供应，促进了当地农民增收并提高了农产品流通效率。

公司安置房销售业务由子公司靖江市安居房开发建设有限公司（以下简称"靖江安居房开发建设"）负责。作为承担保障性住房开发和经营的公司，靖江安居房开发建设在靖江市主城区安置房建设销售行业处于垄断地位，为靖江市的旧城区改造、腾迁安置和保障性住房建设做出了重要的贡献。未来，随着靖江市各类棚户区改造工程的陆续实施和包含棚户区改造用房、公共租赁住房、廉租住房在内的多层次住房保障体系的建立，靖江市保障性住房的建设将迎来新一轮的发展。

公司物资销售业务由子公司靖江市华毅贸易有限公司负责经营。2018年，公司为了扩展自身业务增加了物资销售业务板块，主要销售建筑材料、煤炭、焦炭、燃料油、木材等商品。公司为需要建筑材料、煤炭、木材等商品的终端客户提供从商品的采购、物流、仓储、配送等全过程服务，为所售商品的上游供应商提供快速的分销渠道，同时公司物资销售业务为下游客户高效配置供货资源，有效降低了中间费用，实现了多方合作共赢。

公司租赁收入主要来源于子公司江苏渔婆农副产品批发市场有限公司，公司将渔婆农贸市场、配套的设施设备及配套停车场租赁给靖江市江阳农贸市场有限公司并签署租赁合同，公司负责指导、监督农贸市场的公共维护、清洁等工作并获取租赁收入。

未来，靖江城投将重点整合城市管理、商业运营、绿化、物业服务等资源，形成系统化的运营机制，成立专业的二级公司拓展业务渠道；同时，靖江城投也将投资文旅板块，通过发挥靖江市沿长江 10 千米江岸线的地缘优势，参与旅游度假区的建设和运营，以文旅项目作为未来市场盈利的撬动点。

四、公司财务情况

截至 2023 年 3 月，靖江城投的总资产为 290.42 亿元，净资产为 101.70 亿元，资产负债率为 64.98%。2022 年，公司实现营业收入 11.17 亿元，净利润 1.67 亿元，公司盈利情况良好。此外，过去两年公司的财务状况良好，归母公司的平均净利润为 1.36 亿元，稳健的经营模式使得营业收入和净利润保持稳定增长（见表 10-1）。

表 10-1　2021~2023 年 3 月靖江城投主要财务指标情况

项目	2021 年	2022 年	2023 年 3 月
资产总计（亿元）	264.31	279.89	290.42
负债合计（亿元）	171.75	178.63	188.71
全部债务（亿元）	158.48	160.38	174.68
所有者权益（亿元）	92.56	101.27	101.70
营业总收入（亿元）	9.27	11.17	4.29
利润总额（亿元）	1.05	1.55	0.43
净利润（亿元）	1.23	1.67	0.43
扣除非经常性损益后净利润（亿元）	1.15	0.36	0.30
归属于母公司所有者的净利润（亿元）	1.13	1.58	0.40
经营活动产生现金流量净额（亿元）	1.01	0.20	5.78
投资活动产生现金流量净额（亿元）	-0.52	-4.52	-0.01
筹资活动产生现金流量净额（亿元）	-0.33	-2.40	2.95
流动比率（倍）	3.18	2.57	2.74
速动比率（倍）	1.30	0.91	0.96
资产负债率（%）	64.98	63.82	64.98
债务资本比率（%）	63.13	61.30	63.20
营业毛利率（%）	10.00	13.38	24.19
平均总资产回报率（%）	0.59	0.84	0.31
加权平均净资产收益率（%）	1.38	1.73	0.43

续表

项目	2021 年	2022 年	2023 年 3 月
扣除非经常性损益后加权平均净资产收益率（%）	1.29	0.38	0.29
EBITDA（亿元）	2.00	2.73	1.00
EBITDA 全部债务比（倍）	0.01	0.02	0.01
EBITDA 利息倍数（倍）	0.20	0.25	0.28
应收账款周转率（次）	3.80	3.64	1.07
存货周转率（次）	0.06	0.06	0.02

五、公司融资情况

靖江城投整体融资能力较强。公司自成立以来，始终与金融机构保持良好的业务合作关系，确保了间接融资渠道的顺畅。银行机构方面，公司与华夏银行、厦门国际银行、靖江农商行、浙商银行、南京银行等多家银行建立了良好的合作关系。截至 2023 年 3 月，靖江城投及其子公司在各家银行授信总额度为 94.2 亿元，其中已使用授信额度为 60.69 亿元，尚余授信 33.51 亿元。其中，与中国银行的合作额度最大，达到了 16 亿元（见表 10-2）。

表 10-2　2023 年 3 月靖江城投银行授信情况　　　　单位：万元

银行名称	综合授信额度	已使用情况	剩余额度
华夏银行	45000.00	29480.00	15520.00
厦门国际银行	25000.00	6166.40	18833.60
靖江农商行	50000.00	37410.00	12590.00
浙商银行	50000.00	39900.00	10100.00
南京银行	47000.00	22950.00	24050.00
常熟农商行	10000.00	5000.00	5000.00
光大银行	75000.00	15004.50	59995.50
广发银行	5000.00	3000.00	2000.00
兴业银行	100000.00	93037.50	6962.50
民生银行	60000.00	45100.05	14899.95
中国银行	160000.00	110747.58	49252.42
中国农业银行	120000.00	61600.00	58400.00
江苏银行	90000.00	69950.02	20049.98

续表

银行名称	综合授信额度	已使用情况	剩余额度
江南银行	10000.00	5899.00	4101.00
平安银行	20000.00	4500.00	15500.00
上海银行	10000.00	7990.00	2010.00
无锡农商行	5000.00	945.00	4055.00
中国邮政储蓄银行	15000.00	4700.00	10300.00
交通银行	45000.00	43554.60	1445.40
合计	942000.00	606934.65	335065.35

在债券融资方面,截至 2023 年 3 月,靖江城投及其子公司累计发行了境内外债券 49 只,总额为 270.67 亿元,累计偿还债券 180.78 亿元;已发行尚未兑付的债券余额为 99.89 亿元。其中,公司债券占比最大,总额为 38.39 亿元(见表 10-3)。

表 10-3　靖江城投债券融资情况　　　　　单位:亿元、%、年

序号	债券简称	发行日期	回售日期	到期日期	债券期限	发行规模	票面利率
1	21 靖投 03	2021-09-24	—	2023-09-28	2	5.50	6.50
2	21 靖投 04	2021-11-19	—	2023-11-23	2	3.00	6.76
3	22 靖投 01	2022-05-25	—	2025-05-27	3	6.50	4.80
4	23 靖投 01	2023-01-17	—	2025-01-19	2	2.40	6.00
5	23 靖投 02	2023-02-03	—	2025-02-07	2	5.03	6.00
6	23 靖投 03	2023-02-23	—	2025-02-24	2	15.96	5.90
	公司债券小计						**38.39**
7	20 靖江城投 PPN001	2020-06-05	—	2023-06-08	3	4.70	5.97
8	20 靖江城投 PPN002	2020-10-27	—	2023-10-28	3	4.00	6.30
9	21 靖江城投 PPN001	2021-01-14	—	2024-01-15	3	3.00	6.50
10	21 靖江城投 MTN001	2021-06-18	2023-06-22	2024-06-22	2+1	5.00	6.50
11	21 靖江城投 MTN002	2021-12-14	—	2026-12-16	5	4.00	3.95
12	22 靖江城投 PPN001	2022-01-04	—	2024-01-06	2	4.00	6.20
13	22 靖江城投 PPN002	2022-01-24	—	2024-01-26	2	4.30	5.80
14	22 靖江城投 MTN001	2022-04-20	—	2027-04-22	5	3.50	3.83
15	22 靖江城投 MTN002	2022-04-25	—	2025-04-27	3	2.50	5.00

续表

序号	债券简称	发行日期	回售日期	到期日期	债券期限	发行规模	票面利率
16	22 靖江城投 SCP001	2022-12-13	—	2023-09-10	0.7397	1.00	4.80
17	23 靖江城投 SCP001	2023-01-12	—	2023-10-13	0.7397	5.50	5.20
18	23 靖江城投 CP001	2023-04-14	—	2024-04-18	0.7377	5.00	3.73
19	23 靖江城投 SCP002	2023-05-22	—	2024-02-18	1	5.00	3.28
	债务融资工具小计					51.50	
20	20 苏靖江城投 ZR001	2020-12-18	—	2023-12-18	3	5.00	5.90
21	21 苏靖江城投 ZR001	2021-01-05	—	2024-01-05	3	5.00	6.05
	其他小计					10.00	
	合计					99.89	

综合来看，靖江城投通过最大化利用各类融资工具进行资金筹集，实现了融资渠道的多元化发展，无论是银行贷款、交易所公司债券或是银行间票据，靖江城投都表现出了良好的融资能力和资金运用效率，这有利于提高公司的资金使用效率，推动集团的持续稳定发展。

第二节　转型发展分析

一、转型发展路径

随着靖江城投的快速发展，如资产质量较差、融资渠道单一、内部架构混乱等问题逐步显现，成为限制公司发展的障碍。为了跟紧时代步伐，迎接市场化改革挑战，公司以市场化导向优化资产质量、扩宽融资渠道，重塑内部架构，全面推进现代化转型升级和创新发展工作。

（一）明确主责主业，发挥资源集合优势

靖江城投明确了以工程施工、一级土地开发整理和商业运营管理三项业务为核心主业的思路，立足保证基本盘不动摇，做好本职工作，推动国有资本向重要行业和关键领域集中。

对于工程施工板块，靖江城投充分发挥公司在项目代建及施工管理业务板块的优势，做大做强，使之成为公司重要的经济效益支撑。通过设计创新、技术创新、优化资源配置等手段，打造核心竞争力。以降低运营成本为目标，以创优创奖为牵引，不断强化工程品质管理。在肩负促进新老城区均衡发展战略使命的基础上，抓住长三角一体化的时代机遇，积极向外开拓市场。靖江城投将重点推进城市棚户区改造拆迁、智慧停车场、老城明清历史文化街区、海绵城市等项目建设，扩大商业运营管理版图。

对于土地整理板块，靖江城投根据城市发展规划，以"老城强肌理，新城强内涵"为目标，着力优化土地资源配置，盘活存量土地，提高资产集约利用率，充分发挥土地资源在城市建设发展中的促进和保障作用，实现城市基础设施配套到位。坚持以市场需求为导向，深入挖掘资产最大值，合理把控风险，科学制定土地开发方案，加快推动业态定位开发，努力实现企业高质量发展。公司跟随靖江市城市化发展进程，改善老旧小区居民居住环境和质量，提升老城区形象。

对于商业运营板块，靖江城投集中资源配置，做精做细现有运输业务、市场管理业务和物资销售业务，加强对相应业务子公司的规范管理，同时拓宽业务渠道。

（二）扩展业务板块，促进多元化发展

随着靖江市老城更新与新城开发建设的逐步完成，靖江城投的战略重点从开发建设向城市运营转型升级。商业运营管理板块成为公司未来业务新的增长极和转型升级的新引擎，也是补齐关键业绩短板的重要支撑，公司陆续拓展了运输业务、市场管理业务、物资销售等业务，分别对靖江市的出租车运营、农贸市场及建筑材料、煤炭、木材等大宗商品销售进行了运营升级，实现了统一管理，相关业务也为靖江城投的收入提供了重要补充。

（三）遵循市场规律，健全市场经营机制

靖江城投本部及子公司经理层成员均按任期制和契约化管理。公司及子公司建立公开招聘、管理人员竞争上岗、末等调整和不胜任退出等市场化用工机制。集团公司及各子公司实行全员绩效考核，围绕"定目标、定岗位、定责任、定人员、定考核、定奖惩"的"六定"工作原则，研究出台了集团公司绩效考核工作的实施意见，分类确定各部门及二级公司可量化的绩效考核指标，建立"以制度管人、程序管事、考核管酬"的绩效管理机制。

公司本部及各二级公司实现分类核算、分类考核。制定公益类业务分类考核的实施方案，探索推进对所属企业分类考核。公司本部及所属企业对承担的公益类业务探索推进分类核算，明确业务目录、服务对象等，按照不同类别业务分类核算相应收入和成本。集团公司对符合条件的二级公司开展中长期激励梳理评估。督导所属企业规范组织实施公益性项目，不得将应由政府承担的公益性项目支出责任转嫁给企业，变相增加企业经营性债务。

（四）深度挖掘区域优势，推动城市运营

靖江市土地资源丰富，具有良好的发展潜力和空间。靖江城投作为地方政府的背靠者，受益于地方财政的强大支持，也充分利用了丰富的土地资源，开展工程施工及土地整理业务。

与此同时，靖江市的商业环境优越，基础设施需要不断更新以匹配商业环境的发展。靖江城投正是基于此，持续进行重点项目的施工，以满足不断升级的商业需求。如公司进行了老城明清历史文化街区项目和海绵城市项目等的建设，优化了区域的价值，同时也强化了公司的市场竞争力。

此外，靖江城投正积极拓展其项目的附加价值，计划将特色小镇打造为文化旅游目的地，以此吸引更多的旅游资本，推动靖江市的经济发展。一方面，公司在提升项目的附加价值上做了积极的尝试；另一方面，也充分利用了靖江市的自然环境资源优势，使公司的业务模式更加具有特色。

靖江城投在转型过程中，紧紧抓住了靖江市政府的发展规划和政策导向，实现了国有企业资源的有效整合，也充分利用了地方的自然资源优势，包括但不限于土地资源、商业环境和旅游资源等，制定出了一套符合自身发展的业务模式，让公司的基础设施建设项目在市场中持续取得竞争优势。

（五）保持融资渠道通畅，多角度融资

间接融资方面，靖江城投资信状况良好，与金融机构均保持良好的业务合作关系，间接融资渠道通畅。截至 2023 年 3 月，公司及其子公司在各家银行授信总额度为 94.2 亿元，其中已使用授信额度 60.69 亿元，尚余授信 33.51 亿元。

直接融资方面，靖江城投发行了短融、超短融、中票、定向债务融资工具、债券融资计划、私募债等债券，银行间及交易所债券市场渠道通畅，共计发行规模 95.39 亿元。

二、转型过程中的重点与难点

（一）投资支出规模较大的风险

得益于靖江市发达的经济水平，靖江城投承接了大量基础设施建设业务，但同时投资支出金额也在日益扩张，根据靖江城投投资项目规划，公司在工程施工、土地整理开发等领域资本性支出规模较大。据估算，未来一段时间内，公司主要在建项目每年的投资计划均超过 2 亿元，主要侧重于土地整理开发板块。公司自身的债务压力较大，未来大规模的投资计划将使公司面临较大的资金需求和偿还压力。

（二）有息负债规模较大

截至 2023 年 3 月，公司有息债务规模为 1622066.27 万元，其中，短期借款和一年内到期的非流动负债分别为 144489.00 万元和 468986.99 万元，公司短期偿债压力较大。2023 年为公司的偿债高峰，虽然公司偿债能力、声誉和信用记录良好，但随着公司投资规模扩大以及业务扩张，公司未来的资金支出需求可能进一步增大。债务的集中到期将对公司的资金周转和流动性管理水平提出了较高的要求。

（三）对外担保规模较大

截至 2023 年 3 月，靖江城投对外担保余额为 338107.72 万元，对外担保余额占靖江城投总资产、净资产的比例分别为 11.64%、33.25%。目前，被担保企业贷款分类均正常，但公司对外担保金额较大，一旦被担保企业发生违约，公司将代为偿付，从而对公司的偿债能力产生一定影响。

第三节　公司转型经验启示

靖江城投是靖江市基础设施建设的关键力量。靖江城投的转型发展经历可为同类企业提供有益的借鉴，特别是在内部管理强化、存量资产盘活以及地域资源深度挖掘等方面，其策略和方式值得深入探讨和学习。

一、强化内部管理，健全治理机制

靖江城投致力于提升发展质量和效益，以转型升级、创新发展作为其核心目标。在这一转型升级过程中，公司明确了自身的定位和角色，对内部管理进行了深度强化，建立了一系列机制。

靖江城投根据《中华人民共和国公司法》和党对企业的领导要求，建立健全公司治理机制，进一步明晰党委会、董事会、经理层、监事会职责权限和工作关系，形成权责法定、权责透明、协调运转、有效制衡的法人治理结构。推动董事会应建尽建、配齐配强。对所有下属公司治理架构进行全面梳理，逐步配齐所属子企业董事会成员，实现董事会应建尽建。积极配合靖江市委组织部和市国资办，组织推动公司及所属企业董事会外部董事选聘。全面依法落实董事会六项职权（中长期发展决策权、经理层成员选聘权、经理层成员业绩考核权、经理层成员薪酬管理权、职工工资分配管理权、重大财务事项管理权）。全面建立董事会向经理层授权管理制度，充分发挥经理层经营管理作用。集团公司董事会通过公司章程、董事会议事规则、经理层工作规则、董事会决议、授权书等正式文件形式向经理层授权，全面建立董事会向经理层授权的管理制度。充分发挥公司章程在企业治理中的基础作用。科学界定董事会职权，规范董事会运行机制，完善董事会决策程序，理顺董事会与党委会、经理层、监事会之间的职责边界。严格落实总经理对董事会负责、向董事会报告（董事会闭会期间向董事长报告）的工作机制。支持总经理依法行使主持生产经营管理、组织实施董事会决议等职权。

在各职能部门及子公司管理方面，靖江城投注重提升其对子公司的国有资产管理和监督水平，目标是构建一个更为规范和有效的管理体制和运作机制。公司及各子公司建立公开招聘、管理人员竞争上岗、末等调整和不胜任退出等市场化用工机制。集团公司及各子公司实行全员绩效考核，围绕"定目标、定岗位、定责任、定人员、定考核、定奖惩"的"六定"工作原则，研究制定出台集团公司绩效考核工作的实施意见，分类确定各部门及二级公司可量化的绩效考核指标，建立"以制度管人、程序管事、考核管酬"的绩效管理机制。

公司提倡精细化的管理模式，将此模式应用到公司领导层、各职能部门和子公司的日常运营及重大决策的每一个环节，从而全面提升了企业的管理效率和效益。这种精细化的管理方式不仅有助于提高日常运作效率，也为重大决策提供了更加明确的指导，减少了管理风险。

二、全面盘活资产，商业化运作推动发展

在有限的资源条件下，如何充分挖掘并利用现有资产，是每个企业都需要深入考虑的问题。靖江城投通过对现有资产进行深入全面的调研和梳理，从多角度发现潜在的价值，并对有市场前景的资产进行了优化整合和开发，进一步提升了公司的资产价值和运营效率。

在商业化运作方面，靖江城投并没有满足于传统的资源使用方式，而是敢于突破常规思维，从更广阔的市场角度出发，进行商业化运作，旨在提升其市场价值。公司已将商业运营管理板块作为日后发展的重点模块、转型升级的新引擎，也是补齐关键业绩短板的重要支撑。公司成立了多个二级公司，陆续拓展了运输业务、市场管理业务、物资销售等业务，分别对靖江市的出租车运营、农贸市场及建筑材料、煤炭、木材等大宗商品销售进行了运营升级，实现了统一管理，相关业务也为靖江城投的收入提供了重要补充。这种策略既满足了市场需求，也有效地提升了公司的经营效率和盈利水平。

针对此，其他同类型城投公司在转型过程中可借鉴：

一是对现有资产进行全面深入的调研和梳理。这包括了解和分析各项资产的现状、潜在价值、市场前景等多个方面，找到可以进行重点整合和开发的资产，以实现资产的优化配置和价值的最大化。

二是积极寻求商业化运作的方式和路径。除注重资源的传统使用方式外，还需要突破常规思维，从更宏观的市场角度出发，探索更多元化的商业化运作方式，以提升其市场价值，增加企业的盈利来源，提升企业的市场竞争力。

三是建立完善的资产管理和运作机制。这不仅包括进行有效的资产调研和评估，还需要设立严格的监督和管理制度，以确保资产的安全和增值。

四是注重与市场需求的对接。企业的发展离不开市场的需求，要积极探索与市场需求相适应的资产开发和运作方式，以提高资产的使用效率和市场价值，实现企业的可持续发展。

五是要充分挖掘资产的增值潜力，注重资产的长期价值。在资产的运作中，不仅要注重短期的效益，还要考虑长期的发展，积极寻求资产的长期增值和持续收益。

三、依托区域优势，促进业务可持续发展

靖江城投紧紧依靠靖江市的区域优势，全面推动关键施工项目的发展。靖江市位于江苏省南部，地理位置独特，拥有丰富的土地资源和优质的商业环境。这为靖江城投提供了丰厚的资源储备和基础设施项目的施工基础。

靖城投充分挖掘和利用靖江市的土地资源，成功开展了多个重大基础设施项目，如城市棚户区的改造和拆迁项目、智能停车场项目等。同时，公司积极响应市政府的发展规划，投入巨大资源打造老城明清历史文化街区项目和海绵城市项目等，以提升区域价值，增强公司的市场竞争力。

在长期参与城市开发的过程中，靖江城投积累了大量项目经验和城市资源，已成为连接政府与市场的中间环节，如何进一步运用专业化手段将政府对城市的发展理念贯彻到具体城市运营中来，将公司经营理念运用到城市管理上，本质上就是企业从"建设城市"向经营"城市产业"的实体转变。"城市产业"拥有各项资源，如土地、基础设施、自然资源、历史文化资源等，如何将"城市产业"作为资产进行实体化运作和市场化运营，做好"以产兴城、以城促产"，实现产城双强和融合发展将成为日后转型升级的重要挑战。

在当前的经济环境中，企业想要实现持续发展，必须具备自身的核心竞争力。而这种竞争力往往来自于精细的管理、创新的发展、资源的整合及充分发挥地域优势等方面。以下是靖江城投转型经验可参考的几个方面：

第一，应当全面理解和把握当地发展规划和政策方向，发掘和利用地方的资源优势，尤其是土地资源。这不仅能够帮助公司扩大规模，提升盈利能力，而且有助于在资本市场获得较低的融资成本。

第二，积累并运用公司在城市建设工作的经验优势，如在城市基础设施建设、历史街区修复、智能停车场建设等方面，充分发挥公司的学习曲线效应，推进城市更新和发展。

第三，通过科学的管理和制度设计，提高组织效率，减少财务风险。例如，在立项过程中，可以协调相关各方共同参与，充分沟通其可行性；在项目投融资管理方面，应更加严格，多元化融资方案，避免公司承受过高的资金压力。

第四，根据当地产业和居民的需求，提高建设项目的附加价值，这种理念可以应用在更多与之相匹配的保障性住房、长租公寓、标准厂房等项目的建设中，推进满足产业与居民双重需求的项目。

第五，做好"以产兴城、以城促产"工作，利用长期项目建设的经验优势，从"建设城市"向经营"城市产业"转变，精细化的管理产业既可以确保收入稳定，也可以更新城市面貌，吸引游客或外部企业进驻，促进更多的建设项目承接工作。

四、提前做好规划，建立长远目标

"十三五"期间，靖江城投勇担战略使命，不断提升核心竞争力，统筹推进新老城区重点工程、建设运营等各项工作，以一批具有示范性和创新性的项目，在保障新城老城均衡发展、助推区域经济和社会发展、民生保障等方面，发挥了示范引领作用。

目前，内外部经营环境发生了重大变化。一方面，《中共中央关于制定国民经济和社会发展第十四个五年规划和 2035 年远景目标的建议》指明了未来的发展方向和奋斗目标；新发展阶段、新发展理念、新发展格局为投资运营、城市更新等业务提供了新的发展机遇。另一方面，行业竞争要素和增长逻辑发生重大改变，科技创新重要性凸显，对企业的创新能力、资源整合能力、专业化管理能力等提出了更高要求。

基于此，靖江城投精心组织制定了《靖江城投"十四五"战略发展规划》，将其作为指导企业在 2021~2025 年发展的行动指南。"十四五"期间，靖江城投以高质量发展为主题，以"工程施工、一级土地开发整理及商业运营管理"为主要业务，拓展"文旅板块、物业服务"，以全新的发展目标、发展思路、战略举措和资源配置转型发展。

第十一章　重庆缙云资产经营（集团）有限公司转型发展案例分析

　　重庆缙云资产经营（集团）有限公司是重庆市北碚区重要的国有资产经营主体，得益于重庆市北碚区政府的大力支持，公司在土地整治管理、资产划拨及税收政策等方面取得了长足的发展，形成了涵盖基础设施项目代建、土地整治、安保服务、安置房业务、劳务派遣等业务板块的企业集团。随着北碚区经济快速发展，公司发展重心逐渐转型为从事金融投资及二级公司实体化运营的经营主体，进一步增强投融资实力，确保区域内重点项目融资顺利进行，发挥其在促进北碚区经济优质、快速、可持续发展中的作用。

第一节　公司基本情况

一、公司简介

　　重庆缙云资产经营（集团）有限公司（以下简称"缙云公司"或"公司"）成立于 2003 年 8 月 6 日，是经重庆市北碚区人民政府批准而设立的地方国有企业，北碚区财政局持有公司 100% 股权，对缙云公司履行出资人职责，注册资本金 20000 万元。此后，为进一步支持缙云公司的发展，北碚区财政局不断对公司进行增资注入，截至 2022 年底，缙云公司注册资本增加至 40000 万元。作为重庆市北碚区重要的城市基础设施建设和国有资产经营主体，缙云公司在确保当地国有资产保值增值方面作出了巨大贡献，同时，缙云公司业务的全面发展对推动北碚区经济社会可持续发展具有不可替代的作用。截至 2022 年底，缙云公司旗下拥有 11 家一级子公司，主要承担北碚区土地整治、基础设施及安置房项目建设任务，且涉足保安服务、道路检测等经营性业务。

二、所在区域情况

缙云公司所在地北碚区是重庆的主城九区之一，也是重庆唯一具有"三个国家级战略区划优势叠加"的主城区。2020年1月3日，中央财经委员会第六次会议提出推动成渝地区双城经济圈建设的国家战略，北碚区定位为拉动经济圈发展的排头兵，在区域经济发展中承担着重要的引领作用。未来，随着成渝地区被打造成为具有全国影响力的科技创新中心，重庆市将重点建设智能制造中心，推动大数据改造传统产业的进程，而北碚区正是以重庆智能制造、大数据产业为主导的核心产业区域，在未来成渝双城经济圈的产业分工中将扮演举足轻重的角色。2020年4月1日，经市政府同意，北碚区与四川省第二大城市绵阳市签署推动成渝地区双城经济圈建设合作框架协议，为重庆首个签约的主城区。2022年，北碚区实现地区生产总值742.01亿元，比2021年下降0.9%。按产业分，第一产业增加值为19.43亿元，比2021年增长1.9%；第二产业增加值为393.11亿元，下降8.0%；第三产业增加值为329.47亿元，增长9.5%。

三、公司业务情况

（一）主营业务情况

缙云公司作为北碚区内资产规模最大、业务范围最广、综合实力最强的大型国有集团，主要业务板块分为项目代建、土地整治、安保服务、安置房业务、劳务派遣等（见表11-1）。

表11-1　2021~2022年缙云公司收入构成情况表　　　单位：万元、%

业务板块	2021年		2022年	
	收入	占比	收入	占比
土地出让	86185.01	40.9	90348.43	40.91
建造项目	45184.55	21.45	92687.69	41.97
房屋销售	40988.38	19.45	2726.63	1.23
安保服务	15130.24	7.18	13652.38	6.18
劳务派遣	8811.05	4.18	10908.64	4.94
工程检测	1717.12	0.81	2034.25	0.92
道路维护	937.43	0.44	627.89	0.28
担保	88.01	0.04	57.71	0.03
其他	4486.23	2.2	7814.05	3.54
合计	203527.97	100	220857.67	100

资料来源：缙云公司审计报告。

（二）缙云公司主营业务分析

1. 土地业务

缙云公司土地业务按照土地利用总体规划、城市规划确定的目标和用途等对规划区域土地进行整治，完成道路、供水、供电、供气、通信、土地平整等配套基础设施建设，区政府组织相关机构进行验收并按照土地出让的相关规定和程序采取公开"招、拍、挂"的方式推向市场。

2. 建造业务

缙云公司建造业务主要为城市基础设施代建，包括道路工程、市政基础设施工程等。作为北碚区基础设施建设项目的实施单位，由公司自筹资金进行项目建设。公司受各管委会委托建设北碚区内的城市基础设施项目，当基础设施建设项目经管委会验收通过、符合相应标准后，管委会应及时支付项目的代建款项。项目实际支付金额将以验收确认的项目总投资为基础再加成一定代建工程利润的方式确认。

3. 保障房销售业务

缙云公司是北碚区重要的安置房建设主体，业务具有较强的区域专营性。根据北碚区发展规划，发行人承担了大量安置房项目的建设，用于安置拆迁居民。经营模式全部采用自主开发，发行人作为安置房项目业主方，负责项目的资金筹集、建设管理和安全监督等工作，待项目完工后，发行人按照政府规定的价格将安置房销售给符合条件的安置居民，并将收到的销售款确认为安置房建设收入。

4. 安保业务

缙云公司安保业务主要为安保服务、劳务派遣、防爆货物运输、道路清障、驾驶员体检、物业管理、联网报警和服装器材的销售。业务覆盖范围包括企事业单位、机关、银行、校园、社区巡防、网格化管理等。

四、公司财务状况

（一）主要资产情况

2020~2022 年缙云公司资产总额保持稳定增长，总资产分别为 7502470.34 万元、7829240.50 万元和 7356873.59 万元。截至 2022 年底，公司流动资产和非流动资产在当期资产中占比分别为 85.11% 和 14.89%，资产结构处于行业合理水平。公司资产结构详细情况如表 11-2 所示。

1. 流动资产

从流动资产的具体构成来看，公司流动资产主要由货币资金、预付款项、其他应收款和存货构成。缙云公司货币资金主要由银行存款构成；预付款项主要为在进行土地整治前受业主方委托先行垫付土地整治前期费用，待项目完结后，由

表 11-2 公司资产结构

单位：万元、%

项目	2020 年		2021 年		2022 年	
	金额	比例	金额	比例	金额	比例
货币资金	359353.50	4.79	441776.45	5.64	141187.43	1.92
应收账款	36872.59	0.49	40276.70	0.51	55584.41	0.76
预付款项	525385.55	7.00	542552.47	6.93	528592.62	7.19
其他应收款	546646.05	7.29	212098.92	2.71	451187.61	6.13
存货	4495928.74	59.93	5049803.78	64.50	5078510.70	69.03
其他流动资产	5105.19	0.07	5851.27	0.07	6351.68	0.09
流动资产合计	5969291.63	79.56	6292359.61	80.37	6261414.45	85.11
债权投资	40000.00	0.53	40000.00	0.51	40000.00	0.54
其他债权投资			1000.00	0.01	1000.00	0.01
长期应收款			3597.27	0.05	1043.12	0.01
长期股权投资	3729.30	0.05	9765.14	0.12	12665.43	0.17
其他权益工具投资	15569.59	0.21	18872.60	0.24	76503.88	1.04
投资性房地产	13610.32	0.18	12723.83	0.16	29638.05	0.40
固定资产	80942.11	1.08	131332.97	1.68	202329.94	2.75
在建工程	1030935.53	13.74	1221637.88	15.6	594505.65	8.08
无形资产	345842.08	4.61	759.82	0.01	722.4	0.01
长期待摊费用	3.18	0.00	1473.28	0.02	1255.99	0.02
递延所得税资产	2346.59	0.03	2418.65	0.03	1664.11	0.02
其他非流动资产	200.00	0.00	93299.46	1.19	134130.58	1.82
非流动资产合计	1533178.71	20.44	1536880.89	19.63	1095459.15	14.89
资产总计	7502470.34	100.00	7829240.50	100.00	7356873.59	100.00

资料来源：缙云公司审计报告。

相关部门将相应款项支付给公司；其他应收款主要由重庆北泉温泉开发有限公司、庆海峡两岸农业发展有限公司的往来款和项目款构成；公司流动资产中存货主要由库存商品、开发成本构成。

2. 非流动资产

公司非流动资产主要由固定资产、在建工程和其他非流动资产构成。公司固定资产主要由房屋及建筑物、办公设备、运输工具及市政设施构成；公司非流动资产中在建工程占比最高，主要是部分基础设施项目后期仅是将建成的项目移交，根据项目建设进度，以工程合同、工程款支付单据、发票等原始凭证为依据，作为建设成本核算形成的；其他非流动资产主要为项目、专用设备、地票指标等资产。

（二）主要负债情况

2020～2022 年，公司总负债分别为 4454306.81 万元、4755404.45 万元和 4251600.16 万元。截至 2022 年底，公司流动负债和非流动负债在当期资产中占比分别为 38.81% 和 61.19%，负债结构较好。公司负债结构详细情况如表 11-3 所示。

表 11-3　公司负债结构　　　　　　单位：万元、%

项目	2020 年		2021 年		2022 年	
	金额	比例	金额	比例	金额	比例
短期借款	38000.00	0.85	5000.00	0.11	24350.00	0.57
应付票据	92.27	0	264.64	0.01	—	—
应付账款	20544.49	0.46	29255.33	0.62	45751.52	1.08
合同负债	454925.14	10.21	487959.44	10.26	451410.05	10.62
应付职工薪酬	1290.00	0.03	1450.03	0.03	962.08	0.02
应交税费	54773.94	1.23	61389.96	1.29	79900.70	1.88
其他应付款	969545.55	21.77	680255.23	14.30	318968.82	7.50
一年内到期的非流动负债	323505.17	7.26	468664.86	9.86	603918.32	14.20
其他流动负债	26052.83	0.58	28434.13	0.60	124640.71	2.93
流动负债合计	**1888729.40**	**42.40**	**1762673.64**	**37.07**	**1649963.72**	**38.81**
长期借款	1501043.98	33.70	1505361.21	31.66	1075025.12	25.29
应付债券	742915.46	16.68	1059729.88	22.28	1063151.53	25.01
长期应付款	321617.98	7.22	416368.01	8.76	448341.86	10.55
递延收益	—	—	—	—	1100.00	0.03
递延所得税负债	—	—	11271.71	0.24	14017.93	0.33
非流动负债合计	**2565577.42**	**57.60**	**2992730.81**	**62.93**	**2601636.44**	**61.19**
负债合计	**4454306.81**	**100.00**	**4755404.45**	**100.00**	**4251600.16**	**100.00**

资料来源：缙云公司审计报告。

1. 流动负债

公司流动负债主要由合同负债、一年内到期的非流动负债和其他应付款构成。缙云公司合同负债主要为预收工程款、预收房款及预收渣票款组成；一年内到期的非流动负债主要为一年内到期的长期借款、一年内到期的应付债券和一年内到期的长期应付款；其他应付款主要为政府及相关部门的往来款项组成。

2. 非流动负债

公司非流动负债主要由长期借款、应付债券和长期应付款构成。缙云公司非流动负债中长期借款占比最高，主要以质押借款、抵押借款、保证借款和信用借款为主；公司应付债券主要由公司债、企业债、PPN、债权融资计划组成；长期应付款主要是融资租赁借款、往来款和专项应付款构成。

（三）盈利及偿债能力分析

2022 年，缙云公司营业收入和营业成本分别为 22.94 亿元和 20.78 亿元（见表 11-4）。近年来公司各项业务稳步发展，公司 2022 年利润总额、净利润均保持稳定。公司流动比率和速动比率均保持在合理的范围内且较上年同期变化小，保持稳定，说明短期偿债能力较好；资产负债率保持在合理范围内；EBIDTA 对利息支出的保障倍数略低，但较为稳定。

表 11-4　缙云公司盈利及偿债能力指标表　　单位：亿元、%、倍

项目	2020 年	2021 年	2022 年
营业收入	20.64	21.07	22.94
营业成本	18.02	19.38	20.78
利润总额	4.02	4.01	3.99
净利润	3.25	3.43	3.28
流动比率	3.16	3.57	3.79
速动比率	0.78	0.7	0.72
资产负债率	59.37	60.74	57.79
EBITDA 利息倍数	0.29	0.34	0.26

资料来源：缙云公司审计报告。

（四）外部支持

自成立以来，公司在资产注入和资金补助等方面持续获得北碚区政府的有力支持。2019 年，公司通过划拨重庆市碚城建设开发有限责任公司和重庆市北碚交通建设发展有限公司股权分别增加资本公积 60.55 亿元和 38.93 亿元；重庆市蔡家组团建设开发有限公司和重庆市北碚区新城建设有限责任公司分别收到拨款 11.57 亿元和 6.10 亿元。2020 年，政府向公司下属子公司重庆北泉温泉开发有限公司拨入 4.13 亿元资金。2021 年，政府将重庆缙融资本运营管理有限公司所持有的重庆北碚生辉物业发展有限公司、重庆市北碚区缙云水利投资有限公司、

重庆银泰影院有限公司等公司股权整体划转至公司,增加资本公积 7.37 亿元;政府向公司拨款 1.24 亿元。资金补助方面,2020~2022 年,公司分别收到计入其他收益的政府补助资金 1.39 亿元、2.31 亿元和 1.98 亿元。

五、融资情况

(一) 信用评级情况

根据中诚信国际 2023 年 7 月 27 日出具的《重庆缙云资产经营(集团)有限公司 2023 年度跟踪评级报告》(信评委函字〔2023〕跟踪 3360 号),公司的主体信用等级为 AA+,评级展望为稳定。

(二) 有息债务情况

截至 2022 年底,公司有息债务余额为 2922170.52 万元,占期末总负债的比例为 68.73%,各类有息负债余额和类型如表 11-5 所示。

表 11-5　2022 年公司有息负债情况　　　　　　　　　单位:万元、%

项目	金额	占比
短期借款	24350.00	0.83
一年内到期的非流动负债	603918.32	20.67
其他流动负债(短期应付债券)	59891.25	2.05
长期借款	1075025.12	36.76
应付债券	1063151.53	36.38
长期应付款(有息)	95834.30	3.28
合计	**2922170.52**	**100.00**

资料来源:缙云公司审计报告。

从债务期限结构上看,公司以长期债务为主,结构较为稳定合理。同时,公司在金融市场认可度相对较好,再融资渠道通畅,能够对债务偿还形成一定的保障。

(三) 银行授信情况

公司资信状况良好,与商业银行及政策性银行均保持良好、稳定的授信关系,具有较强的间接融资能力。截至 2023 年 3 月,公司获得主要贷款银行授信额度合计 397.37 亿元,已使用额度 272.82 亿元,尚未使用的授信额度为 124.55 亿元。

(四) 债券发行情况

公司在直接融资市场表现较活跃。截至 2023 年 3 月,公司及其子公司已发行尚未兑付的债券余额为 112.60 亿元。

第二节　转型发展分析

一、转型发展路径

2020年6月，中国共产党中央全面深化改革委员会在第十四次会议审议通过了《国企改革三年行动方案（2020—2022年）》，新一轮国有企业改革逐步展开。重庆市委、市政府按照中央总体部署，结合当地国企实际制定实施了《重庆市国企改革三年行动实施方案（2020—2022年）》，明确了深化国资国企改革的具体实施路径。同时，重庆市国有农产监督管理委员会制定印发了《关于深入推动市属国有企业科技创新的实施意见》《市属国有科技型企业"科改专项行动"实施方案》，支持国有企业深化市场化改革，提升自主创新能力。按照党中央和省委、省政府多级政策文件的部署和安排，缙云公司重点推动完善公司治理结构，进一步增强公司投融资实力，确保重点项目融资顺利进行。

（一）健全考核评价体系，聚焦优势业务

缙云公司按照北碚区人民政府进一步推动国企深化改革的目标，建立健全现代企业管理制度，充分发挥考核评级体系激励作用，解决企业管理低效、效益低下等问题。一是引导缙云公司下属各子公司聚焦主业，以国家战略为导向，确定考核体系的总体目标，确定各企业主营业务方向在2~3个。同时，公司加快主副分离，加强优化企业主营业务，提高公司的核心竞争力。二是完善长短期相结合的综合考核体系，引导各子公司长期耕耘主业实业。完善年度考核、中期考核和长期考核的综合考核机制。三是完善制度建设，建立更有利于考核评价的管理制度。此外，公司深入推行薪酬和绩效考核改革，实施差异化管理，明确各子公司不同岗位的员工的薪酬标准和激励模式。

（二）拓宽公司融资渠道，降低融资成本

缙云公司着眼于国家金融和货币政策的新趋势，在现有同银行机构合作基础上，转变对单一银行融资渠道的过度依赖，探索建立各种规范的融资渠道，实现融资渠道的创新，以保障公司资金需求的安全。同时，缙云公司把企业资产优质化，利用公司主体评级的提升以及融资模式创新带来的优势，提高公司在融资市场上的话语权，降低公司的融资成本。

（三）打造产业投资板块，拓展业务方向

缙云公司积极落实全市"2+6+X"产业发展规划，明确投资方向，聚焦智慧工业、生物医药、现代服务、科创成果转化领域，以及符合北碚产业规划的战略性新兴产业。通过设立相关产业基金、股权直投等资本运作方式，发挥资本对产业结构的调整作用，推动公司相关产业培育、产业聚集与转型升级，打造投资循环生态圈，助推公司向股权化、证券化转型。同时加强本地基金投资人才队伍建设，提高对投资机构和项目鉴别分析的能力，降低投资风险，实现优质项目的投资落地。

（四）盘活国有闲置资产，增强造血能力

缙云公司灵活采取多种方式，有效盘活不同类型存量资产，推动闲置低效资产改造与转型，优化公共资源配置，通过打造社会与经济效益兼顾的精品项目，形成"盘活存量+新增投资"的良性循环。缙云公司一是坚持市场化原则，在进行存量资产盘活时一定要坚持资产运营市场化操作，借助市场化力量突破体制障碍，提高存量资产的使用效益；二是坚持金融创新模式原则，针对不同资产的种类和特点采用不同盘活方式方法，激活固化低效资产价值，使沉淀资金逐步得以收回。盘活存量资产可以提升国有资产的保值增值能力，能够有效提升公司的资产运营成效，实现规范化管理，成为缙云公司高质量发展的新引擎。

二、转型效果分析

截至 2022 年底，缙云公司总资产规模 735.69 亿元，净资产 310.53 亿元，营业收入 22.94 亿元，净利润 3.28 亿元，转型成果初显。

（一）聚焦主责主业，实现经济效益

缙云公司拥有众多子公司，通过实施国企改革，要求下属子公司聚焦主责主业，优化考核机制，实施"一企一策"。缙云公司下属子公司重庆市北碚区新城建设有限责任公司主要负责在北碚组团范围内招商引资、土地开发整治、基础设施建设和产业培育发展；重庆市蔡家组团建设开发有限公司主要负责参与新区重大项目投资、开发建设及资产运营。缙云公司下属经营一级公司净利润已从 2018 年的 684.13 万元增长到 2022 年的 5000 余万元。

（二）丰富融资渠道，实现降本增效

2022 年，缙云公司实现融资上涨 21.51 亿元。除常规的银行借款外，缙云公司近年来在债券融资渠道方面积极探索，2022 年首次成功发行公司第一单超短期融资券"22 缙云资产 SCP001"，成功打开银行间市场的公募产品的融资渠道；2023 年成功发行公司第一单中期票据"23 缙云资产 MTN001"。近年来，缙云公司充分发挥 AA+平台优势，持续降低融资成本，自 2020 年评级提升以来已累计为全区节约融资成本约 4.39 亿元。

（三）加大产业投资，实现产融互动

缙云公司主导成立了重庆市北碚新兴产业股权投资基金合伙企业（有限合

伙），以助力区内优质企业实现产融互动。目前，该基金已通过股权投资的方式向国贵科技投资 4900 万元，该企业先后获得"隐形冠军""小巨人""专精特新"等荣誉称号，在纳税及解决就业方面为北碚区做出重要贡献。同时，公司向广仁铁塔、纵目科技、鼎晖百孚基金等 7 个项目累计投入资金 1.15 亿元。除此之外，为充分发挥产业引导基金的引导作用，缙云公司与川创投、绵阳聚融公司共同出资设立绵阳科技创新股权投资基金，通过股权投资和持续投后管理孵化区内优质民营企业，助力企业上市。

（四）找准发力关键，盘活闲置资产

作为重庆市老城区的北碚区，辖区内有多处 20 世纪修建的老社区，房屋存在破损严重、夹壁墙体脱落、柱子倾斜位移严重的安全隐患。通过危房进行了排危整治，缙云公司引入民营资本运营合作单位，共同出资对房屋进行装修并开始运营，打造出社会与经济效益兼顾的精品文旅项目，公司在保底收益的基础上享受项目运营利润分成。项目实施完成后，排除了房屋自身及周边的安全隐患，又实现了国有资产保值增值。缙云公司通过与社会资本合作模式的摸索及不断改进，找准发力关键点，完善了存量资产盘活经营方法，扩大了资产盘活范围及数量，目前已通过出租、划转、合作经营等方式，累计盘活资产 20.4 万平方米。

第三节　公司转型经验启示

一、明确发展战略目标，落实重点举措

城投公司作为整个城市经营管理的主体，不仅需要满足城市基础设施建设开发的需要，而且适时调整并明确发展目标，为当地城市建设和经济发展做出贡献。缙云公司为了贯彻新发展理念，紧紧围绕北碚区"园城带动"发展战略，提升"四园两城"发展定位，以激发镇域发展活力，强化园城带动和街镇联动。当前，为进一步完善"园城带动"功能板块发展定位和目标，公司明确了各板块主导产业方向，提出了一系列具体举措。一是城市建设紧紧围绕区内发展，重点推进老城改造，突出历史文化风貌特色，打造城市滨江休闲带，同时加快生活性服务业和生产性服务业发展，精细化城市管理，营造宜居宜业宜游和服务创新环境；二是高新产业重点聚集发展高新技术、战略性新兴产业和创新型生产性服务业，加快形成新兴产业集群，打造战略性新兴产业基地；三是坚持农旅结合，推动传统农业向集生产、生态、休闲、服务功能于一体的都市型休闲农业转变，

通过加快金刀峡、三圣、柳荫等镇域发展，发挥对农村的辐射带动作用；四是充分发挥北碚独特的生态资源优势、历史人文优势和主城市场优势，突出休闲度假产业定位，形成"一带两区"旅游产业布局。城投公司需根据当地政府指导的发展方向明确自身发展的战略目标，制定工作重点，促进当地经济优质、快速、可持续的发展。

二、明确公司权责体系，优化管理模式

近年来，城投公司在地方政府的推动下打造更强的市场主体、提升公司自身融资能力，通过优质资源整合、股权划入等形式进行重组整合。从表面来看，城投公司下属子公司更多且规模更大，为城投公司发展带来新动力，但同时不可避免地产生了下属子公司的权责不清、母子公司定位不明确、子公司市场活力被限制等问题，进而造成企业管理效率低下，无法最大化发挥集团整体财务资源的协同效应。为此，缙云公司围绕城市资产建设运营，以产业链延伸为手段，在地方政府支持下培育并拓展市场化竞争业务。此外，缙云公司根据业务种类不同，明确下属子公司的功能定位，特别是根据下属公司发展定位、资源相关度和自身发展阶段等维度选择不同类型的财务管控模式，建立健全考核评价体系，优化企业管理，充分发挥企业的控制优势，确保下属公司的发展方向与公司战略目标保持一致。城投公司在壮大公司实力、转型市场化经营主体过程中，需要建立科学化、现代化的管理制度，明确公司权责体系，充分应用好企业管理等管控手段，在扩大公司经营规模的同时，促进城投公司持续高质量发展。

三、拓宽企业融资渠道，创新融资模式

近年来，随着城投公司的迅猛发展，其债务规模也日趋增长，且呈现短期化的趋势，现有融资结构难以覆盖公司长期业务的发展，期限错配等问题逐步显现，仅通过银行借款的方式难以满足城投公司的发展需要，城投企业应积极拓展多元化的融资渠道，灵活筹措资金，增强公司的偿债能力，降低企业的财务风险。2021 年，缙云公司与建设银行合作，以未来 20 年林权租金应收账款作为基础资产，成功发行重庆市场首单绿色应收账款债权融资计划；2022 年以来，缙云公司先后成功发行了两期超短期融资券、一期中期票据，成功开拓银行间公募产品市场，极大提升了公司在市场的认可度，进一步降低了公司的融资成本。城投公司要想丰富自身融资渠道，需要大胆创新融资模式，同时根据项目的特点及企业自身的财务情况，灵活运用公司债券、企业债券、银行间产品、ABS 等多种方式进行资金运作，提升资金获取渠道，培育出多层次、多元化的市场化融资体系，为公司的产业发展、转型升级提供有力的载体。

四、强化自身造血能力，实现多元发展

近年来，城投公司资产规模逐渐庞大，但资产构成主要以存货或在建工程为主，变现能力相对较差，能够产生收益的有效资产相对匮乏。同时，传统的依托代建政府项目的运营方式存在利润率低、回款时间长等问题，难以跟上城投公司发展的步伐。因此，城投公司需要通过盘活自身闲置资产、增强自身产业投资水平的方式，增强自身的盈利水平。近年来，缙云公司结合主业发展方向打造精品文旅项目，将区域内的危旧房打造成网红打卡的民宿项目，提升项目的盈利能力，激发改革红利。此外，缙云公司还通过北碚产业引导基金等投资于实体经济，主要投向智慧工业、生物医药、现代服务、科创成果转化领域及符合北碚产业规划的战略性新兴产业，助力民营企业发展的同时，公司获得相应的投资收益，增强了缙云公司的自身"造血功能"。城投公司可以在现有城市运营模式的基础上充分发挥资源优势，通过创新合作模式盘活闲置国有资产，增强公司的抗风险能力；同时可以借力股权投资，根据区域的产业发展方向选取标的公司投资，拓宽城投公司的收益渠道，实现公司的多元化发展。

第十二章 株洲市国有资产投资控股集团有限公司转型发展案例分析

株洲市国有资产投资控股集团有限公司是由株洲市委、市政府批准成立的国有资本投资公司，定位为城市综合产业发展商，主要投资和服务于株洲"3+3+2"现代产业体系。近年来，在株洲市委、市政府的大力支持下，株洲国投集团聚焦打造中部地区一流产业投资集团的战略目标，围绕主责主业，加快转型发展，夯实保障能力，确保集团在投资实力、产业能级、管理水平、创新能力和品牌效应等方面得到了全面提升。

第一节 公司基本情况

一、公司简介

株洲市国有资产投资控股集团有限公司（以下简称"株洲国投集团""公司""集团"）成立于1998年9月，前身为株洲市人民政府批准并出资成立的株洲市国有资产投资经营有限公司，主要业务是市政府授权范围内的企业国有产、股权管理。2003年起，株洲国投集团参与株洲国企改制工作，引进一批有实力的战略投资者进驻株洲，有力地推进了株洲产业的发展。包括改组株洲起重厂（天桥起重前身）等。2007年起，在株洲市人民政府的安排下，公司开始参与株洲市城市基础设施项目建设，业务范围从国有资产投资经营领域延伸到城乡基础设施开发建设领域。2010年，根据株洲市委、市政府的决定，株洲市国有资产投资经营有限公司改组为株洲市国有资产投资控股有限公司，着力打造具有持续发展能力的产业发展商。2015年，株洲国投集团重新定位为产业发展和金融服务商，是当时株洲市平台公司中唯一一家竞争类企业。2019年，株洲市城市建设发展集团有限公司子公司——湖南省国信财富投资控股集团有限公司并入株洲市金融控股集团有限公司，株洲市教育投资集团有限公司出资人变更为株洲国投集团。2020 年，株洲市云龙发展投资控股集团有限公司出资人变更为株洲国投集团。

截至 2023 年 3 月，集团注册资本 40 亿元，资产总额 1123 亿元，信用等级 AA+，出资企业 67 家，其中重点管控的全资及绝对控股子公司 12 家，控股千金药业、天桥起重、宜安科技 3 家上市公司。

二、所在区域情况

株洲市总面积为 11262 平方千米，2021 年常住人口 390.3 万，2022 年 GDP 为 3616.81 亿元，地方税收收入 136.17 亿元（见表 12-1）。

表 12-1　2020~2022 年株洲市经济财政实力概况

项目	2020 年	2021 年	2022 年
GDP（亿元）	3105.80	3420.30	3616.81
GDP 增速（%）	4.10	8.30	4.50
人均 GDP（万元）	7.96	8.79	9.34
固定资产投资增速（%）	9.70	3.30	-15.00
一般公共预算收入（亿元）	204.60	179.82	190.88
政府性基金收入（亿元）	284.07	339.30	298.81
税收收入占比（%）	62.59	71.24	71.34
一般公共预算支出（亿元）	470.20	487.36	540.57
公共财政平衡率（%）	43.51	36.90	35.31
政府债务余额（亿元）	381.27	905.59	1014.82

资料来源：根据株洲市政府公开数据整理。

工业是株洲市的基础产业，在全部 41 个工业行业大类中，株洲拥有 37 个，是湖南省工业门类最齐全的城市。作为我国 8 个重点建设的工业城市之一，株洲市诞生了第一辆电力机车、第一台航空发动机、第一块硬质合金等新中国工业史上 340 多项第一。有国家级专精特新"小巨人"企业 58 家，另外，株洲有国家重点实验室 5 家、国家级创新平台 56 家，研发经费投入强度为 3.02%，科技创新对经济发展贡献达 65%，连续 9 次获评"全国科技进步先进城市"，国家创新型城市排第 28 位，是"国家自主创新示范区""国家知识产权示范城市""国家创新型城市""国家创新驱动发展示范市"。

三、公司业务情况

（一）主营业务情况

株洲国投集团控股千金药业、天桥起重、宜安科技 3 家上市公司，主营业务分别为药品制造与销售、工程机械制造、金属制造等。其他主营业务还包括科技园区开发、基金投资、金融服务、数字产业、智慧城市、职业教育、先进制造、文化旅游等领域。

2022 年，公司实现营业收入 110.19 亿元，收入主要来自医药、机械和金属制造业务，三者合计占比 65.61%。公司业务收入变动较小，结合业务板块来看，整体业务稳中有进。公司经营范围广，有效地增强了综合经营能力，多元化经营使公司抗风险能力较强（见表 12-2）。

表 12-2　2021~2022 年株洲国投收入构成

业务板块	2021 年		2022 年	
	收入（亿元）	占比（%）	收入（亿元）	占比（%）
药品制造与销售	36.64	34.90	40.27	36.55
工程机械制造	17.74	16.90	15.86	14.39
金属制品制造	10.70	10.19	16.16	14.67
园区开发收入	6.09	5.80	9.23	8.38
其他	33.82	32.21	28.67	26.02
合计	**104.99**	**100.00**	**110.19**	**100.00**

（二）主营业务分析

1. 药品制造与生产业务

药品制造与生产业务由下属控股子公司株洲千金药业股份有限公司经营。千金药业围绕妇科千金片/胶囊共申请发明专利 100 余件，从原药材、制备方法、适应症等方面做了全产业链的专利布局，这批核心专利将全方位地保护妇科千金片/胶囊核心技术，有力地阻止竞争对手涉足该产品，维护该产品的市场地位。截至 2022 年底，千金药业拥有控股子公司 7 家，控股孙公司 11 家，总资产 46.22 亿元，净资产 28.16 亿元，全年实现收入 40.27 亿元。

2. 工程机械制造业务

工程机械制造业务是由下属控股子公司株洲天桥起重机股份有限公司经营。天桥起重是由株洲天桥起重机有限公司整体变更设立的股份有限公司，长期从事各种起重设备的研发、制造和销售业务，是国内起重机械制造行业重点骨干企业之一。天桥起重主要从事专业物料搬运装备及配件、风电设备、选煤设备、有色冶炼自动化设备等业务的研发、销售、制造。天桥起重在生产设施、环境等方面已经达到国家起重机A类制造企业的要求，且在设备、工装、夹具、模具和工艺设计手段等方面处于行业领先的水平。近年来，天桥起重为适应市场变化不断调整产品结构，经营业绩频频实现逆市增长。Wind统计数据显示，截至2022年底，天桥起重总资产41.56亿元，净资产24.39亿元，全年实现收入15.86亿元。

3. 金属制品制造业务

金属制品制造业务主要由子公司东莞宜安科技股份有限公司经营。宜安科技公司是一家专业从事集新材料研发、设计、生产、销售于一体的国家高新技术企业，国内领先的新材料公司，具备材料研发、精密模具开发、精密压铸、数控精加工、表面处理一体化的完整产业链条，为客户提供一站式服务和最优质解决方案，主要产品技术处于行业领先水平。材料涵盖液态金属、镁合金、铝合金、医疗材料、高分子材料，可应用于新能源汽车、消费电子、医疗产品、5G通信、智能制造等。Wind统计数据显示，截至2022年底，宜安科技总资产27.1亿元，净资产12.31亿元，全年实现收入16.16亿元。

4. 土地开发业务

目前，公司在开发的地块主要为水竹湖控规地块、轨道科技地块、云龙职教园地块、云龙示范区地块，其中，水竹湖控规地块由公司本部负责开发，轨道科技地块由子公司株洲市国投轨道科技城发展有限公司负责开发，云龙职教园地块由子公司株洲市教育投资集团有限公司负责开发，云龙示范区地块由子公司株洲市云龙发展投资控股集团有限公司负责开发。

5. 其他业务

公司的其他业务主要包括：产业投资业务、金融服务业务、智慧科技园区开发和运营相关收入、航空零部件制造与销售等。

（1）产业投资业务。公司的产业投资业务主要由下属子公司株洲市国投创新创业投资有限公司负责，作为公司旗下市场化投资战略支撑平台，国投创投主要从事股权投资、基金管理、资本运作、金融创新等业务。国投创投聚焦新能源、新材料和智能制造等产业开展投资。

（2）金融服务业务。公司的金融服务业务主要由下属子公司株洲市金融控股集团有限公司负责，金控集团通过旗下子公司向企业提供包括贷款、担保、企业重组及并购的商务咨询等综合金融服务。2021~2022年，金控集团分别实现收入33808.31万元和27851.97万元。

（3）智慧科技业务。公司的智慧科技业务主要由下属子公司株洲国投智慧城市产业发展投资有限公司负责，具体实施"智慧株洲"项目的投资、建设及运营，包括智慧城市信息化项目相关硬件设备开发及销售、智慧数据资源归集增值服务、引入培育智慧科技产业、重点投资项目基础资源库及相关子系统等软件平台的建设。智慧城市主要通过智慧城市投资建设运营、数据资源归集增值服务、智慧科技产业引入培育、智慧城市项目资本运作等实现收入。2021~2022年，智慧城市分别实现收入3124.94万元和2215.40万元。

（4）科技园区开发和运营业务。公司的科技园区开发和运营主要由下属子公司株洲国投产业园发展有限公司负责。近年来，产业园公司开发并运营了国投服饰创意产业园、国投轨道智造产业园、国投洗水环保工业园、国投中南机电工业园、金城国投新材料示范园、国投众普森科技园等多个园区项目。

（5）资产管理相关业务。公司的资产管理相关业务主要由下属子公司株洲市恒通资产经营管理有限公司负责。恒通公司作为公司资产管理的战略支撑平台，以提高资产流动性作为目标，主要从事资产收购、管理、处置、置换等相关业务。2021~2022年，恒通公司分别实现收入11880.02万元和15457.77万元。

（6）航空零部件制造与销售业务。公司的航空航天零部件制造与销售主要由下属子公司中航动力株洲航空零部件制造有限公司负责，中航动力株洲航空零部件制造有限公司主要从事航空发动机紧固件、精密航空零部件、通用航空零部件等的生产与销售业务。2021~2022年，中航动力株洲航空零部件制造有限公司实现营业收入36084.12万元和39829.86万元。

（7）房地产开发业务。公司的房地产开发业务主要由下属子公司株洲国投产业园发展有限公司、株洲市国投水木开发建设有限公司、株洲云龙总部园区开发建设有限公司、株洲市云龙发展投资控股集团有限公司负责，主要从事工业厂房的建设与销售、商品房建设与销售以及安置房建设与销售。2021~2022年，房地产开发业务实现营业收入150117.20万元和96200.51万元。

四、公司财务状况

根据公司2020~2022年的财务报表，可以对其财务状况作出如下分析。

（一）主要资产情况

2020~2022年，公司资产总额呈增长趋势，总资产分别为1015.72亿元、1032.96亿元和1101.37亿元。2022年，公司流动资产和非流动资产占比分别为67.64%和32.36%。公司资产结构详细情况如表12-3所示。

表12-3　公司资产结构

项目	2020年		2021年		2022年	
	金额（万元）	占比（%）	金额（万元）	占比（%）	金额（万元）	占比（%）
货币资金	994212.84	9.79	625139.32	6.05	545414.49	4.95
交易性金融资产	84703.15	0.83	248975.31	2.41	140698.61	1.28

续表

项目	2020 年		2021 年		2022 年	
	金额（万元）	占比（%）	金额（万元）	占比（%）	金额（万元）	占比（%）
应收票据	127029.13	1.25	64661.55	0.63	60535.36	0.55
应收账款	430787.60	4.24	402968.35	3.90	418421.79	3.80
应收款项融资	0.00	0.00	47908.97	0.46	44501.32	0.40
预付款项	675669.10	6.65	505173.15	4.89	294838.23	2.68
其他应收款	851141.73	8.38	974868.27	9.44	1220534.91	11.08
存货	3274750.28	32.24	4193569.32	40.60	4532906.40	41.16
合同资产	0.00	0.00	35865.64	0.35	23810.58	0.22
持有待售资产	0.00	0.00	0.00	0.00	4338.00	0.04
一年内到期的非流动资产	44690.93	0.44	44151.96	0.43	54777.83	0.50
其他流动资产	87101.34	0.86	116400.87	1.13	108467.01	0.98
流动资产合计	6570086.09	64.68	7259682.70	70.28	7449244.54	67.64
债权投资	0.00	0.00	62566.30	0.61	20554.47	0.19
可供出售金融资产	772733.59	7.61	0.00	0.00	0.00	0.00
持有至到期投资	89818.53	0.88	0.00	0.00	0.00	0.00
长期应收款	232691.08	2.29	203435.07	1.97	190274.05	1.73
长期股权投资	417892.27	4.11	429549.24	4.16	654715.02	5.94
其他权益工具投资	0.00	0.00	464238.03	4.49	565468.39	5.13
其他非流动金融资产	0.00	0.00	237914.71	2.30	141482.21	1.28
投资性房地产	196494.79	1.93	199927.51	1.94	460942.53	4.19
固定资产	433333.08	4.27	434781.27	4.21	418334.47	3.80
在建工程	786209.14	7.74	273184.68	2.64	333615.41	3.03
使用权资产	0.00	0.00	10615.77	0.10	7453.78	0.07
无形资产	232350.52	2.29	327797.81	3.17	618334.59	5.61
开发支出	1918.54	0.02	3359.59	0.03	5100.24	0.05
商誉	118640.20	1.17	103294.39	1.00	102589.58	0.93
长期待摊费用	13598.27	0.13	18097.21	0.18	15484.09	0.14
递延所得税资产	11624.66	0.11	13665.03	0.13	16137.88	0.15
其他非流动资产	279765.84	2.75	287498.99	2.78	13934.67	0.13
非流动资产合计	3587070.50	35.32	3069925.62	29.72	3564421.40	32.36
资产总计	10157156.59	100.00	10329608.32	100.00	11013665.94	100.00

资料来源：Wind。

（二）主要负债情况

2020~2022 年，公司总负债分别为 640.64 亿元、672.20 亿元和 732.21 亿元，与总资产变动趋势一致。公司负债以非流动负债为主，2022 年，非流动资产占比为 57.51%。负债结构详细情况如表 12-4 所示。

表 12-4　公司负债结构

项目	2020 年		2021 年		2022 年	
	金额（万元）	占比（%）	金额（万元）	占比（%）	金额（万元）	占比（%）
短期借款	234265.80	3.66	225431.63	3.35	320533.82	4.38
应付票据	77837.15	1.21	66416.47	0.99	121461.39	1.66
应付账款	171800.81	2.68	172390.22	2.56	192194.24	2.62
预收款项	214450.99	3.35	55328.43	0.82	36840.97	0.50
合同负债	0.00	0.00	186895.25	2.78	143403.30	1.96
应付职工薪酬	24017.27	0.37	26500.46	0.39	28017.40	0.38
应交税费	36615.24	0.57	43254.57	0.64	37700.96	0.51
其他应付款	505390.82	7.89	405407.31	6.03	631851.94	8.63
一年内到期的非流动负债	796956.13	12.44	1353273.32	20.13	1569656.26	21.44
其他流动负债	32079.89	0.50	45664.51	0.68	29476.84	0.40
流动负债合计	2093414.12	32.68	2580562.18	38.39	3111137.13	42.49
长期借款	1626856.71	25.39	1760921.14	26.20	1743831.58	23.82
应付债券	2188114.29	34.15	1901962.85	28.29	1948468.87	26.61
租赁负债	0.00	0.00	6093.16	0.09	4192.60	0.06
长期应付款	455626.20	7.11	429540.25	6.39	475307.16	6.49
递延收益	33302.88	0.52	31189.98	0.46	29059.63	0.40
递延所得税负债	8922.86	0.14	11560.11	0.17	9915.94	0.14
其他非流动负债	190.00	0.00	190.00	0.00	190.00	0.00
非流动负债合计	4313012.93	67.32	4141457.49	61.61	4210965.78	57.51
负债合计	6406427.05	100.00	6722019.67	100.00	7322102.91	100.00

资料来源：Wind。

（三）现金流量情况

2020~2022 年，公司经营活动现金流量净额近持续为正且逐年增长，经营获现能力稳步提升。投资活动现金流量净额持续为负，主要用于取得大量优质上市和非上市公司股权、投资特色产业集群的开发和建设项目，符合公司业务属性和职能定位。2022年筹资活动现金流量净额增长较大，主要系取得借款所收到的现金增加，同时还本付息支出规模基本与上年持平所致；近年来筹资活动现金流入保持在较高水平，整体融资渠道通畅、筹资能力较强，凭借自身良好的信用资质实施了大量的外部融资（见表12-5）。

表12-5　公司现金流量情况　　　　　　　　　　　单位：万元

项目	2020年	2021年	2022年
经营活动现金流入小计	1789758.05	2073207.31	2064616.73
经营活动现金流出小计	1736939.86	2005651.86	1978196.50
经营活动产生的现金流量净额	**52818.19**	**67555.46**	**86420.23**
投资活动现金流入小计	923862.53	657420.32	452968.01
投资活动现金流出小计	1152557.19	927230.66	805605.70
投资活动产生的现金流量净额	**−228694.66**	**−269810.34**	**−352637.69**
筹资活动现金流入小计	1593710.68	1951350.12	2275183.69
筹资活动现金流出小计	1269208.12	2106317.34	2112384.16
筹资活动产生的现金流量净额	**324502.56**	**−154967.21**	**162799.53**
现金及现金等价物净增加额	147183.67	−357464.70	−102847.63

资料来源：Wind。

（四）盈利能力分析

受益于多元化业务发展，2020~2022年公司的营业收入稳步上升，收入现金比率呈增长趋势，且近两年收入现金比率始终大于1，收入质量较好。Wind统计数据显示，2020~2022年公司营业毛利率分别为37.13%、33.76%和33.67%，加权平均净资产收益率分别为1.42%、1.28%和1.65%，主营业务板块盈利空间稳定，投资收益和其他收益对净利润形成有效补充支撑，盈利能力保持在较高水平（见表12-6）。

表12-6　公司盈利能力指标情况　　　　　　　　　单位：万元

项目	2020年	2021年	2022年
营业收入	964447.43	1049862.95	1101866.16
营业成本	606325.71	695388.18	730848.63
期间费用	338482.24	335363.35	331586.84
投资收益	39989.30	46758.80	22088.17

续表

项目	2020 年	2021 年	2022 年
其他收益	20749.84	20842.52	22134.30
营业利润	53734.01	61561.08	66294.87
营业外收入	3773.54	1321.11	808.80
利润总额	57103.54	61351.42	65510.67
净利润	44043.78	47197.57	60152.62
归属于母公司所有者的净利润	5544.30	17622.33	21086.40
加权平均净资产收益率（％）	1.42	1.28	1.65
收入现金比率（倍）	0.94	1.31	1.33

五、融资情况

（一）信用评级情况

根据中诚信国际信用评级有限公司在 2023 年 6 月 26 日出具的《株洲市国有资产投资控股集团有限公司 2023 年度跟踪评级报告》，公司的主体信用等级为 AA+，评级展望为稳定。

（二）有息债务情况

截至 2022 年底，公司有息债务余额为 5851436.51 万元，占期末总负债的比例为 79.91%，各类有息负债余额和类型如表 12-7 所示。

表 12-7　2022 年公司有息负债情况

项目	金额（万元）	占比（％）
短期借款	320533.82	5.48
一年内到期的非流动负债	1569656.26	26.83
长期借款	1743831.58	29.80
应付债券	1948468.87	33.30
长期应付款（有息）	128458.16	2.20
租赁负债—应付融资租赁款	487.82	0.01
其他权益工具（永续信托）	140000.00	2.39
合计	5851436.51	100.00

注：公司除上述有息负债外，仍存在两笔明股实债合计 4.13 亿元。

资料来源：公司债券募集说明书。

公司融资类型和渠道多元，期限上以长期债务为主，结构较为稳定合理，且与业务特征匹配，为公司经营发展提供良好的流动性支撑。

（三）银行授信情况

公司资信状况良好，与各大金融机构保持长期稳定的合作关系。截至 2022 年底，公司获得主要贷款银行授信额度合计 896.32 亿元，已使用额度 523.95 亿元，尚未使用的授信额度为 372.37 亿元，备用流动性充足。

（四）债券发行情况

公司在直接融资市场表现较活跃。截至 2023 年 7 月 25 日，公司及其子公司已发行尚未兑付的债券余额为 256.53 亿元。

第二节　转型发展分析

一、转型发展背景及特点

（一）政策环境背景

2020 年 6 月，中国共产党中央全面深化改革委员会召开第十四次会议，审议通过了《国企改革三年行动方案（2020—2022 年）》，提出"推动国有企业围绕主责主业大力发展实体经济，做到国有资本有进有退。促使国有资本向关系国家安全、国民经济命脉的重要行业领域集中，向关系国计民生、应急能力建设、公益性的行业领域集中，向战略性新兴产业集中。对于需要进的领域，我们以做强做优做精为明确目标，支持相关的企业进行并购和专业化整合，充分发挥龙头作用，提高它们整体竞争力。在退的方面，对那些不具备竞争力的非主营业务和不良资产坚决退出"。2021 年 3 月，湖南省政府发布《湖南省国企改革三年行动实施方案（2020—2022 年）》，明确了全省 2020~2022 年深化国资国企改革的任务书、时间表、路线图，标志着湖南省国企改革三年行动方案全面提速、深入实施。

（二）区域环境背景

《株洲市国民经济和社会发展第十四个五年规划和二〇三五年远景目标纲要》指出，"十四五"期间，株洲市社会发展主要目标有：经济发展质量明显提升，经济总量在全省占比不断增加，经济增速快于全国、全省水平。生产总值年均增长率为 7.5%，全员劳动生产率增长高于 GDP 增长速度。全力打造国家重要先进制造业高地，瞄准国际领先、国内一流的产业发展目标，着力构建"3+3+2"

的现代产业体系，形成世界级、国家级、区域级产业集群梯度发展格局。

（三）外部支持情况

公司系株洲市属唯一定位为国有资本投资公司和产业发展商的国有企业，在助力株洲市产业发展、国企改革和债务化解中具有重要作用，在股权划转、资产注入、政策和特许经营权等方面持续得到株洲市政府的有力支持。

在股权、资产注入方面，近年来，株洲市云龙发展投资控股集团有限公司等股权无偿划入，进一步增强公司资本实力；公司受托管理株洲市 6 只产业引导基金，总规模约 60.01 亿元，4 只政府基金，总规模约 60.05 亿元。在政府补助方面，近五年来公司分别收到政府补助 1.72 亿元、2.42 亿元、2.12 亿元、2.09 亿元和 2.22 亿元，较大提升当期盈利，且整体较为稳定。在特许权方面，公司拥有"炎陵神农谷"国家 AAAA 级旅游景区运营权及"智慧株洲·诸事达"城市数字化品牌特许经营权。

二、转型发展路径

株洲国投集团结合株洲市产业特征和公司自身禀赋、人才结构，坚定"产业发展商"功能定位，确立了"12345"发展战略，明确"产业投资、产业服务"两大主业，突出顶层设计、规划先行，使集团转型发展路径按既定方向和目标推进，全力支持专精特新企业，力争用 3~5 年时间，做优千亿元资产，实现百亿元营收、十亿元利润，打造"中部地区一流产业投资集团"。主要转型路径如下：

（一）统筹发展主业，构建产业投资、培育和运营体系

结合"产业发展商"核心定位及自身资源优势，株洲国投集团坚持产业投资、产业服务两大主业，其中产业服务由金融服务、资产管理、园区运营、数智科技、人才服务等业务组成。

1. 产业投资业务

近年来，公司建立了"本部直接投资+基金群投资"的双层投资架构，以基金投资为主，强化产业引导和产业培育，带动株洲产业发展。在基金投资方面，公司投资基金的组织形式以有限合伙企业为主，管理或参与管理基金规模 353 亿元；投资阶段范围齐全，包含天使期、初创期、成长期、成熟期、Pre-IPO 等各个阶段；投资方向广泛，包含航空动力、军民融合、轨道交通、电子信息、新能源、人工智能、服饰、新材料、生物医药等行业；强化与头部机构合作，目前已与清华紫荆、兴橙资本、重庆红马资本、财信金控等机构开展合作。

2. 产业服务业务

公司以金融服务为有力抓手，围绕区域产业投资和产业发展完善金融服务链，掌控资金筹措端口，提供资金支持、分享发展红利；通过主业归核，推动优

势资源向主业集中、向产业倾斜，帮助产业延链强链补链，为产业发展提供专业生产性服务；进一步整合土地和园区资源，以产业导入推动开发模式升级，建设高质量产业科技园区。目前，公司已形成集金融服务、建设施工、片区（园区）开发、地产开发、园区运营、职教科创、数智服务、人才服务于一体的生产性服务业大板块，重点保障株洲优势产业相关项目落地，着力提升运营效率和能力。

（二）合理"瘦身健体"，盘活存量低效、无效资产

公司不断加大去化工作力度，合理精简机构数量、压缩管理层级，全面处置或盘活土地、园区、参股公司股权等低效无效资产。

1. 全面落实瘦身健体、降本增效工作

2022年，公司通过开展三项制度改革，构建"小总部、大产业"管理模式，推动总部去机关化，集团总部内设机构在8个以内，人数控制在100人以内；开展以"竞聘上岗、双向选择"为主要内容的选人用人机制，真正做到"干部能上能下、员工能进能出"；主业同质、业务相近的二级企业分别归集至各核心主业，通过股权转让、混改、处置、托管、清算、调整股权关系等方式，实质性缩减子公司数量。

2. 创新开展低效无效资产处置工作

为提高资产处置工作的效能，公司成立了三资（资产、资源、资金）清收专班，全面梳理存量低效无效资产，按照分类精准处置原则，实行清单管理，丰富存量去化手段，制定盘活处置方案，落实主体责任。公司开发并上线全省首家"株洲资产超市"互联网资产盘活、处置、服务平台，高效服务株洲资产盘活、运营。

（三）优化经营管理，推动市场化管理运营机制

公司持续推进体制机制改革，加快实现从"管企业"向"管资本"转变，全面推进授权经营、考核分配、人事管理、监督管理等全方面改革，激活内部动力。

1. 突出"管资本"这条主线，推进对子公司授权放权管理

按照"管资本布局、管资本运作、管资本收益、管资本安全"的思路，集团立足于监管与服务，强化战略管理、投资决策、资源配置、审计监察等方面的核心职能。依据产权监管链条，对子公司分类分层授权管理。

2. 激发内生动力，推进市场化薪酬分配机制

在子公司层面，根据子公司所属行业、市场化程度、经营模式等方面的影响因素，对子公司进行分类，不同类型突出不同考核重点，合理设置考核指标和权重，实施分类和差异化考核，在子公司全面推行经理层任期制和契约化管理。员工层面，员工职业发展通道分为管理、技术两个序列，并按照"一岗一薪、薪随

岗变"的原则确定员工薪酬；全面推行员工持股、项目跟投等股权中长期激励制度。

三、转型效果分析

根据 Wind 数据统计，截至 2022 年底，株洲国投集团总资产规模 1101.37 亿元，净资产 369.16 亿元，当年实现营业收入 110.19 亿元，净利润 6.02 亿元，转型成果初显。

（一）产业投资成果丰硕

为加大市场化转型的力度，公司通过多种方式参与高新技术产业投资。在资金筹措方面，公司通过坚持投资基金化思路，管理政府产业引导基金 6 只、政府性基金 4 只，基金总规模超 120 亿元，包括产业引导基金、风险补偿基金等，服务全市经济社会发展大局；通过整合国内其他资本和专业力量，共同设立和管理各类市场化产业基金 25 只，总规模超 160 亿元。在项目投资方面，公司更加倾向于高新技术产业，2022 年完成 8 个本地项目投资，投资金额近 2.5 亿元，其中国家级专精特新"小巨人"企业 4 家、高新技术企业 2 家，累计投资世界一流、国家省级专精特新"小巨人"企业 36 家。为提升投资项目的水准，公司聚焦央地合作，与中国航发南方、中车株机、中车电机、中国建材等央企紧密合作，投资了时代电气、中车尚驱、中航零部件、南方宇航、钻石切削等企业，投资项目优质，增值空间较大。与此同时，公司重视资本市场发展，已投项目中时代电气、汇宇制药、紫建电子、英集芯、概伦电子均已成功上市，综合来看，集团参控股上市公司总市值近 70 亿元，拟上市企业市场估值超过 50 亿元，未来 3 年，可以实现新增投资标的上市 10 家以上。

（二）信用维护扎实有效

为抢抓政策机遇，2022 年，公司争取到株洲市首笔政策性开发性金融工具资金 2.82 亿元，成功发行 4 亿元 ABS 产品；推进数字化金融平台建设，电子保函平台为企业节省投标保证金超 7 亿元；获批中央专项补助资金 0.75 亿元；策划包装设备购置与更新改造贴息贷款项目 12 个；成功申报专项债项目 6 个，获批资金 3.6 亿元；储备专项债项目 27 个，资金需求 159 亿元；取得中华人民共和国国家发展和改革委员会（以下简称"国家发展改革委"）批复的 17.5 亿元上海自贸区债券额度，全年融资到位 158.3 亿元，新增融资平均成本 5.22%。强化信用维护，落实"631"债务偿还机制，全年还本付息 161.86 亿元。着力降本增效，全年盘活不动产 2.13 亿元，股权 2.97 亿元，应收账款回款 4.66 亿元，风险项目处置 6.22 亿元，共计 15.98 亿元；严控费用支出，可控费用同比下降 22.05%；加强工程预结算把关，工程建设成本节约 4.3 亿元，核减率为

19.38%；在全市率先完成"三项"制度改革，全年人工成本下降30%。

（三）产业服务全面精准

集团通过金融服务、数智科技、职业教育、园区运营、智库咨询等一体化的产业综合赋能能力，促进资金、技术、人才、平台等资源要素协同联动，服务区域经济发展。通过市属国企战略重组公司控规长株潭融合核心区域轨道科技城、九郎山职教科创城、水竹湖、华强、盘龙湖等片区土地共69086亩，片区配套日趋完善；整合市属金融服务资源资产并实现绝对控股，控股株洲农商行，参股华融湘江银行、联储证券；获得"智慧株洲"项目数据特许经营权，业务涵盖智慧医疗、智慧交通等领域；拥有白关服饰产业园、芦淞区洗水工业园、云龙总部经济园、轨道智造产业园等多个科技园区，建设标准厂房近100万平方米；争取政府支持，市二轻集体工业联社、市冶金机械工业研究所、市建筑材料研究院等事业单位和三水泥厂、玉兰山庄、市属石灰石矿权等经营性资产实质性注入，通过有效管理盘活，集团资产规模持续增长；探索产业服务新路径，以"神农湖畔企业会客厅"为主线，打造"一厅、一刊、一报、一网、一论坛"系列品牌，构建高质量产业合作新生态，集团对外影响力不断扩大。

第三节　转型发展经验启示

一、坚持战略引领，突出主责主业

思路决定出路。株洲国投集团聚焦培育制造名城，围绕株洲"3+3+2"现代产业体系，确定"打造中部地区一流产业投资集团"发展目标，围绕产业投资、产业服务两大主业，引领集团走向高质量发展轨道。同时，根据市场需求和自身优势，加强市场化运作，深耕本土优质企业、专精特新企业及央企裂变项目，着力提升公司产业投资能力和产业引导能力。聚焦新能源、新材料和智能制造"两新一智"投资主赛道，整合自身技术、资金、土地、人才等优势资源，持续为已投企业赋能增效，提高企业的盈利能力和市场占有率。积极发展智慧城市、科技园区、人才培养等产业，提高投资回报率和社会效益，以株洲市产业与金融研究所有限公司为平台，加强对产业形势、国企改革、标杆企业、国家政策进行深度研究，充分发挥国企智库作用，探索符合公司实际的转型发展路径。

二、优化经营管理，激发内生动力

内因是事物发展的根本原因。城投企业应坚持问题导向，强化源头治理，针对管理漏洞、制度缺陷、管理层级不顺等问题综合施策，从而促进管理水平有效提升。完善内部管理机制，建立科学的投资决策和风险评估机制，严格控制投资风险。加强财务管理和内部审计，确保企业的财务状况真实可靠。建立健全的内部控制机制，加强对企业内部流程、制度、人员等的管理和监督。加强信用评级和风险管理，提高企业的信誉度和市场竞争力。着力推进"三项制度"改革，实现企业有序退出，精减干部和员工队伍，优化公司人员结构，提升公司人力资本战略准备度。推进项目全生命周期管理，实施"最低价中标"，核减工程建设成本、节约造价开支。根据发展需要，适时调整集团组织架构、部门与岗位职能，优化、调整工程管理、财务管理、风险管理、投资管理、薪酬管理等方面的流程和制度，不断完善制度体系，提升集团管控效能，激发员工干事创业活力。

三、做实公司信用，提升投融资能力

降本增效是企业高质量发展的必由之路。城投企业应优化债务结构，经营好金融机构"朋友圈"，做好常态化路演，保障债务发行通道；加大项目融资力度，争取更多的专项债、政策性银行贷款等长期资金贷款落地，将表外的、非标的的、高息的债务整体打包向银行续贷，实现债务"高变低、短变长、刚变柔"。强化成本管控，落实可控费用管控实施方案，推行集中采购、二次竞价，全面降低中介费用；抓好工程成本、项目成本控制，严格执行政府投资项目成本管控办法规定，强化全生命周期管理，推行限额设计，严格现场签证，精细概预算审核。攻坚"三资"清收，推进应收账款、低效资产、风险项目等清收、盘活和处置工作，维护国有资产权益，补充现金流化解债务。

第十三章 博尔塔拉蒙古自治州国有资产投资经营有限责任公司转型发展案例分析

博尔塔拉蒙古自治州国有资产投资经营有限责任公司自成立以来不断进行着整合重组及转型发展，发展至今，公司已经从单一的政府融资平台转型为政府投资主体、重大项目建设主体和城市运营主体，形成了涵盖基础建设、土地整理、工程施工、服务业务和商品销售等核心板块的业务集团。在转型模式上，博州国投转型主要依靠"资产整合+拓展业务经营"：一方面，博州政府在项目开发、资产注入等方面给予大量政策扶持，助力公司在资本实力、项目投资、项目融资等方面得到稳步地提升；另一方面，立足博州资源禀赋和区位优势，公司不断拓展经营业务板块多元化，着力打造具有博州特色的现代产业体系，助推博州经济高质量发展。

第一节 公司基本情况

一、公司简介

博尔塔拉蒙古自治州国有资产投资经营有限责任公司（以下简称"博州国投"或"公司"）的前身为博尔塔拉蒙古自治州国有资产经营公司，经博尔塔拉蒙古自治州（以下简称"博州"）人民政府批准设立，由博州人民政府国有资产监督管理委员会①（以下简称"博州国资委"）出资，于 1997 年 10 月 9 日注册成立，注册资本 3700 万元。自成立以来，博州国资委为支持博州国投的发展，

---

① 前身为博尔塔拉蒙古自治州国有资产管理局，于 2009 年变更名称为博尔塔拉蒙古自治州人民政府国有资产监督管理委员会。

不断进行增资注入，截至 2022 年底，博州国投注册资本为 20371.1 万元。博州国投是博州最重要的基本建设投融资平台及国有资产运营管理平台，为博州重点行业、重点领域的发展，整合当地国有资源，确保当地国有资产保值增值方面做出了巨大贡献，同时博州国投业务的全面发展对推动博州经济社会可持续发展具有不可替代的作用。截至 2022 年底，博州国投旗下拥有 14 家一级子公司，主要承担"两县一市"各类项目建设任务，同时涉及工程施工、商品销售、城市供热、客运服务等业务。

二、所在区域情况

依托区位优势、中央援疆政策以及国家"一带一路"倡议的支撑，同时随着国家西部大开发战略的深入实施，博州形成了以第三产业为主导、第二产业协调发展的产业格局。2022 年，博州经济稳定提升，《博尔塔拉蒙古自治州 2022 年国民经济和社会发展统计公报》数据显示，博州地区生产总值 481.66 亿元，比 2021 年增长 6.2%。其中，第一产业增加值为 101.82 亿元，增长 4.8%；第二产业增加值为 155.5 亿元，增长 12.2%；第三产业增加值为 224.34 亿元，增长 3.4%。第一产业增加值占地区生产总值的比重为 21.1%，第二产业增加值占地区生产总值的比重为 32.3%，第三产业增加值占地区生产总值的比重为 46.6%。一般公共预算收入为 38.8 亿元，比上年增长 12.7%。其中，各项税收为 20.02 亿元，增长 11.4%；政府性基金预算收入为 22.35 亿元，增长 40.8%。全年地方财政收入为 61.23 亿元，比上年增长 21.4%。总体而言，2022 年博州经济财政实力增强，为博州国投公司持续发展创造了良好的外部环境。

三、公司业务情况

（一）主营业务情况

博州国投作为博州城市基础建设重要主体和国有资产运营平台，当前业务主要分为八个板块：第一，基础建设业务，主要采用委托代建模式运作，接受政府机关等委托对博州及下属区县的基础设施建设项目进行代建；第二，土地整理业务，主要对基础设施及配套设施建设工程中涉及的土地进行开发整理；第三，工程施工业务，涉及博州区域内的道路、管网及房屋建筑等项目；第四，服务业务，包括公共交通、供热业务和供水及水处理业务；第五，商品销售业务，涉及铝锭、矿产和建筑材料砂石等贸易；第六，农产品销售业务，公司拥有生产加工皮棉的工厂，自行生产并销售；第七，房地产开发业务，项目为商品房及市场化出售的保障房；第八，其他业务，主要包括担保、租赁和通行费业务，其中担保业务为个人、民营企业提供担保，租赁业务为公司将拥有的 4 万余亩优良耕地进行承包租赁，通行费业务为新疆博州博温赛快速通道 PPP 项目收取车辆通行费。2022 年，博州国投共实现主营业务收入 34.46 亿元，毛利润为 3.23 亿元，分别较 2021 年度上涨 83.66% 和 60.48%，主要是由于 2022 年公司开拓商品贸易业务，农产品销售出现大额增长，同时部分地产项目于 2022 年度集中交付。整体来看，博州国投各项业务运营稳步增强。

博州国投经营范围广，公司的综合经营能力也在不断提升。作为博州重点构建的城市基础设施及其配套工程的投融资主体、建设主体和国有资产运营管理主体，多元化的经营和政府在项目开发、资产注入等多方面的政策支持使公司在各主要行业均具有区域经营的垄断优势，为公司提供了较为稳定的收入来源。2021 年和 2022 年，博州国投各业务板块收入成本情况如表 13-1 所示。

表 13-1 博州国投各业务板块收入、成本、毛利率情况

单位：亿元、%

业务板块	2021 年				2022 年			
	营业收入	营业成本	毛利率	收入占比	营业收入	营业成本	毛利率	收入占比
基础建设	0.91	0.81	10.43	4.84	1.29	1.06	17.49	3.74
土地整理	1.22	0.43	65.00	6.51	1.01	0.35	65.00	2.93
工程施工	2.29	2.01	12.09	12.19	3.34	2.86	14.35	9.69
服务业务	1.82	2.06	-12.87	9.72	1.93	2.03	-4.89	5.60
商品销售	6.66	6.51	2.22	35.47	9.56	8.85	7.40	27.73
农产品销售	—	—	—	—	5.00	6.31	-26.21	14.50
房地产开发	3.79	3.85	-1.56	20.20	10.22	9.07	11.29	29.66
其他	2.08	1.09	47.76	11.07	2.11	0.70	66.66	6.13
合计	18.76	16.75	10.72	100.00	34.46	31.24	9.36	100.00

资料来源：博州国投提供资料。

（二）博州国投主营业务分析

1. 基础建设业务

博州国投基础建设业务主要采用委托代建模式运作，当地政府或相关部门通过委托公司对博州及下属区县的基础设施建设项目进行代建，项目竣工决算后博州国投对项目进行移交并确认代建收入。依托政府在项目开发上对公司的支持，基础建设业务板块收入、成本、毛利率历年来均相对保持稳定。

2. 土地整理业务

博州国投土地整理业务主要是对基础设施及配套设施建设工程中涉及的土地

进行开发整理，公司和博乐市土储中心签订《土地整理建设协议》，对博乐市辖区内土地进行开发整理，使开发整理土地具备上市交易条件，上市交易完成并收到土地出让金后，根据土地整理成本支付土地整理收益。

3. 工程施工业务

博州国投工程施工业务主要是通过投标方式承揽博州区域内的道路、管网及房屋建筑等项目。博州国投工程施工合同甲方主要分为两大类，一类是政府部门，另一类是工商企业等。近年来，项目完工结算数量不断增加，营业收入及毛利率呈上涨趋势。

4. 服务业务

博州国投服务业务板块主要包括公共交通、供热业务和供水及水处理业务。其中，公共交通业务以便利市民出行为第一任务，在经营方面的亏损由政府每年给予补贴支持；供热业务负责博乐市整个南城新区200万平方米的集中供热，新疆地处西北高寒地区，绝大部分地区冬季长达半年之久，冬季供暖是城乡居民的基本生活需求，事关广大群众冷暖和社会稳定，是一项重大的民生工程，近几年新疆地区的供热规模逐年增加，预计未来发展将呈现继续增加趋势；供水及水处理业务覆盖博乐市城区供水人口21万人、绿化面积2.94万亩。

5. 商品销售业务

博州国投商品销售业务主要是开展铝锭、矿产和建筑材料砂石等贸易，采用批发为主的自营贸易模式，通过采购与销售价差赚取利润，故毛利率较低。公司近几年不断新增贸易品种，尚处于前期开拓市场阶段，因此采取薄利多销策略争取市场份额。

6. 农产品销售业务

博州国投农产品销售业务为皮棉加工销售业务，公司具有加工生产皮棉的工厂，年加工籽棉约20000吨，上游供应商为种植户，下游客户主要为纺织厂等；该公司地处博州种植业核心区域，具有较大的自有耕地保障能力和一定的行业竞争优势。

7. 房地产开发业务

博州国投房地产开发业务主要包括精河县康宁小区项目、博乐市阳光新晨项目、博乐市欣晨嘉苑项目等，近年来随着地产项目不断交房确认收入，房地产开发业务营业收入呈上涨趋势。

四、公司财务状况

（一）主要资产情况

截至2022年底，博州国投资产总额为454.82亿元，流动资产和非流动资产在资产中占比分别为61.97%和38.03%，资产结构较为稳定、合理。

1. 流动资产

公司流动资产主要由货币资金、应收账款、其他应收款和存货构成。博州国投货币资金主要由银行存款构成；应收账款主要为博乐市兴业股权投资集团有限公司与博乐市国有土地征收和房屋补偿安置办公室的项目工程款；公司流动资产中其他应收款占比较高，为20.57%，主要由博乐市国有土地征收和房屋拆迁补偿安置办公室、阿拉山口市财政局和重庆巨能建设集团路桥工程有限公司博乐分公司的往来款构成；公司流动资产中存货占比最高，为59.65%，主要由原材料、库存商品、开发成本和工程施工项目构成（见表13-2）。

表 13-2　博州国投流动资产情况

项目	2021 年		2022 年	
	金额（亿元）	比例（%）	金额（亿元）	比例（%）
货币资金	15.17	6.11	25.10	8.91
应收账款	10.20	4.11	21.70	7.70
预付款项	10.46	4.21	7.99	2.83
其他应收款	51.13	20.57	57.97	20.57
存货	160.37	64.53	168.11	59.65
其他流动资产	1.17	0.47	0.96	0.34
流动资产合计	248.50	100.00	281.84	100.00

资料来源：博州国投提供资料。

2. 非流动资产

如表13-3所示，公司非流动资产主要由固定资产、无形资产和其他非流动资产构成。公司非流动资产中固定资产占比最高，为59.06%，主要由房屋及建筑物、机器设备、运输工具、办公及其他设备、专用设备和土地资产构成；无形资产主要由土地使用权、软件、公路收费权等构成，公路收费权为博温赛快速通道PPP项目竣工后转入无形资产形成；其他非流动资产主要为政府注入资产及棚改支出等，其中政府注入资产主要为道路管网等资产。

表 13-3　博州国投非流动资产情况

项目	2021 年		2022 年	
	金额（亿元）	比例（%）	金额（亿元）	比例（%）
长期股权投资	7.55	4.78	7.01	4.05

续表

项目	2021 年		2022 年	
	金额（亿元）	比例（%）	金额（亿元）	比例（%）
其他权益工具投资	1.15	0.73	1.15	0.66
其他非流动金融资产	2.01	1.27	2.01	1.16
固定资产	85.10	53.87	102.17	59.06
在建工程	17.69	11.20	14.05	8.12
生产性生物资产	0.02	0.01	0.01	0.01
无形资产	31.12	19.70	33.57	19.40
长期待摊费用	0.62	0.39	1.12	0.65
递延所得税资产	0.05	0.03	0.10	0.06
其他非流动资产	12.66	8.01	11.80	6.82
非流动资产合计	**157.97**	**100.00**	**172.99**	**100.00**

资料来源：博州国投提供资料。

（二）主要负债情况

截至 2022 年底，博州国投负债总额为 293.43 亿元，流动负债和非流动负债在资产中占比分别为 40.35% 和 59.65%，负债结构较为稳定、合理。

1. 流动负债

如表 13-4 所示，公司流动负债主要由短期借款、合同负债、其他应付款和一年内到期的非流动负债构成。博州国投短期借款主要包括信用借款及保证借款等；合同负债主要为预收工程款、购房款及供热费等；公司流动负债中其他应付款占最高，为 53.21%，主要为与博尔塔拉蒙古自治州金雪莲城市发展基金合伙企业的基金投资款，以及和博尔塔拉蒙古自治州博聚凯洋建设工程有限公司、温泉县国有资产投资经营有限责任公司和博尔塔拉蒙古自治州财政局等单位的往来款；一年内到期的非流动负债主要为一年内到期的长期借款、一年内到期的应付债券和一年内到期的长期应付款。

表 13-4　博州国投流动负债情况

项目	2021 年		2022 年	
	金额（亿元）	比例（%）	金额（亿元）	比例（%）
短期借款	17.74	15.99	14.44	12.20
应付票据	1.84	1.65	1.00	0.84
应付账款	7.19	6.48	10.05	8.49

续表

项目	2021 年		2022 年	
	金额（亿元）	比例（%）	金额（亿元）	比例（%）
应付职工薪酬	0.08	0.07	0.18	0.15
合同负债	12.35	11.13	12.45	10.52
应交税费	0.78	0.71	0.88	0.74
其他应付款	54.17	48.83	63.00	53.21
一年内到期的非流动负债	10.90	9.82	15.17	12.81
其他流动负债	5.90	5.32	1.23	1.04
流动负债合计	**110.94**	**100.00**	**118.40**	**100.00**

资料来源：博州国投提供资料。

2. 非流动负债

如表 13-5 所示，公司非流动负债主要由长期借款、应付债券和长期应付款构成。博州国投非流动负债中长期借款占最高，为 74.77%，主要以质押借款、抵押借款、保证借款和信用借款为主；公司应付债券主要以私募债为主；长期应付款主要是下拨的政府债券、专项应付款、农发基金和国开基金投资款等，还有一小部分的融资租赁款。

表 13-5　博州国投非流动负债情况

项目	2021 年		2022 年	
	金额（亿元）	比例（%）	金额（亿元）	比例（%）
长期借款	112.37	78.81	130.88	74.77
应付债券	—	—	13.09	7.48
长期应付款	28.24	19.81	29.06	16.60
递延收益	1.97	1.38	2.00	1.14
非流动负债合计	**142.58**	**100.00**	**175.03**	**100.00**

资料来源：博州国投提供资料。

（三）盈利及偿债能力分析

2022 年，公司各项业务稳步发展，主营业务收入为 34.46 亿元，较 2021 年上涨 83.66%；公司利润总额、净利润和归属于母公司股东的净利润均较 2021 年有所增加。2022 年，公司的融资需求有所增强，使筹资活动总体呈大额净流入状态，表明公司融资渠道畅通。公司流动比率和速动比率均保持在合理的范围内且较 2021 年同期变化较小，保持稳定，说明短期偿债能力较好；资产负债率保持在合理范围内，且 EBIDTA 及 EBIDTA 对利息支出的保障倍数增加，说明长期偿债能力较强（见表 13-6）。

表 13-6　博州国投盈利及偿债能力分析　单位：亿元、%、倍

项目	2021 年	2022 年	同比变动
营业收入	18.76	34.46	83.66
营业成本	16.75	31.24	86.45
利润总额	2.78	4.49	61.52
净利润	2.61	4.38	68.14
归属于母公司股东的净利润	2.43	4.08	68.26
经营活动产生的现金流量净额	-7.77	3.79	148.73
投资活动产生的现金流量净额	-10.79	-12.38	-14.73
筹资活动产生的现金流量净额	18.67	20.08	7.53
流动比率	2.24	2.38	6.25
速动比率	0.79	0.96	21.52
资产负债率	62.37	64.52	3.45
EBITDA	4.63	6.70	44.57
EBITDA 利息倍数	0.75	1.01	34.67

资料来源：博州国投提供资料。

（四）外部支持

近年来，随着国家西部大开发战略的深入实施，特别是针对新疆的开发建设，党中央出台了一系列优惠政策。例如 2019 年，19 个对口援疆省市继续聚焦脱贫攻坚和民生领域，投入援疆资金 188.19 亿元，实施援疆项目 1935 个，有力支持了新疆脱贫攻坚、民生改善和经济发展等各项工作。2014 年 5 月召开的第二次中央新疆工作座谈会上，中央提出以通道建设为依托扩大新疆对内对外开放，立足区位优势，把新疆建设成丝绸之路经济带核心区。创新"一带一路"倡议为大新疆注入提速发展的新动力，为新疆对外开放开辟了广阔的空间并有效推动了新疆经济发展，博州国投也将成为新疆区域经济振兴发展的长期受益者。

自设立以来，博州国投在资本实力、项目投资、项目融资等方面都得到了博州政府的大力支持。2021~2022 年，公司获得政府补贴分别为 2.90 亿元和 3.71 亿元。为保证城市规划和城市建设的顺利实施，博州财政每年均安排资金作为项目建设资金、政府补贴及还款资金来源等，以保证项目的如期建成和贷款本息的

偿还。同时博州政府还在项目开发、资产注入等方面给予公司多方面政策扶持，推动公司业务持续发展，竞争力不断提升。

五、融资情况

截至 2022 年底，博州国投有息负债总额为 189.40 亿元，其中短期有息负债为 14.41 亿元。近年来，博州地区城镇化进程不断加深，公司承担了博州市重要的基础设施建设及安置房建设任务，由于相关工程项目建设投资较大，回款周期长，因此公司对资金的需求较大，有息负债逐年递增，筹资活动现金流入不断增加，这也体现了博州国投较强的融资能力（见表 13-7）。

表 13-7　博州国投有息负债情况　　　　　　　　　　单位：亿元

有息债务类别	2021 年	2022 年
短期借款中的有息负债	17.72	14.41
一年内到期的非流动负债中有息负债	10.63	14.47
长期借款	112.37	130.88
应付债券	—	13.09
其他流动负债中的有息负债	4.70	—
长期应付款中的有息负债	13.77	16.55
合计	159.19	189.40

资料来源：博州国投提供资料。

截至 2022 年底，公司存续的债券有"22 博投 01"和"22 博投 02"，公司及下属子公司已发行的债券及债务融资工具均按时还本付息，无违约情况发生。

第二节　转型发展分析

一、转型发展路径

为落实国务院提出的"以管资本为主"加强国有资产监管，博州国投在承担传统业务的同时，改组组建了国有资本投资运营公司。此外，在博尔塔拉蒙古自治州党委工作部署的要求下，公司以整合壮大做实为核心，紧紧围绕自治州九大产业发展方向，坚持市场化运作，不断推进公司资本化、市场化、实体化转型，努力实现公司质的有效提升和量的合理增长。

（一）优化资产整合，推动公司实体化进程

得益于博州人民政府的大力支持，通过统一调配全州国有资产、资本、资源，通过资产重组、股权合作、资产置换、无偿划转、战略联盟等方式，形成资产资源联动优势，解决州属国有企业"小、散、弱"、同质化经营、盈利能力差等问题。

一是划入国有优质股权和同质化股权。通过股权划转、变更出资人等方式，将建筑规划设计院、汇业担保公司等优质股权和金盾押运、锦绣、良丰等同质化业态，划入博州国投统一运营，进一步优化资源配置，提高公司运行效率。二是盘活存量经营性资产。加快完善文体中心、服务中心4号楼、会议中心等产权手续，做大国投资产规模的同时，丰富博州国投经营投资业态。同时针对已拆除资产，协调博乐市人民政府在市区为公司置换相同价值的房产或土地用以抵顶征收未补偿的资金。三是做大增量优质资产。归集各类可盘活经营的农业用地划入博州国投；匹配加油加气站交博州国投建设运营；将阿拉山口市已建成的散粮专用线、精河县建成的专运线等18条铁路专运线资产通过资产划转方式装入博州国投；通过合法程序将实施项目配置的建设用地确权到博州国投，与有实力建筑企业择机开发；对未确权的沙石料、大理石、石灰石等矿产资源确权到博州国投开发运营，有效做大资产增量，增加有效资产规模。

（二）合理规划融资，助力博州经济发展

在传统金融机构合作基础上，通过结合业务拓展需求，公司持续创新融资方式，积极拓宽融资渠道，探索出"以融带投，投融联动"模式，降低融资成本，实现资本市场债券业务的创新。

一是合理控制融资规模，保障公司资金需求。2023年，公司融资工作主要以"保运转、防风险"为目标，支持企业日常经营及实体业务拓展，保障借新还旧资金需求，缓解债务偿还压力。二是根据项目资金需求情况，推进企业债发行工作。2023年4月，完成首期发行1亿元，保证了批文有效期（有效期2年，要求1年内完成首次发行）。公司计划以寻找第三方担保机构增信方式，推动余量债券发行工作。三是审慎合规落实对外担保工作，严格审核被担保企业财务状况及负债规模，做好担保台账统计，严控对外担保总额，完善风险防范措施，降低公司对外担保风险。

（三）明确投资方向，加快投资方式转型升级

在投资业务上，公司重点关注以下两个方面：一是紧紧围绕博州四大发展战略和九大产业，明确公司投资方向，对涉及民生领域的煤炭、天然气、矿产等资源类项目加大投资力度，细化推进方案，明确任务清单。通过股权合作等方式，

提升盈利水平，按照市场化运作、收益平衡的原则，对通过注资或拍卖程序形成的建设用地资产，进行建设运营，通过运营、转让、政府购买或对外合作开发销售等方式，实现盈利。二是充分发挥资本撬动作用，依托博州农牧、文旅、口岸、能源等资源优势，强化产业基金引领作用。通过出资成立基金直接参与投资、吸引产业投资人和社会投资人共同组建子基金等方式，不断扩大产业投资规模。同时加强本地基金投资人才队伍建设，提高对投资机构和项目鉴别分析能力，降低投资风险，实现优质项目的投资落地。

（四）优化经营模式，不断提升公司盈利能力

转变经营模式是公司市场化转型的重点，一是以贸易业务子公司为突破口，积极探索混合所有制改革，通过市场化手段，积极引进和参与优质的民营资本，实现管理、经营上的创新，达到战略合作、股权融合、资源融合的效果，形成"造血"机制，不断提高国有资本配置和运行效率，放大国有资本功能，提升国有企业竞争力和活力，推动国有企业做优、做强、做大。二是积极拓展实体板块业务。根据博州人民政府第十三届委员会第五次会议精神：为加快博乐市现代农副产品综合交易中心建设，完善冷链仓储、批发零售等服务功能，提高州府城市产业聚集度，全力打造北疆农副产品交易集散中心。结合博州九大产业板块中的粮油、特色果蔬、现代物流产业，将博州农副产品物流园作为依托，将园区打造为集粮油、特色果蔬、冷链物流、实体贸易交易等于一体多元化的市场。三是继续推进人才兴企战略。积极引进党政人才、培养中坚力量，把懂金融、会经济、富有开拓创新精神的优秀人才充实到公司经营班子和管理层，建立完善的区别于党政领导干部、符合市场经济规律和人才成长规律的人才考核管理机制，为公司发展提供人才保障。同时，强化内生动力，采取专家授课、外出培训等方式，组织全体干部职工常态化学习最新管理经验、业务工作技能，并对积极上进、有潜质的员工，在专业技能、管理能力方面进行重点培养，通过内举外聘方式，努力打造公司学习型、复合型的人才培养机制，为公司发展提供人才支撑。

（五）贸易转型升级，三面联动推进竞争优势

贸易是公司的传统业务，市场化转型有利于优化贸易业务结构、培育新的盈利增长点，公司重点在以下三个方面发力：一是充分运用口岸优势，做大做深贸易业务，拓展粮食、金属等进出口原材料初深加工产业，提高产品附加值，放大贸易实体化运营效益；二是立足博州农业市场，加大加深大型国企、央企合作，做大棉花、棉油大豆及大豆油等大宗贸易规模；三是深入拓展国有企业能源业务，逐步布局加油、加气站及化工产业链，推进市场化实体转型，通过贸易资源优势将优势产业做实做大做强。

二、转型效果分析

博州国投以深化国有企业改革和投融资体制改革为牵引，重点围绕公司融资、投资、实体转型中的堵点难点，创新三项举措，实现三个突破，具体如下：

（一）创新融资方式，坚持传统融资向多层次资本市场融资转变

1. 顺利完成债券发行

通过前期深入走访了 20 多家银行、20 多家投资机构、10 多家承销商，公司成功发行 8.2 亿元公司债，首次打开债券市场大门，有效缓解公司债务压力。同时，公司也积极探索利用其他债券品种，目前，12 亿元企业债券已取得国家发展改革委批文，创历史批文额度新纪录，为博乐、温泉、精河三县市棚户区改造项目提供资金保障。

2. 博州首支产业发展基金备案成功

公司与新疆金投共同设立的博州汇鑫产业发展基金已在中国证券投资基金业协会备案成功，基金总规模 10 亿元，拟设立 4 只子基金（农牧业产业子基金、旅游产业子基金、口岸贸易类子基金、粮食产业子基金），计划投向天莱牧业、精河枸杞加工、赛里木湖景区、阿拉山口粮食筒仓等项目，着力助推博州经济发展。

3. 支持设立专项建设基金

为落实专项建设基金，公司重点支持博尔塔拉职业技术学院三期校园建设项目（产教融合）、博乐市老旧小区及储煤中心建设项目、温泉县清洁水源集中供水项目、第二污水处理厂项目及中水再生利用项目。此外，博乐市 4 个项目、精河县煤炭储备建设项目、温泉县 3 个项目在国家开发银行、农业发展银行设立专项建设基金，融资共计 1.16 亿元。

4. 间接融资取得突破

2022 年，公司共实现融资到位资金 44 亿元，其中，间接融资从单一商业银行拓宽至中国银行、农业银行、建设银行等国有银行，公司的融资结构、融资期限、融资成本得到进一步优化。此外，公司通过统筹调度资金，加大风险管控力度，切实守住了不发生系统金融风险的底线，2022 年全年按期还本付息 18.85 亿元。

（二）创新项目投资，坚持项目为王的总体要求

1. 精细储备投资项目

公司坚持服务博州发展战略，按照《深化改革完善体系加快国有企业高质量发展的意见》自治区党委、自治区人民政府关系文件的部署，找准公司的发力点，先后对接 200 余家央企、国企、私企，从 400 余个投资项目，梳理拟投资实

体项目库、湖北援疆项目库、招商引资项目库等各类拟投项目 21 项，总投资 88.95 亿元，为博州实体项目资金有序衔接，做实储备。

2. 主动参与博州重大产业项目

为落实重大产业项目，公司积极参与"气化博州"项目，围绕全州五个产业工业园区的具体用气企业名称、用气量及重点乡镇民用气总量进行统计，同时分别与新捷燃气、中石油管道、新疆能源、中燃燃气、科尔加里（北京）油气等公司对接洽谈，开展投资成本和收益率测算，启动前期可行性论证分析。

此外，公司积极参与康养产业，与博州民政局洽谈协商，双方拟组建合资公司，共同运营博州康养护理中心，建设面积 12750 平方米、300 张床位，床均面积 42.5 平方米，建成后可满足不同老年群体养老需求。

3. 大力开展股权投资

在股权投资方面，公司已投资 6000 万元入股新疆银行，创历史最高单笔股权投资；参股博州农村综合产权交易中心初见成效，完成 3 万户、10 万人和 1337 个新型农业经营主体的信用评估，并在土地经营权抵押贷款中实现"零突破"，首笔业务获得农村信用联社经营权抵押贷款 1.7 亿元，一期 3000 万元已授信，助力解决农业生产经营融资难、融资贵等难题。

（三）创新实体经营，坚持把发展经济的着力点放在实体经济上

1. 组建国信集团

博尔塔拉蒙古自治州国信资产管理有限公司（以下简称"国信公司"）作为公司实体转型的先行试点，在国信公司经营资产管理、物业管理的基础上，拓宽经营范围，开展酒店、商贸、餐饮、物流、装饰装修等业务，为公司实体转型打开良好局面，国信集团的各项业务稳步推进。2022 年，在减免房租 300 万元的情况下，实现营业收入 1414 万元，同比上年度增长 117%。

2. 组建驾考集团

公司利用博州国投驾考服务中心有限责任公司进一步做大驾培市场，积极与第五师顺翔驾校等开展合作，通过资本优势互补，强强联手共同打造博州首家机动车驾驶培训和考试规模化、一体化集团公司。

3. 开展实体贸易

在稳步开展线上贸易的同时，与银丰棉业、裕泰棉业、绿赛节水等企业合作，在棉花、玉米、粮油及农副产品等领域拓展实体贸易，打破贸易利润率低、回款慢的瓶颈。

第三节　转型经验启示

一、谋划转型方向，整合壮大做实

在市场化转型中，博州国投明确资本化、实体化、市场化的转型方向，开展战略性重组和专业化整合提升综合竞争力，提出了构建"1+N"国投管控体系，放大专业化整合效果。近些年，通过资产重组、股权合作、资产置换、无偿划转、战略联盟等形式，公司并入文旅、建筑、水发、农牧等产业集团，不断优化公司资产结构、提升资产质量，增强资产经营能力，为公司化债、市场化融资、业务发展奠定坚实基础。

（一）盘活内部存量经营性资产

在盘活自身经营性资产方面，公司通过改变资产经营管理模式，针对位置佳、经营价值较高的资产，结合公司业务发展，以资产配业务，重点盘活原市场监管局办公楼，成立桔子酒店，填补博州市场空白。同时，公司盘活锦绣 A 区北门北段 10 间商铺，组建中腾信商贸公司，并于 2022 年 7 月开业。此外，公司盘活了温博印象商业楼，与罗锅食业成立餐饮公司，尝试开展"中央厨房"业务。

（二）研究盘活州内存量经营性资产

在博州国资委的大力推动下，公司整合了区域内优质经营性资产，集中力量发挥拳头效益，初步梳理形成水利、旅游、文化体育 3 个资产包，结合农发行盘活存量经营性资产金融政策，预计盘活资金 25 亿元。

（三）注入有效资产

2022 年，公司积极与博州自然资源局对接，完成市场监管局办公楼、原楚天楼多媒体教室（5 处）、农业农村局（二、三楼）等 7 处资产过户手续，实现资产注入金额 2736.3 万元。

二、转变经营角色，拓展多元化经营

在做好传统业务的同时，公司不断探索多元化经营模式，逐步形成适应公司健康发展的增长极。一是立足公司现状，加大对商务酒店运营，发展酒店服务板块。二是加强兵地融合发展，与农五师国资合作开展玉米、棉花等涉农业务合作，增加农业板块营收；与乌市民企联动，投资设立贸易公司，开展煤炭、原油等大宗贸易，进一步增加贸易营收。三是运营物业和体育文体商贸公司，加大游

泳馆、篮球馆等场馆的开放力度，举办民俗特色活动，嫁接文化旅游项目等方式，全方位提升场馆利用效率和两个中心自营收入。四是建设并运营科一至科四驾考及培训，拓展驾考服务范围；积极参与粮食集团组建、阿拉山口筒仓物流、蔬菜批发中心建设等，助推博州经济高质量发展。

三、强化人才管理，提升公司竞争力

为加强管理和经营，全方位优化人才结构，公司建立了后备人才库，通过选派一批后备人才到中央企业、自治区企业、博州内企业挂职锻炼、建立一对一帮扶 6 人次，注重培养懂经营、会管理的复合型人才。此外，公司建立了科学规范、有效管用的竞争机制，对表现突出、相对成熟的优秀年轻人员，通过干部考察，打破刚性壁垒，大胆使用。2022 年，新提拔中层干部 7 名，破除人员想要提升待遇只"熬年限"的错误思想，进一步激发员工的积极性、主动性、创造性，健全以价值、能力、贡献为导向的人才评价机制。

第十四章　中国雄安集团有限责任公司转型发展案例分析

中国雄安集团有限公司是由河北省政府出资设立的省属重点骨干企业，主要职能包括为雄安新区的城市规划、市政路桥、综合管廊、轨道交通、片区建设、市场化地块开发、大型城市综合体建设、白洋淀治理、生态保护、智慧城市建设，以及公共服务、绿色能源、高品质给排水保障等多领域建设，为雄安新区发展提供业务支持和资金保障。近年来，中国雄安集团有限公司通过优化资本运作、推动金融板块发展、推进产业引进和促进公共服务，逐步实现公司高质量转型发展。

第一节　公司基本情况

一、公司简介

2017 年，为落实《中共中央、国务院关于设立河北雄安新区的通知》中"研究建立长期稳定的资金筹措机制，设立市场化运作的投融资平台"的指示要求，经国务院批准同意，由河北省政府出资设立了中国雄安集团有限公司（原"中国雄安建设投资集团有限公司"，以下简称"雄安集团"），注册资本 300 亿元。此后，雄安集团先后成立城市发展、生态建设、基础建设、数字科技、公共服务、投资管理、城市规划、雄商发展、城市水务、智慧能源、优采供应链 11个二级公司，以及其他控股及参股子公司 17 个，累计承担新区建设项目 560 多个，投资项目 75 个，总投资 6800 亿元，占雄安新区总投资额的 85%，是新区开发建设的主力军。2022 年，雄安集团资产总额达 1397 亿元，资产负债率为70.34%，利润总额达 5.88 亿元。

二、所在区域情况

雄安集团所在的雄安新区位于河北省中部，地处北京、天津、保定腹地，包括雄县、容城县、安新县三县及周边部分区域，面积约 1770 平方千米。截至 2022 年底，雄安新区共实施重点项目 240 个，总投资 8047 亿元，累计完成投资 5100 多亿元。雄安新区城市外围骨干交通路网、内部骨干道路体系、生态廊道、水系构成的"四大体系"基本形成，城市框架全面拉开。3500 多栋楼宇建设完工，7 批次、近 12 万名群众回迁新居，63 家中央企业投身雄安新区建设，4 家央企总部和超 150 家子企业落户雄安新区，京津雄"1 小时交通圈"基本形成，"三校一院""雄才计划"等一系列优惠政策及配套项目建设加快推进。2022 年，雄安新区一般公共预算收入总计 718.6 亿元，政府性基金预算收入总计 468.9 亿元，国有资本经营预算收入 0.6 亿元，完成预算的 228.5%，全部调入一般公共预算。

三、公司业务情况

（一）主营业务情况

作为城市综合运营服务商，雄安集团的主营业务涵盖政务与公共服务、金融与投资、基础设施、城市发展与城市资源运营、生态环境建设和绿色发展、数字城市六大业务板块。根据公司披露的 2018 年业务介绍，营业收入中劳务派遣服务和技术服务、电网数字化工程管理平台开发及实施、高铁站设计费和国际展会服务三个板块对公司的营业收入贡献较高，占比分别为 25.78%、24.05% 和 23.23%，合计 73.06%，其他业务板块总计 26.94%。营业收入总额为 2192.63 万元，营业成本为 1911.32 万元，毛利率为 12.84%（见表 14-1）。

表 14-1 2018 年雄安集团主要板块收入及占比

数据类型	金额（万元）	占比（%）
营业收入	2192.63	100.00
劳务派遣服务和技术服务	565.34	25.78
电网数字化工程管理平台开发及实施	527.36	24.05
高铁站设计费和国际展会服务	509.43	23.23
举办新区国际论坛	188.68	8.61
唐河水污染治理与生态修复工程信息化	187.59	8.56
咨询费	94.34	4.30
招聘培训服务	91.56	4.18

续表

数据类型	金额（万元）	占比（％）
区块链技术在政府治理领域的应用技术服务	18.87	0.86
客运及租车服务	7.67	0.35
其他营业收入	1.79	0.08
营业成本	1911.32	87.16
毛利	281.61	12.84

资料来源：企业预警通。

（二）中国雄安集团主营业务分析

1. 政务与公共服务业务

雄安集团成立雄安新区政务服务网，内有京津冀"一网通办"服务专区、积分落户服务、前置审批事项等多个热门窗口。雄安集团旗下的二级全资子公司公共服务管理有限公司，承担雄安新区公共服务代建及运营管理任务，整合文化、体育、教育、医疗、康养、人才发展、科技中介服务等相关业务。

2. 基础设施业务

雄安集团旗下的全资子公司——中国雄安集团基础建设有限公司承建了138个项目，拥有市政建设、能源、产业、交通四大基建业务板块，推进雄安新区基建一体化发展。

3. 金融与投资业务

雄安集团与各大银行、基金公司、保险公司等合作，累计承担了新区综合管廊、轨道交通、片区建设、生态保护等领域建设项目560余个，积极发挥融资平台功能，拓宽雄安新区融资渠道。

4. 城市发展与城市资源运营业务

雄安集团旗下城市发展投资有限公司以城市综合投资运营商的角色，现阶段主要承担雄安商务服务中心、雄安国际酒店等大型商业综合体的开发运营，容东、容西、雄东等片区安置房项目的开发建设等。

5. 生态环境建设与绿色发展业务

雄安集团旗下的全资子公司——生态建设投资有限公司系雄安新区主要的环境治理和生态建设平台，对环境工程、生态工程、水利工程及农业、林业、信息技术服务业等建设项目，开展开发投资、运营管理、技术咨询、信息咨询服务。

6. 数字城市业务

雄安集团旗下的数字城市公司以云计算、大数据、物联网、人工智能、区块链、CIM/BIM等数字孪生城市产业为导向，重点布局数字城市、大数据运营、

IDC、ISP以及战略投资等几大主营业务板块，是打造雄安新区"数字城市"创新发展的主要建设力量。

四、公司财务状况

根据公司2020年、2021年及2022年前三季度①的财务报表，可以对其财务状况做出以下分析：

（一）主要资产情况

截至2022年第三季度，雄安集团资产总额为12299810.45万元，流动资产和非流动资产在资产中占比分别为72.19%和27.81%，资产流动性良好。

1. 流动资产

如表14-2所示，雄安集团流动资产主要由货币资金、交易性金融资产、应收账款、预付款项、存货构成。从变动趋势来看，虽然当前数据只公布至2022年前三季度，但可以推算流动资产总额呈现逐年递增的趋势，其中货币资金占比最高，应收账款部分增长幅度较大。2022年9月，应收账款账面价值较2021年增长7.2亿元，主要为2021年部分存货于2022年1~9月实现销售，2022年9月存货金额较2021年降低11.15亿元，是由2022年1~9月销售未收回货款所致。

表14-2 雄安集团流动资产情况

项目	2020年		2021年		2022年前三季度	
	金额（万元）	占比（%）	金额（万元）	占比（%）	金额（万元）	占比（%）
货币资金	3708674.86	44.51	4413594.74	36.89	4066420.37	33.06
交易性金融资产	780200.00	9.36	912000.00	7.62	1143000.00	9.29
应收账款	57107.67	0.80	196070.48	1.64	917362.24	7.46
应收票据	5487.41	0.08	—	—	—	—
应收款项融资	—	—	11368.28	0.10	10399.42	0.08
预付款项	670727.43	8.05	549692.85	4.59	422305.24	3.43
其他应收款	82333.02	0.99	31655.85	0.26	70024.58	0.57
存货	1482262.87	17.79	2999137.67	25.07	1883696.34	15.31
其他流动资产	371026.39	4.45	469615.33	3.93	366617.07	2.98
流动资产合计	7157819.65	85.91	9583135.20	80.11	8879825.77	72.19

资料来源：企业预警通。

---

① 河北友安集团财务数据仅公开至2022年第三季度。

2. 非流动资产

如表 14-3 所示，雄安集团非流动资产主要由长期应收款、长期股权投资、投资性房地产、固定资产和在建工程构成。2022 年，长期应收款主要由政府代建项目的借款构成；投资性房地产提升主要为外购物业资产以及在建工程的转入导致；固定资产主要为房屋及建筑物、机械设备、运输工具和办公室及其他设备构成；在建工程主要为公司代建项目的投入和代付拆迁款，近几年随着工程项目建设投入而有所增长。整体来看，雄安集团非流动资产呈现逐年递增趋势，由2020 年的 11.74 亿元增加至 2022 年三季度的 34.2 亿元，复合增长率为 191.2%。

表 14-3 雄安集团非流动资产情况

项目	2020 年		2021 年		2022 年前三季度	
	金额（万元）	占比（%）	金额（万元）	占比（%）	金额（万元）	占比（%）
可供出售金融资产	1050.00	0.01	—	—	—	—
长期应收款	78534.96	0.94	147648.09	1.23	279125.69	2.27
长期股权投资	147955.15	1.78	163753.68	1.37	268722.34	2.18
其他非流动性金融资产	—	—	1050.00	0.01	1050.00	0.01
投资性房地产	508482.58	6.10	964474.33	8.06	1234269.57	10.03
固定资产及清理合计	55314.89	0.66	202983.00	1.70	340590.27	2.77
在建工程合计	358312.47	4.30	871894.47	7.29	1217581.58	9.90
使用权资产	—	—	1699.04	0.01	761.10	0.01
无形资产	10094.69	0.12	10894.36	0.09	64432.67	0.52
开发支出	52.84	0.00	130.22	0.0055	279.84	0.0082
长期待摊费用	1872.75	0.02	7653.00	0.06	7189.19	0.06
递延所得税资产	29.56	0.00	206.25	0.00	1421.05	0.01
其他非流动资产	11907.78	0.14	7691.81	0.06	4561.39	0.04
非流动资产合计	1173607.65	14.09	2380078.26	19.89	3419984.68	27.81

资料来源：企业预警通。

（二）主要负债情况

2020 年、2021 年和 2022 年 9 月，雄安集团负债总额分别为 683.16 亿元、994.01 亿元和 934.97 亿元，呈增长趋势；资产负债率分别为 82.00%、83.09% 和 76.01%，呈波动下降趋势。

1. 流动负债

如表 14-4 所示，2020 年、2021 年和 2022 年 9 月，雄安集团流动负债以应付票据、应付账款、预收账款、合同负债等经营性负债为主，上述四项期末余额合计占流动负债总额的 81.91%、88.62% 和 90.35%，占比较高。雄安集团在上游供应商及下游客户中良好的信誉有效降低了其流动负债中金融负债规模，降低了融资成本。

表 14-4 雄安集团流动负债情况

项目	2020 年		2021 年		2022 年前三季度	
	金额（万元）	占比（%）	金额（万元）	占比（%）	金额（万元）	占比（%）
短期借款	86788.89	1.04	533199.85	4.46	428465.89	3.48
应付票据	1149266.30	13.79	1484340.20	12.41	850512.41	6.91
应付账款	909487.70	10.92	3408467.31	28.49	4311967.9	35.06
预收账款	905944.41	10.87	11974.99	0.10	18163.31	0.15
合同负债	—	—	1084356.44	9.06	530955.87	4.32
应付职工薪酬	—	—	—	—	679.04	0.01
应付税费	2538.09	0.03	14234.47	0.12	9702.58	0.08
其他应付款项	458683.98	5.51	214393.75	1.79	163079.73	1.33
一年内到期非流动负债	310.00	0.00	5144.24	0.04	4750.71	0.04
其他流动负债	105819.89	1.27	2062.03	0.02	4019.10	0.03
流动负债合计	3618839.26	43.44	6758173.28	56.49	6322296.55	51.40

资料来源：企业预警通。

2. 非流动负债

如表 14-5 所示，2020 年、2021 年和 2022 年 9 月，雄安集团非流动负债分别为 3212718.31 万元、3181877.08 万元和 3027389.33 万元，呈小幅下降趋势。雄安集团新增负债主要是以经营性负债为主的流动负债，负债结构进一步改善，综合融资成本进一步降低。

表 14-5 雄安集团非流动负债情况

项目	2020 年		2021 年		2022 年前三季度	
	金额（万元）	占比（%）	金额（万元）	占比（%）	金额（万元）	占比（%）
长期借款	194640.82	2.34	595403.75	4.98	1327908.5	10.80
租赁负债	—	—	366.57	0.012	121.58	0.00
长期应付款	2570615.59	30.85	1931266.98	16.14	1424994.92	11.59

续表

项目	2020 年		2021 年		2022 年前三季度	
	金额（万元）	占比（%）	金额（万元）	占比（%）	金额（万元）	占比（%）
长期递延收益	446856.92	5.36	654442.46	5.47	273959.69	2.23
递延所得税负债	604.98	0.01	397.33	0.013	404.64	0.013
非流动负债合计	3212718.31	38.56	3181877.08	26.60	3027389.33	24.61

资料来源：企业预警通。

（三）盈利及偿债能力分析

如表 14-6 所示，2022 年前三季度，雄安集团营业收入和营业成本分别为 430.30 亿元和 428.86 亿元，回看 2020 年和 2021 年的年报，较前两年保持稳定的大幅度增长。2021 年利润总额和净利润均较 2020 年增加，主要是公司各业务板块的营业收入增加所致；公司的投资活动产生的现金流量净额为负，主要是支付给其他投资活动相关的现金规模较大所致。净资产收益率的提升代表投资人投入的资本带来的收益高，但销售毛利率和营业净利率的急速下滑也代表产品的市场供需关系有所变化，或企业产品成本过高，建议企业关注竞品的市场占有率。

表 14-6　雄安集团盈利及偿债能力分析

项目	2020 年	2021 年	2022 年前三季度
营业总收入（万元）	109404.45	3127565.01	4303051.96
营业总成本（万元）	123973.51	3087636.25	4288602.23
利润总额（万元）	19314.62	58799.04	38521.40
净利润（万元）	16148.20	49725.22	23534.94
经营活动产生的现金流量净额（万元）	374442.38	985751.52	361564.56
投资活动产生的现金流量净额（万元）	-1083093.44	-1530705.80	-1959803.50
筹资活动产生的现金流量净额（万元）	703740.68	1249101.83	1251064.53
净资产收益率（%）	0.95	2.24	0.78
销售毛利率（%）	15.61	2.28	0.85
销售净利率（%）	14.76	1.59	0.55
营业净利率（%）	17.65	1.87	0.88

资料来源：企业预警通。

（四）偿债能力分析

2020 年、2021 年和 2022 年 9 月，公司的偿债能力指标如表 14-7 所示。

表 14-7　雄安集团偿债能力分析

项目	2020 年	2021 年	2022 年前三季度
资产负债率（%）	82.00	83.09	76.01
流动比率（倍）	1.98	1.42	1.40
速动比率（倍）	1.57	0.97	1.11
EBIT 保障倍数（倍）	8.22	6.65	4.13
EBITDA 保障倍数（倍）	9.51	7.80	—
有息债务/EBITDA（倍）	10.59	13.97	—

资料来源：企业预警通。

从短期偿债指标来看，截至 2020 年、2021 年和 2022 年 9 月，雄安集团流动比率分别为 1.98、1.42、1.40，速动比率分别为 1.57、0.97、1.11，虽均小幅下降，但 2022 年 9 月流动资产及速动资产余额均大于流动负债，短期偿债能力良好。

从长期偿债指标来看，截至 2020 年、2021 年和 2022 年 9 月，雄安集团资产负债率分别为 82.00%、83.09% 和 76.01%，高于行业水平。2020 年和 2021 年，雄安集团 EBITDA 保障倍数分别为 9.51 和 7.80，公司有能力支付利息，偿债能力强，财务风险低。公司未曾发生未按时兑付债务本息的情形，资信情况良好。总体来看，公司拥有良好的偿债能力。

（五）外部支持方面

雄安新区经济水平和财政实力稳步提升，为公司发展提供了良好的外部环境。在政策方面，《关于扎实稳定雄安新区经济运行的一揽子措施》对于统筹推进雄安新区承接北京非首都功能疏解与大规模建设发展，高标准高质量建设雄安新区，为雄安集团高质量发展提供了方向指引和政策保障。

五、融资情况

2020 年、2021 年和 2022 年 9 月，公司有息负债和类型如表 14-8 所示。

表 14-8　雄安集团有息债务余额和类型

项目	2020 年	2021 年	2022 年前三季度
短期借款（万元）	86788.89	533199.85	428465.89
一年内到期非流动负债（万元）	310.00	5144.24	4750.71
长期借款（万元）	194640.82	595403.75	1327908.50
有息债务合计（万元）	281739.71	1133747.83	1761125.10

资料来源：企业预警通。

截至 2022 年三季度末，雄安集团有息债务余额为 17.61 亿元，其中短期借款 428465.89 万元；一年内到期非流动负债为 4750.71 万元；长期借款为 1327908.50 万元。相较于 2021 年，短期借款数量和一年内到期非流动负债有所减少，但是长期借款显著增加，其 2022 年前三季度长期借款数量是 2021 年的 2 倍。

第二节　转型发展分析

2023 年 5 月，习近平总书记在雄安新区考察时强调，建设雄安的工作重心已转向高质量建设、高水平管理、高质量疏解发展并举，标志着雄安新区的建设进入高质量发展的新阶段。雄安集团作为高标准、高质量建设雄安新区的承接单位之一，其自身也具有高质量发展的必要性与紧迫性。本节对雄安集团高质量发展的背景、特点和成效进行梳理，为高质量发展的路径分析奠定基础。

一、转型发展背景

从宏观层面来看，中国当前处于新发展阶段，要求经济增长方式由追求数量向追求质量转变。党的二十大提出，面对世界百年未有之大变局和国内社会经济的不断发展，要在 21 世纪中叶实现中国特色社会主义现代化，把我国建设成为社会主义现代化强国，实现中国人民的强国梦。中国区域经济高质量发展是实现中国式现代化的重要途径。

从中观层面来看，京津冀协同发展和雄安新区建设的高标准、高质量推进，也指向了高质量发展的要求。2019 年，习近平在京津冀考察的讲话中指出："建设雄安新区是千年大计。新区首先就要新在规划、建设的理念上，要体现出前瞻性、引领性。要全面贯彻新发展理念，坚持高质量发展要求，努力创造新时代高质量发展的标杆。"在党的二十大报告中，习近平总书记对于建设雄安新区提出了新的要求，即高标准、高质量建设雄安新区。

从微观层面来看，雄安集团是雄安新区建设的主要载体和运作平台，需要围绕雄安新区的主要职能（承接北京非首都功能的集中疏解，推动京津冀区域协同发展，发挥改革开放试验田的示范效应），在打造"雄安质量"中发挥作用，通过优化资本运作、推动金融板块发展、推进产业引进和促进公共服务，逐步实现公司高质量发展进程的推进。

二、转型发展路径

（一）遵循新发展理念，秉承市场与政府"双轮驱动"原则

雄安集团在承接雄安新区的建设过程中，按照政府和市场"双轮驱动"原则，以新发展理念为指引，注重推动经济增长与质量、效益的平衡，努力打造"未来之城"。一方面，由中央政府、河北省政府和雄安新区管委会各级政府科学统筹、战略谋划和系统布局雄安新区发展规划，雄安集团基于雄安新区发展规划清晰界定发展任务和路径。另一方面，由市场按照市场供给需求机制配置资源，雄安集团在高质量发展过程中把握市场发展规律，遵守市场经济规则，致力于在开发建设、城市运营、金融服务、产业投资四类业务集群过程中实现高效和高质量。坚持有效市场和有为政府双轮驱动，既是雄安集团高质量发展的显著特点，也是实现雄安集团高质量发展的根本保障。

（二）基于"五位一体"模式，多元工具支持"四资循环"

雄安集团作为雄安新区建设的金融支持平台，利用多种货币政策工具聚集大量金融力量，充分运用，提供长周期、低利率的信贷资金，依照"投资、融资、开发、建设、经营"五位一体运行模式，创新投融资机制，统筹推进新区基础设施、公共服务和生态环境建设，建设管理规范、决策科学、专业高效、持续发展的现代企业。

与此同时，雄安集团引导金融机构加大向新区基础设施建设和疏解北京非首都功能项目的信贷支持力度，从而打通资源、资产、资本、资金"四资循环"。具体包括创新投融资模式，多渠道引入社会资本，筹措新区建设资金，构建新区投融资体系；开展土地一级开发、保障性住房及商业地产开发建设；组织承担白洋淀环境综合整治；负责新区重大基础设施、市政公用设施和数字城市建设。

（三）围绕城市建设核心任务，发挥城建平台和载体功能

雄安集团是雄安新区开发建设的主要载体和运作平台，以雄安新区城市建设为核心任务，通过推动"四大体系"建设（环城市外围道路框架、内部骨干路网、生态廊道、水系）及"三座城"建设（地下、地上、云上），助力打造和实现"雄安质量"。

具体来看，雄安集团高标准推进轨道交通、骨干路网、公交设施、慢行系统、智能驾驶、车路协同，助力实现"90/80"出行目标，打造新区绿色交通体系。落实省委提出的打造6个"妙不可言"场景部署，在新区建设自来水直饮点、鸟类栖息地、林荫停车场、小型足球场等高品质公共服务设施，努力打造公共服务均等化的新建片区生活圈。

三、转型成效分析

雄安集团致力于打造开发建设、城市运营、金融服务、产业投资四类业务的集群，截至 2023 年 7 月，雄安集团累计完成投资额超过 3000 亿元，投资支持了雄安新区重点项目 200 余个，涵盖了综合管廊、轨道交通、片区建设、生态保护等领域，其高质量发展成效也可以从以下四个方面体现：

（一）标志性项目建成，疏解功能有效发挥

雄安集团基于 R1 线项目等一系列标志性项目，为雄安新区建设和京津冀区域协同发展提供了坚实支撑。R1 线项目南起雄安新区启动区，经廊坊市接入北京大兴国际机场，线路全长 86.26 千米，是雄安新区"四纵两横"区域高速铁路网的"一纵"，也是新区规划"一干多支"轨道快线网中的主干线，是承接北京非首都功能疏解的生命线、建设的创新线。作为国内首条采用 CBTC 信号系统、最高运行时速 200 千米的城轨交通线路，R1 线在设计之初就定位公交化运营，未来将与北京地铁大兴机场线贯通运营，以满足北京非首都功能疏解带来的大批人员通勤需求。

雄安集团雄商发展公司负责的雄忻高铁地下段土建工程及相关配套工程项目、雄安国贸中心项目在城市规划中扮演着至关重要的角色，是雄安新区对外交通和主城区重要交通廊道、功能廊道及景观廊道的关键组成部分，是中央活动区活力中心和 TOD 枢纽中心双轮驱动的"超级城心"，集高品质办公、商业、酒店、公寓及航空服务于一体，连接着城市的重要功能中心与景观节点，同时也是新区城市整体风貌骨架中"一方城、两轴线、五组团"的重要组成部分，为新区标志性空间的绿色、多元功能、错落有致、协调风貌和创新活力贡献了力量。

此外，雄安集团还投资建设了雄安国际酒店、商务服务中心、容东容西片区、悦容公园、郊野公园等项目，为承接北京非首都功能疏解、提高雄安新区公共服务水平和吸引力，实现京津冀区域协同发展发挥了重要作用。

（二）资本运作优化，绿色金融发展较快

为深入贯彻落实党的二十大精神，加快推动北京非首都功能疏解，更好助力雄安新区产业培育和导入，2023 年 2 月，在中国证券投资基金业协会、河北证监局的精心指导和大力支持下，由河北雄安产业投资引导基金（有限合伙）、中国雄安集团基金管理有限公司共同发起设立的雄安新区首支服务承接央企疏解主题基金——河北雄安央企疏解投资基金。雄安集团加强对资本运作的全局性思考，挖掘现有股权价值，盘活存量经营资产，并推动资本市场雄安板块的建设发展，提升集团和新区的"造血"能力。雄安集团成立基金公司，主导设立基金，拓展投资渠道，吸引社会资本共同参与公司的价值培育和项目投资，促进资金的充分利用。

此外，雄安集团积极参与绿色金融发展，推动碳金融工具创新，为雄安新区绿色低碳发展建立良性循环的投融资机制。雄安集团申请了"一种土球打包装置及打包方法"实用新型植树专利，且在此前已经拥有多项专利。

（三）公共服务项目落地，基础设施明显改善

雄安集团积极投资建设公共服务设施，如邮电通信、交通基础设施、环保设施等，为新区居民提供更便捷的服务。在交通基础设施建设方面，雄安新区至北京大兴国际机场快线第五组团站由雄安集团负责建设，实现了雄安新区到大兴机场的快速交通连接，提升了区域的便捷性和可达性。

雄安集团城市发展投资有限公司负责建设的容东片区是雄安最大的安置房建设群之一，容东安置房及配套设施项目占地面积为391公顷，承担着首批居民安置和承接北京非首都功能疏解的任务。项目总建筑面积为981万平方米，地上总建筑面积635万平方米，地下总建筑面积346万平方米。容东片区安置区有19个社区、95个小区，安置房共计939栋、52930套，安置回迁居民7万人。截至2023年5月19日，已顺利完成了征迁群众回迁安置任务。

雄安集团投资建设的雄安郊野公园坐落于雄安新区北部，是雄安新区"一淀、三带、九片、多廊"生态格局中"九片"之一。作为雄安新区北部绿色生态门户，郊野公园能够发挥大型林地的生态屏障、水源涵养作用，体现自然生机、休闲游憩功能。公园地势整体北高南低，充分运用理水、起丘、隐筑、圆境等营园手法，是一幅富有中华风范、创新风尚和地域风情特色的优美生态画卷。公园由14片城市森林组成，每片规模600~1500亩，造林以"适地适树、节俭造林"为原则，以"大林小园"为建设方向，以"片上造林、局部点睛"为设计手法，力求营造与城市共生的风景园林。

雄安集团生态建设投资有限公司组织编制完成千年秀林景观提升工程（一期）、千年秀林景观提升工程（二期）和K1快速路一期及雄安站西侧干路道路外侧绿化项目水土保持方案，并在白洋淀项目实施中发挥了积极作用。

（四）产业投资层次丰富，推动新区产业升级

雄安集团基于城市发展、生态建设、基础建设、数字科技、公共服务、投资管理、城市规划、雄商发展、城市水务、智慧能源、优采供应链11个二级公司及其他17个控股及参股子公司，产业投资层次丰富，为推动公司及雄安新区产业升级改造发挥了重要作用。

1. 智慧城市产业布局

一是投资建设信息模型，雄安雄创数字技术有限公司建筑领域广泛应用建筑信息模型（BIM）技术。BIM帮助实现建筑物的数字化建模，提升施工效率和质

量，减少冲突和错误，从而提高整体建造过程的智能化水平。以 BIM 是 CIM（城市信息模型）的基础，公司建立了 CIM 平台。这个平台集成了地上、地下和天上的各种信息，如建筑物、道路、管道、交通设施等，为城市管理和规划提供了数据支持。应用 CIM 可以帮助城市管理者进行灾害模拟、城市规划、资源管理等决策，增强城市管理能力和优化居住环境。

二是投资建设物联网管廊业务系统，该系统将管廊的相关数据进行可视化处理，实现对综合管廊的监控、运维、运营等日常管理需求。同时，该系统与其他附属设施系统如消防、通风、供电、照明、排水等进行有效联动，打造一个可扩展的智能化综合平台，实现新区管廊管线和设备信息的二维和三维可视化查询、浏览、监测和分析，有效支撑了新区管廊运维安全和高效运行。

三是投资建设数字空间底座，即新型基础测绘数据库，其中包含地物实体、地理单元、地理网格、地理场景等数据。这个实景三维雄安将成为自然资源管理和环境保护等领域提供统一的城市"地理底座"，为城市数字化发展提供支撑。

2. 交通产业布局

一是绿色出行服务建设，通过雄安行 App 推出了定制化公交服务，通过"弹性接驳"板块提供弹性公交车，多人出行可享受折扣。此外，雄安市民服务中心周边的城市交换中心（CEC）提供综合服务和公共交通，减小交通压力。未来，雄安新区将会打造绿色交通体系，未来绿色出行比例将达到90%，公共交通出行比例将达到80%。

二是市政建设之公路建设，雄安集团基础建设公司建设公路里程101.6千米，完工里程45.8千米。公司着重推进雄安新区主要材料通道容易线（新区段）公路一期工程项目，通过建设快速路和骨干道路系统，提升城市道路网络和交通效率；雄商公司参与了 R1 线项目，是雄安新区至北京大兴国际机场的快速铁路线。该线路是新区交通快速网的主干线，将连接雄安新区启动区城市航站楼和北京大兴国际机场，实现快速通行目标，促进京津冀协同发展。

3. 综合能源产业布局

一是智慧能源系统建设，雄安集团数字城市公司研发了智慧能源运营平台，结合数字城市建设和互联网、物联网融合技术，实现燃气、供热两大能源领域的联合运营、运维及企业一体化综合管理。该平台通过泛在物联数据接入，实现冷热负荷精准调控、在线风险预警、智能巡检与运维等高级应用，推进能源管理智慧化、能源服务精细化、能源利用高效化。

二是综合能源项目建设，雄安集团基础建设公司致力于打造高效节能示范区、清洁供暖样板区和智能能源试点区。该公司发布了智慧能源体系的企业标准，规范了项目建设流程，为现代能源系统的发展奠定了坚实的制度基础。同时，该公司有序推进综合能源项目建设，为雄安高铁站、容东片区、雄东 A 社区等提供供暖和能源支持。

第三节　关于转型发展的思考

作为雄安新区开发建设的主要载体和运作平台，雄安集团围绕承接北京非首都功能疏解，按照政府和市场"双轮驱动"原则，坚持"投资、融资、开发、建设、经营"五位一体运行模式建设城市、经营城市、发展城市，充分发挥投资建设主体、金融发展主体等业务集群。雄安集团的高质量发展经验主要包括以下几个方面：

一、优化顶层设计，健全投融资体系

科学明确的顶层设计是公司高质量发展的有效指引，通过制定长期、中期和短期的发展规划，可以为雄安集团高质量发展提供指导。雄安集团的发展目标是服务于雄安新区的建设发展，为打造现代化、智能化、绿色生态的"未来之城"做出贡献。雄安集团的战略定位是成为雄安新区产业发展的龙头企业，推动雄安新区高质量发展，打造先进的城市运营体系，加强资本运作和金融服务，以及提供优质的公共服务。雄安集团还应在成为新区各类产业和项目的主要引领者和投资者中进一步发力，为新区的绿色、智能、可持续发展提供强大的支持。确保雄安集团在市场竞争中具有优势。

在推进高质量发展的过程中，雄安集团还应进一步通过优化资本运作、推动金融板块发展、推进产业引进和促进公共服务等方面的努力，为雄安新区的综合建设和产业发展提供全方位的支持和服务。雄安集团可以通过进一步引入多元化投资主体，包括国有资本、社会资本和其他非国有资本，通过实行股份制改革，挖掘现有股权价值，实现股权多元化。并将基础设施 REITs 等金融手段，将流动性低但是收益稳定的固定资产盘活，优化资本结构，提升资本运作效率。同时，还应积极推进打造资本市场雄安板块，对具备一定经营属性的子公司，对标同类上市公司相关情况，对发展路径和推进举措进行规划。

二、聚焦"5+6"产业布局，助力产业引入

雄安集团高质量发展的有序推动，还应聚焦"5+6"产业布局，重点发展新一代信息技术、现代生命科学和生物技术、新材料、高端现代服务业和绿色生态

农业五大产业，同时着力发展高等院校、科研院所、医疗机构、企业总部、金融机构和事业单位六类疏解机构。

以现有的投资业务集群为基础，主动对接北京非首都功能疏解带来创新创业资源，选择与新区建设发展需要和集团战略方向相适应的数字经济、绿色建材、设计咨询、环保科技等领域进行产业投资，延伸现有产业的价值链条，提升集团资本运营效率，促进国有资产保值增值，借助"以投促引"加快疏解项目落地见效，助力新区高端高新产业发展。雄安集团助力产业引入，一方面，可以吸引大量的优质产业项目进驻雄安新区，为新区的经济发展和产业升级提供强大的动力和支持；另一方面，也可以为雄安集团提供更广阔的发展平台，实现共同成长和共赢发展。

三、夯实城市运营业务，构建"雄安质量"

雄安集团是雄安新区开发建设的主要载体和运作平台，以雄安新区城市建设为核心任务，以打造和实现"雄安质量"为长远目标。雄安集团基础建设公司作为主要承建单位，其基础设施板块涵盖路网、市政等多方面建设，可以通过构建项目建设模式和标准、前期路径、投融资模式、质量进度及运营维护等全过程管理方案，同时借助外部资源和力量，强化板块整体运行能力，与社会信誉度高、专业实力雄厚、综合管理能力强的机构开展战略合作，未来开展授权经营后，即将带来可观收入。

雄安集团生态建设投资有限公司是中国雄安集团的二级全资子公司，是积极履行新区赋予集团的投资、融资、建设、运营、管理"五大职能"的不可或缺的组成部分，是新区环境治理和生态建设的重要力量和城市运营商，其业务板块组成模式为"3+2+N"，即蓝、绿、清三大板块加文旅和小镇开发板块加 N 个运营单元。"蓝板块"主要负责新区白洋淀综合治理、防洪排涝等基础设施建设和运营。"绿板块"主要负责新区"千年秀林"建设及养护，城市公园、绿地的建设、管理、养护。"清板块"主要负责新区环境卫生设施投资建设运营，提供城市清扫保洁、垃圾收储运输、焚烧发电和固体废弃物处理处置等城市环境卫生全链条设施建设和运营服务。注重环境保护和资源节约，积极采用清洁生产技术和循环经济模式，减少污染物排放，提高资源利用率。通过绿色发展，实现经济、社会和环境的可持续发展。

四、发挥"中国雄安"品牌优势，打造高质量样板机构

金融服务业务是雄安集团的战略性业务，承担着提升雄安集团市场化投融资能力，促进产融协同发展的作用，是雄安集团利润增长的重要来源。雄安集团高

质量发展的实现，还应充分发挥"中国雄安"品牌优势，坚持"统筹协调、分类推进"原则，立足提高市场化投融资能力，充分发挥雄安新区先试先行和政策优势。

在投资模式创新、金融板块组建等方面，雄安集团还应当与各类金融机构，以及中央企业、优质国企等在集团层面建立"总对总"的战略合作关系，实现优势互补，有效撬动社会资本共同参与新区建设。一方面，可以积极推动做大做强基金公司，拓展投资渠道，撬动社会资本参与新区建设；另一方面，加快推动数字交易中心和参与中国雄安绿色交易所等金融机构的建设，打造新时代高质量发展的样板机构。

第十五章 漯河投资控股集团有限公司 转型发展案例分析

漯河投资控股集团有限公司自成立以来，不断进行业务拓展及转型发展，现已形成包括土地业务板块、工程项目板块、房地产开发板块、城市供水业务、污水处理业务五大核心业务板块，实现了从"平台化"向"实体化""投资建设""运营开发"的转变。近几年，公司牢牢把控系统性金融风险，实行多业务板块精准施策的战略，逐渐达成了包括土地业务核心优势、基础设施建设成就、公共服务效能、多元化布局新进展在内的经营能力转型新成效。

第一节 公司基本情况

一、公司简介

漯河投资控股集团有限公司（以下简称"漯河投控""公司"）成立于2018年10月16日，由漯河市财政局出资设立，原名漯河市国信产权交易有限公司，2021年底更为现名。漯河投控是漯河市人民政府重点构建的市场化运营政府投资实施主体、重大项目建设主体、城市基础设施营运主体，也是漯河市资产规模最大、营运能力最强的国有企业。公司实际控制人为漯河市财政局（漯河市人民政府国有资产监督管理委员会），主体评级为AA+，且拥有一家资信等级为AA的全资子公司。

二、所在区域情况

（一）区位特征

漯河市为河南省下辖地级市，位于河南省中南部，伏牛山东麓平原与淮北平原交错地带，属暖湿性季风气候，农业基础条件较好。漯河市下辖临颍、舞阳两县，郾城、源汇、召陵三区及国家级经济技术开发区、市城乡一体化示范区、西城区三个功能区，全市总面积 2617 平方千米，总人口 237.2 万人。境内河流为淮河流域沙颍河水系，淮河两大支流沙河、澧河贯穿全境并在市区交汇，滨河城市特色明显。

漯河市交通便利，距郑州新郑国际机场不足一小时车程，石武高铁、京广、漯宝（丰）、漯阜（阳）4 条铁路和京港澳高速、宁洛高速、107 国道及 5 条省道贯穿全境，构成全省重要的铁路和高速公路"双十字"交通枢纽。

此外，作为食品名城，漯河市形成了全食品产业链，且属劳动密集型行业，因而食品工业及物流等服务业在其经济结构中处于主导地位。食品产业链不断发展壮大，由此带动投资与消费高速增长，成为当地经济增长的主要动力。

（二）区域经济概况

1. 经济发展水平

2022 年，漯河市生产总值达到 1812.90 亿元，增长 5.20%。其中，第一产业增加值为 166.90 亿元，增长 5.40%；第二产业增加值为 790.13 亿元，增长 7.00%；第三产业增加值为 855.86 亿元，增长 3.60%；三次产业结构为 9.2：43.6：47.2。全年人均生产总值为 76493.00 元，增长 5.20%（见表 15-1）。

表 15-1　2020~2022 年漯河市经济发展情况统计信息

指标名称	2020 年		2021 年		2022 年	
	总量（亿元）	增长率（%）	总量（亿元）	增长率（%）	总量（亿元）	增长率（%）
地区生产总值	1573.90	1.50	1721.10	9.10	1812.90	5.20
第一产业增加值	150.04	2.30	155.48	8.10	166.90	5.40
第二产业增加值	655.18	0.10	740.90	6.60	790.13	7.00
第三产业增加值	749.04	3.20	824.70	11.50	855.86	3.60
固定资产投资	—	5.30	—	13.40		13.40
社会消费品零售总额	642.98	4.50	716.51	11.40	734.20	2.50
人均生产总值（元）	66479.00	—	72560.00	9.30	76493.00	5.20

资料来源：《国民经济和社会发展统计公报》。

2. 财政及债务水平

漯河市 2022 年实现一般公共预算收入 131.90 亿元，实现政府性基金收入 45.32 亿元。近年来，漯河市财政收入不断增长，政府性基金收入波动较大。2022 年，漯河市负债率为 217.22%，财政自给率为 51.99%。在河南省内，漯河市债务压力较小，但近年来有一定的增长趋势（见表 15-2）。

表 15-2　2020~2022 年漯河市主要财政指标情况　　单位：亿元、%

项目	2020 年	2021 年	2022 年
一般公共预算收入	100.59	114.54	131.90
税收收入占比	75.26	73.77	76.40
财政自给率	43.18	51.54	51.99
政府性基金收入	89.64	60.44	45.32
地方政府债务余额	182.55	278.27	387.10
债务率	95.23	157.46	217.22

资料来源：企业预警通。

3. 产业情况

漯河市拥有全食品产业链，食品及配套产业在当地经济中处于主导地位。作为食品名城，漯河市在肉制品、面制品、饮料和休闲食品快速发展的同时，食品包装、食品辅料等配套产业亦加快发展，形成了从原料到终端，从生产到研发、检测、包装、物流、电商、会展等全食品产业链，肉制品、面制品、饮料制造、果蔬加工四大主导产业和食品包装、食品机械、食品辅料、食品会展四大配套产业。双汇集团、南街村集团进入全国食品工业百强企业，龙云集团、亲亲食品、北徐集团、晋江福源、雪健实业等入围河南百强工业企业。吸引了美国杜邦、美国嘉吉、万洲国际、可口可乐、日本火腿株式会社等多家世界 500 强企业，以及香港协鑫、台湾旺旺和统一、传化集团、远大集团等一批知名企业投资漯河，不断巩固和强化漯河市食品名城地位。

三、公司业务情况

漯河投资控股集团有限公司主要承担漯河市土地开发整理、基础设施建设、水务、房地产开发建设等职能，在漯河市城市基础设施建设领域具有领先的优势和地位。2021~2022 年，集团营业收入分别为 205788.37 万元和 262705.73 万元（见表 15-3）。

表 15-3　2021~2022 年公司营业收入明细

项目	2021 年度		2022 年度	
	金额（万元）	占比（%）	金额（万元）	占比（%）
主营业务收入	200770.01	97.56	257685.27	98.09
土地整理收入	84864.81	41.24	123697.46	47.09
工程项目收入	50759.88	24.67	75116.94	28.59
商品房销售收入	7500.02	3.64	8542.92	3.25
供水收入	10324.82	5.02	9601.97	3.66

续表

项目	2021 年度		2022 年度	
	金额（万元）	占比（%）	金额（万元）	占比（%）
污水处理收入	15406.71	7.49	12805.67	4.87
商品销售收入	14539.93	7.07	5836.64	2.22
租赁收入	7915.42	3.85	12953.30	4.93
公共交通服务收入	3275.35	1.59	1198.24	0.46
其他主营业务	6183.08	3.00	7932.12	3.02
其他业务小计	5018.36	2.44	5020.46	1.91
合计	205788.37	100.00	262705.73	100.00

资料来源：公司 2021~2022 年度审计报告。

（一）土地业务板块

土地业务主要是由子公司漯河市城市投资控股集团有限公司及其他下属子公司经营。根据《漯河市人民政府市长办公会议纪要》（〔2018〕32 号）、《漯河市人民政府办公室关于印发漯河市市区城镇建设用地土地储备工作规程（试行）的通知》（漯政办〔2018〕112 号），子公司漯河城投出资 90%、漯河市发展投资有限责任公司出资 10% 共同成立漯河市国土开发有限责任公司，专营土地开发整理业务；漯河市人民政府根据城建任务授权漯河市国土开发有限责任公司作为土地开发整理业主，子公司漯河城投对所授权整理的土地进行土地拆迁安置、平整等前期开发整理工作，漯河市国土局委托具有合法资质的地价评估部门对拟出让地块进行地价评估，将符合条件的土地交由漯河市国土局进行招标、拍卖、挂牌出让，与受让方签订国有土地使用权出让合同，严格按照"收支两条线"管理，由漯河市财政局负责归集以招标、拍卖、挂牌和协议方式出让的国有土地出让金收入，纳入政府基金预算管理。漯河市财政局将土地前期开发成本全额及合理收益付给公司。

（二）工程项目板块

工程项目业务主要由下属三个子公司承担，其中漯河城投建设工程有限公司主要从事市政绿化工程业务，漯河市公路工程建设总公司主要从事市外公路部分路段的工程施工业务，漯河市清泉水务工程有限公司主要从事供水管道安装工程业务。三个子公司通过市场化形式获取项目并签订施工合同。

（三）房地产开发业务

房地产开发包括保障房项目建设及商品房项目建设。公司保障房项目主要根据政府规划进行开发建设，以对应地块土地出让收入平衡收益。在满足安置条件后，剩余安置房可按照政府指导价格对外销售。公司商品房项目系招拍挂获得土地后开发建设，建成后通过进行市场化销售。

（四）城市供水业务

城市供水业务由下属全资子公司漯河市清源供水有限公司（以下简称"清源供水"）依法自主经营。清源供水共拥有 4 座制水厂、6 个营业所，供水区域约 60 平方千米，日供水能力为 21 万立方米，供水管网达到 528.4 千米，供水服务人口约 65 万人，供水普及市区 96%。水源方面，公司拥有澧河段最好的取水段，在一定程度上保证了公司自来水水质的稳定性，近年来，公司水质综合合格率和水压综合合格率都一直稳定在 99% 以上。

（五）污水处理业务

公司从事的污水处理业务由子公司漯河市水务投资有限公司（以下简称"水务投资"）负责经营。水务投资下辖的两座污水处理厂沙南污水处理厂和沙北污水处理厂，设计日污水处理能力为 24 万吨，实际输送量为 19.2 万吨/天，出水水质达到一级 A 排放标准，服务面积 47 平方千米，服务人口约 40 万人。公司污水处理业务运作模式为先代财政部门征收污水处理费并全额上交，财政部门根据征收情况作为污水运营费返还，公司根据每年财政返还的污水处理费确认收入，成本相对稳定。此外，公司其他业务主要包括原料销售、租赁业务、公共交通业务等，对收入形成了一定补充。

四、公司财务状况

（一）资产结构状况

2021 年、2022 年和 2023 年 3 月，公司资产总额分别为 4714525.19 万元、6100728.55 万元和 6228221.54 万元，其中，流动资产总额分别为 2487700.73 万元、3427083.98 万元和 3554512.65 万元，占资产总额的比例分别为 52.77%、56.17% 和 57.07%，公司流动资产占资产总额的比例较高，公司流动资产主要由货币资金、应收账款、其他应收款和存货构成；公司非流动资产总额分别为 2226824.46 万元、2673644.57 万元和 2673708.90 万元，占资产总额的比例分别为 47.23%、43.83% 和 42.93%，公司非流动资产主要由长期股权投资、投资性房地产、固定资产、在建工程和其他非流动资产构成。报告期内，公司资产总额呈增长趋势，资产构成较为稳定（见表 15-4）。

表 15-4　公司资产构成情况

项目	2021 年		2022 年		2023 年 3 月	
	金额（万元）	比例（%）	金额（万元）	比例（%）	金额（万元）	比例（%）
货币资金	138549.00	2.94	189518.53	3.11	274717.05	4.41

续表

项目	2021 年		2022 年		2023 年 3 月	
	金额（万元）	比例（%）	金额（万元）	比例（%）	金额（万元）	比例（%）
应收账款	122741.55	2.60	149089.20	2.44	93651.92	1.50
其他应收款	179397.53	3.81	207867.96	3.41	197759.17	3.18
存货	1913030.82	40.58	2685496.00	44.02	2808526.99	45.09
流动资产合计	2487700.73	52.77	3427083.98	56.17	3554512.65	57.07
长期股权投资	254025.85	5.39	265840.51	4.36	266036.26	4.27
投资性房地产	720161.57	15.28	857897.47	14.06	852369.92	13.69
固定资产	290122.69	6.15	374460.25	6.14	386914.19	6.21
在建工程	188191.13	3.99	61846.32	1.01	53377.35	0.86
非流动资产合计	2226824.46	47.23	2673644.57	43.83	2673708.90	42.93
资产总计	4714525.19	100.00	6100728.55	100.00	6228221.54	100.00

资料来源：公司 2021~2022 年审计报告及未经审计的 2023 年 1~3 月财务报表。

（二）盈利能力

2021~2022 年，公司营业毛利率分别为 38.58% 和 36.14%，总资产收益率分别为 0.36% 和 2.30%，净资产收益率分别为 1.00% 和 0.93%，除总资产收益率外，公司营业毛利率和净资产收益率均呈下降趋势。公司土地整理开发等主要业务板块毛利率较高，得益于公司做大做强土地整理开发业务板块的战略，公司营业毛利率处于较高水平。公司主营业务中污水处理业务、供水业务、租赁业务等毛利率也处于较高水平，给公司的盈利能力带来一定补充（见表 15-5）。

表 15-5　2021~2022 年公司盈利能力指标

指标	2021 年	2022 年
营业毛利率（%）	38.58	36.14
总资产收益率（%）	0.36	2.30
净资产收益率（%）	1.00	0.93

资料来源：Wind。

（三）偿债能力

2021~2022 年，公司流动比率分别为 1.13 和 1.43，速动比率分别为 0.26 和 0.31。近年来，公司流动比率与速动比率呈不断增长趋势，公司短期偿债能力得到提高。但是，受公司基础设施建设、土地整理开发等主营业务规模较大的影响，公司存货规模较大，速动比率与流动比率数值有较大差异，公司存货的流动性给短期偿债能力带来一定影响。

2021~2022 年，公司 EBITDA 利息保障倍数分别为 1.14 和 1.07。近年来，为支持公司主营业务发展，满足公司转型需求，公司资本支出较大，有息债务规模不断扩张，财务费用支出呈上升趋势，但总体处于较安全水平。

2021~2022 年，公司资产负债率分别为 64.44% 和 62.32%，公司负债率总体较为稳定。

整体来看，公司的资产负债结构合理，偿债能力较强（见图 15-1）。

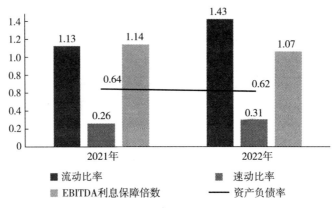

图 15-1　2021~2022 年公司偿债能力指标

资料来源：Wind。

五、融资情况

间接融资方面，公司拥有通畅的信贷融资渠道，为公司提供了有力的流动性支持，增强了公司控制流动性风险的能力。根据企业预警通数据统计，截至 2023 年 3 月，公司获得授信总额度合计 165.78 亿元，已使用 128.65 亿元，未使用授信余额 37.13 亿元。

直接融资方面，公司已在资本市场成功发行公司债券及非金融企业债务融资工具等多种产品，截至 2023 年 6 月，公司已发行尚未兑付的债券余额为 112.73 亿元，直接融资渠道畅通（见表 15-6）。

表 15-6　截至 2023 年 6 月 30 日漯河投控存续债券情况

单位：亿元、%、年

序号	债券简称	发行日期	回售日期	到期日期	债券期限	发行规模	发行利率	余额
1	23 漯河 D2	2023/6/19	—	2024/6/21	1	2.0	7.30	2.00
2	23 漯投 03	2023/6/15	2024/6/19	2026/6/19	3	6.6	7.13	6.60
3	23 漯投 02	2023/5/24	2024/5/26	2026/5/26	1+1+1	10.00	6.98	10.00

续表

序号	债券简称	发行日期	回售日期	到期日期	债券期限	发行规模	发行利率	余额
4	23 漯河 D1	2023/4/21	—	2024/4/24	1	8.00	7.30	8.00
5	23 漯河 01	2023/4/10	—	2025/4/12	2	6.00	6.48	6.00
6	22 漯投 01	2022/10/31	—	2024/11/2	2	3.40	5.90	3.40
7	22 漯河 D3	2022/9/6	—	2023/9/8	1	10.00	6.14	10.00
8	22 漯河 03	2022/7/20	—	2024/7/22	2	5.00	4.61	5.00
9	21 漯河 03	2021/10/22	—	2023/10/22	2	3.00	7.50	3.00
10	21 漯河 02	2021/6/18	—	2024/6/21	3	9.50	5.03	9.50
11	20 漯河 02	2020/7/24	—	2023/7/28	3	14.70	6.30	14.67
	公司债券小计					78.20	—	78.17
1	23 漯河投资 MTN002	2023/6/6	2025/6/8	2028/6/8	2+2+1	5.00	6.80	5.00
2	23 漯河投资 MTN001	2023/5/16	2025/5/17	2028/5/17	2+2+1	5.00	6.20	5.00
3	23 漯河城投 SCP001	2023/4/25	—	2024/1/22	0.74	3.00	6.17	3.00
4	23 漯河城投 MTN001	2023/3/16	2025/3/20	2026/3/20	2+1	6.50	6.00	6.50
5	22 漯河城投 PPN001	2022/3/24	2024/3/28	2027/3/28	2+3	6.00	7.00	0.60
6	22 漯河城投 MTN001	2022/4/27	2024/4/29	2025/4/29	2+1	7.00	6.90	7.00
7	21 漯河城投 MTN001	2021/12/6	—	2023/12/8	2	5.00	6.30	5.00
	债务融资工具小计					37.50		32.10
1	18 漯经开债	2018/12/17	—	2025/12/18	7	4.10	7.50	2.46
	企业债券小计					4.10		2.46
	合计					119.80		112.73

资料来源：Wind。

第二节　转型发展分析

一、转型发展路径

近年来，公司坚持以防范金融风险为基础，通过城市基础设施建设和优质公共服务供给，促进国土资源价值提升和高效集约利用，增加城市承载能力和自身造血能力。聚焦从"平台化"向"实体化"转型，从"投资建设模式"向"运营开发模式"转变，坚持市场化、专业化、规模化、多元化转型发展方向，坚持"走出去"战略，促进内部协同与外部协作结合，引资引智并举，合理进行内部资产重组，不断争取政府资产划转，同时强化公司管理，进一步做稳基础设施建设、做强国土开发、做大地产开发、做优公用事业、做好金融服务，发挥公司对城市发展的聚势赋能作用。

（一）整合内外资源，壮大集团资产规模

1. 理顺政企关系，建立契约关系

市场化转型要求理顺政企关系，建立以营利性为承接业务的标准，为此，对于承接的公益项目或投资准公益项目，公司明确了服务政府项目过程中的权责关系，以委托代建合同、特许经营协议、政府购买服务合同、施工总承包管理合同、项目委托管理服务合同、授权经营协议等方式，在依法合规的基础上承接具体项目并合理界定双方的权利和义务。

2. 坚持多措并举，壮大资产规模

为争取市政府支持，公司积极参与整合市属经营性国有资产，重点关注城市特许经营权（如停车场、公共服务等）、市属国有企业股权（如上市、非上市企业股权、市属国有企业股权、持有金融机构股权的国有企业，金融机构股权委托公司管理）、经营性国有资产（如厂房、房产等）、资金（如财政补贴、与公司项目相关的专项债券资金）等。按照业务板块实行分类管理，股权类资产由公司持有，非股权类资产注入各板块子公司，以便于公司开展资本运作。

（二）明确功能定位，搭建公司管控体系

1. 明确功能定位，发挥价值创造作用

在发展主业上，公司通过战略引领、业务赋能、协同创造与管理赋能实现总部价值创造作用，明确公司的功能定位，使其成为"战略型控股+服务型控股"总部管理架构。为此，公司根据总部职能定位，调整公司总部各部门的职责分工，将现有部门承担的经营性业务剥离至下属子公司，公司总部做实战略管理、投资管理、资产管理等核心职能，明晰管理与决策流程中公司总部各部门间、公司与各成员企业间的权责界面，逐渐强化公司的财务、人力、信息等组织职能，打造精干高效的公司总部。

2. 细化管控机制，适应经营战略需要

加快推进差异化授权放权的母子公司管控模式，公司确立了分类管控思路，从子公司的业务成熟度、战略重要性、业务经营性、业务协同性，以及能力匹配性等维度综合确定"一企一策"管控模式。针对事项类别性质和所属企业管理层级确定决策主体，建立公司对二级子公司的授权放权管理清单，建立清单管理、定期评估授权执行情况和实施效果、动态调整的管控机制。对于参股子公司，公司可以"财务管控"的模式为主进行管理，通过委派董事、监事参与管理，确保在公司产权代表参与参股公司重大决策之前，先进行内部决策，以维护公司利益。对于全资及控股二级子公司，公司需进一步下放管理权力，根据子公司市场化程度分类授权其经营和决策空间。

（三）业务转型路径

1. 基础设施建设板块

基础设施建设板块是公司各业务协同发展的基石板块，也是公司的营收贡献中心，主要承担城市基础设施及政府重大项目的建设任务。为兼顾社会效益与经济效益，公司通过高效落实政府战略部署、积极完成政策性任务，强化公司与政府的关系，力争获取更多的基建业务资源。

公司在传统基础设施建设业务的基础上，通过向产业链上下游布局，逐步拓展工程总承包、全过程工程咨询、建材贸易等业务。通过资质提升、扩大业务范围、提高精细化管理、争取政府支持、塑造品牌形象等方式，落实"市场化、走出去"战略，重点关注以下六个方面：

（1）资质提升。根据宏观环境及政策趋势，有序申请基础设施项目建设资质，以提高公司工程承包范围。

（2）扩大业务范围。在市政、房建业务基础上，大力拓展新型城镇化建设，抓住节能减排、绿色施工、旧城改造及 PPP 等基础设施项目建设机会，以及水利、水务、环保乡村振兴等业务，并积极探索新型环保类工程、传统基础设施数字化改造、新基建类业务。

（3）做大业务规模。公司通过积极拓展公司外部代建市场，争取房地产开发代建、土地一级开发代建等业务，不断探索新的利润增长点。

（4）精细化管理。通过借助信息技术应用，公司着力推进智慧工地建设，推动工程质量标准化、模块化建设，提升工程质量的精细度、效率品质和质量安全水平，做到质量最优、进度最短、成本最低，全面提升市场竞争能力。

（5）争取政府支持。为减缓集团现金流压力，公司向政府争取提高代建管理费标准，优化现有代建费回流机制，简化流程，提高资金流动效率。

（6）塑造品牌形象。借助漯河市"十四五"发展规划，公司积极承担实施一批典型项目，打造豫中南区域工程施工龙头企业品牌建立工程标准化管理体系，建立区域化标准。

2. 土地开发板块

公司将土地开发板块定位为利润中心，已成为支撑公司经营性现金流的主要来源之一，是公司的核心板块之一。在发展模式上，土地开发业务坚持"区域垄断""开拓探索"相结合的业务策略，在强化漯河区域垄断地位的基础上，以效益为导向，尝试探索外部重点城市，加强土地资源储备、优化资产结构，具体从以下四个方面开展：

（1）多元化拿地策略。重点采用直接招拍挂、合作拿地、意向拿地、收并购的方式进行土地收储。以片区开发的模式，争取将区级土地收储任务统一划转至公司。

（2）建立有效项目库。公司加强与规划局、土储中心之间的沟通，合理安排土地收储和出让计划。与房产开发板块子公司建立协同机制，共同研判、筛选地块，协助建立高价值地块库。

（3）参与城市更新。公司积极参与城市更新项目，通过整合主城区闲散低效土地、老旧厂房等资源，提升土地价值。

（4）夯实本地市场。在夯实漯河市土地市场垄断优势的基础上，结合区域发展情况和房地产行业走势，公司稳健开展域外土地储备业务，做大做强本地市场。

3. 地产开发板块

地产开发板块是以提升城市综合承受能力和土地综合价值为目标，不断推动公司的市场化转型发展。在业务模式上，公司坚持"平台化、区域化、多元化、证券化"的策略，以经营效益和产业规模为导向，通过整合内外部资源，构建多元化业务体系。以商业地产为核心，依托住宅地产开发业务，逐步布局物业服务、政策性地产、商业地产、特色地产等业务，主要从以下三个方面着手：

（1）平台化。整合公司内部房地产相关资源，压缩公司现有管理层级，梳理板块内新设二级公司与项目公司的业务定位。整合梳理全市闲置经营性房产资源，提高租赁市场占有率，形成规模效应。公司不断整合房产资源，将公司现有房地产业务资源整合成立专业化二级公司，加强二级公司对地产开发板块业务的管控强度，重点建立投资、策划、运营、品牌四大方面的标准化体系。

（2）区域化。充分发挥公司在漯河的政商资源、资金资源、政策资源优势，深耕漯河市场、夯实发展基础、做到区域领先地位，实现漯河房地产市场贡献规模产值与现金流的目标。

（3）多元化。以提升城市居民居住环境为目标，积极参与政策性住房的运营，争取政府划拨土地给予支持，探索"国企代建、定向配租"的建设运营模式。积极承接公司内部物业项目和新开发项目资源，提高物管面积规模、建立物管业务标准，逐步采用招标方式承揽市场化业务，辅以收并购、战略合作的方式进一步扩大物管业务规模。

4. 公用事业板块

公用事业板块定位为公司的培育板块，通过整合资源做大做强，提升城市运营服务质量，以打造像中南一流智慧城市运营服务商为发展目标，为公司实现提供业务基础。

公司依托现有的管网运营、污水处理、自来水供应、停车场资源为基础，采用"一体化、集约化、智慧化、专业化"的经营理念，重点发展"水务环保""公共设施运营"两大主业，强化公司在漯河智慧城市建设过程中的核心优势。

（1）一体化。采用横向一体化与纵向一体化相结合的发展策略，积极整合漯河市供水资源，推动城乡供水一体化；通过供水业务带动污水处理业务，实现市域范围供排水一体化。

（2）集约化。通过收购、租赁、代管等方式整合市域范围的公共停车场资源，与医院、商场、学校等区域展开合作，提供城市停车产业全链条服务，提高停车资源利用率和停车管理水平；积极向政府争取全市强电管网运营的特许经营权，打造全市综合管网智慧运营管理平台；争取城市照明特许经营权，由公司作为漯河市内的智慧路灯杆投建运维的唯一主体。

（3）智慧化。加快智慧水务建设应用，整合水务供排水信息数据，实现实时化、信息化，科学指导供水业务生产；以构建全市泊车网格化为目标，引进国内智慧停车技术及运营成熟的智慧停车运营商建立战略合作关系，打造漯河市智慧停车管理平台；探索智慧管网业务、智慧灯杆业务，逐步构建智慧城市数字化运维的闭环管理服务体系。

（4）专业化。推进降本增效，全面提升管网运营专业化水平，借助新一代数字化技术搭建管网设施养护管理系统及数字化管理平台。尝试介入漯河市主城区外的管网建设、供水项目、污水处理，扩大水务相关业务的市场份额。

5. 金融服务板块

金融服务板块作为公司的突破板块，是公司高质量转型发展的助推器，以创新提质、聚势赋能为目标，以服务公司主业发展、助推公司转型升级、配合政府产业投资决策为发展导向。

围绕公司既有优势产业和市委、市政府提出的产业发展目标，审慎布局领域与投资对象，通过产业链金融助力公司核心主业发展，为公司跨越发展提供新的动力。

强化投资管理能力。理顺公司投资管理体制机制，在夯实公司总部投资管理职能的基础上，通过事业部形式负责公司金融业务发展和股权投资业务。

探索产业金融服务。通过布局银行机构、商业保理、融资租赁、基金管理等牌照类业务，逐步构建金融产业链条，探索为公司核心产业链上下游企业提供金融服务的路径，以提升公司整体信用水平。

开展股权投资业务。围绕基础设施建设板块、地产开发板块、公用事业板块，以及市委、市政府大力支持、鼓励培育的战略性产业，公司不断开展投资并购、资本运作和上市培育工作。

尝试类金融业务。结合业务发展情况和市场契机，依托其他业务板块机会，公司通过并购的方式获取金融租赁、商业保理等业务牌照，开展一些新的类金融业务。

探索基金跟投。在文旅产业、食品产业、工程建设或物业管理领域，公司主动参与省级或国家级产业投资基金的投资项目，通过项目跟投，提升资金募集、基金投资、投后管理、投资退出能力。

（四）完善治理机构，建立健全治理体系

完善"三会一层"治理机构。为强化党组织在公司法人治理结构中的法定地位，充分发挥党的领导核心和政治核心作用，公司坚持把党委会先行研究意见作为董事会、经理层重大事项决策的前置程序。强化董事会作为管理的核心功能，完善董事会的决策机制，明确董事会职责，规范董事会程序，确保董事会对重大经营管理事项的实质性决策权力。制定董事会授权事项清单，全面建立董事会向经理层授权的管理制度，充分保障经理层依法行权履职，发挥经理层经营管理作用。

落实"三重一大"决策制度。公司明确规定了"三重一大"的决策机制，凡属公司重大决策（明确事项）、重要人事任免（明确层级）、重大项目安排和大额度资金（明确额度）的使用，都必须由领导班子会议做出决定，制定"三重一大"会议议事规则。同时，根据政策要求及公司发展需要，不断优化调整"三重一大"的事项范围和重大程度提高公司经营管理的灵活性。

（五）激活人才动力，强化人力资源管理

制定人力资源战略规划重点。通过对公司与各子公司人力资源进行梳理，加强公司人才队伍建设，进一步优化公司人才结构，重点加大地产开发、资产经营、商业运营、智慧化管理、投资管理、产业研究等重要领域优秀人才的引进力度。

构建灵活的人才引进渠道。在确定公司总部与各子公司人员配置的基础上，建立市场化的人才引进机制，构建灵活的人才引进渠道，通过外部引进、内部挖掘、借助外脑等方式，充分吸收专业人才和复合型管理人才，强化人才梯队建设。

强化关键人才梯队建设。以职业发展和业务发展为指引，制订公司层面人才培养成长计划，搭建专业化、多层级的培训体系，使员工个人成长与公司发展密切关联，鼓励跨部门、跨专业、多层面的实践锻炼，畅通公司内部人才发展通道。

二、转型效果分析

（一）公司主体信用等级提升

2022年，公司先后获得国内知名评级机构大公国际和中证鹏元给予的AA+主体信用等级。此次评级的提升，不仅有利于漯河投资控股公司提升融资能力、降低融资成本、优化资本结构，进一步增强漯河城投综合实力，而且对完善城市功能，提升城市品位，推动城市发展具有重要意义。

（二）公司经营能力得到突破

1. 土地业务核心优势得到新提升

作为漯河市的骨干企业，公司在土地业务领域处于绝对的优势地位，由其控制的一级开发土地及具备出让条件的经营性土地储备面积逐渐增加，土地业务核心竞争优势得到进一步提升，基本处于漯河市行业垄断地位。

2. 基础设施建设取得新成就

此外，公司积极参与建设区域综合开发项目、桥梁建设项目、城市主干道等城市重大基础设施项目；承建污水处理厂、高速汽车客运站、交通智能化管理系统、市民之家等众多民生基础设施建设项目。公司依托城市基础设施建设，为漯河市城市基础设施和公用事业的可持续建设及运营提供强有力的支持，形成城市建设与公司发展的良性互动。

3. 公共服务效能得到新突破

目前，公司通过两家子公司开展自来水供应和污水处理业务，已成为漯河市最重要的自来水供应和污水处理企业。子公司清源供水共拥有4座制水厂，6个营业所，供水区域约60平方千米，日供水能力为21万立方米，供水管网达到528.4千米，供水服务人口约65万人，供水普及市区96%。污水处理业务由子公司漯河市水务投资有限公司（以下简称"水务投资"）负责经营，共拥有两座污水处理厂，分别是沙南污水处理厂和沙北污水处理厂，设计日污水处理能力为24万吨，实际输送量为19.2万吨/天，出水水质达到一级A排放标准，服务面积47平方千米，服务人口约40万人。同时，公司与华电公司合作成立漯河华电热力公司，参股天阳热力公司，通过布局供热行业拓宽公共服务领域。

4. 多元化布局取得新进展

除了以上主营业务外，公司已布局房地产、工程设计施工、金融投资、养老产业、文化旅游、建材供应等多项业务，并围绕房地产产业链探索规划设计、工程咨询、原料供应、渣土清运等经营性业务。公司在培育新利润增长点的同时，为漯河实体经济发展提供多元化金融支持。

第三节 转型经验启示

结合公司的转型发展之路，有以下几点转型发展启示：公司主要从明确自身业务定位进行精准施策、多元化自身业务板块、拓宽融资渠道、整合产业资源等方面得到转型启示。这些启示有利于公司在竞争激烈的市场中找准定位，获取充足的资金支持，并通过紧跟市场需求，充分利用地理位置优势，以实现持续发展和成长。

一、多元发展业务，板块精准施策

公司针对基础设施建设板块、国土开发板块、地产开发板块、公用事业板块、金融服务板块五大业务板块分别设立了具体的发展定位、发展策略及发展路径，针对不同业务板块精准施策。

在基础设施建设板块方面，公司以现有基础设施建设为核心业务，向产业链上下游布局，逐步拓展工程总承包、全过程工程咨询、建材贸易等业务。通过资质提升、扩大业务范围、提高精细化管理、争取政府支持、塑造品牌形象等方式，落实"市场化、走出去"战略。公司也将继续加大对交通等领域的投资，提升基础设施的规模和质量，并进一步推动国内基础设施建设水平的提升。公司将与政府和相关机构合作，共同推进大型基础设施项目的规划、建设和运营，以满足日益增长的市场需求。

国土开发板块主要以规模化、区域化、垄断化为发展导向，坚持"区域垄断""开拓探索"相结合的业务策略，在强化漯河区域垄断地位的基础上，以效益为导向，尝试探索外部重点城市，加强土地资源储备、优化资产结构，发挥公司培育造血能力、推动市场化转型的抓手作用。国土开发板块将专注于土地资源的开发和管理，通过与地方政府和城市规划机构合作，积极推动土地资源的开发和利用，促进城市发展和经济增长。公司将注重绿色和可持续的土地开发，提倡合理利用土地资源，推动城市化进程与生态环境保护的协调发展。

地产开发板块是以提升城市综合承受能力和土地综合价值为目标，为公司的转型发展提供资金保障。房地产开发业务坚持"平台化、区域化、多元化、证券化"的业务策略，以经营效益和产业规模为导向，通过整合内外部资源，构建多元化业务体系。以现有商业地产为核心，依托现有住宅地产开发业务，逐步布局物业服务、政策性地产、商业地产、特色地产等业务。在专注于房地产开发的同时，公司将优化产品结构，注重住宅、商业和工业地产的开发，以满足不同客户群体的需求，同时加强物业管理能力，提供优质的物业管理服务，提升客户满意度和持续经营效益。

公用事业板块依托现有的官网运营、污水处理、自来水供应、停车场资源为基础，采用"一体化、集约化、智慧化、专业化"的经营理念，重点发展两大主业"水务环保""公共设施运营"，强化集团在漯河智慧城市建设过程中的核心优势。为加大对公用事业的投资和技术创新，提高服务质量和供应稳定性，公司与实力较强、资源丰富的企业合作，联合开发公共设施运营，快速提高运营管理能力，共同探索公共设施委托运营、政府购买服务、设施自建租赁等运营模式，搭建可复制的盈利模式。

金融服务板块的重点在于为公司提供资金支持和金融业务的专业化服务。为不断强化金融服务的规范化管理，提供全方位的金融解决方案，公司的金融服务范围包括投资管理、股权投资业务、探索产业金融服务、风险管理等，以支持集团内外业务的发展需求。通过布局银行机构、商业保理、融资租赁、基金管理等牌照类业务，逐步构建金融产业链条，探索为集团核心产业链条上下游企业提供金融服务，提升集团整体信用水平。

总体而言，公司根据不同业务板块的特点和市场需求，制定具体的发展定位和策略，并精准施策，以推动各个业务板块的发展和增加整体营收。通过持续的创新和优化，力求实现投资控股集团多元化业务的协同发展，并在市场中保持竞争优势，高收益化，增强自身"造血"能力。

二、拓展融资渠道，防范债务风险

为进一步减轻财务压力，促进企业发展，公司注重产融协同发展，积极开拓融资渠道和市场空间，如开展产业基金、资产证券化、供应链金融服务等方式，引入社会资本，减少财务压力，增加营业收入和利润。同时，公司十分重视加强风险防控，合理控制金融杠杆，防范财务风险，以确保企业的稳健运营和可持续发展。

公司与国内主要商业银行等金融机构一直保持长期且稳定的合作关系，具有良好的资本市场形象和AA+级信用评级，在间接融资方面有着明显的成本优势，为公司各项业务开展提供了较为充足的资金保障。为确保融资与资金需求的衔接，公司以年度投资计划为基础，根据融资渠道、方式、成本、还本付息、资金需求等制订年度融资计划，加强融资与资金需求、还本付息的衔接，强化融资还款风险、资金成本与效益的管理。公司通过严格的资金使用监管，确保融资资金高效利用和债务风险可控。对于负责债务承接的子公司，公司建立了融资进度台账和资金使用台账，加强对工作进展的监督和管理。

同时，为了防范新增债务风险并提升转型发展的可持续性，公司建立了完善的内部债务风险防范机制，统筹安排建设进度和资金投入，严格控制成本和建设周期，旨在保证债务风险的可控性。同时，公司根据重大项目的建设进展制订了相应的融资计划，确保融资与投资进度的匹配。这意味着在项目建设过程中，公司将根据实际情况调整融资方案，以确保资金的及时提供，避免因融资不足而延误项目进展。为了更好地管控项目预算和风险，公司还制定了全面的预算管控机制和风险防范策略。预算管控机制将用于监控项目的成本支出，确保资金投入的合理性和效益。同时，风险防范策略将帮助公司识别、评估和应对可能影响项目的各类风险，包括财务风险、市场风险、执行风险等。通过对风险的早期预警和及时应对，确保项目的顺利实施和债务风险的可持续控制。通过建立内部债务风险防范机制，能够确保公司降低债务风险，有助于提升集团转型发展的可持续性，为未来的发展奠定坚实的基础。

综上所述，为保障公司融资的稳定性和可靠性，公司的重点工作在于持续拓展融资渠道，加强融资计划制订和资金使用监管，同时防范债务风险。同时，通过内部债务风险防范机制的建立、产融协同发展和风险控制措施的加强，公司将确保资金的充足性、债务风险的可控性，并推动企业的可持续发展。

三、整合产业资源，壮大资产规模

（一）整合优势资源

在组织架构方面，公司将总部打造成全系统的战略投资中心、资源整合中心、人才培育中心与服务支持中心，通过战略引领、业务赋能、协同创造与管理赋能实现总部价值创造作用，从而成为"战略型控股+服务型控股"总部。公司按照业务板块实行分类管理，股权类资产由集团持有，非股权类资产注入各板块子公司，便于公司开展资本运作。公司稳妥推进下属企业的资源整合，将现有部门承担的经营性业务剥离至下属子公司，总部做实战略管理、投资管理、资产管理等核心职能，从而形成板块规模效应，提升产业核心竞争力。对内促进资源共享，加强资金统筹，优化产业结构，鼓励增加集团各成员企业间联动互动。同时，坚持引资引智战略，通过混改、股权合作、战略联盟等形式强强联合、寻求合作共赢。

同时，公司通过整合优势资源，包括土地资源、人才资源和资金资源等，实现了产业链的优化和协同发展。在转型过程中注重挖掘和整合内部资源，将不同业务板块的资源进行统一管理和有效配置，提高资源利用效率，进而壮大资产规模。

（二）强化跨行业协同

为实现多业务板块的协同发展，公司重视跨行业协同合作，一方面加强内部部门之间的协同配合和信息共享，实现资源共享和互补优势；另一方面与外部合作伙伴如政府、金融机构和科研机构等建立紧密合作关系，共同实施项目和开展创新研发，进一步强化协同效应。

1. 内部协同和资源共享

公司加强内部部门之间的协同配合和信息共享，通过建立跨部门的沟通机制和协作平台，实现不同业务板块之间的资源共享和互补优势。例如，通过共享人力资源、技术专长和市场渠道，不仅提高了效率，还优化了资源配置，实现了协同效应。

2. 外部合作伙伴关系建立

公司与外部合作伙伴，如政府、金融机构等，建立紧密的合作关系。通过与政府部门合作，可以共同开展基础设施建设、城市发展规划等项目，提高项目实施的效率和质量。与金融机构合作，可以获取优质的融资渠道和金融支持，为公司的业务发展提供强有力的资金保障。

通过强化跨行业协同，漯河投资控股集团实现了不同业务板块之间的资源共享、优势互补和协同发展。这种跨行业协同合作有助于提高集团的综合竞争力，推动业务的快速拓展和创新发展。同时，这也为其他企业提供了有益的经验启示，即在转型过程中，重视跨行业协同合作，加强内外部合作关系的建立，实现资源共享和优势互补，提高市场竞争力和可持续发展能力。

第十六章　湖州市产业投资发展集团有限公司转型发展案例分析

湖州市产业投资发展集团有限公司自成立以来，不断进行着整合重组及转型发展。目前，公司形成了包括商贸物流、金融投资、文旅运营、科技创新和园区开发和制造业五大主要业务板块，并已完成从 1.0 版本市场化基金到 6.0 版本产业链基金的迭代。经调研发现，湖州市产业投资发展集团有限公司转型的基础条件在于：第一，逐步整合纳入市级部门的文化、旅游和金融、类金融资产，形成规模效应；第二，依托产业类企业的发展优势及红利，实施全互联网化改造，优化平台公司股权，并加快人才引进；第三，坚持金融服务实体经济，完善全生命周期金融服务生态链，积极拓展创新融资渠道，强化资金保障，壮大资产规模。

第一节　公司基本情况

一、公司简介

湖州市产业投资发展集团有限公司（以下简称"湖州产投"或"公司"）成立于 2016 年 4 月，由湖州市人民政府国有资产监督管理委员会 100% 持股，为湖州市属国有独资企业。公司具有 AA+ 主体信用评级，管理全资（控股）子公司50 余家。公司注册资本 18 亿元，主要负责湖州市政府性产业投资引导基金和金融股权股份管理运作、科技创新、平台开发、生态转型及数智科技等工作，聚焦金融服务、科创投资、绿色生态三大业务板块，致力于"打造长三角新势力产业生态组织者"。

二、所在区域情况

公司所在区域为浙江省湖州市，根据湖州市人民政府官方网站数据统计，

2022 年湖州市实现地区生产总值（GDP）为 3850 亿元，按可比价计算，比 2021 年增长 3.3%。其中，第一产业增加值为 161.1 亿元，增长 4.6%；第二产业增加值为 1966.20 亿元，增长 2.7%；第三产业增加值 1722.70 亿元，增长 3.8%。三次产业增加值结构调整为 4.2∶51.1∶44.7。按常住人口计算的人均 GDP 为 11.29 万元，增长 2.7%。未来，湖州市能够持续在资本注入、资源纳入、人才支撑、授权经营、激励分配等方面为公司提供有效支持。

湖州区域内由湖州市国资委直接控股的主要平台包括湖州市城市投资发展集团有限公司、湖州市交通投资集团有限公司和湖州经开投资发展集团有限公司等 5 家企业，具体情况如表 16-1 所示。

表 16-1　2022 年湖州市国资委直接控股 5 家主要平台情况　　　单位：亿元

公司名称	控股股东	主体评级	总资产	总负债	净资产	营业收入
湖州市城市投资发展集团有限公司	湖州市人民政府国有资产监督管理委员会	AAA	1319.96	868.86	451.09	163.97
湖州市交通投资集团有限公司		AA+	834.00	499.06	334.94	104.30
湖州经开投资发展集团有限公司		AA+	760.49	505.41	255.08	22.45
湖州市产业投资发展集团有限公司		AA+	312.85	151.68	161.17	57.84
浙江南太湖城市开发控股集团有限公司		AA+	274.94	130.30	144.64	8.20

湖州市城市投资发展集团有限公司负责湖州市的重大基建与民生项目建设；湖州市交通投资集团有限公司负责湖州市区域内高速公路的建设和运营方面；湖州经开投资发展集团有限公司负责南太湖新区范围内基础设施项目建设、产业园运营、土地开发整理；浙江南太湖城市开发控股集团有限公司主要负责湖州南太湖新区重要的市政基础设施建设和片区开发主体、文旅项目建设及运营方；湖州市产业投资发展集团有限公司是湖州市重要的产业投资运营主体、金融服务主体和旅游开发主体，在湖州市处于行业垄断地位。

三、公司业务情况

公司的主营业务分为商贸流通、金融投资、数字文旅与资产运营、科技创新和园区开发和制造业五大主要业务板块。公司的营业收入主要来源于商贸流通板块，近两年来的营业收入构成情况如表 16-2 所示。

表 16-2　2021～2022 年营业收入构成情况

项目	2021 年		2022 年	
	金额（万元）	占比（%）	金额（万元）	占比（%）
商贸流通	309210.57	71.02	411699.22	71.18

项目	2021 年		2022 年	
	金额（万元）	占比（%）	金额（万元）	占比（%）
金融投资	34664.56	7.96	51456.64	8.90
数字文旅与资产经营	20537.20	4.72	23360.29	4.04
科技创新和园区开发	2039.15	0.47	11475.08	1.98
制造业	68524.46	15.74	78544.43	13.58
其他板块	392.16	0.09	1824.72	0.32
合计	435368.10	100.00	578360.38	100.00

（一）商贸流通板块

公司本身实际参与到贸易进出口业务中，结合进出口供应链，以"外贸保姆"式专业服务为湖州市广大中小微外贸企业提供外贸出口综合服务、代理进口信用证业务、企业在银行贸易融资增信服务，同时为当地优质核心大企业提供贸易供应链金融服务。公司的内销业务主要为进口和内贸业务。近年来，该板块营业收入呈逐年上涨的趋势。

（二）金融投资板块

公司金融投资板块主要包括基金业务和其他金融业务（融资租赁、保理和其他业务）。公司基金业务主要由子公司湖州市产业基金投资有限公司负责运营，主要负责湖州市政府产业基金的运营管理，政府产业基金分为市场化基金及专项基金。公司其他金融业务主要包括融资租赁业务，主要由子公司飞英融资租赁有限公司负责运营，业务模式可分为售后回租业务、直租业务、通道业务和保理业务四类。

（三）数字文旅和资产经营板块

公司数字文旅与资产经营板块主要细分为六大业务种类：景区旅游业务、文化场馆业务、资产经营业务、数字文旅平台业务、数智科技业务和其他文旅业务。以服务数字政府为导向，聚焦信息安全、公共通信、电子政务、软件测试等领域，全方位提供数字化及智能化软硬件服务，着力建设市域数字安全专业智慧服务商。通过整合现有成熟软件和研发软件，已初步涵盖数字经济、社会治理、美丽乡村、文明实践等多个领域近 40 款产品的数字政务生态圈。

（四）科技创新和园区开发板块

公司科技创新和园区开发业务主要为湖州旅游大厦开发、旅游项目开发及经营性房产出租及实物处理等业务。开发及经营性房产出租及实物处理等业务。构建"战略平台+科技金融+产业园区+公共服务"四位一体的科技发展战略平台，打造"科技研发—技术转让—成果孵化—项目投产"一条龙服务的科技创新赋能产业链，助力科技创新和关键技术领域实现重大突破。未来，公司业务将逐步转向轻资产运营，减少实体项目投资。

（五）制造业板块

公司制造业板块收入主要来自湖州安达汽车配件有限公司发生的汽车零部件生产销售收入。安达汽配作为湖州市唯一一家科创型国有制造型企业，主要生产汽车零部件，为国际主要汽车厂商大众、通用、丰田提供配套零部件。

四、公司财务状况

（一）资产情况

近年来，公司业务规模不断扩大，整体资产期末余额逐渐增加，公司资产主要由货币资金、其他应收款、其他流动资产、长期股权投资、其他权益工具投资、投资性房地产及其他非流动资产等构成，具体如表16-3所示。

表16-3　2021~2022年公司的主要资产明细

项目	2021年		2022年		变动比例
	金额（万元）	占比（%）	金额（万元）	占比（%）	（%）
货币资金	118398.89	5.69	224408.04	7.17	89.54
其他应收款	35449.79	1.70	205328.91	6.56	479.21
其他流动资产	171336.22	8.23	214101.66	6.84	24.96
长期股权投资	208285.50	10.01	210106.27	6.72	0.87
其他权益工具投资	360920.75	17.34	482306.79	15.42	33.63
投资性房地产	236548.25	11.37	672173.13	21.49	184.16
其他非流动资产	458248.50	22.02	401350.88	12.83	-12.42
资产合计	2081029.29	100.00	3128465.63	100.00	50.33

2022年，公司融资取得的款项增加导致货币资金余额明显上升；其他应收款主要系应收其他单位的往来款、土地回购款及投资款，主要系增加对湖州金融投资公司的共同投资款，导致其他应收款有所增加。此外，公司新增对湖州东尼新能源有限公司、蜂巢能源科技（湖州）有限公司等企业的投资导致其他权益工具投资有所增加。2022年，公司的投资性房地产主要为用于出租的投资性的房屋、建筑物，截至2022年末，公司投资性房地产余额为67.22亿元，较2021年以来明显增加，主要是由于公司当年的在建工程及固定资产转入投资房地产以及外购房产增加。总体来看，公司的主要资产均呈增加态势，这也与公司的业务

规模扩大相匹配。

（二）负债情况

从 2021~2022 年的负债整体结构上看，公司的负债主要由短期借款、一年内到期的非流动负债、长期借款、应付债券和长期应付款构成。公司的负债情况具体如表 16-4 所示。

表 16-4　2021~2022 年公司的主要负债明细

项目	2021 年		2022 年		变动比例（％）
	金额（万元）	占比（％）	金额（万元）	占比（％）	
短期借款	190136.78	19.38	163196.41	10.76	-14.17
一年内到期的非流动负债	41914.61	4.27	93302.68	6.15	122.60
长期借款	108170.91	11.02	316560.73	20.87	192.65
应付债券	235669.59	24.02	529876.12	34.93	124.84
长期应付款	91261.13	9.30	158017.94	10.42	73.15
负债合计	981290.78	100.00	1516753.67	100.00	54.57

2022 年，公司一年内到期非流动负债增加幅度较大主要系部分长期借款和长期应付款划分为一年内到期所致；公司长期借款新增主要系公司运营资金需要进行外部抵押借款融资所致；应付债券的新增主要系公司于 2022 年发行的定向债务融资工具、中期票据等债券；长期应付款的增加主要系子公司 ABS 融资及举借的融资租赁借款。

（三）利润及其他损益情况

2022 年，公司营业收入 57.84 亿元、利润总额 2.52 亿元、净利润 1.50 亿元，公司总体利润水平较为稳定，2021~2022 年公司利润表主要科目情况如表 16-5 所示。

表 16-5　最近两年公司利润表的主要科目明细　　　　单位：万元、％

项目	2021 年	2022 年	变动比例
营业收入	435368.10	578360.38	32.84
营业成本	393002.96	524539.14	33.47
销售费用	3636.97	5264.70	44.76
管理费用	12858.89	17037.52	32.5
研发费用	3646.96	4307.55	18.11

续表

项目	2021 年	2022 年	变动比例
财务费用	17082.61	27696.55	62.13
其他收益	2371.38	5789.24	144.13
投资收益	5626.59	11853.50	110.67
公允价值变动损益	17704.27	10002.00	−43.51
营业利润	34083.94	25603.33	−24.88
利润总额	33952.92	25168.59	−25.87
净利润	25625.89	14981.41	−41.54

近年来，公司在湖州市国资委的支持下实现了快速发展，逐渐形成了金融投资、数字文旅与资产经营、科技创新和园区开发等多元产业板块的发展格局，业务规模明显提升。其他收益主要为政府补助，湖州市政府对公司开展的旅游业务及产业投资等业务给了一定的专项补贴，与公司旗下的各项经营业务相关；投资收益主要为权益法核算的长期股权投资的投资收益和处置长期股权投资产生的投资收益；公允价值变动损益主要系投资性房地产公允价值变动。

（四）财务指标分析

从财务指标来看，公司资产的流动性、存货及应收账款的周转能力、盈利能力等指标均处于正常水平。截至 2022 年底，公司流动性指标较 2021 年有所提升，为公司偿还短期债务提供一定保障（见表 16-6）。

表 16-6　2021~2022 年公司财务指标情况　　　　单位:%

项目	2021 年	2022 年
流动比率	1.05	2.07
速动比率	1.01	1.99
资产负债率	47.15	48.48
营业毛利率	9.73	9.31
平均总资产回报率	3.25	2.12
加权平均净资产收益率	4.66	1.11
EBITDA	5.88	6.30
应收账款周转率	7.08	9.61
存货周转率	23.29	18.08

五、融资情况

公司融资主要通过银行借款等间接融资、发行债券等直接融资渠道。截至2022年3月，公司有息负债规模为143.27亿元，结构明细如表16-7所示。

表16-7   截至2022年3月末公司有息负债结构   单位：万元、%

项目	余额	占比
银行借款	653128.14	45.59
公司债券	199876.12	13.95
非金融企业债务融资工具	380000.00	26.52
非标融资	48789.13	3.41
其他①	150940.79	10.54
合计	1432734.18	100

第二节   转型发展分析

一、转型发展背景

（一）浙江省整体实力较强，为城投转型提供保障

浙江省作为长三角经济圈重要省份之一，民营经济活跃，经济发展水平较高。根据浙江省统计局数据，2022年，浙江省GDP为7.77万亿元。从经济增速看，2022年，浙江省GDP增速为3.1%，高于全国平均水平，经济运行总体保持恢复态势，新动能持续成长，市场价格平稳。同时，浙江省财政实力强，财政自给水平较高，收支平衡性较高。2022年，全省实现一般公共预算收入8039亿元，同比增长5.5%，其中税收收入6620亿元，同比增长2.0%，财政收入质量较好。得益于较高的GDP和综合财力，浙江省显性负债率与债务率处于全国较低水平。

---

①   主要为公司子公司飞英租赁发行的ABS计划。

（二）浙江省金融资源丰富，为地方城投提供支持

浙江省金融资源丰富，城农商行数量众多，总资产规模合计超 8 万亿元，能为地方城投提供更广泛的融资渠道和再融资支持，且与地方政府、城投关系较为密切，特殊情况下便于政府协调金融资源。当城投公司发生风险事件时，外部金融资源趋利避害属性强，稳定性较弱，地方政府可控金融资源可起到重要的托底作用。湖州市存贷款规模和存贷比持续提高，金融对实体经济支持力度加大。

（三）湖州市具备区位优势，受多重经济圈层辐射

湖州市位于浙江省北部，地处长三角腹地、浙苏皖三省交界处，接受杭、沪、宁都市圈及苏锡常经济带多重高能级经济圈层辐射，在承接省际产业转移、区域协同联动发展等方面具备较好的区位优势。全市总面积 5820 平方千米，下辖吴兴、南浔两区，以及长兴、安吉和德清三县，拥有宁杭高铁、商合杭高铁、宣杭铁路及五条高速公路，距离杭州、上海、苏州均在 2 小时车程以内，在建的沪苏湖铁路预计于 2024 年全线通车，届时至上海高铁的车程将缩短至半小时，与上海的互联互通与产业合作紧密度有望进一步加强。湖州市系"两山"理念诞生地，县域山水资源丰富、植被覆盖率高，拥有太湖湖岸线 64 千米，紧邻南太湖设有国家级湖州太湖旅游度假区，自然环境较好，旅游业兴盛。此外，湖州市建材及黏土类非金属矿产资源相对丰富。

（四）湖州市支持平台转型，提高平台业务竞争力

为推进国企改革工作，增强城投平台业务竞争力，提高信用评级和融资能力，湖州市积极推进城投平台整合和市场化转型。由于湖州市各区县城投平台数量均较多，且经过多年股权结构优化调整，目前整体架构较为清晰稳定，全市平台整合以新设型整合为主，即在原有一个或多个平台基础上搭建新平台，成立规模相对较大的投资控股集团，对下属平台承担出资人职责。同时，为提升平台自身造血能力，整合注入区域内经营性资源，提高新平台经营性资产和经营性收入比重，进一步提升新平台的信用资质和融资能力。

（五）以基金强产业，以基金强招商的"湖州模式"

湖州不断探索基金改革发展，共经历了六次基金迭代，已完成从 1.0 版本市场化基金到 6.0 版本产业链基金的升级。在基金迭代的同时，招商模式也在升级。在政府《湖州市重大项目攻坚及招商引才新政》《湖州市加快推进"太湖之芯"计划若干政策》等政策的大力支持下，湖州产投将过去简单的土地、厂房、税收的三要素招商模式，通过市场化专业运作，逐步转变为基金招商、资本招商、产业招商的新方法，全面推进主导产业和新兴产业集群成势、倍增发展。此外，基金多方联动实现优势互补，通过与国企平台、头部投资机构、产业企业三方的对接，以产业基金为载体，推进创新链、产业链、资金链的三链深度融合，

撬动更多资源资本投向先进制造业，推动经济高质量发展。

二、转型发展路径

（一）全面拓展新型业态

在双碳领域，公司迭代升级两山数智平台，完成项目 GEP 核算中心应用开发，开展新能源电池等行业双碳认证试点；拓展综合能源服务，积极推进天能电化学储能项目、煤山新能源基地综合能源服务等项目建设。

在深化国企改革上，公司围绕业务转型，加快推进半导体产业基地建设、新能源产业基地投产交付、国重实验室落地推进等重点工作。推动安达汽配科改示范、完成公司股改前期工作，开发敏实、富特和台达等新能源汽车行业龙头客户，提升智能制造水平。

在助力乡村振兴上，公司聚焦渔业主业，持续优化销售类别、推进渔业园区建设，提升整体经营效益。做深数字渔业供应链，改造提升菱湖"共富渔场"渔业养殖基地，全力拓展盒马等电商平台销售渠道。

在数字化转型上，公司扬"平台运营"之长，补"业务拓展"之短，积极争取数字安全行业分中心建设，大力推广信息系统信创安全组件业务，开拓工业领域数字化业务，推动业务向医疗、教育和企业侧等重点行业领域拓展。

（二）金融赋能实体经济

湖州产投坚持金融服务实体经济，为打造一流营商环境，通过依托企业全生命周期金融服务生态链，不断拓展业务范围、优化服务对象，重点围绕专精特新"小巨人"、高新技术企业、"隐形冠军"和本地纳税大户等优质企业精准投放。

公司加大产品创新，完成上海征世、康碳新材料等半导体行业设备租赁项目投放，稳步推进工程款保理、收益权保理、特殊类资产等业务拓展，开发非融资性担保、非商业性坏账担保等新产品。

公司在湖州市域国有贸易平台中率先开展套期保值业务，拓展铜、铅、锌等大宗商品贸易，探索"会展+贸易"外贸新模式，鼓励引导贸易型企业出海拓市，公司合作企业广交会意向订单金额超 1500 万美元。

2022 年，公司下属南太湖（天津）商业保理有限公司与浦发银行天津分行合作，落地了全市首笔 6000 万元"银商保"业务。此次融资探索了"商业保理公司—银行"合作创新的"再保理融资"新路径，拓展了商业保理融资新渠道。

（三）积极打造文旅创新服务综合体

湖州产投于 2019 年由原市旅游集团和原市产业集团重组而成，通过以市旅游公共服务集散中心和旅游大厦为主体，着力打造一个以游客为中心，以全天候旅游服务为重点，集指挥管理、营销推广、配套服务、创意研发于一体的综合性文旅服务体系，体系包含"一个智慧旅游服务平台""一个全域旅游联盟""一个旅游公共交通体系""一个文旅产品创意中心""一系列文旅联合体"。

基于此，公司全力打造属于湖州的文化旅游品牌。通过升级改造南太湖度假App，为全市游客、职工疗休养提供智慧旅游消费平台，500多家商户、旅行社正式入驻。此外，公司积极开拓新媒体业务，开展影视剧投资，打造特色融媒平台。为打造城市品牌形象，公司积极招引"菰城营地""围炉煮茶"等新业态项目，实施"文化探源看江南"产业行动，开发"湖颖之城"、赵孟頫真丝织锦书画作品等新文创产品，组织研学活动20余场，参加人数超千人。

（四）促进产业群迭代发挥协同优势

湖州产投发挥"以基金强产业、以基金强招商"的专业优势，持续提档升级，并成功迭代6.0版——产业链基金群，全生命周期投资服务体系进一步完善。

其中，1.0版本市场化基金共计13只，累计完成投资项目71个，涌现了华熙生物、万润新能源、雷神科技等成功IPO项目。2.0版本区域基金，公司与吴兴、南浔和南太湖新区共设立了70亿元规模的区域基金，专注为区县招大引强，定向投于政府拟引进项目，已引进信科华远、见闻录等项目。3.0版本自管基金，由公司下属基金管理人中小创投公司作为管理人进行自主投资决策，专注人才类项目招引孵化、创新创业项目的培育，助力企业上市与并购重组。4.0版本共管基金，采用"双GP"模式，以基金招商为重点，借势头部管理人，导入优质项目资源，已与中金资本、华睿投资等合作设立了4只共管基金，总规模100亿元。再到5.0版本专项基金，一企一策，专注挖掘稀缺标的，定制化交易结构，重点把握优质项目的投资机遇，已设立零跑汽车、超群检测、蜂巢能源、湖州燃气、东尼电子五只专项基金。

目前，基金已迭代为6.0版本产业链基金，重点聚焦半导体及光电、新能源汽车及关键零部件、生物医药三大核心赛道，主要以引入上市公司或产业链龙头企业作为重要LP或合作管理人参与组建产业链基金，通过招龙头、引支柱、延链条，培育产业链协同优势，共同发力塑造6.0产业基金集群。

（五）多方联动实现资源互补

湖州产投搭建了三方平台，实现资源互补。第一方是国企平台，与省金控、深创投、张江高科等国资平台紧密联系。立足国家大基金、省产业基金、市产业基金三级联动效应，精准合作产业资本，推动合作共赢。第二方是头部投资机构，实现产业基金与头部投资机构团队的交互工作，提升市场化投资能力。目前，已实现与中金资本、华睿投资、汇誉投资、深创投等合作搭档从浅层次磨合到蝶变式融合的跨越发展，持续对接红杉中国、高瓴资本、鼎晖投资、国方资本等新伙伴，探讨细化合作方向，开拓对接头部新渠道。第三方是产业企业，与义翘神州、吉利汽车、天能集团、东尼电子等链主企业优势互补，对接引进产业链上下游头部企业"强链""延链"。

三、转型效果分析

湖州产投深入践行"在湖州看见美丽中国"实干争先主题实践，聚焦科创投资、金融服务、绿色生态三大核心业务板块，以"双百+攻坚"行动为抓手，坚持对标对表、扬长补短、实干争先，经营业绩稳步提升、重点工作推进有力、整体实力显著增强，呈现了量质齐升的良好发展态势。根据 Wind 数据统计，截至 2023 年 6 月底，湖州产投总资产为 354 亿元，总比增长 36.6%，营业收入 38 亿元，同比增长 26%。

（一）平台赋能，"创谷"动能持续释放

湖州产投创新拓展市场化招商模式，高效运作市场化招商平台。成立湖州市首个国有专业化招商公司——长三角（湖州）招商引才服务公司，设立"选、研、落、扶"四个不同层次的招商服务团队，联动集团投资、基金、金融服务等板块力量。建立"两图两库"①，构建"1+4+N"②的招商服务体系，打造一支熟悉政策、精通产业、善于研判、匠心服务的尖兵团队。

为聚焦光电及半导体细分赛道，公司组织协办了中国国际半导体高管峰会，主动出击赴上海、深圳、苏州等地洽谈，与张江高科等龙头企业建立战略合作关系。通过"基金+项目+股权""基地+股东+房东"模式成功招引苏州汉天下、深圳阿尔斯、上海汉图科技等 10 个新兴产业项目，签约总投资 70 亿元。

聚焦招大引强，截至 2023 年 6 月，科学谷新型研发机构累计签约 11 家，入驻实验室 5 家，协同引进湖州市首个国家重点实验室——浙大工业控制技术全国重点实验室。聚焦平台优化，煤山新能源基地一期项目全面收尾交付使用；南太湖光电半导体产业基地、南太湖高端装备产业基地加速建设；西塞东坡、试研台、湖州青创城、菱湖化工园区有机更新等项目加快布局，产业承载空间初具规模。

（二）以投促引，"投行"品牌持续擦亮

湖州产投官微发布的信息，湖州产投率先实现政府产业基金 1.0 到 6.0 的迭代升级，截至 2023 年 6 月，管理各类产业基金 32 只，总规模 507 亿元，累计完成投资项目 124 个，投资总额 73.85 亿元，撬动社会投资 400 亿元以上。其中科捷智能、万润新能源、零跑汽车、雷神科技等成功实现 IPO，所投企业上市数量达到 7 家。

---

① "两图两库"即招商地图、产业地图、人才库、项目库。
② "1+4+N"即 1 个公司主体+选、研、落、扶 4 个招商服务小组+N 个重点招引项目。

根据湖州产业集团官方微信公众号数据显示，成功助推总规模 50 亿元的省"4+1"专项基金——新一代信息技术产业基金落地湖州，2023 年先后完成基金项目投资 25 个，新增 1 家 IPO 企业；基金投资企业上市数量达到 8 家，年度投资收益超 1 亿元。旗下"湖州产业基金"品牌，获得融资中国年度"中国政府引导基金最佳服务""中国绿色投资领域投资机构 TOP30""2022 年度长三角最佳政府引导基金 TOP30"等荣誉。

2023 年 5 月举办了"逐光而行"湖州西塞科学谷产业资本论坛，"湖州产业基金战略朋友圈"揭牌成立，吸引中金资本、红杉中国、高瓴投资、鼎晖投资、国泰君安等百余家国内知名投资机构共话发展，现场达成意向合作 30 余家、带来项目资源 100 余个、将为湖州引入社会资本 500 亿元以上。

（三）向绿而行，金融活水持续输送

2022 年，湖州产投参与"三聚三保三落实"攻坚行动，整合资源推出产融助企"14 条"政策，对受到影响的企业量身定制服务方案，落实续保展期、降费减负、增信支持等惠企措施。该行动累计完成金融服务总额 190 亿元，服务企业 2700 余家，减免各类服务费用 1300 万元以上。

截至 2023 年 6 月，湖州产投的全生命周期金融服务生态链逐步完善，累计完成金融服务总额超 100 亿元，服务企业 2500 余家。率先落地全市首笔"银商保"、全省首单"汇率避险保"产品，开发大宗商品贸易、工程款反向保理、经营性租赁、非政策性担保等新业务，拓展半导体行业融资租赁业务，探索套期保值贸易供应链模式等。创新业务资金投放总量超 23 亿元，累计为人才类、科技类企业提供金融服务总额 50 亿元以上。

（四）改革转型，新兴业态持续拓展

2022 年 4 月，湖州市两山生态资源运营有限公司揭牌成立，由湖州产投负责运营管理，旨在建设统一化、全面化、绿色化、规模化的两山生态资源联合体，实现湖州市"两山银行"平台公司政策制度、标准体系、品牌名片、运营系统、交易平台的"五统一"管理，推动湖州地区生态产品价值向更高水平转化，助力湖州市经济社会发展全面绿色低碳转型。

湖州市两山公司成立后，迭代升级两山数智平台，开展双碳认证试点，运营绿色集采平台，"天下湖品"系列产品 56 个。拓展综合能源服务，成功申报售电资质，在浙江省电力交易中心正式挂牌，成为省内首家市属国有售电公司，截至 2023 年 6 月，完成签约电量超 10 亿度，签约用户 300 余户。

公司充分发挥在产业投资、产业运营、产业服务领域的经验资源优势，与天能集团在零碳综合智慧能源及储能电站领域展开深入合作，打造"储能+"风光热多能互补的综合智慧能源示范样板，构建"新能源+"智慧高新园区。

此外，提升市域一体化数字安全运营中心，等保测评、安全组件服务也在有序开展，"共富渔场"集采业务规模效应初显。深化安达汽配科改示范行动，成功开发 3 个国内 TOP10 新能源客户，产品市场占有量 15% 以上。

（五）合规为基，企业治理持续完善

突出党建引领，抓好党的二十大精神的宣传贯彻落实，持续抓实"在湖州看见美丽中国"实干争先主题实践，推进清廉建设。建设人才梯队，深入实施"青绿计划 2.0""四个一百"提升工程，构建完善正向激励与负面约束相结合的干部考评机制。守牢安全底线，开展安全隐患大排查大整治行动，严格执行阳光信访"接诉即办"要求，确保公司安全稳定。

2022 年，湖州产投完善企业法人治理结构，修订"三重一大"和内部管理制度 62 项，健全项目投资预审、金融业务风险联审，集体决策投审的议事决策机制。强化合规意识，建立合规管理月度通报机制，做实做细内外审计检查，确保经营风险可控。建设"产融赋能·亲清共赢"品牌，开展清廉家访、清廉测试等"警示教育月"系列活动，做好市委巡察整改"后半篇文章"，公司政治生态持续向好发展。

第三节　转型经验启示

目前，湖州产投已成长为湖州市重要的产业投资运营主体、金融服务主体和旅游开发主体，致力于"打造长三角新势力产业生态组织者"。公司业务范围涵盖产业投资、金融服务、基金运作、科技创新、平台开发、生态转型及数智科技等方面，具有明显的专营优势。公司不断建立完善科学高效的内部管理机制，极大提升了业务水平与业务效率。公司市场化经营和盈利能力增强，自身信用水平提升，能够实现市场化融资，拥有丰富的融资渠道补充资金缺口。湖州产投不断迭代产业基金，形成"基金+基地"的模式，引导资源资本向新兴产业集聚，成功转型。未来也将持续快速发展，在大力推进经营性业务发展实现转型升级的同时积极承担社会责任，实现平台与城市共同发展，为城市现代化建设做出突出贡献。

一、"基金+基地"，吸引企业驻扎湖州

一是瞄准未来赛道，主动出击"靶向招"。立足湖州八大新兴产业链，聚焦光电及半导体等细分赛道，高效运作好长三角（湖州）招商引才服务公司，构

建"1+4+N"的招商服务体系，编制"两图两库"，已投项目涵盖锂离子动力电池企业"蜂巢能源"、射频芯片企业"见闻录"、半导体测试企业"季丰电子"等一批新兴产业领军企业，积极形成"引进一个项目、培育一个产业、形成一个集群"效应。

二是迭代产业基金，资本撬动"有效招"。以股权投资为纽带，用基金撬动资本、将资本引入产业，迭代形成以财政基金为基础、自管基金为重点、区域基金为补充、共管基金为特色、专项基金为突破、产业链基金为引领的立体式六类基金集群，建立"产业母基金+市场化子基金+专项子基金"的体系架构。截至目前，累计发起设立科创种子基金、人才创新基金、凤凰基金等产业基金 30 只，总规模 470 亿元；完成投资项目 103 个，总投资 66.7 亿元。

三是布局产业基地，筑巢引凤"靠前招"。实施"千亩百亿"产业赋能行动，布局 1000 亩以上产业平台、完成固定资产投资 100 亿元以上，不断提升园区吸引力、支持力和承载力，成功招引了崛肯新材、华熔科技等一批产业项目落地。2022 年 12 月，湖州产投煤山新能源产业基地举行崛肯项目厂房交接仪式，实现了当年签约、当年开工、当年交付的建设的最快速度。

二、"房东+股东"，助推项目落地共赢

一是让企业快捷入驻，降低投资风险。建立"项目代建—资产代持—厂房租赁—对赌回购"的合作机制，由湖州产投作为建设、融资主体，为企业提供代购土地、代建厂房、代持资产等服务，企业按市场评估价租赁使用厂房（一般为建设成本的 6%），并协议约定租赁年限及对赌回购价格，通过该模式已为琥崧智能等 4 个产业项目节省建设成本 20 亿元以上。

二是强化产学研合作，加速成果转化。紧抓西塞"科学谷"入选全国首批"科创中国"创新基地的契机，强化与中科院、西交大等科研院所、重点高校合作共建，谷内已成功招引实验室项目 8 个，4 个已入驻办公。依托上海虹桥绿谷科创孵化园等国家级孵化器，以"科创飞地"模式承接上海科创成果转移、科技项目外溢，目前国科绿氢、相变传热两个实验室项目已实现项目化、产业化。

三是推动可循环发展，实现互利共赢。构建"项目引进—国资领投—平台落地—股权退出—循环发展"闭环发展模式，通过股权回购、二级市场出售等形式实现国有资本的良性退出，项目所产生的投资、税收等全部归属地方政府，实现项目、国企和政府的三方共赢。如湖州半导体产业基地等项目建成后，可为区县新增固定资产投资 50 亿元、贡献产值 50 亿元、税收 2.5 亿元以上。

三、"专班+服务"，营造招商最优生态

一是重塑机构，激活"战斗力"。通过组建运作市场化招商公司——长三角

（湖州）招商引才公司，集中抽调和外部选聘 100 人左右的专业招商团队，成立"找选、研判、落地、扶持"四个招商服务小组，紧盯上海、武汉、深圳等地开展招商洽谈，形成亿元以上项目招商线索 200 余条，储备深圳阿尔斯、星河动力、芯能半导体等拟投项目 50 余个，总投资超 100 亿元。

二是招贤纳士，增强"协作力"。广泛对话基金机构、行业权威、投行专家等高层次人才，组织承办第九届中国国际半导体高管峰会等活动，合作引入深创投等头部投资机构 10 余家。紧扣"人才新政 4.0 版"等重磅政策，以湖州"青创新城"建设为契机，为人才提供项目申报、创业咨询、科学家公寓等贴心服务。目前，西塞科学谷内已聚引硕博高层次人才 40 余人，团队全部入驻后硕博比例达到 50% 以上。

三是闭环服务，夯实"保障力"。发挥公司金融服务和牌照优势，打造企业全生命周期金融服务生态链，根据不同企业类型分别推出融资租赁、供应链金融、商业保理、特殊类资产处置等金融新产品 30 余项，全力满足企业初创期、成长期、扩张期等不同阶段融资需求，助推招商项目快落地、成规模、快上市。全年累计完成金融服务总额 190 亿元，服务企业 2700 余家，减免各类服务费用 2000 万元以上。

四、"金融+科技"，营商环境强赋能

一是整合区域资源，深化产融协同。通过资产整合，增强资产规模，拓宽经营领域，提高盈利能力。以股权投资为纽带，用基金撬动资本、将资本引入产业，加快推动金融服务平台转型升级，实现业务扩面增量。优化提升一体化政府性融资担保服务平台，开好"创业互助"共富班车，建成"共富渔场"。建立健全"天下湖品"绿色共富区域公用品牌认证标准和授权管理体系。

二是推动多元化发展，绿水青山就是金山银山，形成湖州市生态数据归集、生态资源收储等一盘棋格局。高能级迭代好两山数字平台，建设覆盖市域的资源匹配交易平台。高标准推进好绿色能源项目建设，高标准规划、建设好集中式储能、用户侧储能、分布式光伏为核心的绿色能源项目，加快建设云储能管理系统，推动"十四五"时期湖州零碳智慧能源电力高质量发展。

三是拓展融资渠道，实力效益倍增。湖州产投积极拓展多种融资渠道，壮大资产规模，通过向内挖潜存量和向外拓展增量并举，推动资产经营到资本经营的跨越发展。提高经营效益，紧抓资产营收等发展性指标、资产负债率等约束性指标和净资产收益率等成长性指标。强化资金保障，抓好绿色债券、境外债、科创票据、小公募等债券发行。

第十七章 石家庄交通投资发展集团有限责任公司转型发展案例分析

为进一步深化国有企业改革，做强做优做大石家庄市属国有企业，石家庄交通投资发展集团有限责任公司于2021年通过整合重组成立，目前已成为石家庄市交通领域的核心骨干企业，其业务覆盖公路、高速公路、轨道交通等基础设施的投资、建设、运营管理，实现了交通产业链的一体化发展，是石家庄市政府打造的综合交通、产业投资、建设运营的主体。近年来，公司重点落实市场化转型战略，通过吸收合并原有的多个市属交通企业，公司成功扩大业务范围，实现了资源整合共享、交通基础设施领域的一体化发展和产业链延伸。

第一节 公司基本情况

一、公司简介

石家庄交通投资发展集团有限责任公司（以下简称"石家庄交投集团"或"公司"）的前身是河北源远投资管理有限公司，成立于2013年7月，初始注册资本为0.1亿元。2021年9月，根据《石家庄市市属国有企业重组整合总体实施方案》，由石家庄市政府授权石家庄市人民政府国有资产监督管理委员会（以下简称"石家庄市国资委"）作为出资人代表，公司成为市属国有独资公司，同时更名为石家庄交通投资发展集团有限责任公司，注册资本增至200亿元人民币。

2021年，石家庄市国资委将石家庄国控城市发展投资集团有限责任公司持有的石家庄市轨道交通集团有限责任公司76.91%股权、石家庄市公共交通总公司100%股权，以及石家庄市交通运输局持有的石家庄市交通投资开发有限公司100%股权、石家庄市高速公路集团有限公司100%股权等重点市属企业股权无偿划转至公司名下。截至2022年底，公司注册资本及实收资本均为200亿元人民币，石家庄市国资委持有公司 100%股权，为公司的实际控制人。

石家庄交投集团作为石家庄市重点打造的 5 家大型国有企业集团之一，是石家庄市最重要的综合交通产业投资、建设、运营主体，承担了石家庄市高速公路、轨道交通等主要交通基础设施及配套设施项目投融资、开发建设和运营管理，以及交通沿线土地综合开发、交通建设产业链服务等其他职责。

二、所在区域情况

作为河北省省会，石家庄是河北省政治、经济、科技、金融、文化和信息中心，距北京 273 千米，是国务院批准实行沿海开放政策和金融对外开放的城市和批复确定的中国京津冀地区重要中心城市和第三极，也是全国重要的商品集散地和北方重要的大商埠、全国性商贸会展中心城市、全国重要的生物医药基地。从地理上看，石家庄市地处中国华北地区、河北省中南部、环渤海湾经济区，跨华北平原和太行山地两大地貌，是全国粮、菜、肉、蛋、果主产区之一，被国家确定为优质小麦生产基地，素有"北方粮仓"之称。

根据河北省统计局数据统计石家庄市行政区域总面积 13504 平方千米，下辖 8 区、11 个县、3 个县级市及 6 个开发区，其中石家庄国家高新技术产业开发区、石家庄经济技术开发区为国家级开发区。石家庄是全国重要的交通枢纽之一，境内京广、石太、石德、石太客运专线、京广高铁、石济高铁 6 条铁路干线交会，被誉为"南北通衢，燕晋咽喉"。截至 2022 年底，石家庄市常住总人口 1122.35 万人，其中城镇常住人口 801.79 万人，城镇化率为 71.44%，显著高于河北省平均水平（61.65%）及全国平均水平（65.22%）。

2022 年，石家庄市生产总值位列河北省地级市第二，仅次于唐山市，GDP 增速为 6.4%，高于河北省平均水平（3.8%）；全市投资提升明显，其中工业技改投资增长 22.6%，占工业投资的比重为 52.1%；高新技术产业投资比上年增长 25.7%，占固定资产投资的比重为 12.5%，大项目带动作用增强，总投资额亿元以上项目完成投资增长 28.9%，占固定资产投资的比重为 53.7%。

石家庄的产业基础在省内处于领先地位，2022 年，全市规上工业增加值同比增长 10.6%，高新技术产业增加值同比增长 13.6%，经济发展质量较好。为提升产业转型的效果，石家庄市确立了"4+4"现代产业格局的战略，即着力做强做优新一代信息技术、生物医药健康、先进装备制造、现代商贸物流四大产业，着力培育壮大旅游业、金融业、科技服务与文化创意、节能环保四大产业。

三、公司业务情况

（一）主营业务情况

石家庄交投集团定位为石家庄市综合交通产业投资、建设、运营主体，聚焦交通基础设施投资、建设、运营和公共交通服务等主责主业，业务范围主要涵盖公路、高速公路、轨道交通等交通基础设施项目的投资、建设、经营管理，公交运营，交通沿线土地综合开发等，已逐步构建起"融、投、建、管、营"一体化的商业模式，交通产业链相对完善。

（二）主营业务分析

公司主营业务主要包括高速公路板块、轨道交通板块、公交运输板块和工程施工板块。

1. 高速公路板块

高速通行费板块由子公司石家庄市交通投资开发有限公司负责开展，石家庄市交通投资开发有限公司是石家庄市最重要的高速公路建设及运营主体，近年来随着路产的不断划入和完工运营，其运营的高速公路的通车里程持续增长。

（1）收费标准。根据河北省政府、省财政厅、省发改委等政府部门制定的收费标准，河北省对客车实行四级分类，对货车及专项作业车实行六级分类，各车型具体费率依据不同高速公路路段的建造成本制定。

（2）通行费业务盈利模式。第一，通行费上缴。根据河北省交通厅、财政厅、物价局发布的《河北省收费公路（桥梁、隧道）管理办法》（冀交公字〔1999〕655号）的规定，收费还贷公路收取的通行费被纳入政府性基金收入，被纳入预算管理，实行收支两条线、专户存储和分级核算管理，并按照《河北省水利建设基金筹集和使用管理办法》的规定，按收入的3%缴纳省政府集中的水利建设基金。

第二，通行费返还。高速公路通行费的返还，由省交通厅根据有关财务制度和省财政厅批准的预算，在通行费收入中安排管理经费、养护工程费支出和偿还贷款（集资）本息和地方拆迁投入。管理经费、养护工程费及市分成资金，由省财政厅与省交通厅商定后按季度拨付相关各市交通部门。

（3）经营路段。公司运营的高速公路包括张石高速公路石家庄段、京昆高速河北省石家庄至冀晋界公路、西阜高速石家庄段、平赞高速、津石高速石家庄段、石家庄南绕城高速及石衡高速七条。

2. 轨道交通板块

公司为石家庄市轨道交通建设运营主体，轨道交通业务主要由子公司石家庄轨道交通集团有限责任公司负责。石家庄轨道交通集团有限责任公司成立于2010年，主要负责石家庄市地铁项目的投资、建设管理及项目沿线的土地综合开发、物业管理。轨道公司在建项目均已取得相关批文，手续齐全，项目开展合法、合规。

轨道交通沿线土地综合开发主要由子公司石家庄市交通地产集团有限公司负

责。石家庄市政府已同意公司及下属公司对所占用和划拨的部分土地、地铁出口两侧土地约 23266 亩做一、二级开发，轨道交通综合开发用地优先被纳入土地出让计划，出让价款按有关规定缴入国库，优先用于轨道交通建设和运营补贴。截至 2022 年底，公司主要在建土地开发项目共 2 个，包括办公及住宅项目，合计总投资金额 16.59 亿元。

3. 公交运输板块

公交运输服务由子公司石家庄市公共交通集团有限责任公司负责开展，主要从事石家庄市内公共汽车运营和旅游出租客运等业务，是石家庄市唯一一家公交公司。截至 2022 年底，公司共有运营车辆 4953 辆，同比增加 800 辆；运营线路 246 条，其中主城区 101 条，三区一县 145 条。公交业务具有垄断市场优势，未来受益于"公交优先"政策的扶持、低碳环保出行的趋势和财政补贴力度加大的形势下，公司的公交业务将继续保持稳定发展。

4. 工程施工板块

工程施工业务的运营主体为石家庄市公路桥梁建设集团有限公司（以下简称"路桥集团"），路桥集团拥有建筑工程施工总承包贰级、桥梁工程专业承包壹级、公路养护工程施工一类资质等多项专业资质，是一家集公路交通、房屋建筑、市政工程等于一体的重点建筑企业。路桥集团在保障公司体系内交通基础设施项目推进的同时通过市场化方式积极拓展业务。展业区域方面，路桥公司在完善本地市场的基础上积极拓展省外市场，重点开发区域包括河北省、浙江省、湖南省，着重拓展区域包括安徽省、江西省。公司近年来承做的重大项目包括京德高速项目、新城大道等公路项目。

目前，路桥集团业务运营模式主要为总包直营模式，即由路桥集团核定工程施工成本，由项目部进行施工管理。2021 年和 2022 年，公司工程施工业务收入分别为 12.70 亿元和 13.86 亿元，毛利率分别为 4.75% 和 8.37%，收入小幅上升，业务盈利能力持续提升。2020 年和 2021 年路桥集团新签署工程施工合同金额较小，2022 年以来随石家庄市推行新一轮城市规划，大力推进城市更新、交通建设等，工程施工业务新签合同规模大幅增长，2022 年新签订单 207.95 亿元，新签合同以集团体系内项目为主。

四、公司财务状况

（一）主要资产情况

整体来看，公司资产规模保持稳步增长，2021 年、2022 年和 2023 年 3 月，公司总资产分别为 11532178.15 万元、12940809.31 万元和 13685424.13 万元。公司的资产主要由其他应收款、固定资产及在建工程构成。

根据 Wind 数据统计，2021 年、2022 年和 2023 年 3 月，公司流动资产分别为 1890907.85 万元、2487704.23 万元和 3054766.54 万元；非流动资产分别为 9641270.30 万元、10453105.08 万元和 10630657.59 万元。从资产结构来看，公司资产中非流动资产占比较多，2021 年、2022 年和 2023 年 3 月公司非流动资产占总资产比例分别为 83.60%、80.78%和 77.68%，主要为固定资产和在建工程，符合所处行业特征。

2021 年、2022 年和 2023 年 3 月，公司资产情况如表 17-1 所示。

表 17-1　石家庄交投集团资产情况

项目	2021 年		2022 年		2023 年 3 月	
	金额（万元）	占比（%）	金额（万元）	占比（%）	金额（万元）	占比（%）
货币资金	324144.91	2.81	377654.21	2.92	666919.76	4.87
应收票据	10.00	0.00	—	—	66.31	0.00
应收账款	108769.57	0.94	173319.09	1.34	112952.35	0.83
预付款项	24255.27	0.21	67223.11	0.52	184429.21	1.35
其他应收款	1136909.54	9.86	1654629.63	12.79	1806615.60	13.20
存货	122325.31	1.06	188802.17	1.46	242666.74	1.77
持有待售资产	5173.56	0.04	5254.42	0.04	5254.42	0.04
其他流动资产	169319.68	1.47	20821.59	0.16	35862.15	0.26
流动资产合计	1890907.85	16.40	2487704.23	19.22	3054766.54	22.32
长期股权投资	15334.52	0.13	19840.81	0.15	15157.66	0.11
其他权益工具投资	750.00	0.01	115740.19	0.89	115757.60	0.85
投资性房地产	1079.78	0.01	5465.11	0.04	5442.07	0.04
固定资产	5099565.24	44.22	8640192.12	66.77	8732257.43	63.81
在建工程	3905971.82	33.87	1068814.36	8.26	1168671.16	8.54
使用权资产	141134.99	1.22	93249.63	0.72	85540.40	0.63
无形资产	444257.26	3.85	438469.10	3.39	441562.42	3.23
长期待摊费用	18718.05	0.16	15152.12	0.12	10096.95	0.07
其他非流动资产	14458.65	0.13	56181.64	0.43	56171.90	0.41
非流动资产合计	9641270.30	83.60	10453105.08	80.78	10630657.59	77.68
资产总计	11532178.15	100.00	12940809.31	100.00	13685424.13	100.00

公司货币资金主要由银行存款构成，近年来占比超 90%；公司其他应收款主要为公司与石家庄市交通运输局的往来款和应收财政综合票价补贴款等；公司固

定资产占比较大，主要为在建工程转固所致；公司存货主要为原材料、工程施工和库存商品，近些年有增加趋势；无形资产主要为土地使用权，变动幅度较小。

（二）主要负债情况

2021 年、2022 年和 2023 年 3 月，公司负债合计分别为 7866454.61 万元、9279588.69 万元和 10017756.13 万元。其中，流动负债总额分别为 1956838.30 万元、2478120.27 万元和 2251012.78 万元，占总负债的比例分别为 24.88%、26.71% 和 22.47%；非流动负债总额分别为 5909616.31 万元、6801468.42 万元和 7766743.36 万元，占总负债的比重分别为 75.12%、73.29% 和 77.53%。

近些年，公司的总体负债规模呈现增长趋势，主要由于其业务不断增加，导致了公司负债规模不断攀升。从负债结构来看，公司负债主要由非流动负债构成。从负债科目来看，公司负债主要由长期借款、应付债券及长期应付款等构成。负债情况如表 17-2 所示。

表 17-2　石家庄交投集团负债情况

项目	2021 年		2022 年		2023 年 3 月	
	金额（万元）	占比（%）	金额（万元）	占比（%）	金额（万元）	占比（%）
短期借款	137000.00	1.74	186413.25	2.01	191156.04	1.91
应付票据	131264.28	1.67	15910.66	0.17	22252.01	0.22
应付账款	862839.97	10.97	913474.41	9.84	861655.86	8.60
预收款项	16565.83	0.21	9287.51	0.10	10577.41	0.11
合同负债	8195.81	0.10	96684.88	1.04	99535.58	0.99
应付职工薪酬	38971.97	0.50	48481.26	0.52	49326.70	0.49
应交税费	2012.45	0.03	7091.99	0.08	2893.16	0.03
其他应付款	365635.59	4.65	444249.75	4.79	353760.53	3.53
一年内到期的非流动负债	284663.64	3.62	749534.49	8.08	454000.59	4.53
其他流动负债	109688.76	1.39	6992.07	0.08	205854.88	2.05
流动负债合计	**1956838.30**	**24.88**	**2478120.27**	**26.71**	**2251012.78**	**22.47**
长期借款	3860184.63	49.07	4486037.89	48.34	4976627.36	49.68
应付债券	694921.67	8.83	1060173.45	11.42	1241035.93	12.39
租赁负债	76315.30	0.97	60877.49	0.66	59789.83	0.60
长期应付款	1208685.12	15.37	1125808.57	12.13	1402265.67	14.00
递延收益	44179.77	0.56	44102.44	0.48	57507.39	0.57
递延所得税负债	25329.82	0.32	24468.58	0.26	24468.58	0.24

续表

项目	2021 年		2022 年		2023 年 3 月	
	金额（万元）	占比（%）	金额（万元）	占比（%）	金额（万元）	占比（%）
其他非流动负债	—	—	—	—	5048.60	0.05
非流动负债合计	5909616.31	75.12	6801468.42	73.29	7766743.36	77.53
负债合计	7866454.61	100.00	9279588.69	100.00	10017756.13	100.00

公司短期负债占比较少，主要是流动贷款；公司应付账款主要为应付工程款、材料款，变动幅度较小；公司长期借款占比较高，近些年呈增长趋势；公司长期应付款主要为下属子公司的应付融资租赁款，占比较小，呈波动增长态势。

（三）盈利能力分析

2021 年、2022 年及 2023 年 1~3 月，石家庄交投集团主营业务收入分别为 266374.26 万元、349178.81 万元及 116023.41 万元，公司营业收入主要来源于工程施工收入、高速公路通行费收入和客运收入；公司营业成本分别为 357287.89 万元、428746.54 万元和 127179.38 万元，与营业收入变动情况较为一致。公司销售毛利率持续为负，主要系公交及地铁等准公益性业务运营成本较高；自 2020 年 1 月 1 日起对轨道线路不计提折旧、2021 年 1 月 1 日起对政府投资的高速公路不计提折旧，2021 年公司销售毛利率略有改善（见表 17-3）。

表 17-3　石家庄交投集团盈利指标情况　　　单位：万元、%

项目	2021 年	2022 年	2023 年 1~3 月
营业收入	266374.26	349178.81	116023.41
营业成本	357287.89	428746.54	127179.38
税金及附加	12059.53	16607.69	5557.65
销售费用	762.48	497.15	22.96
管理费用	26703.64	61515.90	14962.06
研发费用	—	1933.61	—
财务费用	137618.51	251418.71	78888.55
其他收益	277659.67	410621.27	87844.38
投资收益	-1892.32	-1550.14	—
信用减值损失	-931.49	-1194.00	
营业利润	6778.06	-703.92	-22742.79
利润总额	7540.63	3108.44	-23036.45

续表

项目	2021 年	2022 年	2023 年 1~3 月
净利润	7465.89	1478.09	-23117.12
营业毛利率	-34.13	-22.79	-9.62

（四）偿债能力分析

从短期偿债指标来看，2021 年、2022 年和 2023 年 3 月，公司流动比率分别为 0.97 倍、1.00 倍和 1.36 倍，速动比率分别为 0.90 倍、0.93 倍和 1.25 倍，公司流动比率与速动比率处于正常水平且稳步提高，公司短期偿债能力较好。从长期偿债指标来看，2021 年、2022 年和 2023 年 3 月，公司资产负债率分别为 68.21%、71.71%和 73.20%。近些年，公司资产负债率小幅上升，整体保持在较高水平但较为稳定，这也符合公司行业特征。总体来看，公司短期和长期偿债能力较好，资产负债率符合行业特点。基于公司一贯的稳健经营原则及经营业绩的支撑，其在保证经营所需资金情况下仍有能力及时偿还到期债务（见表 17-4）。

表 17-4　石家庄交投集团偿债指标情况

主要财务数据或指标	2021 年	2022 年	2023 年 3 月
流动比率（倍）	0.97	1.00	1.36
速动比率（倍）	0.90	0.93	1.25
资产负债率（%）	68.21	71.71	73.20
EBITDA（亿元）	19.44	45.32	—
EBITDA 利息保障倍数（倍）	0.61	1.53	—

（五）外部支持分析

公司是石家庄市政府下属 100%控股企业，石家庄市国资委作为出资人代表市政府对公司履行出资人职责，并依法行使重大事项决策，政府对公司的经营战略和业务运营拥有绝对控制权。公司客运业务具有公益性，主营业务持续亏损，但能够获得政府给予的成本规制票价综合补贴及运营亏损补贴，利润基本来自政府补助。2021 年以来，石家庄市政府在资产划拨、财政补贴、计提折旧政策等方面给予公司较大力度支持，显著提升了公司的利润水平和资本实力，近年来受到政府支持的次数多且支持力度较大。

2020~2022 年，公司取得的政府补贴分别为 13.15 亿元、27.77 亿元和 41.06 亿元，全部计入其他收益，主要包括成本规制票价综合补贴、运营亏损补贴、购车补贴、油补等项，2021 年政府补助大幅增加主要系当年增加成本规制票价综合补贴 14.98 亿元，受此影响公司 2021 年首次扭亏。

五、融资情况

近年来，公司债务规模增长较快，截至 2023 年 3 月，公司总债务规模为 854.52 亿元，较 2020 年增长 49.56%。公司债务结构以长期债务为主，截至 2022 年短期债务占比 12.39%，债务结构尚可。从融资渠道看，公司融资以银行借款为主，债券、非标等其他渠道作为补充，融资渠道较为多元且稳定性较好，但非标融资占比相对较高。

（一）债券发行情况

截至 2023 年 6 月，石家庄交投集团及其子公司已发行尚未兑付的债券余额为 157.40 亿元，明细如表 17-5 所示。

表 17-5　截至 2023 年 6 月石家庄交投集团已发行尚未兑付债券情况

单位：亿元、%、年

序号	债券简称	发行日期	回售日期	到期日期	债券期限	发行规模	当期利率	余额
1	23 石交 01	2023/3/8	—	2025/3/8	2	8.40	4.80	8.40
2	22 石交 01	2022/4/22	2025/4/26	2027/4/26	3+2	10.00	3.77	10.00
3	21 石交 01	2021/1/28	2024/2/1	2026/2/1	3+2	11.00	5.50	11.00
4	20 石交 01	2020/6/5	2023/6/9	2025/6/9	3+2	10.00	3.95	10.00
5	19 石交 02	2019/12/11	2022/12/13	2024/12/13	3+2	10.00	3.77	1.60
	公司债券小计	—	—	—	—	**49.40**	—	**41.00**
6	23 石交投 SCP002	2023/6/19	—	2024/3/17	270D	5.00	3.05	5.00
7	23 石交投 CP001	2023/3/22	—	2024/3/24	1	10.00	3.35	10.00
8	23 石交投 PPN001	2023/2/20	2025/2/22	2026/2/22	2+1	10.00	4.80	10.00
9	23 石交投 SCP001	2023/2/8	—	2023/8/9	180D	10.00	3.40	10.00
10	22 石交投 MTN004	2022/7/11	—	2025/7/13	3	9.40	3.44	9.40
11	22 石交投 MTN003	2022/3/25	2025/3/29	2027/3/29	3+2	10.00	3.87	10.00
12	22 石交投 MTN002	2022/2/17	—	2025/2/21	3	5.00	3.55	5.00
13	22 石交投 MTN001	2022/1/18	2025/1/20	2027/1/20	3+2	10.00	3.65	10.00
14	21 石交投 PPN001	2021/12/31	—	2025/1/6	3	10.00	4.13	10.00
15	20 石交投 MTN002	2020/9/28	2023/9/30	2025/9/30	3+2	6.00	4.50	6.00
16	20 石交投 MTN001	2020/8/19	2023/8/21	2025/8/21	3+2	9.00	4.28	9.00
17	23 石交投集 MTN001	2023/5/6	—	2026/5/10	3	20.00	3.20	20.00
	债务融资工具小计	—	—	—	—	**114.40**	—	**114.40**

续表

序号	债券简称	发行日期	回售日期	到期日期	债券期限	发行规模	当期利率	余额
18	20冀石家庄交投ZR002（第二期债权融资计划）	2020/11/6	—	2023/11/6	3	2.00	5.95	2.00
	其他小计	—	—	—	—	2.00	—	2.00
	合计	—	—	—	—	165.80	—	157.40

（二）银行授信情况

截至 2023 年 3 月，公司获得主要贷款银行授信额度合计 10508510.00 万元，已使用额度 5500586.47 万元，尚未使用的授信额度为 5007923.53 万元，剩余信贷额度规模尚可。

第二节 转型发展分析

一、转型背景及特点

（一）石家庄交投集团转型的背景

2020 年 6 月 30 日，中国共产党中央全面深化改革委员会第十四次会议审议通过了《国企改革三年行动方案（2020—2022 年)》，发出了深化国企改革的动员令。2021 年 5 月，河北省政府印发《河北省国企改革三年行动实施方案》，指出要"加快国有经济布局优化和结构调整，深化瘦身健体，加快转型升级，推进创新发展，提升价值创造能力"。为此，石家庄市委、市政府做出了进一步深化国资国企改革的决策部署，确立了"先脱钩，再集中监管，再改革重组"三步走的实施策略，总体勾勒出了全市国企改革重组的路线图。

在党中央和河北省政策的推动下，按照"同业合并、优化布局、面向市场、清晰定位"的原则，石家庄市将原有 77 家企业整合组建为五大集团（石家庄交投集团即为其一），北国人百集团有限责任公司、石家庄常山纺织集团有限责任公司并到石家庄国有资本投资运营集团有限责任公司，最终形成"5+2"市属国有企业架构。

（二）石家庄交投集团转型的特点

在整合重组前，石家庄市交投集团被作为石家庄市交通领域的最大市属投融资主体，但由于企业规模不够大、资信不够强，难以有效支撑石家庄市中长期的交通相关产业发展。同时，市交通领域涉及的其他如轨道集团、公交公司及相关交通勘察设计、建设等企业分散于各单位，未有效发挥资源集约效应，交通领域缺乏具备承担重大交通投资项目的统一投融资运作主体。

交通领域的重组整合影响大、涉及面广，通过对市属交通领域的 20 家企业进行垂直整合，石家庄打造了集"交通基础设施投融资、开发建设、施工、全过程工程咨询、运营管理"等于一体的石家庄交投集团，实现了综合交通产业一体化发展。这种垂直整合有利于打通交通建设、运营的各环节，提高项目运作效率，降低运作成本，更好地为石家庄的城市交通发展服务。同时，这次整合也有利于创造更大的经济和社会效益，提升石家庄交通产业的整体竞争力和影响力。此外，市政府也提供了强有力的支持，从政策和管理上保障组建后的交投集团长期可持续发展。

通过本次整合重组，石家庄交投集团的功能定位和业务布局进一步明晰，国有资本布局和结构调整进一步优化，实现了城市交通领域国有资产的整合和优化配置。石家庄交投集团下辖 8 个二级企业，分别为交通投资开发公司、轨道交通集团、市公交总公司、高速公路集团、公路桥梁建设集团、交通设计咨询集团、交通产业集团和交通地产集团，基本可以实现"投资、设计、建设、管理、运营"一体化。

二、公司转型路径

2021 年 9 月，根据《石家庄市市属国有企业重组整合总体实施方案》相关要求，石家庄市政府对 77 家市属国有企业进行全面重组整合，公司作为新筹建的五大集团之一，注册资本变更为 200 亿元，股东变更为石家庄市国资委。公司转型路径如下：

2021 年 7 月 5 日，石家庄市国有企业改革推进领导小组办公室出具了《关于石家庄市公共交通总公司等 2 户企业脱钩划转的通知》，经市国企改革推荐领导小组批准，石家庄市交通运输局管理的石家庄市公共交通总公司、石家庄市奕鑫运输有限公司共 2 户企业脱钩划转到石家庄市人民政府国有资产监督管理委员会（以下简称"市国资委"）管理。

2021 年 7 月 18 日，石家庄市国有企业改革推进领导小组办公室出具了《关于石家庄市交通投资开发有限公司等 16 户企业脱钩划转的通知》，经市国企改革推荐领导小组批准，石家庄市交通运输局管理的石家庄市交通投资开发有限公司、石家庄宏业交通建设监理有限公司、石家庄市公路桥梁建设集团有限公司、石家庄交通勘察设计院、石家庄市京昆石太高速公路管理服务有限公司、石家庄市京昆京石高速公路管理服务有限公司、石家庄市公路桥梁开发有限公司、石家庄方舟公路工程试验检测有限公司、石家庄路通勘察设计有限公司、石家庄鼎盛交通建设监理咨询有限公司、石家庄市公路工程处、石家庄市路星道路开发有限公司、石家庄市顺翔公路交通设施有限公司、石家庄路宏绿化有限公司、石家庄市第二运输公司、石家庄市鸿运运输服务中心共 16 户企业脱钩划转到市国资委管理。

2021 年 9 月 28 日，石家庄市国资委出具了《关于组建石家庄交通投资发展集团有限责任公司企业划转有关事项的通知》（石国资发〔2021〕135 号），根据《石家庄市市属国有企业重组整合总体实施方案》有关要求，将石家庄市交通投资开发有限公司、石家庄宏业交通建设监理有限公司、石家庄市公路桥梁建设集团有限公司、石家庄交通勘察设计院、石家庄市京昆石太高速公路管理服务有限公司、石家庄市京昆京石高速公路管理服务有限公司、石家庄市公路桥梁开发有限公司、石家庄方舟公路工程试验检测有限公司、石家庄路通勘察设计有限公司、石家庄鼎盛交通建设监理咨询有限公司、石家庄市公路工程处、石家庄市路星道路开发有限公司、石家庄市顺翔公路交通设施有限公司、石家庄路宏绿化有限公司、石家庄市第二运输公司、石家庄市鸿运运输服务中心、石家庄市奕鑫运输有限公司无偿划转至石家庄交通投资发展集团有限责任公司，由石家庄交通投资发展集团有限责任公司履行出资人职责。

2021 年 10 月 13 日，石家庄交投集团正式挂牌成立，标志着石家庄交投集团重组整合取得阶段性成果。

2021 年 12 月 9 日，石家庄市国资委出具了《关于将石家庄国控城市发展投资集团有限责任公司所属石家庄市公共交通总公司、石家庄市轨道交通集团有限责任公司无偿划转至石家庄交通投资发展集团有限责任公司的通知》（石国资发〔2021〕14 号），根据市委、市政府审议通过的《石家庄市市属国有企业重组整合总体实施方案》，将石家庄国控城市发展投资集团有限责任公司所属石家庄市公共交通总公司、石家庄市轨道交通集团有限责任公司整体无偿划转至石家庄交通投资发展集团有限责任公司。

2022 年 6 月 23 日，石家庄市国资委出具《关于石家庄市轨道交通集团有限责任公司股权划转有关事项的通知》（石国资发〔2022〕39 号），明确将石家庄国控城市发展投资集团有限责任公司、石家庄发展投资有限责任公司持有轨道集团的 83.97%股权，无偿划转至公司。

三、转型效果分析

经过重组整合后，石家庄交投集团总资产超千亿元，在职职工 2 万余人，是市政府直属的国有大型骨干企业集团，其下辖轨道集团、公交公司、高速集团、交通投资公司等多家二级企业，是集轨道、公交、高等级公路投资、建设、运营、管理等于一体的综合性交通产业发展集团。经过此轮整合，石家庄交投集团的业务范围进一步扩大，融资能力进一步增强，功能定位和业务布局更加明晰，有力地推动了国有资本向平台公司集中的局面。通过此次重组改革，石家庄交投集团真正实现了"1+1＞2"的聚集放大效应，进一步释放了重组改革红利，为打造成为"主业突出、竞争力强、带动作用显著"的一流国企，助力石家庄建设"现代化国际化美丽省会城市"提供了坚实支撑。

目前，公司紧紧围绕"建设国际物流枢纽、实施交通畅通工程、提升交通枢纽地位"发展战略，以 AAA 评级打造为短期资本运作目标，从业务开拓、管理提升、资产优化、融资渠道拓宽、改革创新等多个维度，全面提升交通产业发展的质量和效益。特别是在业务拓展等四大方面，有效发挥交通产业投融资主体职能，承接了复兴大街市政化改造，轨道交通 1、2 号线二期北延，轨道二期工程，石衡高速，衡昔高速等多个市重大投资项目，进一步提升城市功能；在创新方面，积极对接各金融机构进行融资，开展银企座谈会，与多家银行签署战略合作协议，各银行承诺授信额度超 2000 亿元；通过整合重组，公司在资产规模、营收等方面指标得到了进一步优化，整体融资能力得到进一步提升；在内部管理提升方面，交投集团从党建、法人治理结构、集团管控、组织架构优化、市场化选人用人、市场化薪酬分配等多个方面着手，实现经营管理格局明晰，法人治理结构完善，内控管理体系健全。

第三节　转型经验启示

一、明确自身定位，专注核心业务

作为地方政府重要的业务抓手，城投公司应坚持专业化发展，致力于推动核心主业，实现专业化经营，助力城市发展。近些年，石家庄交投集团秉持自身传统资源优势，结合石家庄未来经济发展需求，明确定位为石家庄市综合交通产业的投资、建设、运营主体，专注于交通基础设施投资、建设、运营及公共交通服务等核心职责，同时对非专业资产进行剥离和重组，以打造专业化的交通产业主体。在未来，随着石家庄经济快速发展，公司将不遗余力地推动市内现有交通设施的升级改造，并积极投资于新的交通项目，以适应城市持续扩张的需求。

二、推动一体化发展，促进产业链协同

城投公司的一体化发展有利于整合产业链上下游的企业和资源，最大化地发挥不同环节之间的协同作用，提高生产效率和资源利用率，也有利于避免产业链上的中间商环节，降低交易成本。通过整合重组，石家庄交投集团业务范围主要涵盖公路、高速公路、轨道交通等交通基础设施项目的投资、建设、运营管理、公交运营及交通沿线土地综合开发等，打造了集"交通基础设施投融资、开发建设、施工、全过程工程咨询、运营管理"于一体的完整交通产业链。公司在交通领域的综合实力不断增强，为石家庄市的交通发展和城市建设做出了积极贡献。

三、提升信用等级，拓宽融资渠道

通过积极引入优质信用主体，落实"1+N""X+N"等模式，公司充分发挥了国有资产的集约效应，提升整体信用评级。同时，公司积极拓展多元融资渠道，多次参与资本市场融资，不断提升直接融资比例，为公司资产经营和城市建设提供支持。石家庄以推进市属国有企业改革重组为契机，有针对性地打造了市属交通领域的大型国有投融资主体，加之政府在资金、政策、业务等方面的大力支持，成功使石家庄交投集团获评 AAA 评级。这为其他地区国企改革重组、平台公司打造和主体信用评级提升，进而打开资本市场等融资渠道提供了较好的经验借鉴。同时，在严控地方政府隐债、平台公司融资诉求不断提升、地方扩投资稳增长等多重压力下，石家庄持续推进地方平台公司的整合重组，集中优势资产资源，打造具有更高信用等级的投融资主体，进一步拓宽资本市场等融资渠道，无论是推动地方新型城镇化建设，还是推进平台公司的市场化转型，都具有重要的现实意义。

第十八章 驻马店市产业投资集团有限公司转型发展案例分析

驻马店市产业投资集团有限公司是市政府控股的重要骨干国有企业,通过落实"金融+科技+产业"的发展理念,业务范围涵盖金融、科技、产业、建设、水利、文旅六大经营板块。近些年,公司围绕加快完善现代公司治理,加大提升国有企业经营质效,持续推动业务布局优化和结构调整,经过产业整合、资源整合、资本整合等一系列举措着力推动公司转型发展,并取得了显著的成效。

第一节 公司基本情况

一、公司简介

驻马店市产业投资集团有限公司(以下简称"驻产投"或"公司")于2014年11月19日注册成立,是驻马店市市属重要骨干企业。公司股东为驻马店市财政局和国开发展基金有限公司,出资额占注册资本的比例分别为67.9%和32.1%,驻马店市财政局为公司的控股股东和实际控制人。

截至2023年3月,公司纳入合并范围内的一级子公司共9家,分别为驻马店市黄淮信息产业投资有限公司、驻马店市金控投资有限公司、驻马店市中小企业融资担保有限公司、驻马店市自来水有限公司、泌阳县财源城市建设有限公司、河南驻马店经济开发区投资有限公司、驻马店石化销售有限责任公司、驻马店市发展投资集团有限公司和驻马店市黄淮产业投资基金合伙企业(有限合伙)。

根据《上市公司行业分类指引》,公司的所属行业为综合类。公司经过多年的经营发展,经营范围涵盖产业投资、土地整治、建筑材料、基础设施、能源产业、市政工程、水源及水利设施、园区开发、金融服务等,重点围绕建设板块、金融板块、产业板块、水务板块、科技板块、文旅板块开展业务。

二、所在区域情况

驻马店位于河南省中南部，区位便利，交通优越，承东启西，贯通南北，形成了四通八达的交通网络。

（一）区域位势明显

驻马店市是郑州、武汉两大国家中心城市的节点城市，京广铁路、京深高铁和106国道、107国道纵贯南北，京港澳、大广、新阳、上武、焦桐、周驻南、息邢7条高速穿境而过，许信、上罗高速正加快建设，境内明港机场已投入运营，地理位置优越，交通十分便利。近年来，随着中部地区的高速发展，驻马店市的区位优势日益显著。

（二）矿产种类多样

驻马店矿产资源丰富，分布矿种较多、分布广，矿床规模有大有小，大部分为非金属矿。全市已发现的矿种为52种，查明资源储量的矿种42种。其中，石灰岩储量位居全省第一，水泥灰岩、白云岩、萤石等储量均位居全省前列。

（三）文旅资源丰富

驻马店市自然风光秀美，人文遗迹众多，有着闻名世界的文旅品牌。在自然风光方面，以"六山四湖"（嵖岈山、老乐山、金顶山、铜山、白云山、盘古山及薄山湖、宿鸭湖、铜山湖、板桥水库）为代表的高品级生态旅游资源，引领了驻马店旅游业发展；在文化旅游方面，驻马店文物遗存众多，全市有全国重点文物保护单位15处，省市县级重点文物保护单位200余处。乡村旅游资源方面，全市培育了全国休闲农业与乡村旅游示范县2个、乡村旅游示范点3个、省级特色旅游村9个，培育扶持了诗画赵楼、常庄水乡、橡林院子等20多个乡村旅游示范村。这些都为驻马店发展文化旅游提供了优越的条件。

三、公司业务情况

（一）主营业务情况

驻产投是驻马店市城市基础设施建设的重要实施实体，经营范围涵盖土地开发、资金使用费、租赁、工程施工、贸易销售等业务板块。其中，公司主营业务收入以土地开发收入、工程施工收入和贸易销售收入为主。2021年、2022年及2023年3月，公司分别实现营业收入326319.71万元、300265.26万元以及101233.66万元；毛利率分别为9.70%、9.51%和6.23%。公司各业务板块收入和成本构成情况如表18-1所示。

表 18-1 公司主要业务情况

项目	2021 年		2022 年		2023 年 3 月	
	金额（万元）	占比（%）	金额（万元）	占比（%）	金额（万元）	占比（%）
主营业务收入	**326319.71**	**100.00**	**300265.26**	**100.00**	**101233.66**	**100.00**
土地开发收入	52529.71	16.10	65518.66	21.82	10291.26	10.17
工程施工收入	87552.08	26.83	81755.51	27.23	22200.93	21.93
资金使用费收入	5336.46	1.64	4968.85	1.65	782.88	0.77
租赁收入	4497.25	1.38	4173.64	1.39	1392.94	1.38
贸易销售收入	137566.77	42.16	128801.41	42.90	62214.23	61.46
其他业务	38837.44	11.90	15047.19	5.01	4351.41	4.30
主营业务成本	**294651.16**	**100.00**	**271715.47**	**100.00**	**94931.55**	**100.00**
土地开发成本	42384.03	14.38	53740.83	19.78	8328.96	8.77
工程施工成本	78237.92	26.55	74893.19	27.56	20468.65	21.56
租赁成本	3303.68	1.12	3459.87	1.27	1105.29	1.16
贸易销售成本	136899.50	46.46	128451.11	47.27	61989.41	65.30
其他业务	33826.03	11.48	11170.48	4.11	3039.25	3.20
毛利润	**31668.55**	**100.00**	**28549.79**	**100.00**	**6302.11**	**100.00**
土地开发	10145.68	32.04	11777.83	41.25	1962.31	31.14
工程施工	9314.16	29.41	6862.32	24.04	1732.28	27.49
资金使用费	5336.46	16.85	4968.85	17.40	782.88	12.42
租赁	1193.57	3.77	713.77	2.50	287.66	4.56
贸易销售	667.27	2.11	350.30	1.23	224.82	3.57
其他	5011.41	15.82	3876.71	13.58	1312.16	20.82

2021 年、2022 年及 2023 年 3 月，公司各项业务的营业毛利润情况如表 18-2 所示。

表 18-2 公司营业毛利率情况　　　　　　　　　　　　　单位:%

项目	2021 年	2022 年	2023 年 3 月
土地开发	19.31	17.98	19.07
工程施工	10.64	8.39	7.80
资金使用费	100.00	100.00	100.00
租赁	26.54	17.10	20.65
贸易销售	0.49	0.27	0.36

续表

项目	2021 年	2022 年	2023 年 3 月
其他	12.90	25.76	30.15
合计	169.88	169.50	178.03

（二）主营业务分析

1. 土地开发业务板块

作为驻马店市的城市建设经营主体，良好的经济基础和发展潜力为公司业务的稳步发展提供了稳定良好的条件。公司土地开发业务主要由二级子公司河南皓联建设投资有限公司（以下简称"皓联建设"）和驻马店市正华置地城建开发有限公司（以下简称"正华置地"）负责运营。公司土地开发业务主要为练江河三片区及北部新区土地一级开发项目，上述项目系驻马店市重点工程，总投资额分别为 76.00 亿元和 48.90 亿元。公司拥有重大土地开发项目建设运营经验，在驻马店市城市建设中占据重要地位，随着驻马店市城市化推进的加快，预计能够持续承接更多的土地开发业务。

2. 工程施工业务板块

公司工程施工板块主要由下属子公司负责，主要承接驻马店市级下属区县级范围内的项目施工工程。Wind 数据统计显示，2021 年和 2022 年，公司工程施工收入分别为 87552.08 万元和 81755.51 万元，主要涉及建设项目为汝南县扶贫农村公路、汝南县管道安装项目和公路养护等。

3. 贸易销售业务板块

公司贸易销售业务主要由驻马店市金控投资有限公司的控股子公司驻马店市产控怡亚通供应链有限公司（现已更名为"驻马店市城发供应链有限公司"）负责运营，主要为化工用品、电子产品的采购及销售。贸易业务上游供应企业主要为周口盛周供应链管理有限公司、上海沁阳实业有限公司和舟山华兔能源有限公司等，主要贸易品种集中在乙二醇、铝锭等商品品类；下游客户主要为浙江海能贸易有限公司、舟山东奥工贸实业有限公司和海南伊菲供应链管理有限公司等。公司贸易业务上下游的供应商和客户多为贸易公司，公司为降低贸易风险，采用"大进大出、快进快出"的业务模式，避免了价格波动风险。

4. 租赁业务板块

公司租赁业务主要是向市内经民政部门审核的低收入家庭出租公租房、廉租房等保障性住房，以及新并入的汝南县天中投资有限公司运营出租的供水、污水处理等管网设备。2021 年和 2022 年，租赁业务实现营收分别为 4497.25 万元和 4173.64 万元，收入较为稳定。

5. 资金使用费业务板块

根据《驻马店市企业还贷应急周转"资金池"管理办法》（驻政办〔2020〕20号），驻马店市政府拨款 3.88 亿元设立"资金池"来缓解驻马店市企业还贷应急周转资金，减少其银行不良贷款的规模，"资金池"交付公司进行运作，并计入公司资本公积。该"资金池"申请对象主要是驻马店地区内正常生产经营风险可控信誉良好且贷款即将到期而资金周转出现暂时困难、需要提供短期垫资服务的企业。2021 年和 2022 年，公司实现资金使用费收入分别为 5336.46 万元和 4968.85 万元。

6. 其他业务板块

2022 年，公司其他业务收入主要由光伏发电收入、自来水销售收入、担保收入、销售材料收入、殡葬服务收入、勘测设计费收入等构成。其中，光伏发电收入、自来水销售收入、担保收入、销售材料收入、殡葬服务收入及勘测设计费收入分别为 4999.52 万元、2796.43 万元、259.39 万元、1514.31 万元、1538.55万元和 1879.18 万元，占当期营业收入的比重分别为 1.67%、0.93%、0.09%、0.50%、0.51%和 0.63%。

四、公司财务状况

根据公司 2021 年、2022 年及 2023 年 3 月的财务报表，可以对其财务状况做出如下分析。

（一）主要资产情况

Wind 数据统计显示，2021 年、2022 年及 2023 年 3 月，公司总资产分别为4544010.34 万元、4701881.71 万元和 4858798.30 万元，公司资产总规模有所增长。从公司的资产结构来看，公司资本结构以流动资产为主，分别为 63.11%、64.77%和 65.77%。从构成来看，公司流动资产主要由货币资金、应收账款、其他应收款和存货构成；非流动资产主要由长期股权投资、固定资产、投资性房地产、在建工程和无形资产构成。公司资产结构详细情况如表 18-3 所示。

表 18-3 公司资产结构

项目	2021 年		2022 年		2023 年 3 月	
	金额（万元）	比重（%）	金额（万元）	比重（%）	金额（万元）	比重（%）
货币资金	273265.28	6.01	269292.63	5.73	342742.70	7.05
交易性金融资产	—	—	1000.00	0.02	1000.00	0.02
应收票据	—	—	1371.16	0.03	967.23	0.02
应收账款	210285.45	4.63	188578.55	4.01	204132.72	4.20

续表

项目	2021 年		2022 年		2023 年 3 月	
	金额（万元）	比重（%）	金额（万元）	比重（%）	金额（万元）	比重（%）
预付款项	68465.56	1.51	51433.29	1.09	58182.90	1.20
其他应收款	514024.72	11.31	520358.27	11.07	522137.29	10.75
存货	1791537.95	39.43	1993716.13	42.40	2045984.48	42.11
流动资产合计	2867941.07	63.11	3045281.35	64.77	3195434.86	65.77
长期应收款	4430.35	0.10	6598.55	0.14	8145.01	0.17
长期股权投资	580937.19	12.78	565329.19	12.02	565329.19	11.64
其他权益工具投资	63556.76	1.40	68556.76	1.46	67725.63	1.39
其他非流动金融资产	15810.70	0.35	24310.70	0.52	24310.70	0.50
投资性房地产	150460.82	3.31	112775.77	2.40	111905.21	2.30
固定资产	472765.41	10.40	532507.22	11.33	529626.37	10.90
在建工程	128023.21	2.82	63443.75	1.35	67719.70	1.39
无形资产	198459.81	4.37	201223.54	4.28	201133.07	4.14
长期待摊费用	7204.10	0.16	4932.12	0.10	5301.37	0.11
递延所得税资产	2218.74	0.05	2524.39	0.05	2524.39	0.05
其他非流动资产	52202.19	1.15	74398.37	1.58	79642.81	1.64
非流动资产合计	1676069.27	36.89	1656600.36	35.23	1663363.44	34.23
资产总计	4544010.34	100.00	4701881.71	100.00	4858798.30	100.00

（二）主要负债情况

2021 年、2022 年和 2023 年 3 月，公司负债总额分别为 2247582.68 万元、2365754.06 万元和 2511349.77 万元。报告期各期末，公司流动负债占负债总额的比例分别为 47.05%、42.69% 和 44.92%，非流动负债占负债总额的比例分别为 52.95%、57.31% 和 55.08%。公司近年来不断吸收合并子公司，调整结构，资产负债均呈增长态势，但资产负债率始终保持在行业适当水平。2021 年、2022 年和 2023 年 3 月，公司主要负债指标如表 18-4 所示。

表 18-4　公司负债结构

项目	2021 年		2022 年		2023 年 3 月	
	金额（万元）	占比（%）	金额（万元）	占比（%）	金额（万元）	占比（%）
短期借款	75094.89	3.34	46785.11	1.98	61040.00	2.43
应付票据	91494.33	4.07	56000.00	2.37	102200.00	4.07

续表

项目	2021 年		2022 年		2023 年 3 月	
	金额（万元）	占比（%）	金额（万元）	占比（%）	金额（万元）	占比（%）
应付账款	64391.25	2.86	42008.78	1.78	39277.69	1.56
预收款项	33.40	0.00	226.92	0.01	34.73	0.00
合同负债	27159.08	1.21	30101.35	1.27	28379.28	1.13
应付职工薪酬	2120.06	0.09	2570.66	0.11	2438.06	0.10
应交税费	21486.42	0.96	26838.57	1.13	26954.40	1.07
其他应付款	599068.98	26.66	598679.69	25.31	611259.56	24.34
其中：应付利息	1809.42	0.08	1809.42	0.08	1809.42	0.07
一年内到期的非流动负债	156023.50	6.94	202166.89	8.55	252105.61	10.04
其他流动负债	20692.54	0.92	4476.64	0.19	4319.14	0.17
流动负债合计	1057564.46	47.05	1009854.61	42.69	1128008.47	44.92
长期借款	967409.46	43.04	896510.87	37.90	893062.88	35.56
应付债券	—	—	249580.88	10.55	249666.18	9.94
长期应付款	206768.76	9.20	193967.70	8.20	224772.25	8.95
其他非流动负债	15840.00	0.70	15840.00	0.67	15840.00	0.63
非流动负债合计	1190018.22	52.95	1355899.45	57.31	1383341.31	55.08
负债总计	2247582.68	100.00	2365754.06	100.00	2511349.77	100.00

（三）现金流量分析

当前，公司现金流量结构较为合理，符合公司的行业特点、业务发展阶段特点。同时，公司不断优化资金管理制度、提高市场化独立经营能力，主营业务持续稳定发展，使公司期末现金及现金等价物规模保持稳定增长，为公司提供了较好的流动性支持。2021 年、2022 年和 2023 年 3 月，公司与现金流量相关的指标如表 18-5 所示。

表 18-5　公司主要现金流量指标　　　　　单位：万元

项目	2021 年	2022 年	2023 年 3 月
经营活动现金流入小计	621068.18	666171.09	188414.25
经营活动现金流出小计	807677.64	789334.31	193011.97
经营活动产生的现金流量净额	-186609.46	-123163.21	-4597.72
投资活动现金流入小计	8976.73	8751.01	8991.66
投资活动现金流出小计	50373.26	117970.90	33303.81

续表

项目	2021 年	2022 年	2023 年 3 月
投资活动产生的现金流量净额	−41396.54	−109219.88	−24312.16
筹资活动现金流入小计	595573.74	803647.82	188402.17
筹资活动现金流出小计	384023.65	555304.56	112696.20
筹资活动产生的现金流量净额	211550.09	248343.25	75705.97
汇率变动对现金及现金等价物的影响	—	—	—
现金及现金等价物净增加额	−16455.91	15960.15	46796.09
期末现金及现金等价物余额	190026.07	205986.22	252782.31

作为驻马店市内重要的土地整理、基础设施建设及产业运营投融资主体，公司从事的业务具有投资规模较大、项目运营周期较长、资金回收期相对较长的特点，导致公司的经营性现金流出较大，经营性净现金流为负数。近年来，公司的融资以银行借款和发债融资为主，未出现融资渠道发生较大变化的情况。筹资活动现金流是可用偿债来源的主要组成部分，公司筹资活动现金流逐年增加，融资能力较强，对偿还未来有息负债具有一定的支持和保障。

（四）盈利能力分析

2021 年与 2022 年，公司主营业务收入以土地开发收入、工程施工和贸易销售为主。其中，土地开发收入分别为 52529.71 万元和 65518.66 万元，占比分别为 16.10%和 21.82%；贸易收入分别为 137566.77 万元和 128801.41 万元，占比分别为 42.16%和 42.90%；工程施工收入分别为 87552.08 万元和 81755.51 万元，占比分别为 26.83%和 27.23%；其他业务收入分别为 38837.44 万元和 15047.19 万元，占比分别为 11.90%和 5.01%。

2021 年与 2022 年，公司净利润受政府补助变动影响有所波动，同时因为 2020 年以来公司总资产、净资产因合并范围新增子公司大幅增加。公司主营业务中土地开发收入和工程施工业务利润率保持稳定，贸易收入金额较大，但毛利率较低，导致公司近两年营业利润率及销售净利率有所下降。公司主要盈利指标如表 18-6 所示。

表 18-6 公司主要盈利指标   单位：万元、%

项目	2021 年	2022 年	2023 年 3 月
营业收入	326319.71	300265.26	101233.66
营业利润	36941.53	35454.20	1412.47
利润总额	35007.66	35196.23	1407.38
净利润	32249.39	31342.80	1265.68

续表

项目	2021 年	2022 年	2023 年 3 月
营业利润率	11.32	11.81	1.40
销售净利率	9.88	10.44	1.25
净资产收益率	0.91	0.68	-0.04

（五）偿债能力分析

从短期偿债指标来看，2021 年、2022 年及 2023 年 3 月，公司流动比率分别为 2.71、3.02 和 2.83，速动比率分别为 1.02、1.04 和 1.02，流动比率和速动比率总体保持稳定。总体来看，公司流动比率及速动比率仍处在行业正常水平，公司经营稳定。

从长期偿债指标来看，2021 年、2022 年及 2023 年 3 月，公司资产负债率分别为 49.46%、50.32% 和 51.69%。由于公司所处行业经营风险较低，公司的资产负债率也处于行业适当水平，整体债务水平可控，长期偿债能力良好。

2021 年和 2022 年，公司 EBITDA 分别为 70608.40 万元和 80560.61 万元，EBITDA 利息保障倍数分别为 0.95 和 0.98。盈利对利息的保障水平有所上升，主要系公司通过合并进一步提升营收能力，而债务规模保持稳定所致。

公司未曾发生未按时兑付债务本息的情形，资信情况良好。总体来看，公司拥有良好的偿债能力。公司主要偿债能力指标如表 18-7 所示。

表 18-7　公司主要偿债指标　　　　　　　　单位：%、万元、倍

项目	2021 年	2022 年	2023 年 1~3 月/2023 年 3 月末
流动比率	2.71	3.02	2.83
速动比率	1.02	1.04	1.02
资产负债率	49.46	50.32	51.69
EBITDA	70608.40	80560.61	——
EBITDA 利息保障倍数	0.95	0.98	——

（六）政府支持

公司作为驻马店市内土地整理、工程施工建设及产业运营投融资主体，近年来持续得到政府在资产划拨和财政补助等多方面的有力支持。驻产投在市委、市政府的统一领导下，坚持政府引导、效率优先、兼顾经济效益和社会效益原则，通过各类功能性子公司开展市场化经营活动。2021 年和 2022 年，公司分别获得政府补助 5.64 亿元和 4.82 亿元，主要为基础设施建设相关补贴。

五、融资情况

（一）公司有息债务情况

截至 2022 年底，公司有息负债金额为 171.64 亿元，主要为长期借款和应付债券。其中，一年内到期的债务规模为 30.42 亿元，1 年以上到期的债务规模为 141.23 亿元。2022 年公司有息债务具体情况如表 18-8 所示。

表 18-8　2022 年公司有息负债期限结构分布　　　单位：亿元、%

有息债务类别	到期时间			金额合计	金额占有息负债的比例
	6 个月以内	6 个月（不含）至 1 年（含）	超过 1 年		
公司信用类债券	10.00	5.00	25.00	40.00	23.30
银行借款	4.84	4.13	89.60	98.57	57.42
非银行金融机构贷款	—	0.35	11.10	11.45	6.67
其他有息债务	5.00	1.10	15.53	21.63	12.60
合计	19.84	10.58	141.23	171.64	100.00

（二）公司获得主要贷款银行的授信情况及使用情况

公司在各大银行等金融机构的资信情况良好，与国内主要商业银行一直保持长期合作伙伴关系，获得较高的授信额度，间接债务融资能力较强。截至 2023 年 3 月，公司合并口径银行授信额度为 1600906.00 万元，已使用授信额度为 955113.98 万元，尚未使用的授信额度为 645792.02 万元，具体情况如表 18-9 所示。

表 18-9　截至 2023 年 3 月公司授信情况　　　单位：万元

授信机构名称	授信总额度	已使用额度	剩余额度
中国工商银行	98000.00	67031.49	30968.51
中国光大银行	68500.00	36979.75	31520.25
国家开发银行国开行	226120.00	91025.00	135095.00
恒丰银行	7500.00	7500.00	0.00
华夏银行	9500.00	9500.00	0.00
中国建设银行	80000.00	48000.00	32000.00
泌阳农村商业银行泌阳农商行	2100.00	2100.00	0.00
中国农业发展银行农发行	275834.00	187567.88	88266.12

续表

授信机构名称	授信总额度	已使用额度	剩余额度
中国农业银行	66000.00	48632.10	17367.90
浦发银行	26300.00	25460.00	840.00
确山农村商业银行确山农商行	2690.00	2690.00	0.00
汝南农村商业银行汝南农商行	48393.00	43893.00	4500.00
厦门国际银行	6000.00	4000.00	2000.00
兴业银行	25600.00	5996.98	19603.02
中国邮政储蓄银行邮储银行	236900.00	92643.13	144256.87
中牟郑银村镇银行	2150.00	2150.00	0.00
郑州银行	93059.00	86059.00	7000.00
中国银行	14500.00	7334.65	7165.35
中原银行	283450.00	158241.00	125209.00
驻马店农村商业银行驻马店农商行	28310.00	28310.00	0.00
合计	1600906.00	955113.98	645792.02

（三）公司及子公司债券发行和偿还情况

截至 2023 年 6 月，公司及其子公司已发行尚未兑付的债券余额为 52.75 亿元，明细如表 18-10 所示。

表 18-10 截至 2023 年 6 月公司及子公司存续直接债务融资情况

单位：亿元、%

发行主体	证券名称	起息日	到期日	票面利率（当期）	发行规模	当前余额
公司	23 驻产 03	2023-07-03	2025-07-03	6.30	2.25	2.25
豫中投资	23 豫中 D1	2023-06-19	2024-06-19	6.99	3.00	3.00
公司	23 驻产 02	2023-06-01	2025-06-01	5.96	5.50	5.50
公司	23 驻产 01	2023-04-20	2025-4-20	6.50	2.00	2.00
公司	23 驻产 D3	2023-03-17	2024-03-17	5.97	3.00	3.00
公司	23 驻产 D2	2023-02-23	2024-02-23	6.27	5.00	5.00
公司	23 驻产 D1	2023-01-17	2024-01-17	6.50	2.00	2.00
公司	22 驻产 04	2022-10-20	2027-10-20	5.00	5.00	5.00
公司	22 驻产 D4	2022-09-26	2023-09-26	3.80	5.00	5.00
豫中投资	22 豫中 01	2022-09-01	2024-09-01	5.30	5.00	5.00

续表

发行主体	证券名称	起息日	到期日	票面利率（当期）	发行规模	当前余额
公司	22驻产03	2022-06-23	2025-06-23	4.66	5.00	5.00
公司	22驻产02	2022-04-25	2025-04-25	5.30	5.00	5.00
公司	22驻产01	2022-03-29	2025-03-29	5.39	5.00	5.00
合计					52.75	52.75

第二节　转型发展分析

一、转型发展路径

近年来，驻马店大力推进创新驱动，加快转型升级，持续提升产业竞争力，增强全链条集群化发展势头，培育壮大食品加工、装备制造、化工医药、电子信息、建筑防水、户外休闲等百亿元级、千亿元级主导产业集群，主要经济指标增速始终稳居全省第一方阵。在市场化转型发展方面，公司围绕评级提升为重点工作，于2020年6月获评AA+级主体信用评级，融资能力得到全面提升。

（一）整合优质资源，提升主体实力

通过资源、产业等方面的协同，有利于公司实现市场化的自主经营，提高市场化运作能力。驻产投前身为驻马店市公共资产管理公司，由驻马店市财政局出资建立，2019年12月29日，驻马店市政府出具规划整合方案，提出以驻马店市公共资产管理公司为母公司，将驻马店市产业投资控股有限公司39.39%股权、驻马店市中小企业投资担保有限公司90%股权，以及遂平县开源投资有限公司、汝南县天中投资有限公司、新蔡县金财产业集聚区投融资有限公司、确山县投资集团有限公司、泌阳县财源城市建设有限公司、泌阳县财源投融资有限公司、河南驻马店经济开发区投资有限公司、驻马店高新技术产业开发投资有限公司各不低于51%的国有股权划入驻马店市公共资产管理有限公司，以解决公司资产不足、负债较重等问题。市财政局（国资办）根据公司功能定位积极推进资产划转，通过注入驻马店全市大中型经营性水资源，市、区政府投资的供排水管网及污水处理设施等国有资产的方式，提升公司整体实力。

通过整合资源、增加优质资产、拓展业务范围，公司明确了跻身主流平台序列的定位，提升了主体的综合实力，为持续、高速、健康的发展奠定了基础。

（二）提升资信水平，拓宽融资渠道

自资产整合事项稳步推进并取得成效后，驻产投以服务全市经济发展战略为大前提，坚持市场化改革导向，不断优化债务结构、扩大融资总量，通过评级提升、拓宽融资渠道的方式增强核心竞争力。

2020 年及以前，公司融资渠道较为单一，以银行借款为主。但在 2020 年 6 月首次取得 AA+（大公国际资信评估有限公司）主体评级后，公司的投融资方式逐渐由以金融机构间接融资为主的方式向直接融资、利用多渠道撬动社会资金的方式转变，并于 2021 年 10 月首次在交易所亮相发行第一期公司债券。

目前，公司的融资渠道主要包括银行借款、债券发行等。公司积极探索银行借款以外的融资方式，其中债券融资取得了较大的进展，2021 年以来，共成功发行了 17 期债券，共计融资 64.75 亿元。未来公司可根据审核政策适时尝试发行银行间非金融企业债务融资工具、企业债券，丰富融资渠道。通过直接融资、间接融资结合的方式，公司实现资本结构的优化、有效降低了融资成本。

（三）明确功能定位，布局六大板块

驻产投侧重于扶持驻马店市产业发展，着力全市高新技术产业、新兴战略性产业的培育和扶持，目前已经形成了建设、水务、金融、产业、科技和文旅共六大业务板块。公司下属子公司承担着各类不同业务职能，各个子公司在集团公司的统一调动下形成同向联动，形成一种新型的资源配置关系。

其中，建设板块以驻马店市豫中投资有限公司、河南皓联建设投资有限公司、驻马店市正华置地城建开发有限公司为主要企业，构成集团内建设集群，主要开展土地整治服务、房地产开发、房地产租赁、物业管理、市政设施管理、工程管理、园林绿化等业务。

水务板块以驻马店市产控水利投资有限公司、驻马店市自来水有限公司、驻马店市水利工程局为主要企业，构成集团内水利产业集群，主要开展自来水、纯净水、饮用水生产与销售，污水处理、供水管道安装和维修、给排水设备销售及安装，水利工程勘测设计、施工及水力发电、养殖等业务。

金融板块以驻马店市金控投资有限公司、驻马店市城发供应链有限公司、黄淮商业保理（深圳）有限公司、黄淮融资租赁（深圳）有限公司、河南省黄淮资产管理有限公司、驻马店市中小企业投资担保有限公司为主要企业，构成集团内金融集群，主要开展商业保理、融资租赁、融资担保、供应链管理、私募基金管理等金融服务。

产业板块以驻马店市产业投资控股有限公司、驻马店石化销售有限责任公司、驻马店市开源医院管理有限公司、驻马店盘古资产管理有限公司为主要企业，构成集团内产业集群，主要开展产业投资、投资管理、企业上市、不良资产处置等服务。

科技板块以驻马店市黄淮信息产业投资有限公司、中原绿色产权交易中心有限公司（筹）为主要企业，构成集团内科技集群，主要开展互联网、物联网、大数据、云计算、人工智能、智慧医疗、雪亮工程（公共安全视频监控联网应用）、产权交易平台等相关业务。

文旅板块以驻马店市文化旅游发展有限公司及其下属子公司为主要企业，构成集团内文旅产业集群，主要开展文化旅游产业投资管理及运营、景区开发、文化旅游产业组织与策划等业务。

公司着力于发展多元产业，旨在通过产业的有效整合与布局，逐步成为资本运营、金融管控、制度输出、资源配置、文化输出的中心，增强企业的全面可持续发展能力。

二、转型效果分析

作为驻马店市重要的城市基础设施建设和国有资产运营的主体之一，公司肩负着驻马店市城市基础设施建设和国有资产保值增值的任务，通过 2019 年的资产整合，公司总资产从 2019 年的 167.49 亿元增至 2020 年的 352.57 亿元，净资产从 49.59 亿元增至 155.21 亿元，营业收入从 2019 年的 6.90 亿元增至 2020 年的 21.88 亿元，公司资产规模大幅增长，资本实力进一步增强，营业收入大幅增长。公司以"金融+科技+产业"的发展理念，通过产业整合、资源整合、资本整合及设立六大经营板块等一系列经营运作，由传统型城投公司发展成综合性大型产业投资集团公司，并取得主体 AA+ 的信用等级。

实现评级提升后，公司统筹运用供应链、商业保理、融资租赁、私募基金、融资担保等进行创新融资，从单一的银行融资拓宽为"银行+债券+基金"等多口径融资，实现了投融资多元化发展，逐步构建"投、融、建、管"一体化的公司架构。公司的市场化融资水平增强，自身信用水平提升，公司拥有丰富的融资渠道补充资金缺口，逐步转型为自主经营、自担风险、自我约束的市场化运营主体。

在市委、市政府的统一领导下，公司坚持政府引导、效率优先、兼顾经济效益和社会效益原则，通过各类功能性子公司开展市场化经营活动，重点围绕建设板块、金融板块、产业板块、水务板块、科技板块、文旅板块开展业务，聚焦民生，扶持产业发展，服务本地经济，推动驻马店市的经济转型发展。公司拥有高效科学的内部管理机制，公司业务水平、业务运营效率均保持高效稳定，公司市场化经营和盈利能力逐步增强，公司未来将继续以"优化金融配置、助推产业发展、服务本地经济"为使命，致力通过做大做强市管国有企业，进一步推动驻马店市发展。

第三节　转型经验启示

一、整合区域内优质资源，积极拓展融资渠道

驻产投是在地方政府的高度支持下，通过注入大量优质资源和资金的方式，跻身驻马店市重要的城市基础设施建设和国有资产运营的主体，优质资源整合，极大提高了公司的区域专营能力和综合实力，也进一步提升了公司的信用和融资能力。在整合完成后，驻产投主体长期信用等级为 AA+，评级展望为稳定，实现了驻马店市国有投融资公司信用评级的新突破。

根据驻产投成功转型的经验来看，地方政府和平台公司需要共同努力。一方面，地方政府应积极发挥主导作用，通过资产注入、资产整合等手段给平台公司提供优质重要资源，增强城投公司的业务能力和资产规模，打造优质平台公司，提升公司信用；另一方面，夯实资产基础是城投公司转型的有力保障，实现健康、可持续的发展亦需要其形成稳定的经营性现金流，城投公司要加大资源整合力度，促进优质资源开发，注入优质资产，特别是资产规模较大、现金流较多的经营性资产，有效发挥国有资产的效益，提升优质资源的开发经营价值，不断扩大城投公司净资产规模，提升盈利能力。此外应在保持传统优势业务持续增长的同时，积极提升信用评级从而培育多层次、多渠道的持续的市场化融资机制，实现市场化融资，控制财务风险。驻产投 2020 年首次取得 AA+评级，表明资本市场对驻产投整体实力、管理水平和信用风险等综合能力的高度认可，也是对其资产整合取得的成效及未来发展潜力的充分肯定，驻产投的投融资主体地位显著提升。

二、推动业务多元化发展，契合区域发展政策

驻产投紧紧围绕自身发展理念和地区发展定位与目标，形成了六大业务板块，公司多业并举，既能够促进自身市场化转型，也能够为地区经济和产业发展贡献自己的力量。

根据驻产投成功转型的经验来看，城投公司应当兼顾服务地方经济发展和自身可持续发展、平衡社会责任和市场导向，多元化布局业务。具体而言，城投公

司应当在保持传统优势业务持续增长的同时，主动寻找区域经济发展短板，针对性地提供服务，实现业务突破和产业多元化经营的格局，从而提升公司的盈利能力与竞争能力。

三、优化内部管理结构，实施现代化管理制度

驻产投为投资控股型公司，主要承担管理职能以及集团内部资金统筹安排，具体业务由各控股子公司负责经营。驻产投在转型过程中，建立了科学高效的内部管理结构，不断强化企业管理，实施现代化管理制度，从而实现快速发展。

城投公司最初是由于地方政府城市建设需要而组建的国资企业，其诸多管理事项可能会受到地方政府的干涉，导致其不能高效化运营。据此，城投公司需引入现代企业制度，健全公司法人治理结构，完善内部控制体系建设，促使其管理模式由行政化逐步转为市场化，转型成市场化经营主体。此外，应当不断加强信息系统的建设，为信息披露提供可靠的数据来源，同时加强公司内外部审计，从而实现城投公司的稳健高效经营。

第十九章　陕西西咸新区发展集团有限公司转型发展案例分析

陕西西咸新区发展集团有限公司是西咸新区开发建设管理管委会出资设立的大型国有企业。西咸新区管委会基于分离资本运作与资产经营的发展思路，探索构建了定位清晰且职责明确的"集团总部资本层—专业化子集团资产层—生产单位执行层"运管架构，通过建立健全放管结合、分层分类的集团管控体系，构建平台生态，强化内部协同，提升管理效能，全面激发西咸集团的活力和创新力，加快其成为国内一流的创新城市发展综合服务商的步伐，推动西咸集团迈上高质量发展新台阶。

第一节　公司基本情况

一、公司简介

陕西西咸新区发展集团有限公司（以下简称"西咸集团"）成立于 2011 年 9 月，是经陕西省人民政府批准、由西咸新区管委会与陕西西咸新区资本运营集团有限公司出资设立的大型国有企业，注册资本金 330 亿元。西咸集团作为西咸新区管委会本级唯一的综合性开发建设平台，经过多年的建设和发展，已经成为资产规模突破 3000 亿元、长期保持 AAA 级主体信用评级的大型国有企业集团。

2022 年，西咸集团继续深入推进市场化转型，初步形成了"聚力一二三六目标、打造一流现代国企"的战略定位和目标任务。"一"即坚持服务新区大局这一根本使命、加快建设一流现代国有企业；"二"即加快破解盘活资产和市场化转型两大难题；"三"即加快三大转变，从基础设施投资向产城融合转变、从单纯投融资向国有资本投资运营转变、从以土地为中心向以产业为中心转变；

"六"即强化区域开发商、城市运营商、产业投资商、要素集成商、创新协同商、美好生活服务商六大支撑，不断增强聚集资源、融通资金、引导产业、完善配套、服务民生和保障运行六大功能。

二、公司所在区域情况

根据《西安市 2022 年国民经济和社会发展统计公报》的数据，2022 年西安市地区生产总值（GDP）为 11486.51 亿元，比上年增长 4.4%。其中，第一产业增加值为 323.58 亿元，增长 3.7%；第二产业增加值为 4071.56 亿元，增长 10.7%；第三产业增加值为 7091.37 亿元，增长 1.3%。第一产业增加值占地区生产总值比重为 2.82%，第二产业增加值比重为 35.45%，第三产业增加值比重为 61.74%。西安市一般公共预算收入为 834.09 亿元，增长 9.7%。其中，税收收入为 604.28 亿元，同口径增长 4.1%。一般公共预算支出 1573.13 亿元，增长 6.7%。总体而言，2022 年西安市经济财政实力继续增强，公司面临较好的外部环境。

2022 年，国家级新区西咸新区地区生产总值（GDP）为 624.85 亿元，比 2021 年增长 3.5%。一般公共预算收入为 95.04 亿元，增长 12.2%。2022 年，西咸新区确立了"3+7+N"的主导产业布局，十大特色产业园区加快建设。第二产业增长势头强劲，工业投资增长 81.6%，工业总产值增长 20.4%，资质内建筑业总产值增长 45.2%。第三产主要行业增长较快，规上服务业营收增长 10.7%，线上批发业销售额增长 24.5%。

三、公司业务情况

（一）西咸集团主营业务情况

西咸集团的业务板块涉及土地开发整理、代建业务、保障房建设、房产销售、物业服务等。2022 年，公司土地开发整理业务收入 62.62 亿元，占比 25.47%；为公司第一大收入来源；房产销售业务和保障房建设分别实现收入 57.05 亿元和 49.67 亿元，占比均超 20%，收入均较 2021 年大幅上升；产品销售、代建业务收入分别为 33.29 亿元和 12.16 亿元，均较去年大幅下滑。

2021 年和 2022 年，西咸集团主营业务综合毛利率分别为 11.34%、11.74%，整体来看，毛利率保持在稳定水平。其中，土地开发整理业务的毛利率分别为 10.41%、10.42%，较为稳定；保障房建设业务的毛利率分别为 5.16%、5.60%，收益率相对较低；房产销售业务的毛利率分别为 22.89%、25.48%，整体毛利率水平较高，且随着西咸新区的基础设施建设逐步走入正轨，西咸新区的住宅及商用地产市场逐渐发展，2022 年该板块业务毛利率水平呈现明显增长趋势；租赁

收入业务的毛利率分别为46.59%、45.53%；公交运营业务的毛利率分别为
-101.32%、-129.30%，公交运营为公用事业类业务，公交行业普遍亏损，主要
依靠财政补贴以维持运营（见表19-1）。

表19-1　西咸集团各业务板块收入、成本、毛利率情况

业务板块	2021年				2022年			
	营业收入（亿元）	营业成本（亿元）	毛利率（%）	收入占比（%）	营业收入（亿元）	营业成本（亿元）	毛利率（%）	收入占比（%）
土地开发整理	34.39	30.81	10.41	15.04	62.62	10.89	10.42	25.47
代建业务	58.92	51.33	12.88	25.76	12.16	56.75	9.38	4.95
保障房建设	25.94	24.60	5.16	11.34	49.67	46.89	5.60	20.20
房产销售	40.89	31.53	22.89	17.88	57.05	42.51	25.48	23.20
物业服务	6.96	6.57	5.65	3.05	8.12	7.85	3.42	3.30
工程施工	1.97	1.82	7.99	0.86	1.08	1.01	6.59	0.44
租赁	5.21	2.78	46.59	2.28	7.11	3.87	45.53	2.89
商品销售	43.17	42.67	1.86	18.87	33.29	32.41	2.64	13.54
公交运营	1.8	3.62	-101.32	0.79	1.68	3.85	-129.30	0.68
技术服务	0.24	0.10	56.86	0.10	0.15	0.11	24.05	0.06
其他	9.21	8.77	4.74	4.03	12.91	10.85	15.98	5.25
合计	228.70	404.60	76.44	100.00	245.84	216.99	19.79	100.00

资料来源：《陕西西咸新区发展集团有限公司2023年度第二期中期票据募集说明书》。

（二）盈利及偿债能力分析

2022年，西咸集团营业收入和净利润分别为2536044.23万元和78523.26万
元，均较2021年有所增加。从现金流来看，公司经营活动产生的现金流量净额
为负，主要系购买商品、接受劳务支付的现金及支付其他与经营活动有关的现金
规模较大所致；投资活动产生的现金净流量额为负，主要是由于购建固定资产、
无形资产和其他长期资产支付的现金较多；公司筹资活动产生的现金净流量额为
正，主要是取得银行借款收到的现金。从偿债能力指标来看，公司资产负债率、
流动比率和速动比率均保持在合理的范围内且较去年同期变化较小，保持稳定，
说明公司长短期偿债能力均较好（见表19-2）。

表19-2　西咸集团盈利及偿债能力分析

项目	2021年	2022年	同比变动
营业收入（万元）	2384290.89	2536044.23	6.36%

续表

项目	2021 年	2022 年	同比变动
营业成本（万元）	2366778.42	2553227.31	7.03%
利润总额（万元）	104509.47	118888.03	13.76%
净利润（万元）	77758.35	78523.26	0.98%
经营活动产生的现金流净额（万元）	−227763.00	−944912.81	−314.87%
投资活动产生的现金流净额（万元）	−1119799.72	−1739110.96	−55.31%
筹资活动产生的现金流净额（万元）	1326239.50	1768588.22	33.35%
EBITDA/带息债务	0.02	0.02	—
已获利息倍数	1.78	2.00	12.36%
资产负债率（%）	77.12	77.63	0.66%
流动比率	2.53	2.12	−16.21%
速动比率	1.39	1.06	−23.74%

资料来源：Wind。

第二节　转型发展分析

为落实《陕西省发展和改革委员会陕西省财政厅关于加快市县融资平台公司整合升级推动市场化投融资的意见》（陕发改投资〔2020〕1441 号）（以下简称《意见》）文件精神，加快西咸新区投融资平台公司转型升级，提高市场化投融资能力，管委会相关部门协同西咸集团及其权属公司，通过调研摸底、厘清国有资源、梳理债务风险、业态归类整理、分项对标管理等系列工作，有序推动了新区投融资平台公司的整合重组与转型发展，并取得了阶段性成果。

一、转型发展背景及特点

"十四五"期间，科技创新、产业基础高端化、产业链现代化被提到了前所未有的重要位置。陕西省积极推进创新链、产业链深度融合，新区加快推进西部科技秦创原两链融合示范区建设，为西咸集团服务新区产业发展、抢抓新区产业红利创造了历史性机遇。

西咸集团是西咸新区的唯一区属投融资平台，是西咸新区管委会推动区域开发建设的重要抓手，承担着通过市场配置资源推动新区发展的使命。在经历了新区大规模扩张、多新城拓展、高速度成长后，投融资平台发展到了新的重要关头。如何对新区范围内资源资产进行系统梳理，做大做强市场化、专业化的平台主体，进一步发挥国有资本在两链融合方面的引领作用和赋能价值，已成为摆在西咸集团及权属公司面前的重大课题。

二、转型发展路径

2021年3月，西咸新区管委会结合新区从初期"分散求生存"到当前"联合求发展"历史性跨越的发展阶段，由核心领导牵头及管委会相关部门协调统筹，并借助评估、法律和咨询等机构力量，全面启动了新区投融资平台公司的整合与转型工作。依据"聚焦产业、同业归并、兼并重组、精简高效"的原则，西咸新区管委会基于分离资本运作与资产经营的发展思路，探索构建了定位清晰且职责明确的"集团总部资本层—专业化子集团资产层—生产单位执行层"运管架构，通过建立健全放管结合、分层分类的集团管控体系，构建平台生态，强化内部协同，提升管理效能，全面激发西咸集团的活力和创新力，加快其成为国内一流的创新城市发展综合服务商的步伐，推动西咸集团迈上高质量发展新台阶。具体整合与转型的举措如下。

（一）聚焦"两链"，孵化培育新动能

"两链融合"为西咸集团发展带来新机遇。"十四五"期间，科技创新和产业升级的重要性凸显，新区加快推进西部科技秦创原两链融合示范区建设，也为集团服务新区产业发展指明了新方向、设定了新任务。而且，科技园区的价值是在社会主义市场经济这个特殊的社会阶段与高阶的产业链环节相互结合下才能有效体现出来的。

西咸集团及其专属团队加快推进秦创原"一核两翼"布局发展，充分发挥新区产业发展助推器功能。一是构建产业发展赋能平台。以秦创原创新生态城建设为突破口，高质量推进秦创原科创生态城与数智未来港建设，积极开展产业招商，整合资源打造"空间+服务+投资+金融"的科创集成服务体系，推动区域产业导入和集聚、产业转型升级。二是构建科技成果转化平台。在新区管委会的支持下，建设运营23科技成果转化平台，加快对接全省科技资源，尤其是与西安交通大学、西北工业大学等高等院校及科研单位的合作对接，拓展科技成果来源渠道，建立了科技成果库。布局线上线下科技成果发布渠道，提供科技成果信息查询、筛选、专家咨询等线上服务，以及专题项目路演、科技展会、成果交流会等线下推广活动，实现供需的精准匹配与对接。三是构建科技服务平台。西咸集团全面助力秦创原综合服务中心建设，打造科技投行服务体系，对接优质科技服务资源，完善创业培训、人力资源、知识产权运营、科技管理咨询、供应链资源、法务财税、投资咨询等服务配套。四是打造高品质科技园区。集团以合资、合作的方式连接创新资源，加快培育创新生态集成服务能力，提升基于数字化的产业运营能力，提供高品质、精准化、专业化的科创空间，构建垂直细分领域的良好创新生态，推动科创项目产业化落地。并按照分项经营的思路进行商业配套设施运营，为集团发展贡献收入和利润。

（二）分类管理，落实专业化运营

新区投融资平台及权属的各新城公司，有不少业务相似甚至重叠。如果多个部门实质上在做同一件工作，那么相似的活动必须要归入同一类别——要么带来直接的节约，要么至少确定出所利用的流程和现有的能力。西咸集团基于此原理快速地进行业务类型划分，遵循"分类推进、绩效优先"的原则，采取资源整合、资产注入、清理撤销、整合归并等方式对同类业务进行优化，以发挥规模效应，提高固定成本的边际价值，降低综合运营成本。尤其是对于供水、供气、公共交通、园林绿化、固废排污类固定成本高的公用事业项目，横向整合同类业务资产，从而减少同质化经营、重复性建设。推进西咸集团内部资源与权属公司的同类业务整合重组，明确各主体定位及其业务边界，强化集约化经营、极致化发展已显得十分重要。

第一，对西咸集团权属的西咸城投、西咸文旅、西咸公服等二级公司的物业服务板块进行优化重组，将与物业相关的资产、业务、人员归类划入集团权属子公司，积极有序地推进各新城公司的物业板块与其整合升级，统一规范运营，探索以全区域整体打包模式实现"大城服"全覆盖，重点打造"西咸物业"品牌。

第二，统筹集团内部资源，打造专属型招商团队。制定总体招商规划及招商政策，建立集招商营销策划、商务洽谈、落地服务于一体的标准化招商体系。丰富招商渠道与招商手段，优化智慧集团及金控集团的招商方式，创新推进政企联合招商、校友招商、互联网招商、资本招商、产业生态招商等。

第三，西咸集团及权属公司中关于水务、园林绿化、文旅康养、汽车服务、广告类业务正在通过股权划拨的方式，将业务相同或者互补性较强的板块进行重组，全力打造新区级规模化的专项产业子集团，将管理层级清理压缩到三级以内，深化二级子公司分类管理，建立健全放管结合、分层分类的集团管控体系。此轮整合工作，既在一定程度上吸引了专项类产业资本寻求投资合作，也为西咸集团在条件相对成熟时走出新区实现跨区域的市场化发展做足准备。

（三）清壳瘦身，加快融合化发展

截至 2023 年 6 月，西咸集团公司下辖 14 户二级子公司、39 户三级子公司（含 2 户提级管理的四级公司）。根据《意见》中"分类施策，资源整合"的指导原则，推进平台公司的清理和撤销"空壳类"融资平台公司。2023 年，西咸集团公司拟注销西咸新区医学城国际医院投资管理有限公司、西咸新区城投基金管理有限公司两家三级子公司（已进入注销流程），以及西咸新区壹号基础设施投资中心合伙企业（有限合伙）（已进入注销流程）这一融资平台。

结合新区发展需要，为积极推进新区市政服务、公共服务实体融合化发展，成为"西咸"品牌的城市综合服务商，西咸集团迈出了三步：一是为了有效解决新区水源经济性和稳定性的问题，结合西安全面代管的运行机制，推动西安水务对西咸水务增资扩股，实现西咸水务以"污水处理+管网运维"为主业的区内业务一体化；二是响应省交通运输厅关于大公交集团规划，将常规公交业务与大公交集团进行融合，将各新城的场站、停车场、便利加油站、公共充电桩的运营和汽车养护、汽车租赁、网约车、旅游客运等业务进行整合升级，打造一家以出行和汽车服务业为主的平台公司；三是借鉴先进地区的做法和经验，以西咸环境为基础尝试以增资扩股方式引入战略股东，并作为新区的统一市场化主体承接环卫一体化业务，包括前端垃圾清扫保洁、中端垃圾收转运及末端垃圾处理。

（四）产业延伸，持续优化集团管控

西咸集团采取了战略操作型管控模式，在集团授权范围内实施专业管理，为集团本级、事业部、子公司提供专业决策支持、业务指导和管理提升。强化二级子公司的产业子集团定位，按照"锚定主链，多元发展"的思路，通过内涵式增长、外延式扩张、整合式发展，推动"强链补链延链"。

战略资产配置与战术资产配置相结合，按照"自上而下、系统联动"的工作思路，制定适合公司的策略，保证整体业绩目标的实现。西咸集团一是对子公司采取战略操作型管控模式，集团本级负责集团整体的战略规划，权属公司同时也要制定自己的业务战略规划，优化纵向授权体系，按照《授权管理手册》提出达成规则目标所需要投入的资源预算，由集团统一进行资源配置，以追求总体战略控制和协同效应的培育为目标。同时集团对战略规划进行管理，依照《组织管控边界》对组织、投资、财务、人事等业务关键环节进行把关。二是集团内部充分发挥建设开发项目对其他业务的龙头带动作用，分别集成了建设开发板块、公用事业板块、城市运营板块、金融投资板块和产业招商板块，各板块及下属公司按照主业定位和业务边界各负其责，深化协同布局和联动发展，提升一体化综合竞争力。同时，通过培育发展、收购兼并等方式增强对产业链条上重点领域、核心环节的自主可控水平，通过参股投资、业务合作等方式布局产业链条上非重要领域和非核心环节。

三、转型效果分析

通过对新区投融资平台的整合升级与转型工作的持续推进，西咸集团的资产规模跃升，综合实力稳步提升，稳定器功能越发凸显，初步形成了产业投资和资本运营的良性循环，为实现单一投融资性平台公司向城市综合服务商的转型升级打下了坚实的基础。

（一）提高运营效率

投融资平台按照打造"小总部、大产业、扁平化"管理模式的目标，针对部分子集团公司投资层级过长、管控力度层级递减的问题，实施集团内部资产运营、管控架构的调整，提高资源集中度。原则上子集团公司的主业控制在 3 个以内，其中单个主业的资产总额或营业收入等指标原则上不低于企业总额的 25%，强化了各板块的支撑载体，明晰了子集团的发展定位。除既定管控规则的子集团公司和特殊目的公司以外，将新区投融资平台公司压缩至三级，法人户数总体减少了近 5%。

（二）创新成果显著

截至 2023 年 6 月，秦创原新增科技成果转化企业 207 家，新增高校科技成果转化平台 11 个，科技型中小企业认定入库 2536 家，实现技术合同交易额 135.29 亿元，国企方面、省属国企在新区落地项目 16 个，产业链重点企业累计落地成 45 家。

（三）提升国有资本价值

从实操过程和结果来看，系统性地整合与转型工作可帮助投融资平台争取到大规模、低成本、多渠道的融资。西咸集团为各新城集团以及相关子公司提供担保超 200 亿元、提升直接资金支持 160 亿元，为新区发展提供了重要资金保障，充分发挥了金融稳定器和发展助推器的功能。

第三节　转型经验启示

地方国有企业是社会主义公有制经济的重要组成部分，在国民经济建设发展过程中，按照常规的生产经营、投入产出概念进行的各种基建投资、公共服务、技术改进、生产力发展，都需要国有资本的注入。然而，地方国企（平台公司）问题突出、政企关系、政府与市场关系错位扭曲、投融资机制不顺等是很多地方经济发展和政府管理面临的难题。城投平台类公司的转型并非一蹴而就，特别是对过去过度依赖于政府信用的城投公司而言，更需要重新思考自身转型路径，或借鉴西咸新区投融资平台的整合升级与转型实践，来面对现实的挑战和突破发展的困局。

一、新区管委会的大力支持是整合成功的根本保障

西咸集团在整合过程中面临两个突出难题：一是在西安托管体系下，需要把握政策精髓，并随时跟踪政策动向，以便对发展方向做出及时调整；二是各权属公司存在顾虑，认为将重组瘦身、资产剥离等会影响投经营和投融资自主权等本区利益。在此类事项中，新区管委会坚定整合升级不动摇，推动采取"以产业带动组织转型"的模式，协调和争取各级管理机构的支持，减少整合升级的阻力和压力。

二、聚焦服务新区追赶超越和秦创原创新生态发力

强化市场导向，聚焦整合一批市场潜力大、成长性好的产业项目，抢抓新区产业发展红利，整合做强子集团公司，提升主动服务新区现代产业体系的能力。整合专属公司集中力量在创新型项目的建设、招商引资、产业孵化、股权投资上下功夫，加快形成全省工业领域两链融合发展示范、实现产业链创新升级驱动。

三、有效兼顾各方利益关切是解决矛盾的关键

针对各权属公司关于整合后资产处置、管理权限、退出机制、权益保障等问题，通过系统化的制度设计，减少整合重组的实际障碍。一方面，在新区及各新城管委会层面给予大力支持下，打破部门间的利益格局，在更高的层面主导和推动投融资平台的整合升级；另一方面，针对权属企业股东无偿退出股权引起的投融资问题，集团会选择合适时机避免在融资项目的关键节点（审计、申报、发行）上出现不必要的问题。

四、依托核心企业的整合升级更需有效过程管控

一般来看，对有迫切融资需求的区域或子集团公司，依托核心企业进行整合重组比新设公司进行整合重组更具可行性。以某核心企业为主体，整合其他资产，可符合某些融资工具对企业经营期限的要求；根据权属企业的类型，设置不同的管控目标，对于短期内无法达到实质控制的，设置过渡期解决事企交叉重合、人员资产部分等问题；对于并购的外部企业，要及时沟通和融合，形成共同认可的文化观和价值观。

参考文献

[1] Liu Jin, Zhu Min, Yang Liwen, et al. Size and strain modulation of dielectric constant on atomic bond relaxation [J]. Journal of Physics D: Applied Physics, 2023.

[2] Simionescu Mihaela, CifuentesFaura Javier. Public debt in the spanish municipalities: Drivers and policy proposals [J]. Evaluation Review, 2023.

[3] Peng Jun, Wang Dandan, Kang Shaobo, Zhou Shurong. A simplified method for predicting bond-slip behaviour of ribbed bars and threaded rods glued in glulam along the grain [J]. Materials, 2023.

[4] Meng Xin, Gao Jinsong, Xu Tao, et al. Experimental investigation on realistic model for local bond stress-slip relationship between ribbed GFRP bars and concrete [J]. Advances in Structural Engineering, 2023.

[5] Yueze Wu. How did local debt burden impact governors' financing decisions in meeting development goals? [J]. Journal of Economics and Public Finance, 2023.

[6] Wu Kai, Zheng Huiming, Zhou Yukai, et al. Experimental study on local bond-slip constitutive model between steel and steel fiber reinforced concrete structure of circular cross-section [J]. Advances in Structural Engineering, 2023.

[7] Zhu Jun, Xu Haokun, Zhang Yue. Local government debt and firm productivity: Evidence from China [J]. Research in International Business and Finance, 2022.

[8] Cao Mingyao, Duan Keyi, Ibrahim Haslindar. Exploring the influence of local government debt on enterprise investment through the empirical evidence at the municipal level [J]. Mathematical Problems in Engineering, 2022.

[9] Tang Zefeng. Local Government debt, financial circle, and sustainable economic development [J]. Sustainability, 2022.

[10] Marianne Bertrand, Sendhil Mullainathan. Enjoying the quiet life? Corpo-

rate governance and managerial preferences［J］. Journal of Political Economy，2003.

［11］毛振华，等. 中国地方政府债券发展报告（2022）［M］. 北京：社会科学文献出版社，2022.

［12］毛振华，闫衍. 中国地方政府与融资平台债务分析报告（2021）［M］. 北京：社会科学文献出版社，2022.

［13］张洁梅，等. 地方政府融资平台风险管理［M］. 北京：社会科学文献出版社，2021.

［14］李帅. 新《预算法》语境下我国地方政府债务面临的困境与疏解［M］. 北京：中国政法大学出版社，2019.

［15］付传明. 中国地方公债发展研究［M］. 武汉：武汉大学出版社，2016.

［16］陈共. 财政学（第九版）［M］. 北京：中国人民大学出版社，2017.

［17］孙世强，等. 财政学（第二版）［M］. 北京：清华大学出版社，2016.

［18］洪源，胡慧姣. 地方政府自主发债是否有利于提升地区经济发展质量？——基于地方债全面"自发自还"改革的准自然实验分析［J］. 金融研究，2023（5）：77-95.

［19］李逸飞，曹策，楚尔鸣. 地方债管理体制改革与企业数字化转型［J］. 经济学动态，2023（4）：79-94.

［20］中国式现代化研究课题组，高培勇，黄群慧. 中国式现代化的理论认识、经济前景与战略任务［J］. 经济研究，2022，57（8）：26-39.

［21］张骥. 地方政府债务合并监管下审计工作的若干思考［J］. 商业会计，2023（14）：44-47.

［22］宁云. 对地方政府融资平台风险防范问题的探析［J］. 财经界，2023（21）：63-65.

［23］郑长军，陈诗颖，钱宁宇. 经济波动、地方债风险和城商行风险承担［J］. 运筹与管理，2023，32（6）：205-211.

［24］黄昊，段康，蔡春. 地方债管理体制改革与实体经济发展［J］. 数量经济技术经济研究，2023，40（2）：48-68.

［25］林毅夫，付才辉. 中国式现代化：蓝图、内涵与首要任务——新结构经济学视角的阐释［J］. 经济评论，2022（6）：3-17.

［26］洪银兴. 以包容效率与公平的改革促进共同富裕［J］. 经济学家，2022（2）：5-15.

［27］张占斌. 中国式现代化的共同富裕：内涵、理论与路径［J］. 当代世界与社会主义，2021（6）：52-60.

［28］汪金祥，吴世农，吴育辉．地方政府债务对企业负债的影响——基于地市级的经验分析［J］.财经研究，2020，46（1）：111-125.

［29］钟辉勇，钟宁桦，朱小能．城投债的担保可信吗？——来自债券评级和发行定价的证据［J］.金融研究，2016（4）：66-82.

［30］韩鹏飞，胡奕明．政府隐性担保一定能降低债券的融资成本吗？——关于国有企业和地方融资平台债券的实证研究［J］.金融研究，2015（3）：116-130.

［31］陈菁，李建发．财政分权、晋升激励与地方政府债务融资行为——基于城投债视角的省级面板经验证据［J］.会计研究，2015（1）：61-67+97.

［32］王永钦，陈映辉，杜巨澜．软预算约束与中国地方政府债务违约风险：来自金融市场的证据［J］.经济研究，2016，51（11）：96-109.

［33］杜飞进．中国现代化的一个全新维度——论国家治理体系和治理能力现代化［J］.社会科学研究，2014（5）：37-53.

［34］周黎安．晋升博弈中政府官员的激励与合作——兼论我国地方保护主义和重复建设问题长期存在的原因［J］.经济研究，2004（6）：33-40.

［35］张春霖．如何评估我国政府债务的可持续性？［J］.经济研究，2000（2）：66-71.

［36］毛捷，徐军伟．中国地方政府债务问题研究的现实基础——制度变迁、统计方法与重要事实［J］.财政研究，2019（1）：3-23.

［37］李侠．地方政府投融资平台的风险成因与规范建设［J］.经济问题探索，2010（2）：162-167.

［38］徐忠．新时代背景下中国金融体系与国家治理体系现代化［J］.经济研究，2018，53（7）：4-20.

［39］时心怡，宋保胜．基于会计视角的地方债成本信息披露供需矛盾研究［J］.财会通讯，2023（11）：163-167.

［40］李志利，赵悦，刘蕴霄，郑嘉泰．东北地区基层央行视角下的地方政府债务风险评估研究——基于GM模型及KMV模型的实证分析［J］.吉林金融研究，2023（4）：40-43+78.

［41］郑小强，陈霄宇．金融生态环境、地方债与民间资本PPP项目投资［J］.中国集体经济，2023（15）：93-96.

［42］杨志勇．地方政府债务风险：形势、成因与应对［J］.人民论坛，2023（9）：68-73.

［43］吴辉凡，孙成已，项后军．地方债对区域经济高质量发展的影响研究［J］.学术研究，2023（3）：101-108.

［44］郑春荣．地方政府未来拿什么偿还地方债［J］．中国经济评论，2023（1）：48-55．

［45］韩星佳．基于政府综合财务报告的地方债信息披露问题研究［J］．地方财政研究，2022（12）：32-40．

［46］周茂彬．对地方政府债券发行情况及发行机制变化的实证研究［J］．债券，2022（1）：29-34．

［47］曹静娜，李永海．地方债研究现状与展望：一个文献综述［J］．财会研究，2022（11）：25-32．

［48］吴波．我国地方政府隐性债务的风险评估与治理研究［D］．北京：中国财政科学研究院，2022．

［49］时心怡，陈素云．优化地方债信息披露的现实基础与实现路径［J］．财会通讯，2022（20）：14-19．

［50］葛德峰．地方政府专项债券发行情况、存在问题与相关建议［J］．时代金融，2022（11）：84-86．

［51］刘楠楠，曾宇，刘娟．地方债增长：效应与传导［J］．财经科学，2022（9）：123-137．

［52］胡玥，张涵萌，马文杰．地方政府债务治理改革与企业人力资本升级［J］．经济管理，2022，44（8）：152-169．

［53］朱军．中国地方政府债务：现状、特征及治理对策［J］．贵州省党校学报，2022（6）：95-102．

［54］刘悦，陈舒悦，张际．地方政府债务融资对货币政策向实体经济传导的影响［J］．清华金融评论，2022（9）：60-62．

［55］管治华，李英豪．地方政府专项债券发行定价的影响因素测度［J］．技术经济，2022，41（8）：104-115．

［56］吴茵．地方政府债务与产业结构转型升级关系研究——基于面板向量自回归模型的实证分析［J］．价格理论与实践，2022（4）：129-132．

［57］赵文举．地方政府债务的财政、金融与经济效应研究［D］．北京：北京科技大学，2022．

［58］应希晨．我国地方政府债务影响地方经济增长的理论与实证分析［D］．成都：西南财经大学，2022．

［59］张明，孔大鹏．中国地方政府债务：特征事实、潜在风险与化解策略［J］．辽宁大学学报（哲学社会科学版），2021，49（4）：1-11．

［60］汪峰，熊伟，张牧，钟宁桦．严控地方政府债务背景下的 PPP 融资异化——基于官员晋升压力的分析［J］．经济学（季刊），2020（3）：1103-1122．

［61］赵斌，王朝才，柯鳃．改革开放以来中国地方政府举债融资演变［J］．地方财政研究，2019（4）：7-19.

［62］李丽珍，刘金林．地方政府隐性债务的形成机理及治理机制——基于财政分权与土地财政视角［J］．社会科学，2019，465（5）：59-71.

［63］成涛林．地方政府融资平台转型发展研究——基于地方债管理新政视角［J］．现代经济探讨，2015（10）：55-58+73.

［64］陈志敏，张明，司丹．中国的 PPP 实践：发展、模式、困境与出路［J］．国际经济评论，2015（4）：68-84+5.

［65］肖红波，等．从世界工业化、城镇化和农业现代化发展规律探讨中国"三化同步"的标准及发展路径［J］．农业现代化研究，2013，34（2）：133-138.

［66］谢群．中国地方政府债务研究［D］．北京：中国财政科学研究院，2013.

［67］周建华．行业协会与中小企业关系型融资——以温州异地商会为例［J］．金融教育研究，2011，24（4）：25-31.

［68］于海峰，崔迪．防范与化解地方政府债务风险问题研究［J］．财政研究，2010（6）：56-59.

［69］陈炳才，田青，李峰．地方政府融资平台风险防范对策［J］．中国金融，2010（1）：76-77.

［70］巴曙松．地方政府投融资平台的发展及其风险评估［J］．西南金融，2009（9）：9-10.

［71］周学光．"逆向软预算约束"：一个政府行为的组织分析［J］．中国社会科学，2005（2）：132-143+207.

后 记

2023 年是全面贯彻落实党的二十大精神的开局之年，是全面建设社会主义现代化国家开局起步的重要一年。国民经济持续恢复、总体回升向好，但外部环境变得异常复杂严峻，主要是由于国外主要经济体持续性的通货膨胀导致全球经济复苏乏力，间接加重了国内市场需求收缩、供给冲击、预期转弱的三重压力，国内经济复苏面临着新的困难和挑战。

与此同时，我国债务构成也发生了持续性的变化，随着中央政府债务占比不断下降，而包含城投债的地方政府债务不断增加，导致地方政府负债率攀升，债务风险不断累积。特别是在各地方财政收支紧平衡状态下，一些地方政府偿债压力逐年上升，个别城投债暴露出明显的违约风险引发市场和社会的广泛关注。事实上，中央自 2014 年发布的《国务院关于加强地方政府性债务管理的意见》和 2015 年新《预算法》实施以来，明确了我国地方政府债务"开正门、堵偏门"的改革方向，与此同时，2018 年财政再度确定了隐性债务范围，并确定了未来十年的化债计划，地方债务增长的势头一度得到遏制。但截至 2023 年，化解地方债务仍未达到预期的目标，个别地区债务仍有较大压力，下一步如何深入化解地方债风险和合理扩大城投融资成为研究地方债务的重中之重。

本书重点围绕市场关注的城投债监管和城投融资体系改革展开研究，得到了许多专家、业务人员的指点和支持。在此，感谢财达证券与河北金融学院的鼎力支持；感谢中国人民大学应用经济学院孙久文教授、张可云教授，中央财经大学温来成教授，中央民族大学经济学院院长张春敏教授，中国社会科学院工业经济研究所叶振宇研究员等专家学者的指点；感谢河北金融学院杨兆廷、韩景旺、郭净等教授的指导；感谢各位地方政府融资平台及地方国有企业领导的关心；感谢财达证券董事长翟建强、总经理张明等领导的支持，以及财达证券肖一飞、韩旭、付海洋、彭红娟、费超、郝晓姝等同仁的相助；感谢各位执笔者的辛勤付出；感谢经济管理出版社的支持。

自 2017 年，得益于各位读者长久以来的支持和关照，本系列丛书已连续出版了 7 年之久，希望能对城投企业的同仁提供有益的借鉴和参考，为城投公司可持续发展作出更多的贡献。

胡恒松

2023 年 9 月